La Parentalité positive dans la famille musulmane

La Parentalité POSITIVE DANS LA FAMILLE MUSULMANE

Noha Alshugairi

Munira Lekovic Ezzeldine

Préface de la Dre Jane Nelsen

Traduction par Takwa Souissi et Mathieu Comte Marcil

ISBN : 978-0-9742950-9-1 (livre électronique)
ISBN : 978-09742950-8-4 (livre broché)

Imprimé et relié aux États-Unis
Izza Publishing, C. P. 50326, Irvine, Californie, 92619-0326
www.izzapublishing.com (anglais seulement)

Design de couverture par Ramsey Nashef

www.positivemuslimhome.com (anglais seulement)
www.positivedisciplinemuslimhome.com (anglais seulement)

À ma mère, Afaf Ali, et mon père, Mazin Alshugairi :
Pour nous avoir élevés avec la discipline positive avant même sa
création.

~ Noha

À mes fils, Yusuf, Zayd et Ali :
Pour m'avoir aidé à gagner en sagesse lors de ce voyage qu'est la
parentalité.

~ Munira

UNE FAMILLE SOLIDE POUR UNE COMMUNAUTÉ FORTE.
SOYEZ PRÉSENT. CONNECTEZ. ENCOURAGEZ. AIMEZ.

CONTENU

Partie IV Sagesses de parents

PRÉFACE

Au cours des dernières décennies, le domaine de la psychologie a commencé à reconnaître le rôle bénéfique que joue la religion dans la vie des gens. Ce qui peut en surprendre plusieurs, c'est qu'Alfred Adler avait partagé cette réflexion : « Il y a toujours eu des gens qui comprenaient que le sens de la vie était d'être intéressé par l'ensemble de l'humanité et qui essayaient de développer la conscience sociale et l'amour. Dans toutes les religions, nous trouvons cette préoccupation pour le salut de l'humanité. Dans tous les grands mouvements du monde, les gens s'efforcent d'accroître la conscience sociale, et la religion est l'une des plus grandes forces allant dans cette direction. » Les enfants élevés avec une vision portée sur l'engagement et la contribution sociale sont plus susceptibles de devenir des adultes qui mènent une vie riche et accomplie.

Dans ce livre, Noha et Munira présentent les principes intemporels de la discipline positive dans le contexte musulman. Elles ont fait un travail remarquable en faisant vivre les principes de discipline positive dans la vie quotidienne des familles musulmanes. Leur synthèse est encore une autre preuve de l'universalité des principes de la discipline positive.

Il ne fait aucun doute que les parents adorent leurs enfants. Malheureusement, certaines pratiques d'éducation parentale actuelles s'orientent vers la permissivité, afin d'éviter l'utilisation de sanctions. Bien que le fait d'éviter les mesures punitives soit admirable, la permissivité crée une génération d'enfants qui sont gâtés et qui ont un sentiment que tout leur est dû. Noha et Munira ont observé cette tendance alarmante dans leur communauté. Dans ce livre, elles ont fait un excellent travail pour transmettre l'importance d'utiliser à la fois la bienveillance et la fermeté pour enseigner aux enfants le désir de contribuer à la famille et à la société en général ainsi que les compétences requises pour y arriver afin d'équilibrer le sentiment d'appartenance. Les enfants doivent apprendre à donner et à recevoir. Les jeunes adultes élevés avec un amour excessif et aucune compétence pour contribuer éprouveront des difficultés dans la vie. Noha et Munira ont également mis en garde contre le scénario contraire : un style parental contrôlant basé sur la peur de voir les enfants délaisser les valeurs et traditions de leurs parents ou ne pas y adhérer. Dans leur livre, Noha et Munira invitent la communauté musulmane à s'orienter vers un style parental alliant bienveillance et fermeté : la discipline positive.

Quand j'ai publié pour la première fois le livre sur la discipline positive en 1981, je ne m'imaginais pas qu'il allait devenir la source d'un mouvement mondial qui englobe actuellement les cultures et les confessions dans de nombreux pays. J'ai le plaisir de proposer ce livre à la communauté musulmane mondiale. C'est mon espoir que nous puissions, avec nos enfants, être tous unis pour créer la paix dans le monde en commençant par nous-mêmes au sein de nos foyers, de nos écoles et de nos communautés.

Dre Jane Nelsen

www.positivediscipline.com

24 août 2016

REMERCIEMENTS

Nous remercions Allah (Dieu) de nous avoir donné le courage, la patience et la sagesse nécessaires pour donner vie à ce livre. Il est le Dispensateur et le Pourvoyeur suprême du succès divin (*Tawfiq*). C'est à Lui que nous devons la plus grande gratitude.

Sans nos expériences de vie, ce livre ne serait pas authentique. Nos familles, à la fois nucléaires et élargies, sont à la source de nos apprentissages difficiles liés à la parentalité. Sans leur amour, leur soutien et leur confiance constante en nos aptitudes, nous n'aurions pas pu partager ce voyage avec vous. Nos remerciements les plus sincères vont à nos parents (Mazin Alshugairi et Afaf Ali; Halil Lekovic et Kaja Lekovic), notre fratrie (Rula Alshugairi, Ismail Alreshq, Ahmad Alshugairi, et Roula Dashisha; Edina Lekovic et Tarek Shawky), nos époux (Amer Zarka; Omar Ezzeldine), et nos enfants (Omar Zarka, Maryam Amir, Hisham Zarka, Kinza Benali, Mona Zarka, Amr Hafez et Lemiece Zarka; Yusuf Ezzeldine, Zayd Ezzeldine et Ali Ezzeldine).

Nos remerciements tout particuliers et notre gratitude vont à la Dre Jane Nelsen, fondatrice de la discipline positive, pour son enthousiasme et son encouragement infaillibles. À Mary Hughes, qui a imaginé ce livre avant nous. À nos enseignants qui nous ont initialement formés : Jane Nelsen, Lynn Lott, Jody McVittie, Lois Ingber et tous les collaborateurs du mouvement de discipline positive qui continuent à partager cette belle philosophie.

Nous remercions sincèrement nos réviseurs qui ont pris le temps de lire l'ouvrage, de souligner des détails, de faire des suggestions et de partager leurs commentaires honnêtes : Omar Ezzeldine pour ses idées et critiques constructives,

Mona Zarka pour son attention particulière à la grammaire et au ton du manuscrit, Hanaa Eldereiny pour l'évaluation du livre d'un point de vue de professionnelle de la santé mentale, et Kathleen Farrell pour son efficacité et sa précision dans le travail de révision.

Nous sommes particulièrement reconnaissants envers nos écrivains invités – Ahmed Younis, Tarek Shawky, Saleh Kholaki, Dina Eletreby, Metra Azar-Salem, Hina Khan-Mukhtar et Ohood Alomar – pour avoir partagé avec nous leur sagesse et leurs connaissances inestimables.

Enfin, notre sincère gratitude va à toutes les familles qui ont ouvert leurs cœurs, partagé leurs luttes et leurs succès, et qui nous ont enseigné l'humilité et la résilience. Nous vous remercions tous du plus profond de notre cœur.

Allah est notre Guide et notre Allié

Rien n'est mieux dans le voyage de parentalité que d'invoquer la guidance et le soutien d'Allah. Nous vous invitons à réciter ces versets après les prières quotidiennes. Puisse Allah vous accorder la *qurat ain* (sérénité) relativement à votre époux/épouse et à vos enfants.

« رب هب لي من لدنك ذرية طيبة إنك سميع الدعاء »

« Seigneur! Veuille me donner une postérité vertueuse! N'est-ce pas Toi qui exauces les prières? » (Coran, 3:38)

»رب اجعلني مقيم الصلاة ومن ذريتي. ربنا وتقبل دعاء. ربنا اغفر لي ولوالدي وللمؤمنين يوم يقوم الحساب«

« Seigneur! Seigneur! Fais que je sois assidu à la salât, ainsi qu'une partie de ma descendance! Seigneur, veuille exaucer ma prière! Seigneur! Accorde-moi Ton pardon, ainsi qu'à mon père, à ma mère et à tous les croyants, au Jour du compte final! »
(Coran, 14 :40-41)

ربنا هب لنا من أزواجنا وذرياتنا قرة أعين واجعلنا للمتقين إماما

« Seigneur, fais que nos épouses et nos enfants soient pour nous une source de bonheur! Daigne faire de nous des modèles de piété pour ceux qui craignent le Seigneur! »
(Coran, 25:74)

رب أوزعني أن أشكر نعمتك التي أنعمت علي وعلي والدي وأن أعمل ترضاه وأصلح لي في ذريتي إني تبت إليك وإني من المسلمين

« Seigneur, fais que je sois reconnaissant envers Toi pour les bienfaits dont Tu nous as comblés, moi et mes parents, et que j'accomplisse de bonnes œuvres que Tu agréeras! Fais aussi que ma postérité soit d'une bonne moralité! Je reviens repentant vers Toi et me déclare du nombre des soumis. »
(Coran, 46:15)

DES JOYAUX DE NOTRE TRADITION

Pour vous soutenir davantage dans votre voyage parental, voici quelques dictons provenant de notre tradition islamique.

« Éduquez vos enfants avec une méthodologie différente de la vôtre, car ils sont nés pour une époque différente de la vôtre. »
(Ali ibn Abi Talib ou al-Hasan al-Basri)

« N'est pas des nôtres, celui qui ne traite pas nos enfants avec miséricorde et nos aînés avec respect. »
(Hadith, Abû Dâwudd, Tirmidhî)

« Éduquer un enfant est meilleur que de donner la charité ».
(Hadith, Tirmidhî)

« Un enfant devrait être entouré d'autres enfants avec de bonnes manières et de belles mœurs parce qu'un enfant apprend beaucoup plus rapidement d'un autre enfant et est plus disposé à s'en inspirer. »
(Ibn Sina)

« La piété vient d'Allah. Les bonnes manières viennent des parents. »
(Omar ibn Abdul Aziz)

« Faites l'effort de converser avec vos enfants, au cas où ceux qui transgressent et désobéissent y parviennent avant vous. »
(Jafar al-Sadiq)

AVANT-PROPOS DES TRADUCTEURS

La première fois que je suis tombée sur ce livre, c'était par pur hasard. J'avais un crédit pour un livre audio gratuit, et le titre semblait intéressant.

Mais le hasard n'existe pas, comme me l'a rappelé un jour un enfant de 10 ans (salut Ahmed!). C'est le destin qui m'a mené vers cet ouvrage, qui a transformé notre vie familiale. Nous avons non seulement mis en place des outils concrets qui ont changé la dynamique de notre foyer, mais ce livre m'a également permis de faire une profonde remise en question de mes biais et de mes certitudes.

J'ai toujours été attirée par les théories en psychologie, la pédagogie alternative et tout ce qui entoure le développement des enfants. J'en ai lu des bouquins, j'en ai rencontré des experts! Mais une partie de moi demeurait réticente, accrochée à certaines valeurs ou expériences vécues. J'associais ces approches à une culture qui n'était pas entièrement la mienne. Je me disais parfois : « Ce sont des trucs de Blancs. Nous on a le sang chaud! » Ou encore : « Nos parents n'ont pas été élevés comme ça et ils ne sont pas morts. » Et même : « Dans l'islam, il faut de la discipline, de l'autorité, l'obéissance aux parents. » J'ai associé à tort notre religion et notre culture à une inévitable dureté. J'ai mélangé fermeté et autorité, et minimisé l'impact de la bienveillance et du respect mutuel dans l'éducation des enfants. J'ai négligé le fait que Dieu est Le Clément, Le Miséricordieux et qu'Il aime la douceur. Qu'Il me pardonne! J'ai ignoré que le dernier prophète était un exemple vivant d'éducation positive. J'ai oublié que notre tradition en est une de choix et de libre arbitre avant tout. En en parlant autour de moi, je suis devenue convaincue que je ne suis pas la seule!

Grâce à ce livre, j'ai appris à concilier mon instinct, mon intellect et mes valeurs. J'ai compris que l'Occident n'a pas le monopole de la discipline positive et de la bienveillance éducative. En fait, en lisant cet ouvrage, mon premier réflexe a été de me dire : « Eh, mais c'est logique! Ce n'est rien de révolutionnaire! ». En effet, je suivais certains des conseils donnés de manière naturelle, et d'autres ont été faciles à mettre en place. Le plus gros du travail, en fait, était de me faire confiance et de faire confiance à mes enfants et d'ignorer la pression de la société. Le but est de forger une relation de confiance respectueuse et durable.

On dit : « Si vous voulez changer le monde, rentrez chez vous et aimez votre famille. » Je travaille fort là-dessus et, non, ce n'est pas toujours facile... Il faut être clément envers les autres, mais surtout envers soi-même dans ce cheminement. J'aime croire que la traduction de cet ouvrage, pour en rendre accessibles les trésors à mes sœurs et frères francophones, contribue à « changer le monde ».

En espérant qu'il vous apporte autant de paix qu'il nous en a apporté!

Salam,
Takwa Souissi
Mathieu Comte Marcil

AVANT–PROPOS DES AUTRICES

Notre histoire

Noha Alshugairi

Quand j'étais enceinte de mon premier né, Omar, qu'Allah le bénisse, mon mari était impatient que je me prépare à la parentalité. De mon côté, je n'en voyais pas l'intérêt. Mes parents n'ont pas étudié la psychologie de l'enfant et je trouvais à l'époque qu'ils avaient fait un travail décent. (Plus tard, j'ai découvert qu'ils avaient fait un travail incroyable!). Cependant, juste pour plaire à mon mari, je me suis inscrite à un cours de psychologie de l'enfant lors de mon dernier semestre à l'Université Rutgers. Comme je voulais terminer tous mes cours avant ma date prévue d'accouchement, mon dernier semestre était très chargé avec 21 unités. Je supposais qu'un cours de psychologie serait simple à maîtriser puisque je trouvais mes cours de sciences biologiques faciles. Je devais certainement avoir surestimé ma maîtrise de la langue anglaise à cette époque. Alors que j'étais compétente avec les termes et concepts biologiques, la psychologie était un nouveau domaine pour moi avec beaucoup de termes et d'idées inconnus que j'étais censée connaître d'une classe de Psychologie 101. Le cours se concentrait sur des concepts dont je n'avais jamais entendu parler auparavant. En bref, j'étais perdue. Ajoutez à cela le fait que je ne voyais pas l'intérêt de suivre le cours en premier lieu, et vous pouvez deviner que je l'ai abandonné sans aucun regret.

Suivant cela, j'ai passé une longue période à m'occuper de mes quatre enfants en m'investissant complètement dans la maternité. Je me suis inscrite au magazine *Parents* et, au fil des années, j'ai appris des conseils très utiles sur la façon de gérer les défis comme les crises de colère et les enfants qui font la fine bouche. Toutefois, l'idée d'avoir besoin de suivre un cours ou de lire un livre à propos de la parentalité ne m'a pas traversé l'esprit pendant ces 12 années merveilleuses. Mon raisonnement était que puisque mon enfance avait été remplie d'amour, de joie et de sécurité et que je voulais la même chose pour mes enfants, il n'y avait aucune raison de faire les choses autrement que ce que j'avais appris de mes parents. La majorité du temps, je suivais leur pas avec quelques petites modifications ici et là.

Alors qu'Omar était sur le point de devenir adolescent, j'ai commencé à me demander si je savais vraiment comment élever un adolescent aux États-Unis. L'ère et la culture dans lesquelles mes enfants évoluaient étaient radicalement différentes de celles de mon enfance, et je voulais être certaine que j'arriverais à gérer ces soi-disant rebelles années d'adolescence à venir. C'est une bénédiction d'Allah que je vivais à Huntington Beach, en Californie, où une grande variété de cours étaient disponibles, y compris un cours sur la façon d'élever des adolescents. Je me suis inscrite, et se fut le début de mon voyage dans la *parentalité intentionnelle et consciente.*

Le cours était basé sur l'école de psychologie adlérienne et il fut fondamental dans mon passage d'un style parental autoritaire vers un style parental démocratique. Je suis certain que d'avoir pris ce cours a facilité les épreuves des années d'adolescence grâce à des connaissances essentielles que j'ai acquises : l'aptitude de voir les problèmes du point de vue de mes enfants, avoir des réunions familiales, écouter plus que parler, rendre les enfants partie prenante de la recherche de solutions et leur donner l'espace de faire face aux conséquences de leurs actions. Cette bascule dans mon style parental a été surnommée « extra large » par mes amies (une réflexion sur ma tolérance supérieure à la moyenne vis-à-vis des caprices et des sautes d'humeur des adolescents) pour ce qui était perçu comme une manière moins contrôlante d'interagir avec mes adolescents.

Des années se sont écoulées et j'ai de nouveau rencontré la question des philosophies parentales lorsque j'ai complété ma maîtrise en counseling. L'un de mes objectifs en tant que thérapeute était d'aider les parents à mieux interagir avec leurs enfants. J'ai cru que travailler sur cette relation principale entre parent et enfant permettrait d'atténuer bon nombre des problèmes que j'ai rencontrés dans mon bureau. Je savais comment élever mes enfants, mais comment l'enseigner à d'autres parents? Je voulais un cadre pour enseigner les concepts d'une manière à ce qu'ils ne soient pas noyés par la théorie, rendant l'information peu pratique. Encore une fois, Allah m'a accordé une merveilleuse opportunité d'apprentissage : J'ai participé à un atelier sur « l'enseignement de la parentalité selon les principes de la discipline positive ». Je n'avais pas entendu parler du concept, mais j'étais disposée à l'explorer. Ce premier cours sur la manière d'enseigner la discipline positive a été donné par Jane Nelsen elle-même et c'était le début de mon voyage dans la discipline positive. Cette fin de semaine-là, j'ai quitté la formation de déterminée à partager ce message dans notre communauté parce qu'il s'accordait très bien avec l'islam et parce que ces concepts et ces outils étaient compréhensibles et pratiques. En bref, la discipline positive est une manière de mettre en pratique l'islam avec nos enfants dans nos foyers.

Munira Lekovic Ezzeldine

Je me suis rendue compte que je percevais la parentalité très différemment des autres à l'époque où mon premier fils avait 16 mois. Un soir, alors que je recevais des amis pour le repas du soir et que j'étais dans la cuisine en train de préparer du café, une amie a remarqué un poème que j'avais affiché sur mon réfrigérateur. C'était un poème de Khalil Gibran :

> « *Et une femme qui portait un enfant dans les bras dit :*
> *"Parlez-nous des Enfants." Et il dit :*
>
> *"Vos enfants ne sont pas vos enfants.*
>
> *Ils sont les fils et les filles de l'appel de la Vie à elle-même.*
>
> *Ils viennent à travers vous mais non de vous. Et bien qu'ils soient avec vous, ils ne vous appartiennent pas.*
>
> *Vous pouvez leur donner votre amour mais non point vos pensées,*
>
> *car ils ont leurs propres pensées.*
>
> *Vous pouvez accueillir leurs corps mais par leurs âmes,*
>
> *car leurs âmes habitent la maison de demain, que vous ne pouvez visiter, pas même dans vos rêves.*
>
> *Vous pouvez vous efforcer d'être comme eux, mais ne tentez pas de les faire comme vous.*
>
> *Car la vie ne va pas en arrière ni ne s'attarde avec hier.*
>
> *Vous êtes les arcs par qui vos enfants, comme des flèches vivantes, sont projetés,*
>
> *l'archer voit le but sur le chemin de l'infini, et Il vous tend de Sa puissance pour que Ses flèches puissent voler vite et loin.*
>
> *Que votre tension par la main de l'Archer soit pour la joie;*
>
> *car de même qu'il aime la flèche qui vole, Il aime l'arc qui est stable."* »

Alors que mon amie lisait le poème, elle m'a regardée et m'a dit sans détour : « Je n'aime vraiment pas ce poème, comment peux-tu voir les enfants de cette façon? » J'ai été étonnée par sa réaction parce que le poème me parlait si profondément et me servait de rappel personnel de mes objectifs en tant que parent. Je lui ai expliqué mon point de vue et, inutile de le dire, elle ne pouvait pas comprendre. Elle a mis fin à la conversation en me disant que mon fils était jeune et qu'une fois qu'il serait plus âgé, comme ses propres enfants, je reprendrais mes sens. Elle a continué en me disant que je me rendrais compte que le monde est un endroit effrayant et qu'il suffisait que je protège mon enfant et le garde en sécurité.

Cette conversation a été un moment pivot pour moi puisqu'en tant que nouveau parent, c'était la première fois que je discutais de mon point de vue sur la parentalité et j'avais été immédiatement critiquée et rejetée. Pourtant, dans ce moment de vulnérabilité, mon cœur était en paix parce que je croyais vraiment qu'être parent était un voyage spirituel, et je n'avais aucune intention d'élever mes enfants avec la peur et le contrôle. Je croyais que mon fils venait de moi, mais qu'il n'était pas à moi; plutôt, il était un don que Dieu m'avait donné afin que je le prépare jusqu'à l'âge adulte. Alors que j'élevais mes enfants, je continuais à apprendre d'eux et à leur enseigner le monde ainsi que leur but sur cette terre, réaffirmant mon propre cheminement.

Quelques années après la naissance de mon deuxième fils, j'ai complété ma maîtrise en counseling. C'est à ce moment-là que j'ai formellement découvert les pratiques du développement de l'enfant et de counseling. C'est également à ce moment-là que j'ai rencontré Noha alors que nous étions toutes deux des étudiantes dans le programme de maîtrise et qu'elle m'a présenté les principes de la discipline positive. Je me souviens encore de ma réaction à vif : « *C'est simplement le gros bon sens!* » Ces principes prenaient en compte la vision à long terme que j'avais sur l'éducation de mes enfants et sur la relation que je voulais avoir avec eux. J'ai continué d'apprendre, j'ai lu davantage et j'ai utilisé plus d'outils de discipline positive au fur et à mesure que mes fils progressaient dans la petite enfance jusqu'à ce qu'ils commencent la petite école. De nombreux outils m'étaient venus naturellement et j'en utilisais plusieurs autres pour la première fois.

Ce que j'ai le plus apprécié au sujet de la philosophie de discipline positive était qu'il ne s'agissait pas d'être le parent parfait ou de ne jamais faire d'erreurs. C'était plutôt une façon authentique d'interagir avec mes enfants et d'apprendre par le biais du processus. Lors d'une conférence à laquelle j'ai assisté, Jane Nelsen a déclaré : « Si vous êtes en mesure de mettre en œuvre au moins la moitié des outils de discipline positive, vous vous en sortez très bien. » Ça m'a soulagé et encouragé. Je vous invite d'ailleurs à vous souvenir de ce conseil en apprenant plus sur les outils de ce livre.

Aujourd'hui, j'ai trois enfants. Mes deux plus vieux sont à l'école secondaire et mon plus jeune est à l'école primaire. Pour moi, le voyage parental a été, pour le moment, rempli de stress et de croissance, de réussites et d'échecs, et, à chacune des étapes, une affirmation des relations que j'ai construites avec chacun de mes enfants. Le rôle de parent a été un travail acharné et a nécessité beaucoup d'investissements émotionnels et de sacrifices de temps, mais il a également créé un espace pour que je puisse éduquer ces trois jeunes gens (qui continuent de m'émerveiller tous les jours grâce à leur énergie, leur esprit et leur compassion) et leur enseigner que les relations sont les éléments les plus importants dans la vie. La parentalité m'a changée pour le mieux, et je continue à prier que Dieu me guide. Cet ouvrage est le livre sur la parentalité que j'aurais souhaité avoir quand je suis devenue un nouveau parent. Puissent les mots de ce livre vous inspirer à vous connecter à vos enfants et à construire des relations fortes avec eux.

Notre objectif

Pour profiter pleinement de ce livre, cher lecteur, laissez-nous partager avec vous l'objectif pour lequel ce livre a vu le jour. Nous sommes toutes les deux des musulmanes américaines. Nous avons toutes deux été élevées dans des foyers musulmans avec des valeurs et des pratiques culturelles associées à notre patrimoine familial. Je (Noha) suis américaine de première génération qui a immigré aux États-Unis au début de ma vingtaine. Mes années de formation, je les ai passées en Arabie Saoudite où j'ai pris la décision consciente d'être une musulmane pratiquante à l'âge de 14 ans. J'ai été élevée avec une identité panarabe. Mes parents se sont concentrés à m'inculquer les valeurs d'intégrité, de responsabilité et de respect de tous. Je (Munira) suis américaine de deuxième génération née en Europe et ayant grandi en Californie du Sud à partir de l'âge de deux ans. J'ai été élevée dans un foyer musulman par des parents immigrants issus des Balkans qui se cherchaient dans le contexte américain. Je luttais pour réconcilier mes origines ethnique, religieuse et culturelle lorsque j'étais enfant. Mon engagement intentionnel envers l'islam s'est produit au cours de mes études supérieures.

Nos expériences de vie variées insufflent à ce livre de la richesse et de la profondeur. Notre communauté dans le sud de la Californie – un microcosme de la communauté musulmane (*umma*) mondiale avec plus de 30 groupes ethniques différents – nous a fait découvrir diverses pratiques et normes familiales. Nous en sommes venues à apprécier la myriade de façons dont l'islam est pratiqué dans le monde entier. Notre contexte aux États-Unis façonne continuellement la façon dont nous naviguons dans la pratique de l'islam dans une culture à majorité non musulmane. Nous présentons donc une vision pluraliste du monde, tout comme l'Islam. Notre point de vue sur le monde est celui de la coexistence, de l'inclusion et de la tolérance. Par conséquent, nous soulevons des questionnements et des défis que les musulmans qui vivent dans des pays à majorité musulmane ne doivent pas connaître. Cependant, avec un monde qui est devenu sans frontières grâce à Internet, nous pensons que notre objectif est le reflet de la culture mondiale émergente.

L'objectif de ce livre est de vous outiller adéquatement dans votre voyage parental. Il s'agit de vous, et non pas de créer l'enfant musulman parfait ou idéal. Il n'y a aucune garantie que vos enfants deviendront ce que vous voulez qu'ils deviennent, car Seul Allah connaît leur destin. Cependant, nous pensons que les connaissances et les outils présentés dans ce livre permettront de créer les bases d'une famille bien connectée à l'aide de pratiques d'éducation parentale fondées sur des recherches. Nous pensons qu'un lien étroit dans une famille est le facteur le plus important pour assurer une influence continue dans la relation parent-enfant. Nous prions pour que votre famille soit bénie par la connexion, l'amour et le respect.

Ce livre est notre façon de partager ce beau message avec la communauté musulmane mondiale au-delà des frontières de la Californie du Sud. Nous prions que vous trouverez ce livre bénéfique et pratique dans votre voyage pour devenir le meilleur parent que vous pouvez être. Puisse Allah nous apporter les bénéfices de ce que nous apprenons.

Ce livre

Notre objectif est de favoriser un lien fort entre les parents et les enfants, ce qui, selon nous, est la pierre angulaire de l'influence parentale pérenne. La partie I couvre les concepts fondamentaux : la parentalité dans le paradigme islamique; la philosophie de la discipline positive; et une compréhension psychologique de base des parents et des enfants. Dans la partie II, les outils de discipline positive sont expliqués en profondeur avec des exemples concrets. La partie III est divisée en quatre phases de développement, du bébé au début de l'âge adulte. Les défis spécifiques à chaque groupe d'âge ainsi que les outils de discipline positive les plus efficaces pour chaque défi sont décrits dans cette section. Enfin, dans la partie IV, nous partageons une collection d'essais portant sur différents aspects de l'éducation parentale islamique au 21e siècle.

PARTIE I

LES BASES

INTRODUCTION

La deuxième habitude de Stephen Covey, dans son ouvrage *Les 7 habitudes des familles épanouies*, est décrite comme suit : « Commencez avec la fin en tête » (1997, p. 70). Prenez un moment pour y réfléchir. Quel est votre objectif en matière de parentalité? Êtes-vous conscient de ce à quoi vous aspirez dans vos efforts pour élever vos enfants? À force de poser cette question aux parents au cours des années, nous avons découvert que bon nombre d'entre eux n'ont pas de réponse. Pour ceux qui ont une réponse claire, celle-ci revient essentiellement à : « Je veux bien évidemment que mes enfants soient de bons musulmans! » ou à « Je veux que mon enfant soit le meilleur. » Or, le lien entre les objectifs à long terme souhaités et les stratégies de parentalité actuelles manque à l'équation. Souvent, la dynamique familiale travaille même à l'encontre des objectifs énoncés. Certains parents ont pour objectif que leurs enfants soient « heureux », mais ne comprennent pas les aptitudes et les caractéristiques dont les enfants ont besoin pour être épanouis en commençant par leur for intérieur. Ils « gâtent » donc leurs enfants pour les rendre « heureux », puis ils se demandent pourquoi ceux-ci deviennent des adultes égoïstes qui pensent que les autres doivent les satisfaire.

Voilà pourquoi nous vous demandons de commencer votre propre voyage d'initiation à la parentalité intentionnelle et consciente. Connaître vos objectifs d'éducation parentale à long terme vous aidera à comprendre pourquoi et comment vos pratiques d'éducation parentale devraient être mises en œuvre. Écrivez votre objectif ici et datez-le. Il est toujours recommandé de dater vos autoréflexions afin de pouvoir évaluer le chemin parcouru, lorsque vous vous relirez plus tard.

Mon objectif de parentalité est :

Date :

De nombreux parents se sentent dépassés par le comportement de leurs enfants, à chaque étape de développement. Tout particulièrement dans les moments de stress et de frustration, ils peuvent se concentrer sur les résultats à court terme (que puis-je faire pour que ce comportement cesse?) plutôt que sur leurs objectifs à long terme (comment puis-je me servir de cette situation pour apprendre à mon enfant à se responsabiliser?). De tels parents sont pris dans une éternelle tempête de problèmes, car ils réagissent aux situations au lieu de travailler à les résoudre. Ils manquent ainsi des occasions d'apprendre aux enfants à devenir des adultes responsables et compétents. Lorsque les parents changent leur approche et se concentrent sur la parentalité à long terme, leurs défis quotidiens deviennent des occasions d'aider leurs enfants à acquérir des compétences précieuses qui leur serviront toute leur vie et qui sont en adéquation avec leurs objectifs de parentalité. Gardez donc toujours à l'esprit vos objectifs parentaux.

Voici un exemple simple illustrant ce point : un enfant renverse un verre de lait sur le comptoir et le parent, frustré, sermonne l'enfant en criant tout en nettoyant rapidement le désordre. Dans ce cas, le parent se concentre sur l'objectif à court terme, soit de nettoyer rapidement le désordre et d'exprimer sa déception. Un parent qui se concentre sur le long terme se rend compte que le lait renversé peut être l'occasion d'apprendre à l'enfant à corriger ses erreurs et à prendre ses responsabilités. Ce parent expliquerait plutôt à l'enfant où se trouvent les serviettes afin que ce dernier puisse nettoyer le dégât. Il lui demandera également de réfléchir à une solution pour éviter que cette situation ne se reproduise à l'avenir (placer un couvercle sur la tasse, par exemple). Dans ce scénario, le parent ne s'est pas laissé distraire par le petit problème du lait renversé, mais il s'est plutôt concentré sur la vue d'ensemble permettant à l'enfant d'apprendre de ses erreurs, aidant ainsi l'enfant à se sentir capable en participant à la résolution de problèmes.

Voici un autre exemple pour les enfants plus âgés : un adolescent dit à sa mère qu'il vient de recevoir une contravention pour avoir stationné la voiture au mauvais endroit. La mère se frustre et reproche à son fils son irresponsabilité. Elle lui confisque ensuite les clés de la voiture pour la fin de semaine et paie la contravention. Que retire le fils de cette situation? « Maman s'occupera de mes problèmes lorsque j'en aurai. Oui, elle crie et hurle un peu, mais elle va tout régler. » D'un autre côté, une mère qui se concentre sur le long terme se rend compte que cette histoire de stationnement est une occasion pour éduquer son enfant. Elle invite donc son fils à réfléchir à la manière dont il pourra s'occuper de la contravention et aux mesures qu'il doit mettre en place pour éviter d'en ravoir. Une chose est sûre : elle ne paiera pas la contravention elle-même. Que retire le fils de cette situation? « Lorsque des problèmes surviennent, je dois trouver une solution. Je suis responsable de mes actions. » La mère dans ce deuxième scénario est restée affectueuse tout en laissant son fils faire face à la vie, être responsable et apprendre de ses erreurs.

Voilà ce à quoi nous vous invitons à travers cet ouvrage : à éduquer vos enfants aujourd'hui en gardant toujours à l'esprit comment vous aimeriez qu'ils soient une fois adultes. Prenez un moment et notez les caractéristiques que vous aimeriez que vos enfants présentent en tant qu'adultes. Gardez-les à l'esprit lorsque vous interagissez quotidiennement avec vos enfants.

J'aimerais voir les caractéristiques suivantes chez mes enfants quand ils seront adultes :

1.

2.

3.

4.

5.

6.

7.

8.

9.

10.

11.

12.

13.

14.

15.

Jetez un coup d'œil à l'objectif parental que vous avez écrit précédemment. Correspond-il à vos objectifs à long terme? Si ce n'est pas le cas, comment le changeriez-vous?

CHAPITRE UN

L'ISLAM ET LA PARENTALITÉ

Nombre de lecteurs de ce livre identifieront que l'islam est leur source de référence fondamentale. En islam, les objectifs de l'éducation des enfants sont généralement regroupés sous le concept de la *tarbiyah*. *Tarbiyah* est un mot arabe qui provient de la racine *r-b-b* (ربب) et qui signifie superviser et gérer. À partir de cette racine est formé le mot *ar-rab* (الرب), qui signifie « Le Seigneur », un des descripteurs d'Allah, l'Autorité suprême de l'univers. De même, à partir de cette racine peut-être formé le mot *rabba* (ربى) en lien avec les enfants, qui signifie de prendre soin et d'entretenir. La *tarbiyah* des enfants, comme l'explique Ibn Manzour, célèbre lexicographe de la langue arabe ayant vécu au 13e siècle, signifie de « soutenir et superviser les enfants jusqu'à ce qu'ils aient terminé l'enfance » (cité dans Hijazi, 2008, p. 13). Nous sommes dans la vie de nos enfants, ce qu'Allah est pour nous dans l'univers : là pour guider et soutenir, sans user de coercition.

Lorsqu'une personne examine la façon dont différentes sociétés atteignent l'objectif de la *tarbiyah*, il est évident qu'il existe de nombreuses méthodes de parentalité, dont certaines semblent se contredire entre elles. Toutefois, au cœur de chacune de ces méthodes, existe un cadre unique de valeurs spécifiques au groupe qui l'emploie. Ces valeurs régissent la vision du monde du groupe, y compris la relation parent-enfant. En d'autres termes, les éléments qui déterminent une philosophie de *tarbiyah* sont les valeurs d'une famille ou d'une communauté spécifique.

Conséquemment, pour les musulmans, les objectifs de la *tarbiyah* sont déterminés par l'islam. Abdurrahman O. Hijazi, philosophe et pédagogue libanais contemporain, déclare que : « La *tarbiyah* est un ensemble de comportements et d'échanges verbaux qui sont directement tirés ou extrapolés à partir du Coran et de la Sunnah, et dont le but est d'atteindre les objectifs définis par l'islam pour la croissance et le bonheur des musulmans dans cette *dunyâ* (vie terrestre) et l'*akhirah* (l'au-delà) » (2008, p. 24). Cela soulève la question suivante : quels sont les objectifs définis par l'islam pour mener une vie épanouie? Ces objectifs se trouvent au cœur de la foi; le but de même de la création.

Allah, le Très-Haut, a créé les humains dans le but de l'adorer Lui, le Seigneur de l'univers : « Et Je n'ai créé les djinns et les hommes que pour M'adorer » (Coran, 51:56). Il a également ordonné que le culte de l'humanité, distinct du culte ritualiste des anges, soit réalisé par le biais d'actions quotidiennes, notamment par le fait de construire, de cultiver et d'établir des civilisations sur Terre : « Ô mon peuple, dit-il, adorez Dieu! Vous n'avez d'autre divinité que Lui! C'est Lui qui vous a formés de la terre et qui vous y a établis » (Coran, 11:61).

Par conséquent, les efforts terrestres d'un musulman sont transformés en actes d'adoration, tant que son intention est spirituelle; de simples habitudes peuvent devenir des actes d'adoration grâce à l'intention. Ainsi, la parentalité devient un élément essentiel de la vie, car la famille est le premier lieu de transmission des valeurs et des visions du monde. Les parents musulmans considèrent la *tarbiyah* comme un moyen d'enseigner à leurs enfants le sens de la vie sur terre; elle devient le berceau à partir duquel leurs enfants connaissent leur Créateur, l'adorent et se connectent à Lui.

Pour les parents qui cherchent à élever des enfants conscients d'Allah, Abdullah Alwan (1981), un savant syrien du 20e siècle connu pour son livre *Bringing up Children in Islam* (éducation des enfants dans l'islam), a proposé que la *tarbiyah* comprend les domaines suivants :

- Religieux – enseigner les principes de l'islam;
- Moral – incarner les valeurs islamiques;
- Physique – favoriser un mode de vie sain;
- Intellectuel – encourager les compétences de réflexion critique;
- Psychologique – encourager une vision saine de son identité, d'autrui et du monde;
- Social – susciter un sentiment de communauté;
- Sexuel – comprendre et gérer les désirs et pulsions naturels.

Nous pensons par ailleurs que la *tarbiyah* est fondée sur les relations personnelles. Dans ce livre, nous nous concentrons donc sur le développement d'un lien parent-enfant solide comme base pour la transmission des valeurs. Étant donné que nous comprenons et respectons le fait que les connaissances et les pratiques diffèrent au sein des familles musulmanes (dans tous les domaines mentionnés ci-dessus), nous nous concentrerons sur la relation familiale plutôt que sur une manière spécifique d'agir. Nous souhaitons offrir un cadre pour entretenir une identité musulmane forte, tout en reconnaissant que l'application de cette structure varie d'une famille à l'autre. Voici l'invitation que nous vous lançons : vous concentrer sur votre relation avec vos enfants. C'est dans vos interactions banales de la vie quotidienne que vos valeurs s'imprimeront dans leur cœur.

Philosophie de la discipline positive

La discipline positive est une philosophie de parentalité établie par Jane Nelsen (www.positivediscipline.com – en anglais seulement) et enrichie par Lynn Lott (lynnlottec.com – en anglais seulement) et d'autres collaborateurs au fil des années. Jane Nelsen a autopublié son livre phare *La Discipline positive* en 1981 (et publié en 1987 par Mme Ballantine de la maison d'édition Random House) à partir duquel elle a mis en marche un mouvement ayant comme objectif de promouvoir une parentalité coopérative et respectueuse. Le travail d'enseignement de Jane Nelsen est depuis devenu une organisation florissante (positivediscipline.org – version française disponible) qui se concentre sur la formation des parents et des éducateurs à l'utilisation de ses principes à domicile et à l'école.

La discipline positive est basée sur les principes généraux de la psychologie adlérienne. Celle-ci est une école de pensée élaborée par Alfred Adler (1870-1937) qui a été reprise après sa mort par son collègue Rudolf Dreikurs (1897-1972). Alfred Adler était un contemporain de Sigmund Freud, avec lequel il a travaillé de 8 à 10 ans. Adler n'était cependant pas d'accord avec la vision déterministe (sexuelle) de Freud sur la nature humaine, et il a commencé à envisager une vision résiliente de la nature humaine. L'être humain, en tant qu'être social, a besoin d'un sentiment d'appartenance et de contribuer à son environnement social. Corey (2005) a défini comme suit les principes clés de la psychologie adlérienne.

1. Les individus sont indivisibles et font partie des systèmes

Alors que Freud s'était concentré sur les moteurs biologiques et les expériences infantiles, Adler croyait pour sa part en l'importance des contextes sociaux et moraux d'un individu, tout en mettant l'accent sur le présent et l'avenir, au lieu du passé. Ainsi, Adler voyait les humains comme étant libres de choisir la façon dont ils veulent vivre et non comme des prisonniers à vie des conclusions tirées de leurs expériences infantiles. Adler a créé le processus articulé autour de l'utilisation des premiers souvenirs pour aider ses patients à comprendre comment certaines de leurs conclusions n'étaient plus utiles à leur réussite aujourd'hui.

2. Le comportement poursuit un but

Bien que les objectifs comportementaux puissent être inconscients, Adler croyait que les humains cherchent à satisfaire leur besoin fondamental d'appartenance dans un contexte social, et que les « comportements inappropriés » se produisent lorsque les enfants (et les adultes) trouvent des moyens « erronés » pour arriver à ce sentiment d'appartenance. Il préconisait de comprendre l'objectif « erroné » d'un enfant pour ensuite utiliser des « encouragements » pour l'aider à trouver des moyens « plus adaptés » d'atteindre ce sentiment d'appartenance.

3. La quête de la valorisation

Adler pensait que tous les êtres humains ressentent un sentiment d'infériorité dans leur vie, ce qui les amène à compenser de différentes manières. Il affirmait que le besoin de maîtriser un des aspects de sa vie est inné et nécessaire pour arriver à surmonter des obstacles. Adler a souligné la nécessité de passer « d'un filtre négatif à un filtre positif » (Corey, 2005, p. 97). Pour vulgariser, les individus ont souvent besoin d'aide (encouragement) pour passer d'une perception décourageante d'eux-mêmes à une perception positive. Adler a également avancé, dans le cadre de cet effort de maîtrise de soi, que les gens choisissent soit des comportements socialement productifs ou inutiles/destructeurs, selon l'objectif que l'individu perçoit et selon son cheminement personnel.

4. Besoin d'appartenance

Pour Adler, l'un des éléments essentiels de l'expérience humaine consiste en ce que les individus soient bien intégrés dans leurs communautés. Le sentiment d'appartenance, c'est-à-dire le fait de se sentir connecté à la famille, à la société et à l'humanité tout entière, est nécessaire pour développer une identité basée sur des fondements solides. Adler pensait que ceux qui sont connectés à autrui ont tendance à orienter leurs comportements vers le spectre d'actions le plus utile et qu'ils sont moins susceptibles de se sentir inférieurs et dévalorisés.

5. Objectifs de vie universels

Adler affirmait que les individus s'efforcent de maîtriser les tâches essentielles de la vie : « Construire des amitiés (tâche sociale), établir une intimité (tâche d'amour-mariage), contribuer à la société (tâche professionnelle) » (Corey, 2005, p. 99).

Jane Nelsen a construit l'approche de la discipline positive appliquée à la parentalité en se fondant sur ces principes adlériens généraux. Dans la section suivante, nous allons étudier comment les principes de la discipline positive concordent parfaitement avec l'islam.

Convergence entre discipline positive et islam

Pourquoi avons-nous choisi la discipline positive comme philosophie pour guider notre vision parentale? Partons du principe que nous avons été bénis en adoptant l'islam comme mode de vie. Pour que nous puissions adopter une nouvelle idée, nous devons croire qu'elle s'aligne bien avec l'islam. Or, nous avons découvert, dans la discipline positive, une philosophie de parentalité qui s'oriente vers des objectifs intrinsèquement islamiques. Voici huit domaines de rapprochement entre la philosophie de discipline positive et l'islam.

1. Construire la conscience sociale

Comme indiqué précédemment, la psychologie adlérienne estime que la conscience sociale est une mesure de la santé mentale. Plus une personne est impliquée dans des actions axées sur l'amélioration de la société, plus elle est en mesure de traiter les aléas de la vie. Des recherches récentes sur le bonheur valident d'ailleurs cette théorie. Dans son livre révolutionnaire, *The How of Happiness* (comment fonctionne le bonheur), Sonja Lyubomirsky (2008) présente des recherches mettant en corrélation un niveau de bonheur plus élevé avec les connexions sociales, qu'il s'agisse de la famille, des amis ou des étrangers. En outre, ses recherches ont mis en évidence que les actes de bienveillance aléatoires stimulent le niveau de satisfaction et de bien-être d'une personne.

Ce corps de recherche en croissance a mis en évidence l'importance des enseignements islamiques qui encouragent la responsabilité sociale et le développement communautaire. Parmi ceux-ci, les enseignements visant à renforcer le sentiment de responsabilité envers la famille, les voisins, les amis et les étrangers. Les exemples sont nombreux et dépassent le cadre de cet ouvrage. Toutefois, considérons les hadiths suivants comme exemples du fait que la solidarité sociale est un élément fondamental de l'Islam :

> *« Toute personne qui allège les épreuves de quelqu'un, Allah allégera ses épreuves au jour du Jugement. » (Hadith, Muslim)*

> *« Les relations qu'un croyant entretient avec les autres sont comme les briques d'un édifice qui se soutiennent les*

unes les autres. » *(Hadith, Bukhari, Muslim)*

« Réconcilier deux personnes en conflit est une action charitable. Aider une personne en peine est une action charitable. Un bon mot est une action charitable. Chaque pas que vous prenez vers la mosquée est une action charitable. Éliminer les sources de danger sur la route est une action charitable. » *(Hadith, Bukhari, Muslim)*

2. Renforcer le sentiment d'appartenance et encourager la contribution

Dans la discipline positive, les familles et les écoles s'efforcent de s'assurer que ses membres acquièrent un sentiment d'appartenance tout en contribuant de manière utile à leur environnement. La discipline positive perçoit par ailleurs l'interdépendance comme essentielle à l'expérience humaine et les enfants sont, par conséquent, encouragés à faire preuve d'empathie et d'entraide envers les autres. La vision islamique n'est pas différente, puisque les rituels et les activités impliquent souvent la communauté au sens large. Le concept de la communauté musulmane *(umma)* donne par ailleurs aux musulmans un sentiment instantané d'appartenance qui dépasse les frontières, les cultures et l'origine ethnique. Il suffit d'entendre le salut islamique, « *assalamu alaikum* » (que la paix soit sur vous), pour que deux personnes se sentent connectées sans avoir eu besoin de présentations. « Nous vous avons créés d'un mâle et d'une femelle et Nous vous avons répartis en peuples et en tribus, pour que vous fassiez connaissance entre vous. En vérité, le plus méritant d'entre vous auprès de Dieu est le plus pieux » (Coran, 49:13).

3. Comprendre la croyance cachée derrière le comportement

La psychologie adlérienne considère le comportement comme étant le résultat de la recherche de connexions avec les autres et non comme une réponse passive aux instincts biologiques. Même si la façon dont une personne tisse des liens est parfois destructrice et malsaine, elle reflète toujours un désir conscient ou inconscient d'établir une connexion. Par conséquent, la discipline positive considère les comportements inappropriés d'un enfant comme un moyen non productif de se connecter au parent. En utilisant les outils de discipline positive, le comportement inapproprié peut être transformé par une opportunité d'apprentissage, pour encourager une force, une nouvelle compréhension ou une nouvelle compétence de vie.

Cette idée de croyance cachée derrière le comportement et l'aptitude à lier ces deux éléments font partie intégrante de l'islam. Une des premières leçons qu'un musulman apprend est le concept des intentions. En effet, les musulmans apprennent très tôt à être conscients de leurs intentions, à les évaluer, puis à les ajuster au besoin. Dans l'islam, le but ultime est la connexion avec Allah, Seigneur des cieux et de la terre. La vie est transformée en un voyage dont le but ultime est une connexion avec l'Unique. Alors que les musulmans voyagent dans cette vie à Sa recherche, ils redirigent à la fois les actes de culte et les gestes banals de la vie uniquement vers Allah. « Les actions sont jugées par leurs intentions et une personne sera rétribuée selon son intention » (Hadith, Bukhari, Muslim).

4. *Encouragement*

Dans la psychologie adlérienne, l'encouragement est la principale source de motivation pour amener des changements. C'est un concept puissant. Cependant, sa puissance peut être facilement sous-estimée, car l'encouragement est une force douce et subtile. L'exemple de la vie de notre bien-aimé prophète Mohammed (pbsl) illustre bien la tendance qu'il avait à encourager plutôt qu'à dicter de force les lois et règlements. « C'est par un effet de la grâce de Dieu que tu es si conciliant envers les hommes, car si tu te montrais brutal ou inhumain avec eux, ils se seraient tous détachés de toi » (Coran, 3:159).

5. Respect mutuel

La discipline positive fonctionne sur la base du respect de soi et des autres. Le respect signifie l'aptitude à se voir soi-même et à voir les autres comme des entités distinctes les unes des autres, chacune méritant d'avoir ses propres opinions, son propre ressenti et de prendre ses propres décisions. Cela nécessite de tracer des limites saines. C'est cette aptitude à voir les autres tels qu'ils sont, plutôt que comme on voudrait qu'ils soient, qui est essentielle pour favoriser des relations positives et saines dans tous les domaines de la vie. Les parents qui réussissent à voir leurs enfants comme des entités distinctes permettent à ces derniers de devenir responsables, compétents et proactifs.

L'histoire du prophète Mohammed (pbsl) avec le Ibn Abbas est un bel exemple de respect mutuel. Selon le récit narré dans les livres de hadiths de Muslim et Bukhari, Ibn Abbas (qui était un jeune garçon à l'époque) se trouvait dans un rassemblement auquel assistait le prophète (pbsl) et les aînés parmi les compagnons. Ibn Abbas était assis à la droite du prophète (pbsl) et, selon la tradition prophétique, il serait le premier à boire de la tasse de laquelle le prophète (pbsl) aurait lui-même préalablement bu. Toutefois, la tradition prophétique veut également que les aînés qui assistent à l'assemblée soient honorés en leur donnant préséance. Le prophète (pbsl) s'est donc tourné vers Ibn Abbas et lui a demandé la permission de passer la tasse aux aînés en premier. En réponse, Ibn Abbas refusa, indiquant qu'il ne voulait pas manquer l'occasion de boire immédiatement après le prophète (pbsl). Ce qui s'en est suivi est un bel exemple d'octroi de choix aux enfants, puis de respect de ce choix. Le prophète (pbsl) a ainsi respecté le choix d'Ibn Abbas et la tasse lui a été remise. Dans cette histoire très instructive, le prophète (pbsl) a reconnu le conflit de priorités dans cette situation (en commençant par celui qui est assis à droite par opposition au respect des aînés), il a reconnu le droit d'Ibn Abbas à avoir la tasse après lui, puis il a respecté la décision de ce dernier même lorsqu'il a choisi de passer avant les aînés qui étaient présents. Il s'agit d'un exemple concret mettant en valeur le respect des droits des individus, qui qu'ils soient.

Si cette histoire se produisait de la même manière aujourd'hui, un père pourrait ne même pas envisager de demander la permission de son fils. Et si le père le lui avait demandé et que le fils avait fourni une telle réponse, le père aurait probablement été tenté de le faire changer d'avis. Il l'aurait même probablement réprimandé pour cette réponse considérée irrespectueuse. Pourtant, à travers cette histoire poignante, le prophète (pbsl) a illustré le respect mutuel en comprenant les besoins de l'enfant, le rôle des personnes impliquées et la situation.

6. Bienveillance et fermeté en même temps

A priori, l'idée que l'on puisse être bienveillant et ferme en même temps peut sembler paradoxale. De nombreuses personnes croient qu'un parent peut soit être ferme (établir des règles, être fort et puissant, contrôler ce que l'enfant fait, etc.) ou bienveillant (affectueux, gentil, chaleureux, attentif à l'enfant, etc.). D'autres oscillent entre ces deux positions selon la situation. Ainsi, si l'enfant est gentil, le parent est bienveillant; et lorsque l'enfant déroge du comportement désiré, le parent devient plus ferme. La discipline positive remet en cause cette notion en invitant les parents à être bienveillants et fermes en même temps. C'est possible quand le parent répond aux besoins de l'enfant (bienveillance) tout en répondant aux besoins de la situation (fermeté).

Le prophète (pbsl) était un excellent modèle de bienveillance et de fermeté en même temps. Notre tradition est remplie d'exemples du prophète (pbsl) traçant les limites tout en étant doux et bienveillant. Soulignons, par exemple, la réaction du prophète (pbsl) après qu'il eut ordonné aux compagnons de briser leur *ihram* (l'état sacré indiquant être prêt au pèlerinage) pendant le Traité d'Houdaybiya. Les compagnons, en colère et attristés par les clauses du traité qu'ils percevaient comme injustes, n'ont pas immédiatement obéi à l'ordre du prophète (pbsl). Suivant les conseils de son épouse, Oumm Salamah, le prophète (pbsl) a entrepris de briser son *ihram* en silence (sans répéter son ordre). Ses actions parlaient d'elles-mêmes. Les compagnons ont immédiatement suivi son exemple. Sa fermeté était évidente dans son action, alors que sa bienveillance était démontrée par le fait qu'il avait évité de blâmer les compagnons pour leur absence de réponse.

7. À court terme en opposition à long terme

Dans la discipline positive, les parents œuvrent à développer le caractère de leurs enfants, considérés comme des adultes en devenir. Au lieu de réagir à chaud à une situation indésirable, la discipline positive implique que les parents réfléchissent à ce qu'ils souhaitent transmettre et enseigner à leur enfant. Les interactions ne sont ainsi pas axées sur le changement du comportement immédiat, mais plutôt sur l'utilisation de moments d'apprentissage pour responsabiliser les enfants et pour leur donner les moyens de devenir les meilleurs adultes qu'ils puissent être. Il s'agit d'ailleurs de l'un de nos concepts islamiques les plus importants. Les musulmans savent que leurs actions au cours de cette vie terrestre déterminent leur vie future : « Quiconque aura alors fait le poids d'un atome de bien le verra et quiconque aura commis le poids d'un atome de mal le verra » (Coran, 99:7-8). Les musulmans « commencent avec la fin en tête » (Covey, 1997) tout comme la discipline positive. « Mais, hélas! Vous donnez la préférence à la vie de ce monde alors que la vie future est meilleure et plus durable » (Coran, 87:16-17).

8. Se concentrer sur les solutions

L'une des principales contributions de Jane Nelsen aux pratiques d'éducation parentale est la transition vers le fait de Se concentrer sur les solutions plutôt que sur les conséquences. Avant la discipline positive, les parents étaient invités à punir et/ou à utiliser des conséquences logiques pour « apprendre » à leurs enfants les leçons à tirer de leur comportement inapproprié. Ces interventions entraînaient la déconnexion et l'aliénation de la relation parent-enfant, comme nous en discuterons plus tard dans le livre. Jane Nelsen a invité les parents à considérer les erreurs et les défis comme des occasions d'apprendre des leçons de vie, et elle a mis de l'avant le fait que les enfants apprennent mieux s'ils sont impliqués dans le processus de recherche de solutions.

L'histoire du Bédouin qui a uriné dans la mosquée est un bel exemple de la manière dont le prophète (pbsl) cherchait des solutions. On rapporte qu'un Bédouin est entré dans la mosquée sacrée de Médine et a uriné pendant que le prophète (pbsl) et ses compagnons s'y trouvaient. Choqués, les compagnons ont commencé à sermonner le Bédouin. Le prophète (pbsl), dans sa sagesse, leur a plutôt indiqué de se calmer, de le laisser finir, de verser de l'eau sur la zone pour la purifier, puis d'enseigner au Bédouin l'étiquette de la mosquée. Le Bédouin n'a pas été puni ni sermonné. Il a appris à résoudre le problème et a compris comment se comporter à l'avenir.

La parentalité est une interaction entre le parent et l'enfant où chacune des deux parties a une influence sur le processus. Dans le chapitre suivant, nous allons commencer à explorer quels aspects chez le parent ont un impact sur la relation parent-enfant.

CHAPITRE DEUX

L'IMPORTANCE DE SE CONNAÎTRE

Le style de discipline d'un parent est influencé par sa personnalité, son niveau d'éducation, ses valeurs culturelles, ses expériences de vie ainsi que sa réactivité émotionnelle. Avant de pouvoir mettre en œuvre une méthode de discipline positive, il est primordial de mieux nous comprendre nous-mêmes en tant que parents. Existe-t-il différentes façons d'éduquer un enfant? Comment les gens décident-ils quelles méthodes d'éducation parentale utiliser? Qu'est-ce qu'un style parental? Dans ce chapitre, nous mettons en évidence les observations de spécialistes en sciences sociales expliquant certaines des tendances actuelles en matière de parentalité. Nous partageons également nos propres observations sur les pratiques d'éducation parentale que nous retrouvons dans les foyers musulmans.

Tendances en matière de parentalité

De nombreuses tendances historiques en matière de pratiques et de philosophies d'éducation parentale aux États-Unis ont vu le jour au siècle dernier. Hulbert (2004) explique que, des années 20 aux années 40, des psychologues comme John Watson ont encouragé une approche passive pour élever les enfants avec peu d'affection ou de contacts physiques. Les mères n'étaient pas encouragées à cajoler leurs enfants de peur de trop les gâter et d'en faire des Américains « faibles ». C'est après la Seconde Guerre mondiale que les mères ont été encouragées à faire confiance à leurs instincts. Des pédiatres comme Benjamin Spock ont suggéré que les parents devraient être plus flexibles et affectueux avec leurs enfants. Ce dernier a encouragé les parents à traiter les enfants comme des individus à part entière, ce qui entrait en conflit direct avec ce que la génération précédente avait préconisé au sujet de l'éducation des enfants.

Pendant les années 70, les familles avaient un grand nombre de choix et prenaient leurs propres décisions en matière de parentalité, en fonction, surtout, de ce qui était le mieux adapté à leur famille. Certaines familles ont décidé que les deux parents travailleraient à l'extérieur du domicile; des enfants ont ainsi été envoyés à la garderie ou avaient des fournisseurs de soins autres que leurs parents. Dans les années 90, le pédiatre William Sears est devenu un défenseur de l'approche parentale fondée sur l'attachement. Il s'agit d'une approche qui encourage le parent à être le principal fournisseur de soins de leurs enfants afin de renforcer le lien émotionnel entre les parents et les enfants. Les années 2000 ont été une époque du « faire soi-même » où les parents recherchaient le meilleur pour leurs enfants en le faisant par eux-mêmes. Les parents ne faisaient pas confiance aux institutions et aux experts et s'appuyaient sur leurs propres instincts. Les familles ont choisi de plus en plus de donner naissance à domicile, de nourrir leur bébé avec de la nourriture sans pesticides faite maison, de faire l'éducation à domicile et de garantir la réussite de leurs enfants en les inscrivant à des activités comme des cours de musique, de sports ou à du tutorat. Le phénomène de la parentalité actuel inclut des mots à la mode comme le parentage hyperprotecteur, les mères-tigres et, plus récemment, l'apprentissage incrémental et l'apprentissage de pleine conscience. De nos jours, de nombreux parents se sentent confus et inquiets, car le pendule des tendances parentales semble osciller en réaction au style parental de la génération précédente.

Dans la communauté musulmane américaine, nous avons constaté que les pratiques d'éducation parentale sont non seulement affectées par les tendances parentales, mais diffèrent également en fonction des normes personnelles, sociales et culturelles. Certains parents musulmans américains éduquent leurs enfants en accord ou en contradiction avec la manière dont leurs propres parents les ont élevés, tandis que d'autres adaptent leur éducation selon les attentes de leur culture, de leur communauté et de leurs proches. D'autres parents immigrants trouvent que les pratiques d'éducation parentale dans leur pays d'origine ne s'adaptent pas bien au mode de vie américain, et créent donc un style hybride. Certaines demeures sont constituées de familles multigénérationnelles vivant ensemble, où les aînés jouent le rôle de coparents avec leurs propres styles d'éducation. Ahmed (2011) a découvert que certains convertis musulmans américains changent leurs pratiques d'éducation parentale en s'écartant de la manière dont ils ont été élevés et en modifiant leurs traditions familiales et rituelles. Ces différentes approches mettent en évidence que les pratiques d'éducation parentale sont diverses au sein de chaque communauté musulmane, aussi bien géographiquement qu'ethniquement. La famille est cependant au centre de tous les foyers musulmans, quel que soit le style d'éducation.

Styles parentaux

Diana Baumrind (1967), célèbre psychologue du développement et chercheuse, a affirmé que toutes les pratiques d'éducation parentale se répartissaient dans trois styles parentaux principaux : autoritaire, permissif et démocratique. Ces trois approches sont très différentes sur le plan philosophique et provoquent des réactions radicalement différentes chez les enfants. Pendant que vous lirez les définitions des styles suivants, n'oubliez pas que la dynamique parent-enfant est nuancée; elle est rarement aussi extrême que ce qui est présenté. Certains parents pourraient s'identifier à quelques pratiques d'éducation parentale négatives; il s'agit ici d'occasions de grandir et de changer.

1. Style autoritaire

Dans ce style parental, le parent prend toutes les décisions qui orientent la famille. Les parents autoritaires considèrent les enfants comme naturellement ignorants et incapables de penser de manière rationnelle. Ils attendent des enfants qu'ils leur obéissent sans poser de questions. Les parents autoritaires se sentent très responsables de la gestion de la vie de leurs enfants sous tous ses aspects. Ils ont des idées spécifiques et des attentes élevées vis-à-vis de ce qu'ils veulent que leurs enfants deviennent et sont en mission pour les modeler. L'obéissance des enfants et le contrôle sur eux sont recherchés avec un système de menaces et de récompenses pour punir les comportements inappropriés et féliciter les enfants qui font ce que leurs parents veulent. Lorsque les enfants remettent en question les idées des parents, ces derniers s'indignent et peuvent dire : « Comment osez-vous me désobéir? J'ai tellement fait de choses pour vous! » Ils ne pensent pas qu'ils ont la responsabilité d'entretenir le bien-être émotionnel de leur enfant et pensent, bien au contraire, que c'est à l'enfant qu'il revient de leur obéir et de les respecter aveuglément. Certaines familles musulmanes adoptent ce style parce qu'elles pensent que c'est le seul moyen d'élever des enfants obéissants qui deviendraient ultimement de « bons musulmans ». Étant donné que Dieu récompense et punit les croyants, ce style est renforcé par la conviction, erronée, que les parents doivent adopter la même attitude envers leurs enfants.

Exemple : Un enfant de 8 ans regarde la télévision et a choisi de ne pas laver la vaisselle dans l'évier. Le parent autoritaire entre dans la pièce et hurle : « Comment oses-tu regarder la télévision maintenant? Tu devrais être en train de laver la vaisselle! » L'enfant répond : « Je viens juste de commencer à regarder cette émission. » Le parent rétorque : « Je me fiche bien de ce que tu fais; éteins la télévision immédiatement et va dans la cuisine. Si tu ne te lèves pas tout de suite, tu seras puni et tu n'auras pas le droit de regarder la télévision pendant une semaine! »

Ces enfants se sentent oppressés et manquent d'influence et de contrôle sur leur propre vie. La menace constante de punition de la part des parents fait pousser des graines de rancune, de rébellion, de vengeance ou encore de repli sur soi dans le cœur de l'enfant. Ça ne permet pas d'élever des enfants qui deviendront des adultes sains et fonctionnels et qui se sentent responsables de leur vie. Le message qu'un enfant reçoit d'un parent autoritaire est : « Je suis uniquement aimé si je fais les choses à votre façon et c'est le moyen qui me permette de recevoir de l'amour. »

2. Style permissif

Les parents permissifs suivent un style parental non traditionnel dans lequel ils suivent une philosophie plus laxiste et libre d'esprit. Les parents permissifs ne souhaitent pas imposer de règles à leurs enfants et ils font de grands efforts pour éviter de les confronter. Ces parents trouvent difficile d'établir des limites aux enfants. Le bonheur de l'enfant est au cœur de toutes les décisions prises dans le cadre du processus d'éducation parentale puisque les parents cherchent à satisfaire les demandes de leur enfant. Les parents permissifs ne veulent pas passer pour le « méchant » ou avoir l'impression que leurs enfants les détestent, c'est pourquoi ils préfèrent que les enfants prennent toutes les décisions et établissent leurs propres règles. Les parents permissifs aiment leurs enfants et s'attendent à être aimés en retour parce qu'ils sont gentils avec eux.

Exemple : Un enfant de 8 ans regarde la télévision et a choisi de ne pas laver la vaisselle dans l'évier. Le parent permissif entre dans la pièce et dit : « Chéri, tu étais censé faire la vaisselle. Que s'est-il passé? » L'enfant gémit : « Mais je vais manquer cette émission. Je ne peux pas. » Le parent répond : « OK, c'est correct pour aujourd'hui, mais promets-moi que tu feras la vaisselle demain. Je vais la faire aujourd'hui. »

Les réactions que les parents permissifs reçoivent de leur enfant peuvent être des comportements inappropriés. Les parents n'ayant pas de règles, les enfants se sentent perdus et ne savent pas comment se comporter. Ils en arrivent souvent à avoir la conviction que l'amour signifie « me traiter comme si je suis le centre de l'univers ». En général, les comportements inappropriés se produisent parce que ces enfants n'ont pas appris à fonctionner dans un cadre précis et clair autant à la maison qu'à l'école. Ils peuvent repousser toutes les limites qui sont établies puisqu'ils ont très tôt appris que les adultes finiront par céder. Certains de ces enfants s'épanouissent lorsque des routines et des structures sont établies en classe ou avec d'autres fournisseurs de soins. Le message qu'un enfant reçoit d'un parent permissif est : « Je suis aimé si j'obtiens ce que je veux. Tant que je suis le patron, les gens qui m'entourent m'aiment. »

3. Style démocratique

Il s'agit du style de la discipline positive. Ce style parental est démocratique, car les parents et les enfants ont une voix. Les parents utilisant le style démocratique cherchent à connaître les points de vue et les opinions de leurs enfants lors de la résolution de problèmes et de la prise de décisions importantes, tout en maintenant leur autorité parentale. Lorsqu'un enfant ne répond pas aux attentes de ses parents, ceux-ci réagissent d'une manière réconfortante et cherchent à résoudre conjointement le problème avec l'enfant. Les parents utilisant le style démocratique pensent que les erreurs sont des occasions idéales pour apprendre. Ils permettent à leurs enfants de développer leur autodiscipline ainsi que leur responsabilité personnelle envers leurs actions. Ils pensent que le respect est mutuel entre le parent et l'enfant, et que les parents deviennent des modèles positifs pour les enfants. Les parents sont cohérents dans leurs règles et les enfants savent ce que l'on attend d'eux. Les enfants ont le sentiment d'appartenir à une « équipe » et cherchent à coopérer et à contribuer. Le style parental démocratique nécessite beaucoup plus de travail de la part des parents que n'importe quel autre style. Il s'agit d'une approche intentionnelle de la parentalité qui garde à l'esprit les objectifs à long terme.

Exemple : Un enfant de 8 ans regarde la télévision et a choisi de ne pas laver la vaisselle dans l'évier. Le parent utilisant le style démocratique entre dans la pièce et s'assoit à côté de l'enfant, le regarde dans les yeux et demande : « Quel accord avons-nous au sujet de la vaisselle? » L'enfant répond : « Que je dois la laver avant de regarder la télévision. » Le parent répond : « Donc à quoi dois-je m'attendre de ta part en ce moment? »

Ces enfants-là sentent qu'ils peuvent prendre des décisions et que leurs actions ont un impact sur eux-mêmes et sur les autres. Ils se sentent responsables envers les autres et savent qu'ils sont en sécurité et qu'ils sont aimés par leurs parents. L'atmosphère familiale invite au respect mutuel et à la dignité, ce qui permet aux enfants d'apprendre de leurs erreurs. Le message qu'un enfant reçoit d'un parent utilisant le style démocratique est : « Je suis aimé même lorsque je fais des erreurs, et je suis responsable de mes actions. J'ai une voix et nous travaillons ensemble en famille pour résoudre les problèmes de manière respectueuse pour tout le monde. »

En plus des styles parentaux, les tempéraments innés des enfants (voir p. 50) ont un impact sur la dynamique de la famille. Les enfants ayant des tempéraments qui varient, ils réagissent donc différemment, ce qui accentue ou atténue l'impact des styles parentaux. Bien que nous soyons convaincus que la parentalité démocratique est le meilleur style pour une relation parent-enfant bien établie, nous avons vu des exemples d'enfants capables de résister aux effets négatifs des styles permissifs et autoritaires. Dans ces situations, le tempérament de ces enfants s'aligne avec le style de leurs parents. Par exemple, un enfant structuré peut s'épanouir avec un parent autoritaire, mais il éprouve des difficultés à trouver un équilibre avec un parent permissif. À l'inverse, un enfant libre d'esprit souffrirait énormément avec un parent autoritaire, car il se sentirait mal compris et à l'écart de la famille. Ce même enfant peut trouver du réconfort auprès d'un parent permissif. La dynamique familiale est rarement simple et directe; de nombreux facteurs influencent la famille. Toutefois, avec la discipline positive, les familles sont mieux équipées pour gérer ces divers facteurs, offrant ainsi le meilleur environnement pour élever leurs enfants et pour les responsabiliser, quel que soit leur tempérament.

La danse

Les styles parentaux ne sont pas aussi simples ou linéaires que ce que nous avons présenté ci-dessus. Il est vrai qu'il existe des foyers où un seul style parental est dominant, mais il existe de nombreux foyers où il existe un méli-mélo de styles.

Certains parents « dansent » entre le style autoritaire et le style permissif en fonction de leurs niveaux de tolérance et d'énergie. Dans ces foyers, les parents sont permissifs et donnent à leurs enfants tout ce qu'ils demandent jusqu'à ce qu'ils soient épuisés et vidés. Lorsqu'ils atteignent un niveau élevé de frustration devant la façon dont leurs enfants se comportent, ils passent au mode autoritaire. Ils deviennent exigeants, dominants, disent non, punissent, sermonnent, etc. Ensuite, ils atteignent un point où la peur de perdre l'amour de leurs enfants prend le dessus et ils redeviennent permissifs. Dans ces foyers, les parents sont imprévisibles. La vie quotidienne passe d'un extrême à l'autre de façon aléatoire. Les enfants apprennent quels comportements et quelles réactions fonctionnent pour ramener leurs parents dans la zone permissive. Dans le processus, ils perdent confiance dans les aptitudes de leurs parents à maintenir la structure et l'ordre établis. Il va sans dire que ces foyers se caractérisent par les conflits et le chaos.

Une autre « danse » que j'ai (Noha) observée chez les parents musulmans américains est un jumelage paradoxal entre la permissivité et l'autoritarisme. D'une part, ces parents sont très exigeants en matière de pratiques religieuses et au niveau des attentes scolaires, et d'autre part sont très laxistes avec tout ce qui concerne les choses matérielles, les routines ainsi que les responsabilités. Leur logique derrière une telle dichotomie vient du fait qu'ils vivent dans une société où les enfants sont autorisés à agir ou à se comporter d'une manière qui n'est pas conforme au paradigme islamique. En conséquence, ces parents sentent le besoin de compenser ce manque. Toutefois, ce qu'ils choisissent comme compensation (acheter les tout derniers gadgets, jeux vidéo et vêtements de marques; ne pas s'attendre à ce qu'ils aident avec les corvées domestiques; abandonner les routines ainsi que les règles) prive les enfants d'occasions importantes de développer des compétences de vie. Lorsque les enfants s'attendent à recevoir une gratification instantanée, ils manquent l'occasion d'apprendre la patience, la persévérance et à retarder la gratification. Malheureusement, ces enfants deviennent des adultes qui ont beaucoup de mal à évoluer dans leurs vies professionnelle et familiale. Hélas, ces parents ne se rendent pas compte que la formation à la vie se déroule pendant l'enfance, en utilisant les actes de la vie quotidienne.

Lorsque les parents ne s'entendent pas sur les styles parentaux

La discipline positive serait plus efficace si les deux parents se trouvaient sur la même longueur d'onde. Cependant, il est courant de voir des couples qui se plaignent qu'ils ne sont pas sur la même longueur d'onde en matière de parentalité. Le problème se corse d'autant plus lorsque des chicanes au sujet de la meilleure façon d'éduquer les enfants se produisent devant ces derniers. Chaque parent est généralement frustré que l'autre ne soit pas prêt à « monter à bord ». Il est tout aussi courant que chaque parent penche vers un style parental différent. En général, l'un est permissif tandis que l'autre est autoritaire. La tendance qu'ont ces parents à adopter des styles opposés est généralement un mécanisme compensatoire pour contrecarrer les défauts du style parental de l'autre parent.

La première étape dans une telle situation consiste à permettre aux parents d'en apprendre plus sur la parentalité démocratique. Lire ce livre est un pas dans cette direction. Bien entendu, l'idéal serait pour les deux parents d'en apprendre plus au sujet de ce style et de l'instaurer ensemble. Toutefois, le fait qu'un coparent ne soit pas disposé à monter à bord n'empêche pas l'autre parent d'instiller le changement. La deuxième étape consiste à inviter l'autre parent à changer de méthode, tout en gardant à l'esprit que le changement est un processus lent. Le changement se produit uniquement lorsqu'il vient de l'intérieur : contraindre ou forcer le coparent à changer et à faire les choses d'une certaine manière, le lui imposer ou le harceler ne produira pas de bons résultats. Le partage de livres et d'articles est une invitation à changer en douceur. Toutefois, le moyen le plus efficace qu'un parent puisse prendre est simplement d'être un modèle de discipline positive à la maison. Généralement, lorsqu'un parent se concentre à améliorer son style parental (plutôt que de se laisser entraîner dans le style de parentalité contre-productif de leur partenaire), l'autre parent est inévitablement influencé.

Les enfants sont également très doués pour s'adapter au style de chaque parent. Ils apprendront très tôt que l'approche de leur mère est différente de celle de leur père et ils s'adapteront en conséquence. Cela s'étend également à d'autres personnes dans leur vie, comme les grands-parents, la famille élargie ainsi que les enseignants. Plutôt que de tenter de contrôler la façon dont les autres interagissent avec vos enfants, considérez les divergences qui existent comme une occasion supplémentaire d'enseigner des leçons de vie.

La parentalité est un processus bidirectionnel. Dans le prochain chapitre, nous discuterons de l'impact qu'ont les enfants sur la relation parent-enfant à travers le processus biologique et social en lien avec le développement de l'enfant. Alors que les enfants sont influencés par leur environnement, ils marquent la dynamique familiale par leur tempérament et leurs forces innés.

CHAPITRE TROIS

COMPRENDRE NOS ENFANTS

Après avoir jeté un peu de lumière sur l'importance des styles parentaux, nous allons maintenant explorer, dans ce chapitre, comment les enfants possèdent un pouvoir personnel dès leur naissance. Les parents reconnaîtront que la parentalité demande de leurs propres efforts, mais également ceux de leurs enfants. Une parentalité efficace nécessite que les parents comprennent et acceptent l'influence que leurs enfants exercent sur celle-ci. La discipline positive constitue une feuille de route permettant de transformer ce qui pourrait être une relation conflictuelle en une magnifique synergie, permettant à la fois aux parents et aux enfants de se développer et d'en sortir grandis.

Tempérament

Tous les enfants naissent avec des traits de caractère distincts qui définissent leur personnalité. Par exemple, certains enfants ont besoin de temps pour s'ouvrir à des inconnus, tandis que d'autres sont plus bruyants et turbulents. Chaque enfant est différent. Il n'y a pas de « bonne » ou de « mauvaise » façon d'être. Ce sont ces qualités innées qui rendent chaque personne unique. Les psychologues appellent ces traits de personnalité innés des tempéraments. Il est important que les parents découvrent, comprennent et acceptent les tempéraments de leurs enfants. Ainsi, les parents auront moins de difficultés à anticiper les réactions de leurs enfants aux différentes situations et conséquemment pourront mieux savoir comment les guider.

Les différents styles de tempérament se situent sur un spectre. Cela signifie que les individus affichent ces différents styles à des degrés qui varient d'une personne à l'autre. Ces degrés sont généralement innés et peuvent potentiellement changer au fur et à mesure que l'enfant mûrit et développe sa conscience de soi. La découverte des caractéristiques des différents tempéraments est attribuée aux Dre Stella Chess et Alexander Thomas (cité dans Nelsen, Erwin, Duffy, 2007, p. 99) qui, dans les années 60 et 70, ont mené des études longitudinales évaluant l'évolution des caractéristiques des nourrissons au fil du temps. Ils ont constaté que certaines caractéristiques étaient innées et qu'elles restaient constantes tout au long de la vie malgré l'adaptabilité environnementale. Certains des styles de tempérament couramment observés incluent les dix traits suivants :

1. Niveau d'activité

Ce tempérament décrit la propension de l'enfant à pratiquer des activités physiques. Certains enfants sont plus heureux lorsqu'ils sont actifs et en mouvement, tandis que d'autres sont plus heureux lorsqu'ils font des activités plus calmes ou qu'ils observent simplement ce qui se passe autour d'eux.

2. Rythmicité

Ce spectre décrit à quel point un enfant est orienté vers les routines dans sa vie. Les enfants qui ont une propension pour la rythmicité se sentent rassurés par les routines et avec le fait de savoir à quoi s'attendre. Ces enfants ont tendance à être contrariés si leurs routines sont interrompues. Ils ont également tendance à réagir intensément lorsque ce à quoi ils s'attendent ne se produit pas comme prévu. Par conséquent, une sortie planifiée vers le terrain de jeu qui a été annulée à la dernière minute devient un déclencheur pour une crise de colère. De même, les enfants qui sont plus bas sur ce spectre ont tendance à être plus spontanés. L'absence de routine et de structure ne les perturbe pas, et ils réagissent plus modérément aux surprises. Ils peuvent également avoir des difficultés avec un environnement hautement structuré où la spontanéité n'a pas sa place.

3. Approche ou repli

Ce spectre de tempérament décrit la réaction initiale qu'une personne peut avoir face à de nouvelles situations, de nouvelles personnes et de nouveaux événements. Quelqu'un qui réagit à la nouveauté avec bonne humeur et entrain est une personne qui se retrouve au haut du spectre de ce tempérament. À l'inverse, une personne qui réagit négativement à la nouveauté et qui se replie sur elle-même lors d'un changement inattendu est tout au bas de ce spectre.

4. Adaptabilité

Ce tempérament décrit la réaction à long terme d'un enfant face au changement. Suite à la réaction initiale face à un changement (voir le point 3 ci-dessus), comment l'enfant s'adapte-t-il à la nouvelle situation? Certains s'adaptent assez rapidement même lorsque leur réaction initiale a été négative. D'autres prennent beaucoup plus de temps à s'adapter. La démonstration d'une faible adaptabilité indique une résistance aux nouveaux changements dans le temps, ce qui pourrait être considéré comme une forme de rigidité. Une personne qui est au haut du spectre est capable de s'adapter aux changements avec moins de réticences.

5. Seuil sensoriel

Il s'agit de l'intensité du stimulus nécessaire pour provoquer une réaction. Les enfants ayant un seuil sensoriel élevé sont ceux qui sont capables de gérer beaucoup de stimuli avant de ressentir le besoin de réagir. Les enfants dont le seuil sensoriel est bas seront très sensibles aux environnements interne et externe et réagiront au moindre changement. Les stimuli externes incluent tout ce qui concerne les cinq sens : vue, ouïe, goût, toucher et odorat. Les stimuli internes, quant à eux, sont les réactions émotionnelles et psychologiques face aux événements de la vie.

6. Qualité de l'humeur

Ce spectre décrit les différences entre les enfants qui sont naturellement de bonne humeur (haut sur le spectre) et ceux qui ont tendance à être maussades et tristes (bas).

7. Intensité des réactions

Cette intensité décrit l'énergie déployée en réaction à une situation, que cette dernière soit positive ou négative. Certains enfants réagissent avec un niveau d'intensité élevé, tandis que d'autres ont des réactions plus contenues.

8. Distractivité

Il s'agit de la facilité avec laquelle les enfants peuvent être distraits durant une activité. Une personne qui reste concentrée malgré les distractions est bas sur le spectre, tandis que quelqu'un qui se laisse facilement distraire par son environnement est plus haut sur ce spectre.

9. Persévérance

Une forte persévérance indique une volonté de mener à bout un projet ou une idée malgré les défis et les obstacles. Une faible persévérance indique un manque de patience face à un projet ou une idée lorsque des défis se présentent.

10. Capacité d'attention

Il s'agit de la durée de temps consacrée à une activité sans interruption. Une personne ayant une capacité d'attention élevée est capable de consacrer de longues périodes à un projet ou à une idée sans avoir à prendre de pauses ou à faire autre chose. Un enfant qui a une capacité d'attention plus basse doit prendre des pauses fréquemment et consacrer de courtes périodes à une activité.

Les parents qui ont des tempéraments similaires à ceux de leurs enfants peuvent avoir des interactions positives et des relations pacifiques. De même, les parents et les enfants qui présentent des tempéraments aux extrémités opposées des différents spectres peuvent faire face à des conflits et à des déceptions. Par exemple, un parent extraverti qui est social et bavard peut avoir l'impression qu'il y a quelque chose « qui cloche » avec un enfant introverti parce que celui-ci n'interagit pas avec les autres. Inversement, un parent introverti peut être agacé et embarrassé par le comportement d'un enfant extraverti. En cas de décalage entre les différents tempéraments, les parents peuvent croire à tort qu'ils se doivent de changer leurs enfants. Cependant, les parents qui acceptent les traits innés de leurs enfants se concentreront sur la meilleure façon d'interagir avec eux, ce qui se traduira par une relation plus positive.

Il est essentiel de souligner ici que même si les styles de tempérament sont innés, les parents peuvent aider leurs enfants à acquérir des compétences pour complémenter leurs tempéraments grâce à la sensibilisation et à la pratique afin qu'ils puissent mieux vivre. Par exemple, on peut informer un enfant qui a une capacité d'attention basse et qui a des difficultés à faire ses devoirs qu'il s'agit d'un défi pour lui et, du même coup, on peut l'encourager à s'entraîner à se concentrer sur ses devoirs pendant de courtes périodes à l'aide d'un chronomètre. On peut conscientiser un enfant qui a un seuil de stimulation bas à cette dynamique et lui apprendre à établir des limites pour minimiser une exposition excessive aux stimuli. Grâce à la sensibilisation et à la pratique, les enfants peuvent utiliser leurs styles de tempérament innés comme des forces. Les parents jouent un rôle essentiel dans ce processus. Prenez un moment pour réfléchir où se situe votre enfant sur les différents spectres de tempérament. Comparez et contrastez les résultats de votre enfant aux vôtres. À la suite de ces réflexions, quelles décisions pourriez-vous prendre afin d'aider votre enfant à identifier et à gérer ses tempéraments? Quelles décisions pourriez-vous prendre pour minimiser la disparité entre votre tempérament et celui de votre enfant?

Forces innées

Bien que le domaine de la psychologie ait commencé en mettant surtout l'accent sur les déficiences et les troubles, il commence à effectuer un virage pour se concentrer sur le positif de la nature humaine. Deux idées qui ont émergé à la fin du 20e siècle et au début du 21e siècle et qui bouleversent complètement la compréhension de la psychologie sont : (a) la plasticité du cerveau en réponse à des changements environnementaux positifs (par exemple, la thérapie, les interactions sociales positives, l'activité physique, les médicaments, etc.) et (b) le fait que tout individu est né avec des forces innées qui, si elles sont bien cultivées, peuvent conduire à la productivité et à la satisfaction de vivre. Ces idées ravivent une croyance latente dans le pouvoir de la résilience humaine à surmonter les défis de la vie. Le domaine de la psychologie passe également d'une focalisation sur la pathologie vers une appréciation de la multitude de façons dont nous pouvons influer sur notre vie.

Les parents observateurs ont toujours noté les forces innées de leurs enfants. Cela ressort lorsque les parents décrivent les enfants : « Il peut s'asseoir et lire pendant des heures! »; « Elle a commencé à mémoriser le coran à l'âge de trois ans en écoutant simplement un CD dans la voiture »; « C'est lui le gardien de la paix dans la famille. Il trouve toujours le moyen de calmer ses frères et sœurs et de les amener à se réconcilier »; « Elle est notre experte en informatique à la maison. » Toutefois, ce n'est qu'à partir de la fin du 20e siècle que nous avons commencé à explorer et à classer les aptitudes innées des individus et à utiliser ce qu'Adler appelle des « encouragements » pour renforcer ces aptitudes.

L'un des premiers chercheurs à explorer la question des forces innées était le psychologue du développement Howard Gardner. En 1983, il a révolutionné la compréhension de l'intelligence en étendant le spectre de celle-ci aux domaines d'aptitudes humaines allant au-delà des mathématiques et de la science. Il faut dire que, pendant longtemps, l'aptitude aux mathématiques et aux sciences était considérée comme la seule façon de juger de l'« intelligence » d'une personne. Les aptitudes innées liées à la dextérité physique, aux expressions artistiques et aux interactions sociales étaient ainsi moins valorisées que les aptitudes académiques. Cette perception étroite de la performance du cerveau était omniprésente, particulièrement en occident, et ce jusqu'à l'avènement de la théorie des *intelligences multiples* de Gardner.

Gardner a affirmé que « les individus disposent d'une large gamme de capacités. La force d'une personne dans un domaine de performance ne prédit tout simplement aucune force comparable dans d'autres domaines… Certains enfants semblent bons dans bien des domaines; d'autres, dans très peu » (1999, p. 31). Ces différents domaines de performance rendent chaque enfant unique. Gardner a postulé que ces domaines de performance « découlent de la combinaison du patrimoine génétique et des conditions de vie d'une personne dans une culture et une ère données » (1999, p. 45).

Bien que les psychologues n'utilisent plus actuellement le terme *intelligence* pour décrire un domaine de performance, rejetant par conséquent le terme « intelligences multiples », le travail de Gardner s'est concentré sur les différents domaines dans lesquels les aptitudes humaines et les efforts s'épanouissent. En conséquence, nous allons considérer son travail comme un cadre servant à catégoriser les forces et les aptitudes innées, au lieu de parler d'intelligence. Comme pour les tempéraments, ces domaines de performance se retrouvent sur un spectre. Les personnes se situent à différents points du spectre pour chaque aptitude, et chaque individu possède ainsi une combinaison unique d'habiletés dans tous les domaines.

Gardner a par ailleurs énoncé sept principaux domaines de forces innées : linguistique, logico-mathématique, musical, physique kinesthésique, spatial, interpersonnel et intrapersonnel. Il apparaît évident que ces domaines représentent la diversité de l'excellence dans les habiletés humaines. Ci-dessous, nous décrivons brièvement chaque domaine et mettons en évidence certains musulmans éminents qui excellent dans ceux-ci.

1. Linguistique

Il s'agit de l'aptitude à utiliser le langage, écrit ou oral, pour favoriser l'expression. Cette force est vue chez les orateurs et les enseignants qui vulgarisent facilement les concepts et les informations. Ce type d'individu possède une capacité d'écoute bien développée et peut formuler ses pensées en mots. La collection de hadiths du prophète Mohammed (pbsl) est un exemple concret de ce domaine. Tout le monde n'avait pas l'aptitude du prophète (pbsl) à utiliser des mots de manière succincte afin de transmettre un message avec une touche artistique. De nombreux savants et chefs spirituels musulmans partagent cette aptitude, notamment le sheikh Hamza Yusuf, le professeur Sherman Jackson et Malcolm X.

2. Logico-mathématique

Il s'agit de l'aptitude à utiliser la logique pour résoudre des problèmes et l'aptitude à comprendre et à utiliser des opérations mathématiques pour trouver des solutions. Cette force est très appréciée et valorisée dans la communauté musulmane. Il faut dire que la tradition islamique la tient en haute estime, représentée par al-Khawarizmi, le père de l'algèbre. Plus récemment, au cours du demi-siècle dernier, Ahmed Zewail et Mohammad Abdus Salam, récipiendaires du prix Nobel, ont fait la démonstration de ce domaine grâce à leurs contributions scientifiques.

3. Musical

On parle ici de l'aptitude d'apprécier et de créer des compositions musicales. Gardner a souligné le rôle essentiel que joue la culture dans le développement d'une force particulière. Or, en raison des différences d'opinion concernant la musique dans la tradition musulmane, l'histoire islamique ne se vantera pas de légendes musicales… Toutefois, le talent musical est apparent dans la tradition islamique dans le cadre de la science de la récitation (*tajweed*) du Coran. L'aptitude de réciter le Coran dans une rythmique mélodieuse, en utilisant seulement la voix comme instrument pour créer un son agréable et apaisant est une habileté unique. Au début de la tradition islamique, le prophète

Mohammed (pbsl) a reconnu Bilal ibn Rabah pour sa belle voix en lui attribuant la responsabilité de faire l'appel à la prière. De nos jours, il existe de nombreux artistes et musiciens musulmans américains célèbres tels que Lupe Fiasco, Omar Offendum, Yasiin Bey et Yassin Alsalman.

4. Physique kinesthésique

C'est l'aptitude d'utiliser le corps humain pour créer ou faire quelque chose. La dextérité physique peut être une aptitude en motricité fine, telle que l'aptitude à cuisiner ou à effectuer une opération chirurgicale, ou encore une capacité de motricité globale, comme celle d'un athlète ou d'un entraîneur de chevaux. Il existe de nombreux exemples de musulmans américains renommés qui témoignent de cette force, tels que le joueur de basket-ball Kareem Abdul-Jabbar, le boxeur Muhammad Ali, l'escrimeuse olympique Ibtihaj Muhammad et le chirurgien Mehmet Oz.

5. Visuel spatial

C'est l'aptitude d'apprécier et de manipuler l'espace. Cela implique l'aptitude de visualiser ce qu'un espace peut devenir ou comment un espace existant peut être manipulé. Les artistes, les photographes et les ingénieurs présentent tous une force dans ce domaine dans le cadre de leur travail. Il en est de même pour les pilotes et les danseurs. La Mosquée des Omeyyades de Damas et le Taj Mahal en Inde sont de magnifiques exemples du travail des architectes musulmans. Le célèbre architecte musulman Mimar Sinan est mieux connu pour avoir conçu la Mosquée bleue en Turquie. Ce patrimoine de l'art islamique comprend : la calligraphie, la peinture, le verre, la céramique, le carrelage et les tapis. Parmi les exemples contemporains, on peut citer le calligraphe Haji Noor Deen et l'architecte Khaled Omar Azzam.

6. Interpersonnel

C'est l'aptitude à connecter avec les autres, à détecter leurs émotions et à comprendre leurs points de vue. Les personnes qui sont très haut sur ce spectre peuvent travailler en équipe facilement. Cette aptitude est un composant de ce qui est communément appelé l'*intelligence émotionnelle*. De nombreux psychologues, médiateurs, médecins, éducateurs et entraîneurs font preuve de cette force. L'aptitude du prophète (pbsl) à diriger la communauté musulmane était en partie due à sa grande force dans les relations interpersonnelles.

7. Intrapersonnel

Il s'agit de l'aptitude à détecter ses propres émotions, raisonnements et motivations. Cette force est l'autre moitié de l'intelligence émotionnelle. De nombreux musulmans contemporains rejettent cette faculté et ne comprennent pas la valeur de l'autoréflexion et de l'introspection. Cependant, les soufis dans la tradition islamique ont longtemps appelé au développement de cette aptitude dans le cadre du cheminement vers Allah. L'imam Abû Ḥamid al-Ghazali (s.d.), le célèbre philosophe musulman du 11e siècle, a déclaré dans son livre *L'Alchimie du bonheur* : « Connaissez votre propre personne. Connaissez Allah ».

La raison principale pour laquelle nous partageons ce magnifique concept est pour illustrer l'objectif de la connexion. Les parents aiment leurs enfants et souhaitent le meilleur pour eux. Les parents espèrent que la vie de leurs enfants sera meilleure que la leur. Parfois, cet amour et cet espoir deviennent coercitifs et mènent au jugement de valeur, lorsque les enfants ne réalisent pas les souhaits de leurs parents. Les parents qui associent la réussite dans la vie à des accomplissements relatifs aux sciences et aux mathématiques risquent de considérer que seuls ces domaines peuvent fournir des gagne-pain sûrs. Par conséquent, ils peuvent pousser leurs enfants vers ces domaines académiques et négliger d'autres aptitudes innées que leurs enfants peuvent présenter. Ces parents rejettent les forces de leurs enfants dans des domaines tels que la musique et les arts, les associant à des passe-temps ou à de simples talents, plutôt que de les voir comme des qualités uniques pouvant mener à une vie épanouie. Nous avons rencontré de nombreuses familles qui ridiculisaient les choix d'études de leurs enfants dans les arts et les sciences humaines, considérant ces domaines stupides et inutiles. Encore une fois, même si ces comportements peuvent être motivés par l'amour et par la volonté d'une « meilleure vie pour leurs enfants », l'impact psychologique sur ces derniers peut être profond. La perte de potentiel est grave et, au final, ces pratiques ont bouleversé la communauté musulmane mondiale en la privant de contributions magnifiques et créatives.

Comme nous l'avons vu dans les exemples ci-dessus, la umma a besoin de tous ses talents pour bâtir une communauté globale prospère. Le prophète Mohammed (pbsl) avait des compagnons dotés d'aptitudes uniques et a pu tirer profit de cette diversité. Par exemple, le talent de Hassan ibn Thabit, le poète du prophète (pbsl), était d'utiliser la force des mots (domaine linguistique) pour soutenir et défendre le message de l'Islam. Dans une histoire célèbre se déroulant lors de la bataille de la Tranchée, on raconte que Hassan ibn Thabit a été relégué à protéger les femmes derrière les lignes de front. Un intrus a alors été repéré et on a demandé à Hassan de l'intercepter, mais il en a été incapable. C'est finalement Safiya, la tante du prophète (pbsl), qui a intercepté l'intrus et protégé le groupe. La force de Hassan ne se trouvait pas dans ses capacités physiques en temps de guerre. Il était de ceux qui influençaient par ses paroles. Nous vous invitons, tout comme le prophète (pbsl) l'avait fait avec ses compagnons, à reconnaître, célébrer et tirer profit des talents de vos enfants. Voici quelques éléments à prendre en compte :

- Appréciez l'étendue et la diversité des forces humaines;
- Considérez les sept domaines de force de Gardner et identifiez ceux que vous voyez chez vos enfants et ceux que vous voyez en vous-même;
- Entraînez-vous à remarquer les points forts de vos enfants dès leur jeune âge. Des parents observateurs et engagés pourront ainsi détecter les talents de leurs enfants dès l'enfance;
- Faites vivre à vos enfants différentes expériences pour découvrir leurs potentiels cachés;
- Évitez de ne faire l'éloge que des aptitudes mathématiques et scientifiques. Encouragez tous les efforts de vos enfants à exceller dans leurs domaines d'intérêt respectifs;
- Si vos enfants ne connaissent pas leurs forces ni leurs talents, partagez-leur vos observations;
- Évitez de leur mettre de la pression pour atteindre des normes qui dépassent leurs aptitudes. Si vous vous butez à des sujets ou à des champs d'études dans lesquels vos enfants vivent des difficultés, concentrez-vous à les soutenir et à les encourager;
- Lorsque viendra le moment de s'inscrire à un domaine d'études, évaluez si le choix correspond à l'aptitude réelle de vos enfants. Puis, laissez les prendre la décision finale;
- Si vos enfants se dirigent un choix de carrière qui vous semble plus risqué pour leur avenir, faites leur part de vos inquiétudes quant à leur avenir sans dénigrer leurs choix.

Rang de naissance

Alfred Adler a été l'un des premiers psychiatriques à suggérer que le rang de naissance dans la famille influence la personnalité. Il pensait que les amitiés à long terme, les relations romantiques et les professions étaient influencées par la place de l'enfant dans la famille. Aujourd'hui, il n'existe pas de consensus à ce sujet parmi les chercheurs et les psychologues. Toutefois, de nombreuses familles observent que les aînés semblent partager plusieurs traits communs, si on les compare avec les cadets ou les enfants uniques.

Certains traits communs se retrouvent chez les enfants aînés qui sont souvent diligents, fiables, structurés, prudents et contrôlants. Ils peuvent être des leaders naturels et se comporter comme des mini-adultes. Ils s'efforcent de travailler fort et d'être les meilleurs dans tout ce qu'ils entreprennent. Leurs traits de caractère les suivent généralement à l'âge adulte.

Les enfants du milieu, dans une fratrie composée de trois enfants, peuvent se sentir perdus. Ils peuvent prospérer dans des amitiés en dehors de la famille et avoir une attitude quelque peu imprévisible à la maison. Ils prennent généralement le rôle de conciliateurs, d'artisans de la paix. Ils peuvent aussi avoir tendance à chercher à plaire aux gens ou à avoir une attitude rebelle. En tant qu'adultes, ils peuvent continuer à travailler fort afin de chercher à faire leurs preuves.

Le dernier né d'une famille a, quant à lui, tendance à être facile à vivre, joueur et charmant. Il peut aussi vouloir « sauter » des étapes et aller vite afin de surpasser la fratrie. Son individualité se distingue lorsqu'il lutte pour attirer l'attention de la famille ou lorsqu'il baigne dans la surattention. Il a un esprit aventureux et est prêt à prendre des risques, ou à décider qu'il ne fait partie d'un groupe que si les autres veillent à son bien-être. Ces premières décisions prises ont un impact sur le « plan directeur » que prendra cette vie.

Enfin, les enfants uniques présentent les qualités à la fois des aînés et des plus jeunes. Cependant, tout comme les premiers nés aiment être « les premiers », les enfants uniques aiment souvent être « uniques ». Ce sont des leaders ouverts à la prise de risques. Les enfants uniques établissent généralement de meilleures relations avec les adultes qu'avec leurs pairs. À mesure qu'ils avancent vers l'âge adulte, leur caractère perfectionniste et diligent est mis en évidence dans tout ce qu'ils entreprennent.

Quel que soit le rang de naissance, il est important que les parents acceptent les traits de personnalité uniques de leurs enfants. En outre, abandonner l'habitude de comparer ses enfants entre eux ou avec d'autres enfants permet d'endiguer la rivalité fraternelle.

Développement de l'enfant

Les êtres humains se développent à travers une série d'étapes, de la naissance à la mort. Les différentes étapes du développement sont non seulement physiques, mais elles incluent également le développement social et émotionnel. Erik Erikson, psychologue et psychanalyste émérite, a été le premier à introduire un modèle pour les phases psychosociales du développement humain. Ses observations et sa théorie sont devenues la pierre angulaire de la psychologie et des sciences sociales.

Le modèle original d'Erikson a été étendu par Newman et Newman (2005) à un modèle en onze étapes. Nous nous concentrerons sur les sept premières étapes, qui représentent les périodes les plus spectaculaires de changement et de croissance dans la vie d'un individu. Chaque étape est caractérisée par les éléments suivants : la compétence acquise lorsque l'on navigue efficacement l'étape donnée (valeur), les relations sociales essentielles au soutien de la personne (relations importantes), les jalons marquants (événements importants) et les tendances de développement courantes (développement psychosocial).

Nourrisson (0 à 1 an)

Valeur : Espoir.

Relations importantes : Parent ou principal fournisseur de soins.

Événements importants : Se nourrir, forger le lien d'attachement, jouer, interagir avec les autres.

Développement psychologique : Les nourrissons dépendent de leurs principaux fournisseurs de soins pour la nourriture, les soins et l'affection. Ces premières expériences sont essentielles pour favoriser un sentiment de confiance en l'humanité. Si les besoins des nourrissons sont majoritairement satisfaits, ils développent un attachement profond avec leurs fournisseurs de soins. Ils apprennent à faire confiance à leur environnement. Cependant, si les nourrissons sont abandonnés ou négligés, ils développent une méfiance omniprésente qui pourrait avoir un impact considérable sur leur vie.

Tout-petit (2 à 3 ans)

Valeur : Volonté.

Relations importantes : Parents, fratrie, famille élargie, fournisseurs de soins.

Événements importants : Saisir, marcher, parler, s'entraîner à la propreté, se nourrir et s'habiller eux-mêmes.

Développement psychologique : Les enfants dirigent leur énergie vers le développement des compétences physiques à travers lesquelles leur autorégulation et leur confiance en soi se développent. Les enfants dont les efforts et l'indépendance sont encouragés commenceront à croire en leurs aptitudes et compétences. Les parents surprotecteurs peuvent par mégarde transmettre comme message que les erreurs doivent être évitées à tout prix, ce qui contribue à semer un sentiment de honte dans le cœur de leurs enfants.

Petite enfance (3 à 5 ans)

Valeur : Objectif.

Relations importantes : Famille nucléaire et élargie, préscolaire, fournisseurs de soins.

Événements importants : S'entraîner à la propreté, se nourrir et s'habiller par eux-mêmes, explorer, utiliser des outils, créer de l'art, jouer en parallèle, participer à des jeux imaginatifs et à des jeux de rôle.

Développement psychologique : Les enfants continuent à devenir plus indépendants au fur et à mesure que leurs capacités motrices se développent. Ils commencent à explorer les relations sociales tout en apprenant à réguler leurs émotions. Les enfants d'âge préscolaire ont pour objectif d'explorer le monde et ont du mal à reconnaître les limites de ce qu'ils peuvent et ne peuvent pas faire. Les enfants dont les parents sont encourageants et cohérents dans leur discipline poursuivront leur nouvelle exploration du monde tout en respectant les limites. Les enfants qui sont disciplinés de manière sévère et inconsistante peuvent développer un sentiment de culpabilité et devenir inhibés.

Phase intermédiaire de l'enfance (6 à 12 ans)

Valeur : Compétence.

Relations importantes : Famille nucléaire et élargie, voisins, amis, pairs et enseignants à l'école, et également les membres des équipes et lesentraîneurs dans le cadre d'activités parascolaires.

Événements importants : Liens familiaux, amitiés, études, acquisition de compétences, auto-évaluation et esprit d'équipe.

Développement psychologique : Lorsque l'enfant entame son parcours académique, son centre d'intérêt passe du milieu familial au milieu scolaire. Ils luttent afin d'acquérir de nouvelles compétences et ils apprennent à faire face à l'échec. Leur environnement social s'étend au fur et à mesure qu'ils développent des amitiés avec leurs pairs. Les enfants se sentent compétents lorsqu'ils maîtrisent certains domaines de leur vie. Cela varie en fonction des forces innées de l'enfant. S'ils ne vivent pas de succès et ne se sentent pas accomplis, les enfants peuvent commencer à développer un sentiment d'infériorité et d'incompétence.

Pré-adolescence (13 à 18 ans)

Valeur : Loyauté envers les autres.

Relations importantes : Famille nucléaire et élargie, amis, pairs et enseignants de l'école, membres des équipes et entraîneurs dans le cadre d'activités parascolaires, mentors et modèles.

Événements importants : Maturation physique, maturation cognitive, régulation émotionnelle, appartenance à un groupe de pairs, intérêt sexuel naissant, recherche d'identité et exploration des choix de carrière et des parcours de vie.

Développement psychologique : Ils passent de l'enfance vers l'adolescence. Ils commencent le processus d'individualisation et de séparation lors duquel ils réalisent qu'ils sont des entités distinctes de leurs parents. Ils ont du mal à répondre aux questions existentielles : « Qui suis-je? », « Où vais-je? » et « Comment vais-je y arriver? » Au cours du processus, les liens avec leurs pairs peuvent se solidifier tandis qu'ils naviguent à travers leurs identités individuelle et collective en plein développement.

Adolescence tardive (18 à 24 ans)

Valeur : Fidélité aux valeurs.

Relations importantes : Famille nucléaire et élargie, amis, camarades universitaires, collègues, instructeurs, employeurs, mentors et modèles.

Événements importants : Autonomie face aux parents, identité sexuelle, moralité interne, diplôme, choix de carrière, relations importantes, mariage et procréation.

Développement psychologique : Les adolescents continuent leur quête d'indépendance. Certains continuent le processus d'introspection tout en formalisant leur identité et leur code moral. Ils réévaluent leur éducation et établissent leurs propres opinions dans des domaines allant de la culture et la religion à la politique en passant par la carrière et la sexualité. Les jeunes adultes qui définissent qui ils sont avancent dans la vie avec une vision claire et des objectifs. D'autres ont du mal à trouver des réponses à leurs questions existentielles et peuvent se sentir perdus pendant des années.

Début de l'âge adulte (24 à 34 ans)

Valeur : Amour.

Relations importantes : Partenaires, famille nucléaire et élargie, amis, collègues et employeurs.

Événements importants : Relations romantiques, mariage, procréation, carrière, mode de vie, études, et militantisme.

Développement psychologique : La plupart des jeunes adultes à ce stade se concentreront sur leur besoin d'intimité. La mise en place de relations étroites et le partage d'expériences avec autrui prennent une place centrale. Ils chercheront à créer un style de vie professionnel et familial. S'ils sont encore incertains de leur identité, ils peuvent être réticents à s'engager ou ils peuvent dépendre d'autres personnes, ce qui peut mener à l'isolement et à la solitude.

Dans la Partie I, nous nous sommes concentrés sur l'amélioration de votre compréhension de vous-même et de vos enfants. Dans la Partie II, nous allons aborder la manière dont les outils de discipline positive sont appliqués concrètement dans les familles.

PARTIE II

OUTILS
DE DISCIPLINE
POSITIVE

CHAPITRE QUATRE

NI CAROTTES NI BÂTONS

L'une des principales caractéristiques de la discipline positive est qu'elle ne souscrit pas aux stratégies externes de changement de comportement, telles que les sanctions ou les récompenses. La discipline positive ne fonctionne **pas** dans un cadre utilisant des carottes et des bâtons dans lequel les enfants sont entraînés à se comporter afin d'éviter la douleur ou de gagner du plaisir. Les parents peuvent être surpris d'apprendre que la discipline positive n'encourage pas l'utilisation de la peur, des menaces ou des pots-de-vin pour que l'enfant se conforme. Au lieu de cela, la discipline positive offre une variété d'outils qui favorisent un locus de motivation interne. Commençons par discuter des punitions et des récompenses et des raisons pour lesquelles la discipline positive n'utilise ni carottes ni bâtons.

Punition

Quelle est la définition d'une punition? Notre définition inclut l'utilisation de la force physique pour contrôler l'enfant (la fessée, frapper avec une main ou d'autres objets), le fait de supprimer des privilèges (passer du temps avec des amis, jouer ou regarder la télévision) ou confisquer des biens (argent de poche, téléphone ou ordinateur).

Posez-vous les questions suivantes. Nous vous invitons par ailleurs à noter vos réponses :

- Quelles sont mes opinions concernant les punitions?
- Quelle a été mon expérience concernant les punitions?
- Quelles décisions ai-je prises dans ma vie en fonction de ces expériences avec les punitions?

Jane Nelsen (2006, p. 13) partage 4 conséquences possibles de la punition :

1. Rancune : « C'est injuste. Je ne peux pas faire confiance aux adultes. »
2. Vengeance : « Ils gagnent la manche, mais je remporterai la bataille. »
3. Rébellion : « Je ferai le contraire de ce que l'on me demande, uniquement pour prouver que je n'ai pas à obéir. »
4. Retrait :
   - Malhonnêteté : « La prochaine fois je ne me ferai pas prendre. »
   - Baisse de l'estime de soi : « Je suis une mauvaise personne. »

Vous reconnaissez-vous dans l'un de ces scénarios? Ces résultats sont généralement évidents lorsque les punitions sont utilisées comme unique stratégie pour discipliner les enfants. Lorsque ces enfants deviennent parents à leur tour, ils ont tendance à appartenir à l'un des trois groupes suivants :

Le premier groupe comprend les parents qui ont souffert de la punition lorsqu'ils étaient enfants, mais qui n'ont pas pris la décision d'agir différemment avec leurs propres enfants. Avec ce groupe, le cycle se répète. Les nouveaux parents propagent les méthodes des générations précédentes. Ils n'ont généralement aucune connaissance d'autres méthodes de discipline possibles et ils utilisent donc les mêmes techniques opprimantes. Le cycle d'éducation parentale fondée sur les punitions pourrait se poursuivre jusqu'à ce qu'un membre de la famille remette en question le processus. La principale difficulté de ce groupe est d'arriver à développer cette conscience de soi.

Le deuxième groupe est celui des parents qui ont pris la décision consciente d'éviter d'utiliser les punitions. Cependant, dans leur zèle à éviter ce que leurs propres parents faisaient, ils vont à l'autre extrême et deviennent trop permissifs. Comme indiqué au chapitre 2, la parentalité permissive entraîne ses propres problèmes. La principale difficulté pour ce groupe est d'apprendre à être ferme et cohérent sans avoir recours à des punitions. Dans leurs efforts pour devenir des parents utilisant le style démocratique, ils peuvent penser que toute tentative de fermeté de leur part aliénera leurs enfants. Leur peur de perdre l'amour de leurs enfants peut les pousser à revenir à l'attitude permissive.

Le dernier groupe est constitué de parents qui ont détesté les punitions de leurs parents, mais qui, en tant qu'adultes, ne savent pas comment gérer leurs propres enfants. Ces parents choisissent d'apprendre et de s'intéresser activement aux questions concernant l'éducation des enfants. Nous sommes personnellement émerveillés par ce groupe. Nous voyons de nombreux exemples de ce dernier groupe au sein de la deuxième génération de musulmans américains. De nombreux lecteurs de ce livre appartiennent d'ailleurs à ce groupe. Que Dieu bénisse vos efforts alors que vous affrontez les défis de la parentalité et adoptez une nouvelle façon d'interagir avec vos enfants.

Il existe également un groupe particulier de parents qui assurent avec fermeté des discours tel que : « Eh bien, j'ai été frappé quand j'étais enfant et regardez-moi maintenant, je vais bien. Je méritais la fessée et j'ai appris de mes erreurs. La punition a bien fonctionné pour moi. Pourquoi me dites-vous de ne pas le faire avec mon enfant ? » Pour ce groupe, il est important de comprendre que les punitions n'étaient probablement pas utilisées comme unique stratégie de discipline. Dans ces foyers, il y avait également des conversations, des discussions, une collaboration, un respect mutuel, etc. Ultimement, ces adultes se sentaient donc bien connectés à leurs familles d'origine. Par conséquent, les punitions n'ont pas eu le même impact négatif que pour les groupes mentionnés précédemment. Nous vous invitons à vous concentrer sur l'utilisation des outils de discipline positive, car ils renforceront certainement la dynamique familiale.

Lorsque nous demandons aux parents pourquoi ils utilisent les punitions, beaucoup répondent : « Je le fais parce que je veux enseigner à mon enfant des leçons de vie. » L'ironie, c'est que les punitions enseignent effectivement des leçons, mais peut-être pas celles que l'on espère. Ce sont des leçons oppressives et invalidantes. En fait, les punitions utilisées comme seules méthodes de discipline laissent des cicatrices sur les esprits. L'enfant est blessé pour la vie. Les enfants ayant des cicatrices laissées par les punitions passent à l'âge adulte avec des théories dysfonctionnelles inconscientes sur les interactions sociales, telles que :

- Le testeur : un adulte qui ne fera confiance aux autres que lorsqu'ils auront fait leurs preuves. Il s'agit d'une personne qui est initialement distante. La confiance peut être bâtie avec le temps, mais celle-ci sera généralement fragile, encline aux doutes et aux soupçons;

- Le vengeur : un adulte qui cherche à se venger pour la douleur vécue dans son enfance. Il s'agit d'une personne qui réagit à la moindre provocation en attaquant et en insultant les autres;
- Le docile : un adulte discret et soumis. C'est une personne qui manque de confiance en soi et qui cherche sa voie auprès des autres;
- La victime : un adulte qui pense que le monde entier est à ses trousses. Il s'agit d'une personne qui ne pense pas être capable d'avoir le contrôle sur sa vie;
- L'intimidateur : un adulte dont le mode de fonctionnement est de chercher à contrôler d'autres personnes. Il s'agit d'une personne qui ne se sent en sécurité que lorsqu'elle contrôle une situation;
- L'agent double : un adulte qui n'est pas franc et ouvert. C'est une personne qui cache ses sentiments et pensées réels par peur de la critique et du ridicule.

Comme vous pouvez le constater, les conséquences à long terme de l'utilisation des punitions comme unique méthode de discipline varient considérablement. Personne ne peut prédire la façon dont un enfant va réagir. Cependant, une chose est claire : ces effets sont préjudiciables. Les leçons de vie que les parents croient transmettre s'érigent plutôt comme des pièges qui entraînent inconsciemment leurs enfants dans une dynamique sociale dysfonctionnelle. Voilà pourquoi les punitions limitent et étouffent le potentiel des enfants, plutôt que de favoriser leur responsabilisation.

Les punitions détournent l'attention du véritable enjeu. Ils n'invitent pas les enfants à réfléchir par eux-mêmes et ne les invitent pas à envisager des solutions pour corriger la situation. En général, les enfants bougonnent face à la punition elle-même et ne pensent pas au problème à régler. Ce qui ressort de l'expérience est plutôt : « Comment puis-je éviter cette situation à l'avenir? »; « Comment puis-je faire ce que je veux sans être puni? »; « Comment puis-je me cacher ou agir discrètement dans le dos de mes parents pour faire ce que je veux? » Ce qui est troublant dans ces constats, c'est qu'aucune de ces options n'est un bon fondement pour une vie adulte productive. (Voir La Fessée dans le contexte islamique)

Récompenses

Certains parents n'ont peut-être pas besoin d'être convaincus de l'impact négatif de la punition, mais ils ne comprennent pas pourquoi ils ne devraient pas utiliser des récompenses, ce qu'ils considèrent comme une stratégie positive. Alors, pourquoi les récompenses sont-elles associées aux punitions et écartées des outils de discipline positive? Bien que l'impact négatif des récompenses ne soit pas aussi néfaste que celui des punitions, elles infligent leur propre part de blessures psychologiques.

Les récompenses sont des gains matériels tangibles liés aux résultats finaux souhaités. Par exemple : des autocollants sur un tableau de bonne conduite, des prix pour la mémorisation du coran, de l'argent pour la réussite académique, des bonbons pour un bon comportement, du temps de jeu vidéo supplémentaire pour avoir terminé ses devoirs rapidement, etc. En résumé, la récompense est tout ce qui n'est pas lié à la tâche elle-même, mais qui est promis à l'enfant pour l'accomplissement de celle-ci. Il s'agit d'une association forcée entre un objectif et un élément externe qui n'a pas de lien. C'est une association artificielle. Le parent crée le système, la connexion et l'anticipation. La discussion suivante met en lumière nos préoccupations concernant l'établissement d'un système d'éducation parentale basé uniquement sur les récompenses.

Les récompenses sont efficaces à court terme uniquement. Pour les jeunes enfants particulièrement, il est vrai que les récompenses sont motivantes et encourageantes. Cependant, à mesure que l'enfant grandit, il devient difficile de trouver la récompense adéquate pour le motiver. « Si je n'en retire rien, à quoi bon! »

Les récompenses distraient de la tâche. L'énergie et l'effort déployés dépendent des caractéristiques de la récompense plutôt que de la tâche. Les parents pensent que les récompenses motivent leurs enfants à développer de bonnes habitudes ou des compétences. En réalité, ce qu'un enfant apprend, c'est comment évaluer la valeur de la récompense et comment négocier pour en obtenir encore davantage. Lorsqu'un enfant marchande avec le parent afin de bonifier la récompense, la tâche à accomplir ne devient plus qu'une monnaie d'échange et est mise de côté. Plus important encore, la dynamique enfant-parent se transforme en une lutte pour voir qui en sortira « gagnant ».

L'utilité des récompenses est limitée. Dans les foyers où les récompenses sont négociées en permanence, les récompenses ont tendance à devenir toujours plus grandes et toujours plus chères. Les récompenses qui étaient initialement excitantes deviennent de moins en moins intéressantes et l'enfant en demande toujours plus. Généralement, les parents répondent aux demandes, sans se douter du danger. Il arrive un point où les demandes de l'enfant atteignent une limite déraisonnable et le parent se sent bloqué.

Les enfants réagissent différemment aux récompenses. Certains enfants s'engagent dans le système de récompenses alors que d'autres ne le feront pas. Je (Noha) me souviens encore de l'instant où mon fils, alors qu'il était en deuxième année, m'a dit : « Ça ne m'intéresse pas! » au sujet d'une de mes récompenses. J'en étais restée stupéfaite. Que faites-vous lorsque votre enfant vous jette la récompense au visage? J'étais paralysée et je ne savais pas quoi faire. C'est à ce moment-là que j'ai pris la décision de réévaluer ma stratégie. Avec le recul, je suis reconnaissante que mon fils m'ait fait réaliser (inconsciemment!) la courte vie utile des récompenses. Même s'il était le seul de mes enfants à avoir résisté aux récompenses, c'était la dernière fois que j'utilisais cette méthode pour les motiver.

Les récompenses favorisent la dépendance envers les autres. Le piège des récompenses réside dans la promotion d'un locus de contrôle externe. Grandir en étant motivé par des gains tangibles ou la reconnaissance d'autrui conduit à une vie motivée par les opinions et les objectifs des autres. Toutefois, une personne arrive à un tournant dans sa vie lorsqu'elle découvre la futilité d'une telle motivation. Il se peut que la récompense ne soit plus suffisamment stimulante, que la multitude d'opinions soit déroutante, que la concurrence soit rude, etc. Le résultat? Une période difficile de réévaluation et de restructuration. Pendant cette période, les individus récompensés stagnent en attendant de trouver un nouveau système de motivation.

Certains parents résistent au lâcher-prise et à l'abandon du système de récompenses, car ils pensent que si les humains n'ont pas un objectif tangible à atteindre, ils ne fonctionneront pas. Nous invitons ce groupe de parents à se concentrer à inculquer à leurs enfants la joie que procure un « travail bien fait ». Cette satisfaction est plus profonde et plus durable que le plaisir temporaire des récompenses. Lorsque vous vous concentrez sur ces distractions matérielles, reconnaissez que vous inculquez ce qu'Allah a décrit dans le Coran comme n'étant « que jeu et frivolité, apparat et futiles rivalités » (57:20). En évitant l'utilisation de récompenses, vous ouvrez la porte à la découverte des plaisirs simples de la vie et à la joie de mener une vie authentique, mieux connectée à Allah.

Problème de contrôle

Nous avons une question simple à vous poser : « Quel contrôle pensez-vous avoir sur la personne que votre enfant deviendra? » Nous vous invitons à être honnête. Prenez le temps de réfléchir.

Pour être franche avec vous, j'ai (Noha) été l'un de ces parents qui pensent sincèrement qu'il est à 100 % de son devoir de déterminer la façon dont ses enfants évolueraient. Je ne crois pas que j'étais consciente de cette croyance, mais j'ai certainement agi avec cette attitude. Bien sûr, je savais que mes enfants auraient des personnalités différentes, mais je pensais que je devais simplement comprendre ce qui fonctionne pour chacun d'entre eux, amener des nuances et voilà! Les changer.

Nous sommes certainement un élément essentiel qui renforce ou inhibe nos enfants. En fait, nous avons de l'influence, beaucoup d'influence même. Cependant, nous ne sommes pas responsables à 100 % des adultes qu'ils deviennent ou des vies qu'ils mènent. Outre notre style parental et notre relation avec eux, il existe plusieurs autres facteurs qui contribuent à façonner les personnes qu'ils deviennent.

Pour commencer, leur patrimoine génétique a un impact sur de nombreux domaines cruciaux de leur vie : intelligence, tempérament, seuil de colère, etc. Il y a ensuite la réalité de l'environnement social, notamment la famille nucléaire et au-delà.

Chaque enfant est né dans un environnement différent, même ceux nés dans la même famille. Le rang de naissance et les événements importants de la vie font que chaque enfant vit dans un contexte différent. En dehors de l'unité familiale, d'autres personnes exercent également une influence, notamment les enseignants, les voisins et les amis. Au-delà du cercle social intime se trouve l'empreinte culturelle subtile, mais très puissante de la situation géographique et de l'époque. Enfin, le libre arbitre accordé aux humains est essentiellement la liberté de penser et de choisir parmi les nombreuses options disponibles pour tous dans ce monde.

La convergence de tous ces facteurs, y compris votre style parental et votre relation avec votre enfant, a un impact sur les adultes que les enfants deviennent. Il est donc important de réfléchir à votre perception de votre pouvoir de contrôle, car il colore inconsciemment vos interactions avec vos enfants. Les parents qui pensent qu'ils sont responsables à 100 % de la manière dont leurs enfants évolueront mettront en pratique des stratégies de contrôle et de coercition pour transformer leurs enfants en ce qu'ils pensent qu'ils « devraient être ». Parmi les stratégies de contrôle, les plus courantes sont les punitions et les récompenses. Ces parents voient généralement leurs enfants comme des extensions d'eux-mêmes. D'autre part, les parents qui acceptent le fait qu'ils n'ont pas le contrôle total sur la destinée de leurs enfants, collaborent avec ces derniers, les voient comme des entités distinctes et les aident à devenir meilleurs. Ces parents ont des rêves et des ambitions pour leurs enfants. Cependant, ces rêves ne deviennent pas des menottes qui étouffent. Ces parents voient leur rôle comme celui d'un jardinier qui s'occupe avec soin de ses fleurs, sans savoir comment les tiges vont pousser.

L'une des principales raisons pour laquelle nous soulevons

cette problématique est que nous observons deux tendances parmi les parents musulmans. Ils aiment beaucoup leurs enfants. Ils prennent leurs responsabilités au sérieux. Un amour et un sens de la responsabilité aussi profonds poussent certains parents à manipuler tous les aspects de la vie de leurs enfants. Ces parents pensent généralement que leurs enfants ne savent pas ce qui est le mieux pour eux et, par conséquent, croient qu'ils doivent user de contrôle et de coercition pour leur bien. Ils ne voient pas leurs enfants comme étant capables de comprendre les choses par eux-mêmes à travers les expériences de vie. Le contrôle s'effectue donc au nom de l'amour. Le premier signe d'une telle attitude est la bataille alimentaire à table et les signes ultérieurs d'un tel amour suffocant et débilitant sont ceux liés aux choix de carrière et au mariage. Soyons clairs : nous ne préconisons pas d'abandonner vos enfants à leur bon vouloir. Nous vous invitons plutôt à abandonner une vision fixe de ce que vous pensez qu'ils deviendront. Accordez-leur l'espace pour apprendre les leçons de la vie, tout en étant à leurs côtés pour les soutenir et les encourager.

La première habitude dans l'ouvrage *Les Sept habitudes des familles épanouies* (Covey, 1997, p. 27) est d'« être proactif ». Covey insiste sur le fait que l'essence de la proactivité est d'être responsable. Plus précisément, responsable ET capable. Il nous encourage à nous concentrer à choisir avec soin des réponses et des actions dans notre vie quotidienne plutôt que de constamment chercher à contrôler ceux qui nous entourent. Mon (Noha) travail de thérapeute m'a démontré encore et encore la valeur de son message. J'ai réalisé que lorsque les parents étaient capables de se concentrer sur leurs actions et leurs réponses, leurs enfants étaient plus susceptibles d'être influencés par eux. D'autre part, lorsque les parents se concentrent sur la façon dont leurs enfants « devraient » se comporter, la déconnexion, la rébellion et l'aliénation suivent. Si votre objectif est de continuer à avoir une influence sur la vie de vos enfants, collaborez avec eux au lieu de chercher à les contrôler.

Demandez-vous : Où en suis-je dans cette quête du contrôle? Êtes-vous, vous et vos enfants, partenaires dans ce voyage vers l'âge adulte? Êtes-vous le commandant qui doit être suivi sans questionnement, parce que vous savez ce qui est le mieux? Ou êtes-vous tous les deux copilotes? Votre réponse ici est essentielle, car la discipline positive est pour les parents qui cherchent à collaborer, à éduquer et à responsabiliser.

Mythes parentaux

Dans le cadre de ma (Noha) pratique privée, j'ai découvert de nombreux mythes qui piègent les parents dans leur voyage parental. Ces perceptions erronées conduisent même à l'angoisse et à la douleur. Les exemples ci-dessous mettent en évidence certains des mythes les plus répandus et les sections connexes du livre.

FIGURE 4.1
Mythes les plus répandus en parentalité

Mythe	Sections connexes
Je dois simplement leur enseigner l'islam et mes enfants seront de bons musulmans.	Question de foi; Islam par choix.
Mes enfants ne seront pas comme untel... Ils seront les meilleurs des enfants.	Styles parentaux; Pourquoi mon adolescent est-il en crise?
Si je suis ferme avec mes enfants, ils me détesteront.	Styles parentaux; Lorsque les parents ne s'entendent par sur les styles parentaux; La danse.
Il est de ma responsabilité de corriger les émotions de mes enfants.	Communication efficace; Refléter; Temps de pause positif.
Je dois dire à mes enfants qu'ils sont exceptionnels pour qu'ils aient une bonne estime d'eux-mêmes.	Encouragements; Syndrome de l'adulte fragile.
Je dois être présent pour mes enfants à tout moment, sinon je ne suis pas un bon parent.	Responsabilisation; Parents épuisés; Avoir une vie.
Si je dis aussi souvent « NON » à mes enfants, c'est à cause de l'Islam. Donc, je compense en	Styles parentaux; Achète-le-moi; Croire que tout nous est dû.

leur donnant tout ce qu'ils veulent.	
Si je ne suis pas sur la même longueur d'onde que mon conjoint concernant la discipline des enfants, tout est perdu.	Styles parentaux; Lorsque les parents ne s'entendent pas sur les styles parentaux; La danse.
Je suis responsable du bonheur de mes enfants.	Achète-le-moi; Croire que tout nous est dû; Syndrome de l'adulte fragile.

Dans le chapitre suivant, nous abordons la plupart des outils de discipline positive qui vous permettront, en tant que parent, de remplacer les punitions et les récompenses. Nous vous invitons à utiliser les activités banales de la vie quotidienne comme des moments d'enseignement afin de développer des compétences de vie.

CHAPITRE CINQ

OUTILS DE DISCIPLINE POSITIVE

Dans ce chapitre, nous allons aborder 49 outils de discipline positive. L'outil qu'un parent utilisera dépendra de la situation, des tempéraments du parent et de l'enfant et, bien sûr, de l'âge de ce dernier. Certains outils sont universels et d'autres sont spécifiques à certaines tranches d'âge.

Tous les outils abordés ont été mentionnés dans d'autres ouvrages, notamment : *Positive Discipline, Positive Discipline A-Z, Positive Time-Out,* ainsi que *Teaching Parenting the Positive Discipline Way,* (La Discipline positive – traduit en français; La Discipline positive de A à Z; Les Retraits positifs, Enseigner aux parents la voie de la discipline positive) et le plus récent ouvrage : *Positive Discipline Parenting Tools: The 49 Most Effective Methods to Stop Power Struggles, Build Communication, and Raise Empowered Capable Kids* (Les Outils de la discipline positive : les 49 méthodes les plus efficaces pour arrêter les luttes de pouvoir, construire la communication, et élever des enfants capables et responsables) écrit par Jane Nelsen et deux de ses enfants, Mary Nelsen Tamborski et Brad Awingeand. Nous avons décrit les outils et donné des exemples basés sur notre propre compréhension et notre expérience. Les outils marqués d'un * ne sont pas spécifiquement des outils de discipline positive, mais ils s'alignent sur la même philosophie.

En résumé, nous vous invitons à vous concentrer sur la *connexion* avec vos enfants. Nous pensons que la connexion parent-enfant est la base sur laquelle l'unité familiale doit se fonder pour faire face aux défis de la vie. Il y aura certainement des défis, car c'est la nature même de la vie ainsi qu'Allah l'a décrété : « Nous avons créé l'homme pour une vie de lutte! » (Coran, 90:4). Notre invitation à se connecter n'est pas pour vivre un amour sans limites. Notre invitation consiste plutôt à aimer vos enfants tout en étant capable de définir des limites respectueuses. Nous pensons que la mise en œuvre *constante* d'une discipline positive amène les résultats suivants :

- Un travail collaboratif;
- Du respect pour tous les membres de la famille, quel que soit leur âge;
- Chaque membre a une voix qui est entendue;
- Des enfants qui découvrent leurs forces;
- Des enfants qui croient en leurs aptitudes;
- Des enfants qui sont soutenus pour devenir les meilleurs adultes possible;
- Des enfants qui se sentent à l'aise de partager leurs problèmes et préoccupations avec leurs parents;
- Des enfants qui adoptent des stratégies d'autorégulation des émotions;
- Des enfants capables de gérer les déceptions et les échecs;
- Des parents moins bouleversés par le chaos du quotidien;
- Des parents qui redirigent leur énergie vers ce qui est efficace et ce sur quoi ils ont le contrôle;
- Une culture familiale positive;

- Des problèmes qui sont abordés à travers les solutions;
- Une famille qui apprécie la compagnie des uns et des autres;
- Une forte connexion familiale même lorsque les enfants quittent le nid.

Agir sans parler (signaux non verbaux)

Cet outil consiste à utiliser des gestes pour communiquer des messages qui ont déjà été exprimés verbalement.

Exemples d'« Agir sans parler » :

- Pointer vers le sac à dos de l'enfant lorsqu'il traîne au milieu du couloir;
- S'asseoir en silence à côté de votre fille adolescente et la serrer dans vos bras lorsqu'elle pleure ou est triste;
- Pointer vers la ceinture de sécurité lorsque votre enfant ne l'a pas attachée;
- S'éloigner lorsque votre enfant hurle et vous crie après;
- Présenter votre main, paume vers le haut, en attendant que votre fils vous donne le téléphone portable;
- S'asseoir dans la voiture, en attendant que votre enfant sorte pour aller à l'école le matin (sans crier, hurler ou menacer);
- Lorsqu'il est temps de prier, faire l'*adhan* (appel à la prière) et commencer la prière sans attendre que tout le monde se réunisse (comme c'est le cas à la mosquée).

Délais convenus

Cet outil est couramment utilisé dans le cadre des outils « Résolution de problèmes » et « Tenir parole ». Cependant, il peut également être utilisé seul. Lorsque les parents et les enfants ne s'entendent pas sur des enjeux qui impliquent une notion de temps, cet outil s'avère utile. Il s'agit simplement d'être concret et clair.

Exemples de « Délais convenus » :

- À la fin d'une discussion sur les tâches ménagères, un parent demande à son enfant : « Quand penses-tu que tu pourras faire...? » Si la limite de temps proposée par l'enfant ne fonctionne pas pour la famille, le parent l'exprime et lui demande une limite de temps différente;
- Si l'heure du coucher est une source de frustration, les parents et les enfants discutent afin de trouver un compromis acceptable pour les deux parties;
- Lorsque le parent souhaite discuter d'un problème émergent, il demande à l'enfant : « Quand serait le bon moment de discuter de la situation? », puis il doit « Tenir parole » au moment désigné;
- Lorsqu'elle prépare une sortie, la famille discute au préalable de la durée de ladite sortie ainsi que de l'heure limite pour quitter la maison;
- Lorsqu'un jeune enfant demande au parent de venir jouer avec lui, le parent remet à l'enfant un minuteur et doit « Tenir parole » lorsque le signal sonore se fait entendre.

Argent de poche

Enseigner la valeur de l'argent à un enfant se fera par le biais de la mise en place d'un système d'argent de poche. L'argent de poche est une allocation qu'un enfant reçoit régulièrement et qui *n'est pas liée* à l'accomplissement de tâches ménagères ni à un bon comportement. En ayant un « pouvoir d'achat », les enfants apprennent combien coûtent les choses, apprennent à comparer les prix, développent la patience pour économiser de l'argent et sont heureux de dépenser de l'argent pour les choses qu'ils veulent vraiment.

Recevoir de l'argent de poche atténue les luttes monétaires. La mère d'une jeune fille de 13 ans se plaignait de l'obsession de sa fille pour les vêtements de marque. Elle décrivait le fait que le magasinage en famille se transformait constamment en confrontation sur ce qui pouvait être acheté ou non. J'ai (Noha) écouté et j'ai démontré de l'empathie. J'ai demandé si elle était prête à essayer quelque chose de nouveau. Je l'ai invitée à offrir à sa fille un montant en argent de poche sur une base régulière. Elle était intriguée, mais sceptique. Quelques semaines plus tard, j'ai reçu un appel de la mère. Enchantée, elle me raconte le déroulement de la première sortie de magasinage depuis l'instauration du concept d'argent de poche. La même jeune fille qui refusait même de considérer les vêtements en solde était maintenant la première à les vérifier. La mère a été abasourdie de constater que sa fille n'a même pas tenté d'argumenter pour dépasser son budget. Au contraire, elle réfléchissait à des manières de maximiser son argent de poche. Cela faisait longtemps qu'elles n'avaient pas toutes deux vécu une sortie aussi calme. Lorsque la mère a laissé de l'espace à sa fille, celle-ci a pu mettre en œuvre de nombreuses leçons que sa mère avait essayé de lui enseigner par le biais de discours moralisateurs et d'ordres autoritaires. C'est un bel exemple de ce qui se passe lorsque vous permettez à vos enfants de vivre des expériences de vie.

Un aspect crucial sera toutefois de déterminer ensemble à quoi l'argent de poche servira. Au fur et à mesure que les enfants grandissent, ce qui est couvert par l'argent de poche augmente également Avec les enfants d'âge préscolaire, le montant peut être utilisé pour acheter de petits objets tels que des bonbons au supermarché ou un jouet dans un parc d'attractions. Avec les enfants allant à l'école primaire, il peut couvrir des jouets ou des vêtements plus chers. Pour des enfants plus vieux, l'argent peut être utilisé pour couvrir les sorties avec des amis, des jeux, des vêtements, etc. Les adolescents peuvent utiliser leur argent de poche pour acheter des vêtements, des repas du midi à l'école, des divertissements, des jeux, des livres, etc. Décider du montant offert à l'enfant ainsi que des types de dépense auxquels l'argent pourra servir dépendra du budget familial et du contexte culturel. Une négociation respectueuse pourra être nécessaire pour parvenir à un accord qui satisfasse tout le monde. Pour les adolescents, il est recommandé d'établir leurs propres comptes bancaires dans lesquels ils reçoivent automatiquement des dépôts d'argent de poche chaque mois.

Pour que l'argent de poche soit un outil efficace, permettez aux enfants d'acheter ce qu'ils veulent, sans intervenir. Faites part de vos préoccupations, mais donnez-leur l'espace nécessaire pour apprendre de leurs expériences, sans jugement ni humiliation. Au lieu de dire : « Je te l'avais dit! Tu aurais dû m'écouter », demandez : « Qu'as-tu appris de cette expérience? Comment cela aura-t-il un impact sur tes décisions à l'avenir? » Certains parents peuvent se demander : « Que faire s'ils veulent dépenser tout leur argent en bonbons? » Nous invitons les parents dans ces situations à se concentrer sur les règles de la famille régissant les articles achetés. Par exemple, si l'enfant décide d'acheter des bonbons avec son argent de poche, la règle régissant les bonbons est invoquée. Une famille peut ainsi avoir une règle selon laquelle les bonbons ne sont consommés qu'à un certain moment du jour ou de la semaine. Si l'enfant achète un article de vêtement inapproprié, les règles familiales régissant les vêtements sont appliquées. Par exemple, les vêtements inappropriés sont portés uniquement à la maison ou avec d'autres articles.

Lorsqu'il y a des frères et sœurs, il est primordial que le système d'argent de poche soit clair, cohérent et compris par tout le monde.

L'âge de l'enfant doit être pris en compte lors de la détermination du montant offert. Expliquez ce concept à votre enfant comme une règle de vie. Au fur et à mesure qu'ils vieillissent, leurs besoins augmentent et leur argent de poche doit en faire de même. Il est préférable d'utiliser une formule simple. Par exemple, mon (Noha) mari donnait à nos enfants un montant d'argent de poche mensuel qui était le double de leur âge jusqu'à ce qu'ils commencent l'école secondaire, puis ce critère a changé.

Allah a déterminé que l'argent fait partie des plaisirs de cette vie. Pour limiter les obsessions matérielles, nous vous invitons à former vos enfants à l'aide de pratiques financières islamiques. Apprenez aux enfants à donner la *zakat* (aumône) et à la charité à même leur argent personnel. Certaines familles s'attendent à ce que leurs enfants fassent des dons réguliers. D'autres invitent leurs enfants à faire un don lorsqu'ils passent par une épreuve difficile. Certains encouragent les enfants à donner à la charité lorsqu'ils commettent une mauvaise action, comme mentir ou parler dans le dos de quelqu'un.

Finalement, pour apprendre aux enfants à vivre selon leurs moyens, il est important que les parents s'abstiennent de prêter de l'argent à leurs enfants. Soyez fermes. Laissez-les apprendre à tirer le maximum de leur argent. Laissez-les se débrouiller lorsqu'ils terminent leur mois sans argent. Nous avons observé que les enfants qui ont appris ces leçons financières tôt ont su dépenser leur argent à bon escient une fois qu'ils sont devenus adultes.

Être présent*

C'est l'un de mes (Noha) outils préférés. C'est aussi un outil qui est venu à moi lors de mon propre voyage d'éducation parentale. L'événement en question s'est produit un jour comme tous les autres. Je ne me souviens pas des détails spécifiques, mais je me souviens que j'étais en train de cuisiner, tout en ayant une magnifique conversation avec l'un de mes enfants, qui me confiait un problème. L'échange complet avait duré une quinzaine de minutes tout au plus. Cependant, par la suite, j'ai réfléchi au fait que ce moment aurait pu être une opportunité perdue si je n'avais pas été là pour résoudre ce problème à ce moment précis. C'est ainsi qu'« Être présent » s'est concrétisé.

Pour les parents vivant en occident, le discours sur l'importance de passer du Temps de qualité avec chaque enfant est très présent. Or, en tant que mère de quatre enfants très proches en âge et ayant l'entière responsabilité du foyer sur les épaules, je n'avais pas beaucoup de temps pour passer du Temps de qualité individuel avec chacun de mes enfants. Au lieu de cela, j'ai choisi d'« Être présente » pour les moments impromptus et spontanés. Je crois sincèrement que j'ai réussi à profiter de chaque petite opportunité.

Pour être réellement présente, je devais prioriser le temps passé avec ma famille par rapport à d'autres obligations. Quand un enfant m'approchait pour parler, j'arrêtais ce que j'étais en train de faire pour lui accorder mon attention. Quand les enfants étaient à la maison, je minimisais mes autres responsabilités, tout en mettant de côté télévision et écrans. Je m'assurais également d'être dans une pièce familiale, comme la cuisine ou le salon, facile d'approche. J'essayais de transmettre une attitude d'ouverture et de disponibilité bienveillante. C'est incroyable ce qui peut se passer lorsqu'on ajoute une intention à notre présence. Au fil des ans, certaines des meilleures conversations ont eu lieu dans ma famille simplement parce que j'étais présente.

Mes enfants sont maintenant adultes. Mais « Être présent » continue d'être l'un de mes mantras. À chacune de leurs visites, j'invoque le principe d'« Être présente » et j'adapte mon horaire et mes Routines en conséquence. Nous vous invitons à faire de même.

Écoute subtile

Cet outil est une extension d'« Être présent » : il vous suffit de garder vos oreilles et vos yeux ouverts lorsque vous vous trouvez à proximité de votre enfant. Pendant que vous écoutez et regardez, prenez note des questions, préoccupations ou réflexions que vous pourriez avoir, puis partagez-les avec votre enfant en privé.

> *Exemples d'« Écoute subtile » :*

- Lorsque vos enfants échangent avec d'autres enfants pendant les périodes de jeux libres;
- Après une partie, tandis que les membres de l'équipe discutent en s'éloignant du terrain;
- Sur la route avec les enfants vers et depuis l'école;
- Lorsque vous connectez avec vos enfants sur les réseaux sociaux.

L'écoute subtile n'est pas de l'espionnage. L'espionnage consiste à surveiller vos enfants à leur insu, derrière leur dos. Avec l'écoute subtile, les enfants vous voient et ils savent que vous pouvez entendre ce qui est dit. Certains parents pensent qu'ils ont le droit d'espionner leur enfant pour mieux les protéger. Nous sommes en désaccord. Allah est très clair sur l'interdiction d'espionner : « Ne vous épiez pas les uns les autres! Ne médisez pas les uns des autres! » (Coran, 49:12).

Inévitablement, pendant l'Écoute subtile, vous finirez par tomber sur quelque chose d'inquiétant. Évitez de confronter votre enfant alors que des amis sont toujours là. Choisissez le bon moment. Assurez-vous qu'il s'agit d'une conversation privée et respectueuse et utilisez l'outil « J'ai remarqué ».

Revenir avec un plan

Cet outil consiste simplement à laisser aux enfants l'opportunité de présenter un plan. Il permet de responsabiliser les enfants en les faisant réfléchir de manière critique et créative. Lorsque les enfants pratiquent le processus d'élaboration de solutions, ils se voient comme des adultes proactifs et non comme des victimes. Il vous suffit de leur poser la question suivante : « Qu'est-ce que tu as prévu/quel est ton plan pour...? »

> *Exemples de « Revenir avec un plan » :*

- Lorsque des frères et sœurs se battent pour un jouet, un jeu, un siège, etc.;
- Lorsqu'un enfant a un projet scolaire nécessitant de nombreux déplacements vers des magasins;
- Lorsqu'un enfant souhaite acheter quelque chose au-delà des limites de son budget;
- Lorsqu'un enfant souhaite modifier le calendrier des tâches ménagères.

Connexion avant correction

Cet outil invite les parents à entrer en contact avec leurs enfants avant de tenter de corriger tout comportement inapproprié. Le point central de la « Connexion avant correction » est l'aptitude des parents à rester calmes et rationnels devant des situations difficiles. Lorsque cette maîtrise des émotions est faite, les parents sont en mesure de maintenir leur connexion avec les enfants. Ils sont alors en mesure de passer à la partie correction sans soulever de résistance ni de rébellion.

> *Exemples de déconnexion après une erreur :*

- Cris et hurlements : « Qu'est-ce que tu as fait?! »

- Étiquetage négatif des enfants (stupide, paresseux, perdant, etc.).
- Humiliation : « Je ne peux pas croire que tu es mon enfant! »
- La culpabilité : « Regarde dans quel état tu m'as mis! »
- Minimiser ce que l'enfant ressent : « Tu ne peux pas te sentir comme ça! On ne se met pas en colère contre ses amis. »
- Traitement de silence sans expliquer à l'enfant ce qui se passe.
- Suppression des privilèges sans aucune limite claire : « Tu es puni! Plus de télévision pour toi. »

Exemples de « Connexion avant correction » :

Votre enfant a renversé du lait sur le sol. Il pleure et vous regarde avec appréhension. Prenez-le dans vos bras, apaisez-le et dites : « Ce n'est pas grave. C'est un accident. Heureusement, personne n'a été blessé. Nettoyons ensemble. »

Votre fils a échoué à son cours de mathématiques. Lorsque vous apprenez cette nouvelle, prenez un moment d'introspection. Comment vous sentez-vous? Si vous n'êtes pas calme, informez votre fils que vous discuterez de cette situation plus tard, une fois que vous vous serez calmé : « Je suis très contrarié pour le moment. Quand je serai calme, nous en parlerons. » Éloignez-vous pour vous calmer et mettre de l'ordre dans vos idées. Si vous êtes calme en apprenant la nouvelle, commencez par consulter votre fils pour savoir ce qu'il ressent. Si vous êtes capable de juger de son état émotionnel, reflétez vos impressions sur celui-ci. Par la suite, utilisez les « Questions de curiosité » comme : « Que pourrais-tu faire pour améliorer tes résultats dans ce cours? »

Votre fille adolescente admet fumer de la marijuana. Elle est anxieuse, désolée et répète sans cesse : « Je ne sais pas quoi faire. » Contenez vos émotions (reconnaissez intérieurement ce que vous ressentez et évitez de crier). Prenez votre fille dans vos bras.

Assurez-lui que vous travaillerez ensemble pour gérer la situation. Prenez le temps de traiter l'information et de réfléchir, puis asseyez-vous avec elle et discutez des options possibles.

Convaincre, ce n'est pas éduquer*

De nombreux parents, dans le but d'être bienveillants et avenants, pensent qu'ils doivent convaincre leurs enfants de la valeur d'une règle, d'un système ou d'une Routine. Les parents partent du principe que s'ils parlent suffisamment, les enfants verront la sagesse de ce qu'ils disent et seront prêts à collaborer. Si seulement c'était vrai. La réalité est que certains enfants comprendront le sens de ce que les parents demandent, mais ce ne sera pas la majorité. D'habitude, les enfants reconnaissent la sagesse de leurs parents uniquement lorsqu'ils deviennent adultes ou parents eux-mêmes.

C'est pourquoi nous vous invitons à préserver votre énergie et votre temps. Expliquez votre raisonnement et vos raisons à votre enfant. Cependant, après cela, concentrez-vous sur la manière dont vous et votre enfant pouvez travailler à partir de vos positions respectives. N'attendez pas et ne vous attendez pas à ce que l'enfant s'exclame : « Oui! Maman/papa, bien sûr, tu as raison! » Contentez-vous de faire connaître à votre enfant votre position ou votre limite sur le sujet en litige. C'est déjà une réussite! Cela signifie que vous avez correctement envoyé le message et que votre enfant l'a reçu et compris : « Qu'ai-je dit à propos de... ? Que comprends-tu des raisons pour lesquelles je refuse... ? Quelle est ma limite? »

À un certain point, il peut être nécessaire de limiter la discussion en disant : « J'ai expliqué ma position. Cette conversation n'avance pas. Je vois à quel point tu es contrarié. Je te suggère de prendre un moment pour réfléchir à notre discussion, et nous en reparlerons prochainement. Quand serais-tu disponible pour avoir une autre conversation à ce sujet? » Parfois, il peut être nécessaire de simplement faire une Déclaration de fait ou de Décider ce que vous ferez.

Questions de curiosité

De nombreux parents pensent qu'il est de leur devoir de dire à leurs enfants ce qu'ils doivent faire, ce qu'ils ressentent, ce qu'ils ont fait de mal, etc. La liste est longue. Malheureusement, leur « dire » fait apparaître des murs de défiance, de résistance, de rébellion, de silence, de retrait, etc. Dans de nombreux cas, le même message peut être transmis à l'aide de « Questions de curiosité ». Nous vous invitons à utiliser les « Questions de curiosité », car vous serez étonné à quel point la communication peut devenir plus efficace. Non seulement les questions de curiosité vous permettent d'entrer dans le monde de votre enfant, mais elles permettent également à ce dernier de participer activement à la conversation. Plus important encore, les « Questions de curiosité » encouragent la réflexion critique.

FIGURE 5.1

Comparaison entre dire et poser des « Questions de curiosité »

Dire	Question de curiosité
« Va faire tes devoirs! »	« Selon ton Tableau de routine, qu'est-ce qui devrait avoir lieu en ce moment? »
« Tu dois porter ta veste! Sinon tu ne sors pas. »	Que dois-tu faire si tu ne veux pas avoir froid? »
« Ahmad est ton ami! Tu ne devrais pas être en colère contre lui! Tu es un bon musulman. »	« Tu es en colère contre Ahmad. Qu'est-ce qui t'aiderait à te calmer? »
« Tu n'achèteras pas ce jouet! C'est trop cher! »	« Combien d'argent as-tu? Est-ce suffisant? »
« Comment oses-tu me parler de cette manière! Je suis ton père! N'oublie pas qu'Allah sera en colère contre toi si tu me parles de cette manière! »	« Je vois à quel point tu es en colère. Je me demande ce qui s'est passé pour te mettre dans cet état. Que peux-tu faire pour gérer tes émotions en ce moment? »
« Pourquoi tes livres se trouvent-ils partout sur le sol? Va les ramasser! »	« Où vont tes livres? »

Les Questions de curiosité sont celles qui commencent par

« quoi », « comment », « quand » et « qui ». Parfois, il peut être approprié de demander « pourquoi », mais évitez de le faire autant que possible. Les questions qui commencent par « pourquoi » mettent un frein à l'échange parce qu'elles mettent les enfants sur la défensive. Ils répondent souvent : « Oh! Je ne sais pas! C'est tout simplement arrivé. »

Faire face à la croyance cachée derrière le comportement

Selon la philosophie d'Adler, les humains sont mus par un sentiment d'appartenance et de connexion tout au long de leur vie. Il existe quatre voies fondamentales pour atteindre ce sentiment d'appartenance et de connexion : l'attention, le pouvoir, la justice et la compétence. Toutefois, ces voies peuvent être parcourues de manière créative ou infructueuse. Dès le début de sa vie, chaque individu crée (inconsciemment) une théorie sur lui-même, sur sa place dans le monde et sur la manière dont il doit survivre et prospérer. Ces théories sont réajustées tout au long de la vie, en particulier grâce au soutien et à l'amour des proches. Si la théorie de vie repose sur une perception solide de ses forces et aptitudes, les stratégies utilisées seront productives et l'individu atteindra ledit sentiment d'appartenance et la connexion. Toutefois, si l'individu a construit une théorie de vie qui tourne autour d'une vision négative de soi et du monde, les stratégies utilisées créeront par inadvertance des problèmes sociaux et émotionnels.

Rudolf Dreikurs a affirmé que « l'enfant qui se comporte mal est un enfant découragé ». En ce sens, un comportement inapproprié est un cri du cœur qui reflète une stratégie inefficace ou une théorie de vie négative. Voir ci-dessous les quatre voies pour atteindre la connexion et les meilleurs outils de parentalité à utiliser.

FIGURE 5.2
Les quatre voies vers la connexion

Objectif dans les relations	Comment les parents peuvent aider
La recherche d'attention : Je n'appartiens au groupe que lorsque j'ai l'attention des autres. J'ai besoin de savoir que je suis aimé, sinon je chercherai constamment à attirer l'attention. *Exemple de stratégie inefficace :* Un enfant pleurniche constamment; il est capable de faire ses devoirs, mais insiste pour que le parent reste à ses côtés.	• Temps de qualité régulier (p. 156) • Pour un jeune enfant, utiliser *minuteries* (p. 163) • Refléter les sentiments (p. 130) • Rendre les limites claires et tenir parole (p. 116) • Reconnaître et refléter les forces innées de l'enfant (p. 50) • Encourager (p. 105) • Responsabiliser (p. 101)
Le pouvoir : Je n'appartiens au groupe que lorsque je suis en contrôle. J'ai besoin de me sentir puissant, sinon, je vais défier les autres. *Exemple de stratégie inefficace* : Un enfant hurle, « Non! Je ne vais pas aller au lit! Essaie de m'obliger pour voir! »; « Je ne veux pas éteindre la télévision! Que vas-tu y faire? »	• Donner des choix lorsque possible (p. 126) • Routines (p. 151) • Apprentissage de l'autorégulation des émotions • Temps de pause positif (p. 144) • Résolution de problèmes communs (p. 148) • Tenir parole (p. 116) • Refléter les sentiments (p. 130) • Temps d'échanges en famille (p. 107) • Responsabiliser (p. 101) • Encourager (p. 105)
La justice : Je n'appartiens au groupe que lorsque les choses sont justes et équitables. J'ai besoin d'être traité de manière équitable, sinon je vais blesser d'autres personnes pour me venger. *Exemple de stratégie inefficace :* Un enfant crie : « Tu es trop méchante! Je te déteste! Je te déteste! Je ne veux plus que tu sois ma mère! »	• Temps de pause positif (p. 144) • Refléter les sentiments (p. 130) • Responsabiliser (p. 101) • Encourager (p. 105) • Écoute (p. 126) • Temps d'échanges en famille (p. 107) • Apprentissage de l'autorégulation des émotions
La compétence : Je n'appartiens au groupe que lorsque je me sens compétent. J'ai besoin de me sentir capable, sinon je vais abandonner et rien ne me motivera. *Exemple de stratégie inefficace* : Un enfant baisse les yeux et dit : « Je ne peux pas le faire, Baba. Je suis stupide. Je ne comprends rien aux maths! Ça ne fait aucun sens pour moi. Je vais échouer à mon cours et rien ne peut changer ça. »	• Responsabiliser (p. 102) • Encourager (p. 105) • Couper les tâches en tâches plus petites • Prendre du temps pour s'entraîner (p. 162) • Célébrer les petites réussites • Découvrir les forces innées (p. 50) • Donner l'occasion à l'enfant de prouver qu'il est capable

Décidez ce que vous ferez

Cet outil est l'un de nos favoris. Les parents se perdent en se concentrant sur tout ce que les enfants doivent/devraient ou ne doivent/devraient *pas* faire, dire, croire, porter, regarder, etc. Avec

« Décidez ce que vous ferez », nous vous invitons à rediriger votre énergie vers ce qui est sous votre contrôle. En changeant de perspective, vous éliminez de nombreuses luttes de pouvoir.

J'ai (Noha) utilisé cet outil lorsque l'un de mes fils, à l'âge de sept ans, a commencé à dire qu'il n'aimait pas ce que je cuisinais. Après quelques jours d'un tel comportement, j'ai fait ce que plusieurs parents font en désespoir de cause : je suis passée en mode prise de contrôle. J'ai commencé à convaincre, à faire des compromis (« Mange une cuillerée ou deux, s'il te plaît! ») et à menacer (« Tu n'auras plus rien à manger avant demain matin. Pas de bonbons pour toi dans ce cas! »). Rien ne fonctionnait. Une chose était sûre : j'étais frustrée, en colère, et la tension montait entre nous.

Ensuite, *Alhamdu Lillah* (toutes les louanges à Dieu), j'ai lu une belle solution dans le magazine *Parents*. On y suggérait de prévoir des alternatives saines et faciles que mon fils puisse préparer et manger lorsqu'il n'aimait pas ma nourriture. Dans ma situation, j'ai choisi des alternatives : le sandwich au beurre d'arachides, et les céréales santé avec du lait. Alors, quand l'heure du souper arrivait et que mon fils déclarait qu'il n'aimait pas ma nourriture, je répondais calmement : « Aucun problème. N'hésite pas à te préparer un sandwich ou à manger un bol de céréales. » Mon fils a mangé des céréales pendant quelques jours, puis s'est remis à manger ce que je cuisinais. La stratégie a fonctionné parce que j'avais un plan pour ma réponse. J'ai décidé de ce que je ferais. J'étais proactive.

« Décidez de ce que vous ferez » consiste à fixer votre limite de manière calme et affectueuse. Ce n'est pas la même chose que demander à votre enfant de se comporter d'une manière spécifique. Par exemple, papa remarque que Fatima utilise son ordinateur portable après l'heure du coucher. « Fatima, à partir de maintenant, tu n'utiliseras plus ton ordinateur après 22 h. Est-ce clair? » Si papa se concentre sur ce qu'il fera à la place, il dira plutôt : « Fatima, par le passé, je t'ai demandé de ranger ton ordinateur, mais ça n'a pas fonctionné. J'ai décidé qu'à 22 h, je viendrai te retirer l'ordinateur. Je le garderai dans ma chambre jusqu'à la fin de la prière du matin (*fajr*). À ce moment-là, tu pourras le reprendre. N'oubliez pas que cette approche échouera si le parent ne « Tient pas parole ».

Exemples de « Décider ce que vous ferez »:

- Limiter l'utilisation de l'argile à la table de cuisine seulement pour minimiser le processus de nettoyage;
- Retirer les vêtements considérés inappropriés des tiroirs des jeunes enfants;
- Ne pas acheter de sucreries ou boissons gazeuses pour minimiser les luttes à la maison;
- Utiliser les réglages du routeur afin de restreindre l'accès à Internet après le couvre-feu;
- Décider de ne pas apporter les devoirs ou les lunchs de son enfant à l'école, s'il les oublie.

Distraction pour les jeunes enfants

Un excellent outil à utiliser avec les enfants de moins de deux ans consiste simplement à détourner leur attention lorsqu'ils sont contrariés. Par exemple, un tout-petit pleure parce qu'un parent vient juste de quitter la maison pour aller travailler. L'autre parent ou le fournisseur de soins pourrait dire : « Tout va bien! Maman/Papa sera de retour plus tard aujourd'hui. Tu as le droit d'être triste parce qu'il/elle va te manquer. Allons jouer avec tes blocs. »

La période d'utilisation de cet outil est toutefois très courte.

Autour de l'âge de deux ans, les enfants commencent à faire preuve d'une mémoire plus longue et il devient plus difficile de les distraire. Lorsque les enfants ne peuvent plus être distraits, passez aux outils de gestion des crises de colère.

Communication efficace

Dans chaque situation de communication, il y a un émetteur et un destinataire. Souvent, les messages sont mal compris parce que l'émetteur n'a pas envoyé le message prévu ou parce que le destinataire a mal interprété ce qu'il a entendu. Une stratégie efficace pour éviter de telles erreurs de communication est l'utilisation des « Affirmations au Je » et de l'« Écoute-miroir ».

Affirmations au « Je ».

L'émetteur déclare :

Je me sens… (en colère, triste, frustré, etc.)

Lorsque tu… (demandes à manger juste avant le coucher, jettes tes vêtements sur le sol, etc.)

Et j'aimerais… (que nous puissions trouver une solution, que tu déposes tes vêtements dans le panier, etc.)

Écoute-miroir.

Le destinataire reflète ce qui a été entendu :

Tu te sens… (en colère, triste, frustré, etc.)

Parce que… (je demande de manger juste avant le coucher, je jette mes vêtements sur le sol, etc.)

Et tu souhaites… (que nous puissions trouver une solution, que je dépose mes vêtements dans le panier, etc.)

Il est essentiel que les membres de la famille apprennent à

exprimer leurs sentiments et leurs pensées sans lancer de blâme ni se blesser mutuellement. Ainsi, lors des « Temps d'échanges en famille » et d'autres échanges, les membres sont encouragés à assumer leurs propres responsabilités en ce qui concerne leurs émotions, leurs pensées et leurs demandes. L'utilisation des « Affirmations au "Je" » et de l'« Écoute-miroir » favorise un environnement de respect et de compréhension mutuel.

Dans une communication ordinaire, les interprétations sont élaborées et intégrées rapidement. Une fois établies, elles deviennent le carburant d'une incompréhension encore plus grande. Il devient alors nécessaire de ralentir la communication, de repenser la manière dont elle est effectuée et d'insérer des pauses intentionnelles pour permettre l'introspection.

Examinons une forme typique de communication entre une mère et son fils, et comment elle peut être transformée à l'aide des « Affirmations au "Je" » et de l'« Écoute-miroir ».

Maman [en hurlant] : Ahmad, je n'arrive pas à croire que tu as encore brisé ta promesse! (attaque basée sur des interprétations). Tu avais promis de faire la vaisselle tout de suite après le repas du soir et te voilà ENCORE en train d'écouter la télévision de manière irresponsable (étiquetage négatif) alors que moi je cours comme une folle pour m'occuper de ton frère et ta sœur (culpabilisation, victimisation, comment oses-tu?). Oh, Allah, pourquoi dois-je avoir un fils aussi irresponsable?! (humiliation).

Selon le tempérament d'Ahmad et sa théorie de vie, il peut répondre de plusieurs façons. Voici deux réactions courantes :

Ahmad [tendu] : Eh bien, c'est toi qui as décidé de cette règle stupide (renvoyer l'attaque)! Je n'ai jamais voulu faire la vaisselle (sur la défensive). Aisha devrait le faire, pas moi (rejeter la responsabilité). Je ne ferai plus jamais la vaisselle (blesser sa mère en retour). Qu'est-ce que tu vas faire maintenant (défier la mère pour reprendre le contrôle)?

Ahmad [se courbant en baissant les yeux] : Je suis désolé, maman! Je suis un mauvais fils (internalisation de l'humiliation). Je ne sais pas pourquoi je continue à faire cela (internalisation d'une image de soi négative). Je vais y aller immédiatement (motivation basée sur la honte).

Comparez les scénarios ci-dessus à la « Communication efficace » suivante :

Maman [calmement, s'accroupissant au niveau d'Ahmad, après avoir éteint la télévision] : Ahmad, je me sens déçue lorsque tu me promets de faire la vaisselle et que tu ne tiens pas parole. J'aimerais que tu t'en occupes tout de suite, comme promis.

Ahmad [calmement] : Oups! J'ai oublié. Désolé, maman. Je vais la faire maintenant.

À ce stade, certains parents se disent peut-être : « Oui, c'est ça, dans mes rêves! Mon enfant ne répondrait jamais de cette manière! » Vrai, votre enfant pourrait ne pas répondre précisément de cette manière. Aussi sceptique que vous soyez, la réalité est que si vous n'essayez pas de faire les choses différemment, rien ne changera. Le changement prend du temps et de nombreuses tentatives.

Lorsqu'un parent se concentre sur ce qu'il ressent réellement (ce qui n'est pas facile, car cela nécessite une vulnérabilité et une ouverture), il est plus probable qu'il soit entendu, compris, sujet à collaboration, aidé, écouté et respecté. Toutefois, l'utilisation de tactiques telles que le blâme, l'attaque, la culpabilité, l'accusation, la critique, l'humiliation, le dénigrement, la moquerie, l'intellectualisation, le fait de faire la morale, le rabaissement et le fait de jouer sur le sentiment de honte créeront certainement une distance et un manque de respect dans la relation.

Le « souhait » ou la partie « demande » dans la conversation est importante. Les gens avancent dans la vie en s'attendant presque à ce que les autres devinent automatiquement ce qu'ils veulent. Ils semblent croire que ceux qui les entourent savent lire dans les pensées comme par magie. Je (Noha) faisais en sorte de demander à mes clients : « Votre fils/fille/conjoint/parent le sait-il/elle? » et ils me répondaient toujours très rapidement : « Bien sûr qu'il/elle le sait! » Malheureusement, permettez-moi de vous assurer que votre enfant ne sait pas ce que vous voulez! Les messages ancrés dans le blâme, les attaques, l'humiliation et les remontrances sont des messages que l'enfant a bloqués mentalement. Lisez à nouveau l'exemple ci-dessus et observez les mots entre parenthèses, ainsi que les messages perçus par Ahmad. Ahmad n'a jamais reçu dans ces échanges le message indiquant que sa mère est déçue et blessée.

Une question courante des parents qui tentent d'établir une communication efficace est : « Comment faire pour que mon enfant parle et réponde de cette manière? » C'est simple. Le changement commence avec vous. Vous présentez le modèle à suivre pour la manière de communiquer un message. Tout ce que vous envoyez à votre enfant vous sera renvoyé au décuple. Vous êtes l'enseignant le plus important dans la vie de votre enfant.

L'autonomie par opposition à la déresponsabilisation

Donnez-vous les moyens à vos enfants de devenir autonomes ou agissez-vous constamment de manière à les déresponsabiliser? Jane Nelsen et Lynn Lott définissent le fait de « déresponsabiliser » comme étant une attitude visant à « intervenir dans les expériences de vie des jeunes afin de minimiser les conséquences de leurs actions » (1997, p. 59). D'autre part, l'autonomie est le fait de « donner le contrôle aux jeunes le plus rapidement possible afin qu'ils aient le pouvoir sur leur propre vie » (p. 59). En résumé, les parents déresponsabilisent en prenant en charge les obligations de leurs enfants. Lorsqu'il s'agit du mode opératoire à domicile, cela handicape les enfants. Ils n'apprennent pas à gérer leur vie.

Les parents ont souvent du mal à favoriser l'autonomie dans certaines sphères : les devoirs, l'alimentation et l'habillement. Un parent m'a (Noha) récemment demandé quand elle devrait commencer à confier la responsabilité des devoirs à sa fille. Elle avait une fille de six ans qui était habituée à ce que sa mère sorte les travaux à faire de son sac, l'appelle à la table, puis s'assied à ses côtés jusqu'à ce qu'elle ait terminé ses devoirs. Son histoire est un exemple typique d'un parent qui déresponsabilise son enfant. Ce qui devait prendre tout au plus 10 minutes prenait 1 heure sans compter les conflits quotidiens. J'ai invité la mère à responsabiliser sa fille en mettant en place les actions suivantes :

- Informer sa fille que la façon dont elle faisait ses devoirs allait changer;
- Définir l'heure des devoirs après l'école sur le Tableau de routine;
- Prévoir un espace calme et prêt avec tous les outils nécessaires pour travailler;
- S'attendre à ce que l'enfant travaille seul;
- Être disponible pour aider sa fille lorsqu'elle a besoin d'une aide spécifique;

- Éviter de corriger les devoirs ou de lui demander de les refaire;
- Informer sa fille qu'elle est responsable de la remise de ses devoirs;
- Garder la même heure de coucher même si l'enfant n'a pas terminé ses devoirs;
- Laisser sa fille faire face aux conséquences de ne pas faire ses devoirs;
- Établir une « règle de vie », par exemple « le plaisir vient après le travail ». Cela signifie que toutes les activités d'écran sont effectuées après les devoirs.

Il existe évidemment d'autres éléments et d'autres moyens d'aborder les problèmes mentionnés ci-dessus. Toutefois, ces exemples servent à mettre en évidence l'autonomie par opposition à la déresponsabilisation de votre enfant. Référez-vous également à la discussion sur les punitions et les récompenses pour comprendre comment les punitions déresponsabilisent plutôt que de rendre autonome.

FIGURE 5.3
La déresponsabilisation par opposition à l'autonomie

Déresponsabilisation	Autonomie
En faire trop pour les enfants : • Transporter leurs sacs à dos • Préparer leur déjeuner et leur lunch alors qu'ils sont capables de le faire eux-mêmes. • Suivre les enfants autour de la maison pour les nourrir, nourrir les enfants de plus de trois ans à la cuillère, nourrir les enfants avec des promesses de récompense, etc.	**Transférer la responsabilité aux enfants lorsqu'ils en sont capables :** • « Tu es capable de transporter ton sac. » • « Si le petit déjeuner et le repas du midi sont importants pour toi, je t'invite à prendre le temps de les préparer avant de partir pour l'école. » • « Le repas sera prêt à 17 h »; « Tu me diras quand tu as faim », « Tu peux te servir toi-même »; « Lorsque tu es prêt à manger, dis-le-moi »; « Il semble que tu as fini de manger. »
Trop gâter les enfants, même si vous pouvez vous le permettre : • Acheter les derniers gadgets ou les marques de vêtements les plus chères. • Donner de l'argent sans limites. • Acheter une voiture dispendieuse pour un	**Établir des limites sur les cadeaux :** • Donner aux enfants de l'argent de poche pour couvrir les dépenses reliées aux vêtements, aux repas du midi, aux divertissements, etc. • Négocier vos attentes si vous achetez une

adolescent.	voiture à l'adolescent. Certaines familles s'attendent à ce que les adolescents contribuent au coût de la voiture ou aux frais de l'assurance, de l'entretien, de l'essence, etc. • Acheter une voiture d'occasion et impliquer l'adolescent pour la chasse aux rabais.
Corriger : • Lorsque vous faites un projet scientifique pour votre fils parce qu'il n'est pas capable de le faire « correctement ».	**Accepter la décision de l'enfant concernant la prise en charge de ses responsabilités :** • « Quel projet peux-tu réaliser seul sans grande aide de ma part? » • Si le projet est mal réalisé, gardez-vous de faire des commentaires.
Vous les sortez des impasses : • Vous vous excusez au nom de votre fille après qu'elle ait été impolie envers votre amie.	**Laissez les enfants faire face aux ramifications de leurs actions :** • « Tante Fatima a été très blessée par ton commentaire, je m'attends à ce que tu t'excuses auprès d'elle en personne. »
Surprotection/sauvetage : • Courir à l'école amener un devoir oublié à la maison. • Retourner à l'école pour récupérer un devoir ou un livre oublié.	**Soutenir sans abandonner :** • « Je vois à quel point tu es contrarié parce que tu as oublié tes devoirs. Que peux-tu faire pour que cela ne se reproduise plus? » • « J'ai remarqué que tu oubliais souvent tes livres à l'école. Je suis revenue plusieurs fois les récupérer pour toi. Toutefois, j'ai décidé que je ne le ferai plus. Qu'est-ce que cela signifie pour toi? Que dois-tu faire si étudier pour un examen est important pour toi? »
Mentir pour eux : • Appeler l'école en disant que votre enfant est malade alors qu'il ne l'est pas.	**Dire la vérité, même lorsque ça vous met vous ou votre enfant dans l'embarras :** • « Mon enfant n'est pas à l'école aujourd'hui parce qu'il est resté debout toute la nuit ». • « J'ai remarqué que tu manques souvent l'école en raison de ton horaire de sommeil irrégulier. Je voudrais que tu saches que je ne serai pas responsable de te réveiller le matin et que je n'excuserai pas tes absences ou tes retards plus de 3 fois par trimestre. Après quoi, tu seras responsable des conséquences ».
Punition/contrôle : • Vous punissez votre enfant parce qu'il a eu une mauvaise note en mathématique sur son bulletin.	**Concentrez-vous sur le problème :** • « J'ai remarqué que tu as eu une mauvaise note en mathématiques. J'aimerais que tu me dises ce qui se passe. » • « Décris-moi point par point ce qui compose ta note afin que nous puissions voir dans quels aspects des mathématiques tu as le plus de difficultés. » « De quelle façon pourrais-tu arriver à améliorer ta note de mathématiques sur le prochain bulletin? As-tu des idées? »
Vivre dans le déni : • Vous suspectez fortement que votre enfant fume de la marijuana (odeur, yeux rouges, pipe à eau, etc.), mais vous ne faites rien.	**Faites face à la réalité :** • « Je suis très inquiète, Adam. J'ai remarqué que tu t'isolais beaucoup et que ton cycle de sommeil est perturbé. On dirait que tu n'es pas très présent ces temps-ci. Je me demande si tu fumes de la marijuana. » • « Je sais que tu essaies de me rassurer,

	mais je suis toujours inquiète. Mon instinct me dit que quelque chose cloche. Je pense qu'un médecin peut clarifier les choses. J'aimerais que tu passes un test de dépistage des drogues afin de m'assurer que tu vas bien. »

Les encouragements par opposition aux éloges

Au cours des années 1980, le « mouvement d'estime de soi » a incité les parents et les enseignants à louanger les enfants afin de renforcer leur confiance en soi (Crary, 2007). L'objectif était noble, mais les moyens (excès de louanges vides) ont conduit à une génération de jeunes adultes égocentriques et inquiets.

L'estime de soi est essentielle à la réussite et à une vie productive. Il s'agit de connaître et d'utiliser ses forces uniques. Ce n'est pas quelque chose qui peut être amené à des enfants par le biais de louanges superficielles. L'estime de soi est développée lorsque les individus ont une réelle confiance en leurs capacités. Cette conviction sincère ne peut être atteinte qu'en traversant des épreuves et en apprenant de ses erreurs.

Aujourd'hui, les éducateurs et les parents préconisent une « mentalité en croissance » plutôt qu'une « mentalité fixe ». La mentalité en croissance est liée aux encouragements tandis que la mentalité est le résultat des louanges vides des années 1980. Reportez-vous au tableau suivant (Nelsen, 2007) pour mieux comprendre la différence entre les encouragements et les louanges. Vous découvrirez qu'il y a beaucoup plus d'opportunités d'encourager que de faire des louanges.

FIGURE 5.4

Encouragements contre louanges

Encouragements	Louanges
Définition : • Inspirer avec courage • Pour aiguiller, stimuler, motiver.	**Définition :** • Exprimer un jugement favorable sur quelqu'un ou quelque chose • Glorifier la perfection • Expression d'un sentiment d'approbation.
Enseigne la confiance en soi et l'autosuffisance à long terme.	**À long terme, enseigne la dépendance vis-à-vis des autres pour les idées, les réflexions et l'estime de soi.**
Spécifique. • « Tu as fait un travail formidable pour nettoyer la voiture. »	**Général.** • « Tu es un très bon garçon. »
Reconnaissance de l'action : centré sur l'objectif. • « Tu as prié les cinq prières à temps aujourd'hui. »	**Valorise la personne : égocentrique.** • « Tu es un bon musulman. »
Offert dans toutes les situations, que la personne réussisse ou échoue. « Tu travailles très dur, c'est évident. Ce semestre, tu as augmenté ta moyenne générale de 0,2 point. Génial! Les modifications que tu as apportées à ton programme d'études te conviennent bien ».	**Offert uniquement dans les situations où une personne a réussi ou terminé une tâche.** • « Je suis si fière de toi! Tu as encore réussi. Ta moyenne est la plus élevée de la classe. Personne ne t'arrive à la cheville! »
Donné à tout moment : avant, pendant et après la fin d'une tâche. • « Tu travailles fort tous les jours pour mémoriser le Coran. Tu as réussi à respecter ton plan de mémorisation pendant une semaine entière, *Masha Allah* (que Dieu te protège)! »	**Donné uniquement après la fin d'une activité.** • « Bravo! Tu as mémorisé *Juz Amma* (la dernière section du Coran). »
La valeur de la personne reste constante, quelle que soit l'opinion des autres. • « Tu peux être fier de tes efforts. »	**L'estime de soi est liée à l'approbation et aux attentes des autres.** • « Je suis si fier de toi. »
Insiste sur le fait que la personne fait partie d'un groupe. • « Tu as aidé l'équipe en lançant la balle à Ahmad. »	**Met l'accent sur la concurrence et la perfection; tout le reste étant assimilé à un échec.** • « Tu es le meilleur joueur. L'équipe ne serait rien sans toi. »
Permet à une personne de se sentir bien, quelle que soit la situation. • « Tu as fait beaucoup d'efforts pour ton projet scientifique. »	**La personne ne se sent bien qu'après un succès.** • « Tu as remporté le premier prix. Je suis si fière de toi. »
Favorise un locus de contrôle interne. • « Tu as trouvé la solution par toi-même. »	**Favorise un locus de contrôle externe.** • « Tu as fait exactement ce que je t'ai dit. »
Faire de son mieux mérite des encouragements. • « J'ai remarqué que ta manière de tenir la balle s'est vraiment améliorée en quelques mois à peine. »	**Être le meilleur mérite des louanges.** • « Tu es le meilleur dribleur. »
L'enfant assume la responsabilité. • « Cette bonne note reflète ton travail acharné et ta persévérance. »	**La personne qui félicite assume la responsabilité.** • « Je suis fière que tu aies obtenu une bonne note. »
Invite l'enfant à changer pour lui-même.	**Invite l'enfant à changer pour d'autres**

• « Qu'en penses-tu? »	**personnes.** • « Qu'en pensent les parents/amis/enseignants? »

Se regarder dans les yeux

L'une des règles fondamentales de la communication consiste à établir un contact visuel. Cela commence dès la naissance de votre enfant. Assurez-vous, lorsque vous parlez à votre enfant ou que vous lui demandez de faire quelque chose, que vous êtes au même niveau que lui et que vous établissez un contact visuel. Cela implique que vous vous accroupissez lorsque votre enfant est plus jeune, jusqu'au niveau de ses yeux. Lorsqu'ils deviennent adolescents et plus grands que vous, vous vous asseyez face à face sur un canapé ou à la table.

Cet outil, Se regarder dans les yeux, atténue inconsciemment une partie du déséquilibre des forces qui existent physiquement entre le parent et l'enfant. Essayez par vous-même. La prochaine fois que vous souhaitez partager quelque chose, descendez (ou remontez) au niveau des yeux de votre enfant. Vous découvrirez qu'il est très difficile dans cette position d'être excessivement en colère ou contrarié.

Temps d'échanges en famille

Les Temps d'échanges en famille sont des réunions programmées régulièrement et qui incluent tous les membres de la famille. L'objectif est de partager votre appréciation, de discuter des idées et des plans et de résoudre des problèmes. Elles sont la pierre angulaire de la discipline positive. Lorsqu'elles sont effectuées de manière cohérente, elles colorent positivement la culture de la famille.

Les Temps d'échanges en famille offrent les possibilités suivantes :

• Sentiment d'appartenance;

- Être entendu, quel que soit l'âge de l'enfant;
- Partager des interactions positives;
- Exprimer ses sentiments et ses préoccupations;
- Recherche de solutions aux défis et aux problèmes récurrents;
- Planification des activités familiales;
- L'attribution des responsabilités en fonction de l'âge et des capacités.

Format des Temps d'échanges en famille.

1. *Cercle de compliments.* Chaque réunion commence par ce cercle. Les membres de la famille se font des compliments les uns les autres. Tout le monde doit y participer. Les compliments favorisent une ambiance positive dans la famille et détournent l'attention des problèmes. Par exemple, « J'aimerais remercier Ahmad de m'avoir permis de jouer en premier aux jeux vidéo aujourd'hui » ou « Papa, merci beaucoup d'avoir cuisiné mon plat préféré hier! » et « *Jazaka Allahu khair* (que Dieu te récompense pour ta bonté) Samir pour avoir acheté le lait avant de rentrer à la maison. »

2. *Éléments de l'ordre du jour.* Au cours de la deuxième partie de la réunion, les éléments de l'ordre du jour sont abordés, en commençant par le premier qui y est inscrit. Les éléments de l'ordre du jour sont des sujets écrits au cours de la semaine dans un bloc-notes désigné à cette fin. Le membre de la famille ayant soulevé la problématique est invité à expliquer la situation avec respect, à l'aide des affirmations au « Je », tout en choisissant la manière de traiter le problème :

- Partager le problème;
- Partager le problème et demander aux autres de donner leur avis;
- Partager, demander des avis et demander des solutions.

Exemples d'éléments de l'ordre du jour :

- Maher et Fatima ne sont pas d'accord quant à la personne qui devrait s'asseoir sur le siège avant;
- Ahmad n'a pas assez de temps pour terminer ses devoirs avant le coucher;
- Maman a du mal à faire tout le lavage par elle-même;
- Papa aimerait obtenir de l'aide pour le jardinage.

3. Discuter des plans. Au cours de cette partie du temps d'échange, la famille discute de tout plan (vacances, fêtes, visites, etc.) ou toute activité hebdomadaire (menus des repas, qui va porter et chercher les enfants, programmes d'entraînement, etc.).

Conseils pour des Temps d'échanges en famille productives :

- Organiser des réunions courtes – On suggère de ne pas dépasser 20 minutes;
- Tenir la réunion au même jour et à la même heure chaque semaine;
- Désigner un carnet de notes comme agenda pour établir l'ordre du jour. Éviter d'utiliser des feuilles volantes pour l'ordre du jour, car elles peuvent être facilement égarées;
- À tour de rôle, les membres de la famille deviennent président et secrétaire de la réunion;
- Placer l'ordre du jour dans un endroit facilement accessible;
- Les éléments de l'ordre du jour sont traités dans l'ordre dans lequel ils ont été écrits. Les préoccupations des parents n'ont pas priorité sur celles des enfants;
- Les parents modélisent l'utilisation de la Déclaration au « Je » et de l'Écoute-miroir;
- Être ferme sur l'importance de se respecter les uns les autres. Lorsqu'un membre est irrespectueux, s'entraîner à utiliser les Déclarations au « Je » et l'Écoute-miroir. Certaines familles

préparent des formules sur un morceau de papier au centre du cercle familial, comme rappel;

- Éviter de bloquer sur un problème en particulier. Si aucune résolution n'est en vue, reporter la conversation à la prochaine réunion pour en parler plus en détail;

- Si la famille discute d'un problème et que la limite de 20 minutes est atteinte, la réunion est suspendue pour ce jour-là. Le problème sera abordé plus en détail lors de la prochaine réunion. Parfois, on peut penser à de nouvelles solutions et à de nouveaux angles entre deux réunions;

- Respecter toutes les solutions partagées. Le membre qui a signalé le problème choisit la solution à essayer. Permettre aux enfants de découvrir l'inefficacité de certaines solutions par eux-mêmes;

- Tous les membres participent également. Les parents évitent de monopoliser la session;

- **Le problème est le problème, pas un membre de la famille.** Évitez d'étiqueter les membres de votre famille. Décrivez plutôt le problème – « Khaled a du mal à se réveiller le matin » au lieu de « Khaled est irresponsable et paresseux »;

- Tenir parole concernant les accords passés;

- Impliquer les enfants de moins de quatre ans;

- Lorsque les adolescents commencent à résister à assister aux temps d'échange, reconnaître leurs sentiments tout en déclarant calmement qu'il est attendu d'eux qu'ils participent.

N'oubliez pas qu'au début, les Temps d'échanges en famille sembleront artificielles et maladroites. La résolution des problèmes pourrait prendre plus de temps. Cependant, à mesure que les problèmes sont résolus et que les membres de la famille se familiarisent avec le processus de résolution de problèmes, les réunions deviennent plus courtes, plus fluides et font partie intégrante de votre vie de famille.

Se concentrer sur les solutions

Jane Nelsen a été la première à faire passer la narrative parentale vers les solutions au lieu de gaspiller de l'énergie à créer des conséquences et des punitions. Se concentrer sur les solutions est un changement majeur de paradigme pour la plupart des parents. Lorsque les enfants sont jeunes (nourrissons, tout-petits, d'âge préscolaire), les solutions seront principalement de Structurer l'environnement, les Routines et de Décider ce que vous ferez. Avec les enfants plus âgés, les parents et les enfants participent à des conversations et à des discussions pour Résoudre les problèmes.

Par exemple, Sara, 8 ans, a oublié ses devoirs à la maison. Alors que maman la dépose le matin, Sara l'informe qu'elle a encore oublié ses devoirs. Maman, dans son amour infini pour Sara, ne veut pas qu'elle soit confrontée à l'humiliation ou qu'elle soit réprimandée par l'enseignant. Elle rentre donc chez elle récupérer les devoirs et les amène à l'école. Maman se sent contrariée et frustrée. Voyons comment l'outil Se concentrer sur les solutions peut être mis en œuvre dans ce cas.

Sara a de nouveau oublié son devoir. Maman l'emmène à l'école, en disant : « C'est la dernière fois que j'apporte tes devoirs oubliés. Ce soir, toi et moi devons trouver une solution à ce problème. » Plus tard dans la journée, lorsque les deux sont calmes, ils entament leur discussion :

Maman : Sara, j'ai remarqué que tu as oublié tes devoirs trois fois la semaine dernière. Que se passe-t-il?

Sara : Oh, je ne sais pas. Je l'oublie juste sur la table. Je ne sais pas ce qui se passe.

Maman : Tu constates donc que le problème est que tu oublies tes devoirs sur la table après les avoir faits. C'est comme ça que tu le vois?

Sara : Oui, exactement.

Maman : Hum... Je me demande ce que tu pourrais faire pour ne pas oublier tes devoirs à la maison. Je sais que tu te soucies de remettre tes devoirs à temps. Je sais également que je me sens irritée et frustrée lorsque je dois rentrer à la maison pour retourner les chercher. Qu'est-ce que je dis?

Sara : Tu dis que j'ai à cœur mes devoirs et que tu es énervée parce que tu rapportes mes devoirs à l'école.

Maman : Oui. C'est exact. J'aimerais également que nous réfléchissions à quelques solutions. Selon toi, qu'est-ce qui pourrait t'aider à te souvenir de tes devoirs?

Sara : Hum... Je ne sais pas. Dis-moi quoi faire.

Maman : Je pense qu'il est plus important que tu trouves toi-même une solution plutôt que je le fasse à ta place. Et si tu prenais le temps de réfléchir à ce que tu pourrais faire?

Sara : [*Frustrée*] Mais je ne trouve rien!

Maman : En ce moment, tu as du mal à réfléchir à quelque chose. Donne-toi du temps. Je suis certaine que tu trouveras une excellente idée pour résoudre ce problème. Que penses-tu qu'on s'en reparle demain afin que tu puisses me dire à quoi tu as pensé?

Sara : [*Soupirant profondément*] D'accord…

Maman : Tu sembles déjà découragée parce que tu n'as pas de solution immédiate. Je pense que tu t'inquiètes également de ce que tu feras si tu oublies à nouveau tes devoirs et que je ne te les apporte pas à l'école.

Sara : [*Agitée*] Oui, ça aussi. Que vais-je faire?

Maman : [*Calmement*] Que se passera-t-il si tu n'as pas tes devoirs?

Sara : Je perds des points.

Maman : Hum... Je vois. Je crois que ça ne te plairait pas.

Sara : Non. Je me sentirais gênée.

Maman : Oui. Je vois ça. Eh bien, je suis sûre qu'une fois que tu auras trouvé une solution, tu ne perdras pas de points et tu ne seras plus gênée. Parlons-en à nouveau demain, *insha Allah* (si Dieu le veut).

Généralement, de notre expérience, les enfants trouvent des solutions lorsqu'on leur demande leur avis. Cependant, nous voulions vous montrer comment gérer la situation si votre enfant résiste au processus collaboratif de Se concentrer sur les solutions. En cas de résistance, donnez-leur le temps de réfléchir dans un Délai convenu avant une prochaine réunion. Examinons une autre façon de répondre à Sara après que celle-ci ait demandé à sa mère de lui dire ce qu'elle doit faire :

Maman : Je pense qu'il est plus important que tu trouves la solution que je te dise ce qu'il faut faire. Hum. Essayons de comprendre ce qui se passe. (La discussion peut générer des idées pour vous.) Alors, dis-moi, où laisses-tu tes devoirs les jours où tu les oublies? Et où se trouvent-ils les jours où tu ne les oublies pas? (Questions de curiosité).

Sara : Lorsque je les ai avec moi, c'est généralement lorsque tu me rappelles le matin de vérifier si j'ai bien pris mes devoirs.

Lorsque j'oublie, c'est généralement parce que tu ne me l'as pas rappelé. (Lorsque les parents passent de tout faire pour leurs enfants à les former à être indépendant et imputable, ce réflexe de blâmer le parent est courant).

Maman : [*Calmement*] Hum. Je vois. Donc tu ne te souviens de prendre tes devoirs que lorsque je t'en fais le rappel.

Sara : Oui! Exactement. Maman! Tu dois me le rappeler.

Maman : [*Calmement*] Je peux comprendre que tu sois habituée à ce que je te le rappelle. C'est mon erreur. Je vois de quelle façon je contribue au problème. Hum... Laisse-moi une minute pour y réfléchir. [Pause]. Je pense à l'avenir et je ne me vois pas te rappeler tout ce qui est important dans ta vie. Peux-tu imaginer à quel point cela serait drôle si tu devais attendre que je te rappelle d'amener un dossier au bureau lorsque tu seras adulte? Cela ne fonctionnera pas. Nous devons te former pour que tu puisses t'en souvenir toi-même. Que pourrais-tu faire pour t'en souvenir seule?

Sara : Hum... Je ne sais pas. J'oublie toujours tout.

Maman : Je vois. Actuellement, tu comptes beaucoup sur moi pour te faire des rappels. Il sera sans doute difficile de te souvenir de certaines choses par toi-même au début, mais tu dois apprendre à le faire. Qu'est-ce qui te serait utile?

Sara : Peut-être une sorte de note ou quelque chose du genre! Je ne sais pas!

Maman : Une note est une excellente idée en fait! Bien joué. Où voudrais-tu afficher cette note? Quel est le meilleur endroit pour toi?

Sara : Hum... La porte de ma chambre peut-être? Ou bien, que penses-tu de la porte du garage pour que je puisse la voir en sortant?

Maman : L'un ou l'autre est parfait avec moi. Choisis la méthode que tu veux essayer. Et que dirait cette note?

Sara : Ne pas oublier mes devoirs.

Maman : C'est génial!

Maman : Nous sommes donc d'accord sur les points suivants : tu vas écrire une note qui indique « ne pas oublier mes devoirs ». Tu vas la coller sur… Où déjà, Sara?

Sara : La porte de garage.

Maman : OK, tu pourras l'afficher sur la porte du garage. Et tu comprends que je ne vais plus apporter tes devoirs à l'école. C'est d'accord?

Sara : Oui. C'est exact.

Maman : Et Sara, si ça ne fonctionne pas, nous travaillerons ensemble pour trouver une autre solution.

Sara : OK, maman.

Maman : Merci, Sara. J'ai vraiment aimé réfléchir à cette situation avec toi.

Il ne s'agit certainement pas du seul moyen de résoudre le problème des devoirs oubliés. Il existe autant de solutions que d'enfants créatifs. Certains parents peuvent se demander pourquoi la mère ne trouve pas les moyens d'« aider » Sara à relever ce défi. Par exemple, pourquoi maman ne peut-elle pas mettre les devoirs dans son sac à dos tous les soirs? Si vous l'avez remarqué dans la discussion, l'objectif était pour Sara de trouver par elle-même une solution et de la mettre en œuvre. N'oubliez pas que l'objectif final est de faire de Sara une personne responsable et indépendante, et que cette leçon doit être enseignée très tôt. Elle doit le faire elle-même. Sans aucun doute, elle commettra des erreurs tout au long de son parcours, mais les erreurs faites par les jeunes ne sont pas aussi graves que celles commises plus tard.

Alors, comment maman va-t-elle soutenir Sara dans ce processus d'apprentissage de l'indépendance et du sens des responsabilités? Elle fera son possible pour s'écarter du chemin, laisser Sara réfléchir et continuera à avoir des discussions sur la résolution de problèmes jusqu'à ce que ces derniers soient résolus. On pourrait demander : « Mais où est la bienveillance là-dedans? » La bienveillance est dans le fait de demeurer calme, sans crier, dénigrer ou ridiculiser. Où se trouve la fermeté? Dans le fait de Tenir parole, même lorsque les devoirs oubliés sont très importants pour les résultats académiques de sa fille.

Tenir parole

Si vous le dites, pensez-le. Si vous le pensez, faites-le. Tenir parole établit la confiance envers ce que dit le parent. J'ai (Munira) décidé tôt que si j'avais conclu un accord avec mes enfants, je devais Tenir parole. Par exemple, lorsque je disais que nous allions au magasin après l'école pour acheter du matériel pour un projet, nous le faisions même si j'étais fatiguée. Quand je disais que nous n'irions pas à une fête d'anniversaire si les devoirs n'étaient pas terminés, nous n'y allions pas même si les enfants me suppliaient. Mes enfants ont appris que je ne faisais pas de fausses promesses ou déclarations. Si vous prenez l'habitude de ne pas Tenir parole, votre enfant apprend à ignorer vos demandes et parfois à résister à tout ce que vous dites. Lorsque vous Tenez parole, vous envoyez les messages suivants :

• Je pense vraiment ce que je dis;

- Je me respecte et je respecte mon enfant;
- Je suis responsable de ce que je dis;
- C'est acceptable d'être frustré. Il n'est pas toujours possible d'avoir ce qu'on veut.

Lorsque mes (Noha) enfants étaient jeunes, il m'arrivait de déclarer quelque chose pour ensuite douter du bien-fondé de ma décision. Je me demandais à l'époque s'il était préférable de respecter ma parole ou d'admettre à mes enfants que j'avais fait une erreur et de revenir sur ma déclaration. Ce n'était pas facile. La plupart du temps, je m'assurais de Tenir parole même lorsque je savais que j'avais commis une erreur. Je voulais m'assurer que mes enfants sachent que ma parole était ferme. Cependant, après avoir Tenu parole une ou deux fois dans des circonstances où j'avais eu le sentiment d'avoir pris la mauvaise décision, je disais à mes enfants que j'avais réfléchi davantage et que j'avais changé d'avis. Plus important encore, je travaillais fort pour éviter de faire des déclarations sur un coup de tête. Je disais donc à mes enfants : « Je dois y réfléchir et je vous reviens. » Désormais, en tant que thérapeute, chaque fois que je vois un parent dans mon bureau dont l'enfant n'écoute pas, je sais immédiatement que le parent n'arrive pas à Tenir parole, et nous commençons à travailler là-dessus.

Avoir une vie

Qui êtes-vous? Votre identité est-elle limitée à être un parent? Vous voyez-vous en dehors de votre rôle de parent? Si votre vie se résume essentiellement à ce rôle, votre identité sera étroitement liée aux réussites et aux échecs de vos enfants. Il ne s'agit pas d'une bonne formule pour vivre. En d'autres termes, vos enfants ont leurs propres buts dans la vie. Votre identité doit être séparée de la vie de vos enfants. Sinon, lorsqu'ils entrent dans l'âge adulte, vous frapperez un mur de déception et de douleur.

Certains parents pensent peut-être : « Mais je veux rester à la maison avec mes enfants! Bien sûr que ma vie va tourner autour d'eux! Je ne pourrai donc pas me voir au-delà de mon rôle de parent. » Valoriser votre rôle de parent et apprécier votre rôle de parent au foyer est un cadeau inestimable que vous pouvez vous offrir à vous-même et à vos enfants. Cependant, lorsque votre vie tourne uniquement autour de vos enfants et que vous abandonnez vos intérêts personnels et vos passe-temps, vous vous impliquez inévitablement plus dans leur vie tout en perdant votre identité. Si vous êtes un parent à la maison, nous vous invitons à trouver des intérêts et des activités qui vont au-delà de votre rôle de parent.

J'ai (Noha) été bénie d'être une maman à la maison. Je suis consciente que cela n'est pas possible pour tous les parents et je suis reconnaissante envers Allah pour ce cadeau. J'ai adoré mon temps avec mes enfants. En même temps, je faisais du bénévolat à l'école de mes enfants, à la mosquée et dans des organisations locales. J'avais également une vie sociale active avec mes amies, en plus de suivre des cours d'informatique et d'entretenir des passe-temps variés. Mon rôle central au cours de ces premières années a été celui de parent, mais il ne s'agissait pas de ma seule identité. Je vous invite à trouver des moyens de vous épanouir en dehors de votre rôle de parent. Ce rôle finira par disparaître. Montrez à vos enfants qu'il est possible de poursuivre des objectifs personnels tout en respectant vos engagements envers votre famille. (Voir Attitudes de gratitude)

Boîte fourre-tout

Cet outil est une combinaison de Structurer l'environnement et de Décider ce que vous ferez. Il arrivera, dans votre lutte pour maintenir un foyer organisé, que vos enfants ne suivent pas les règles de la maison concernant le ménage et le rangement des effets personnels. Au lieu de vous frustrer, de vous mettre en colère, puis de hurler et de crier, mettez en place le système de Boîte fourre-tout. Il vous suffit de convenir d'une heure limite à laquelle les objets doivent être rangés. Tout objet appartenant à l'enfant et qui n'est pas rangé avant l'heure limite sera ramassé par le parent et placé dans la Boîte fourre-tout.

Pour que l'outil soit efficace, le parent doit être clair sur ce qu'il adviendra de ces objets. L'enfant sera-t-il autorisé à les récupérer? Le parent retirera-t-il les objets pendant une durée définie, avant de les remettre à l'enfant? Les objets seront-ils donnés en charité après un certain temps? Il existe de nombreuses possibilités. Ce qui est important, c'est que la famille crée un système simple qui peut être appliqué de manière constante et que vous Teniez parole.

Donner des câlins sans compter

Qu'est-ce qui pourrait être plus simple que de donner un câlin à un enfant? Mieux encore, faites savoir à votre enfant que vous avez besoin d'un câlin. Demander un câlin peut évoquer le désir inné d'un enfant de contribuer à la dynamique familiale. Parfois, un câlin est tout ce dont un enfant a besoin lorsqu'il fait une crise de colère (tout-petit), qu'il se sent découragé lorsqu'il a du mal à faire ses devoirs (primaire et plus âgé) ou qu'il se sent contrarié parce qu'un ami n'est plus un ami (secondaire et études supérieures).

Un câlin ne résoudra pas nécessairement un problème, à l'exception possible des tout-petits en pleine crise de colère. Il arrive aussi qu'un enfant ne soit pas prêt à donner ou à recevoir un câlin. Lorsque les deux sont prêts à donner et à recevoir, le câlin est une affirmation d'amour et de connexion très puissante, immédiate et non verbale. Cependant, les câlins ne doivent pas être forcés, même par les parents. Un simple « est-ce que tu voudrais un câlin en ce moment? » ou simplement ouvrir vos bras silencieusement vous indiquera si votre enfant est ouvert à recevoir un câlin. C'est particulièrement important pour les adolescents dont la vision du monde change. Lorsque les enfants refusent d'être câlinés, laissez-leur de l'espace. Validez leurs sentiments : « Je peux voir à quel point tu es contrarié » et invitez-les à venir vous voir s'ils changent d'avis et veulent ce câlin après tout : « Je serai dans la cuisine si tu changes d'idée. »

Lorsqu'un enfant refuse d'être câliné, il est facile pour un parent de se sentir blessé. Les parents peuvent en venir à penser : « Mon fils ne m'aime plus! » ou « Comment peut-elle me faire ça; ne sait-elle pas tout ce que j'ai sacrifié pour elle? » Toutefois, ce type de réflexion peut entraîner une déconnexion supplémentaire. Comprenez plutôt que ce n'est pas contre vous. Respectez le fait que votre enfant est contrarié pour le moment et qu'il a besoin de temps pour réfléchir. Concentrez-vous sur le fait de rester présent et disponible lorsqu'on aura besoin de vous, et cela rendra moins personnel le rejet d'un câlin. Plus important encore, comprendre cette dynamique permet aux enfants d'avoir l'espace émotionnel personnel nécessaire pour gérer leurs sentiments. Cette compétence de vie est l'origine de relations émotionnellement saines chez l'adulte.

« J'ai remarqué_____ » plutôt qu'« As-tu_____? »

Rien ne déclenche une réponse défensive autant que les attaques et les accusations. Souvent, le choix des mots peut provoquer des malentendus et, à leur tour, ceux-ci peuvent générer des réactions négatives. Un simple changement de mots peut avoir un impact considérable en créant un espace de dialogue et en Se concentrant sur les solutions. Commencer sa phrase par « j'ai remarqué... » permet de diminuer les attaques et les blâmes accidentels.

FIGURE 5.5

Phrases courantes utilisées par les parents et des manières alternatives d'utiliser « J'ai remarqué... »

Phrase courante	J'ai remarqué
« As-tu sorti les poubelles comme tu l'as promis? »	« J'ai remarqué que les poubelles ne sont pas au bord de la rue. »
« T'es-tu couché tard hier comme d'habitude? As-tu encore joué aux jeux vidéo jusqu'à 2 h du matin? »	« J'ai remarqué, lorsque je me suis réveillé à 1 h du matin la nuit dernière, que la lumière de ta chambre était encore allumée. »
« As-tu brossé tes dents? »	« J'ai remarqué que tu n'as pas encore été dans la salle de bains. »
« Est-ce que ça ressemble au bulletin d'une personne qui a bien étudié? »	« Ce trimestre, j'ai remarqué que tu consacrais plus de temps à jouer à des jeux vidéo sur ton ordinateur qu'à étudier. »

Tâches

Lorsque les enfants voient leur famille comme une « équipe », ils se rendent compte que chaque membre de l'équipe joue un rôle important. Tout le monde a des responsabilités : les parents vont au travail et les enfants vont à l'école. Les tâches sont l'occasion pour chaque membre de la famille de contribuer et de ressentir un sentiment d'appartenance à l'« équipe ». La responsabilité liée à l'exécution des tâches enseigne également aux enfants que leur contribution est importante et ils apprennent à donner plutôt qu'à prendre uniquement. Les tâches commencent dès que les enfants sont âgés de quatre ans, avec des activités telles que préparer la table pour le repas du soir et aller chercher le courrier. À mesure que les enfants vieillissent, les tâches deviennent plus complexes, comme jeter les déchets, aider à laver le linge, laver la vaisselle, etc.

Mes (Munira) fils ont des tâches depuis l'âge de quatre ans et le processus pour décider de leurs tâches a évolué en permanence. Lorsqu'ils étaient âgés de sept et huit ans, ils ont réfléchi aux tâches qu'ils pouvaient accomplir. Ils ont fait une liste de tâches sur une feuille de papier et ils les cochaient au quotidien au fur et à mesure qu'ils les accomplissaient. Lorsqu'ils étaient âgés de 12 et 13 ans, ils ont négocié les tâches qu'ils prenaient chacun et la fréquence à laquelle ils effectuaient des rotations de tâches. Il va sans dire qu'il y a eu de nombreuses plaintes au cours des années au sujet des tâches ménagères et ils ont cherché des moyens de retarder ou d'éviter leurs responsabilités. Dans ces cas-là, nous organisions un Temps d'échanges en famille pour discuter du problème et trouver de nouvelles solutions. Ne désespérez pas lorsque les enfants fuient devant les tâches ménagères ordinaires. N'oubliez pas que la responsabilité d'effectuer des tâches est plus importante que de voir la tâche réellement accomplie. Mon mari a même rebaptisé les tâches de notre foyer en les appelant des « contributions », car ça décrivait mieux de quoi il s'agissait. Revenir sur l'importance des tâches avec vos enfants permettra de se concentrer sur les valeurs à long terme que vous cherchez à leur enseigner : responsabilité et contribution. Pour chaque tranche d'âge de la Partie III, vous trouverez des suggestions de tâches adaptées à cette tranche.

Savoir qui ils sont, pas où ils se trouvent

Dans les années 1980, une publicité télévisée posait la question suivante : « Il est 22 h… Savez-vous où se trouvent vos enfants? » À l'époque, mes (Noha) enfants étaient encore très jeunes, et je me demandais comment un parent pouvait ne pas savoir où se trouvent ses enfants. Je me suis promis à ce moment-là que je saurais toujours où se trouvent mes enfants. Le temps a passé, mes enfants ont grandi et sont devenus adolescents. Au cours de ces années, j'ai commencé à me rendre compte à quel point il était futile que je sache ce qu'ils étaient en train de faire à chacun des moments de la journée. Ils m'ont testé de différentes manières et j'ai dû faire face à la dure réalité : peu importe à quel point j'étais une bonne mère, je ne saurais jamais tout à leur sujet. J'ai été emplie d'humilité. Je suis reconnaissante auprès d'Allah d'avoir appris cette leçon si tôt. Dans le cas contraire, mes enfants et moi-même aurions beaucoup souffert et nos relations auraient été mises à mal.

Voilà pourquoi il est important que vous sachiez qui sont vos enfants. Cette base de connaissances est ce qui vous aidera à reconnaître les signes avant-coureurs de tout problème si jamais il se produit. Concentrez votre énergie et vos efforts pour savoir qui sont vos enfants plutôt que de garder un œil sur leurs activités (physiques et virtuelles). En tant que parent, ce dont vous avez besoin, c'est d'*Être présent*, impliqué, engagé, à l'écoute, d'observer leurs routines, d'établir des liens et de prendre des notes mentales sur tout ce que vous apprenez.

Lâcher-prise

Lâcher-prise est l'un des outils les plus difficiles à adopter. Paradoxalement, Lâcher-prise est nécessaire pour votre enfant. Lâcher-prise consiste à reconnaître les limites de votre contrôle et à choisir de remettre les rênes de la responsabilité à l'enfant. Étant donné que les enfants ont des tempéraments différents, certains enfants vous forceront à Lâcher-prise en se disputant avec vous et en se rebellant. D'autres, qui sont par nature plus réticents à la confrontation et dont les parents ne lâchent pas prise quand le temps est venu, deviennent des adultes passifs et dépendants qui n'ont pas de voix.

Les parents qui comprennent que leur travail consiste à former et à guider leur enfant se prépareront à l'inévitable Lâcher-prise en leur donnant les moyens d'être responsables et imputables, et en étant véritablement heureux lorsque leurs enfants quittent le nid. Les enfants de tels parents croient en leurs aptitudes à pouvoir gérer les aléas de la vie. Ils vivent également sans le fardeau de la culpabilité et du jugement.

Lâcher-prise se déroule en plusieurs étapes. Cela ne se produit pas soudainement à l'âge de 18 ans lorsque votre enfant est légalement un adulte. Le Lâcher-prise se produit à chaque fois qu'un parent offre l'espace nécessaire pour que l'enfant puisse être responsable dans un aspect de sa vie.

Exemples de Lâcher-prise :

- Permettre aux enfants de manger seul, même s'ils prennent beaucoup de temps ou qu'ils font des dégâts;
- S'attendre à ce que les enfants préparent eux-mêmes leur petit déjeuner et leur repas du midi;
- Respecter la façon dont les enfants veulent faire leurs projets scientifiques;
- Permettre aux enfants de faire leur propre lessive et abîmer des vêtements dans le processus;
- Laisser les élèves du secondaire choisir leurs propres cours;
- Laisser les jeunes adultes choisir leur programme d'études supérieures;
- Permettre aux enfants de commettre des erreurs (et même d'échouer) et avoir confiance qu'ils tireront d'eux-mêmes des leçons de ces expériences avec votre soutien affectueux.

Choix limités

Cet outil est principalement utilisé avec les jeunes enfants. Lorsque les tout-petits commencent à exprimer leur indépendance, leur voix, leurs souhaits et à dire le mot « NON », les parents règlent de nombreux conflits grâce aux Choix limités. Les jeunes enfants se sentent rapidement submergés. Dans des situations émotionnellement chargées, leur offrir plusieurs options leur permet de prendre une décision qui les aide à contenir leurs émotions. Généralement, lorsque les enfants grandissent, les Choix limités perdent leur efficacité comme outil du quotidien.

Cependant, il reste un outil efficace pour être utilisé peu fréquemment avec les enfants plus âgés.

Conseils pour les choix limités :

- N'offrez que ce qui vous convient.
- Soyez ferme. Si l'enfant se plaint, dites simplement : « Ce sont les options disponibles. Laquelle veux-tu choisir? »
- Si l'enfant suggère autre chose, répondez calmement : « Ce n'est pas l'une des options aujourd'hui. Peut-être un autre jour. »

Exemples :

- « Veux-tu des céréales ou un muffin? »
- « Veux-tu porter la chemise rouge ou le tricot bleu? »
- « Veux-tu t'asseoir à côté d'Ahmad ou de Zaid? »
- « Veux-tu d'abord enfiler ton tricot ou ton pantalon? »
- « Je peux t'emmener à la bibliothèque le mardi à 15 h ou le mercredi à 17 h. Quelle est l'heure qui te convient le mieux? »
- « Nous pouvons recevoir tes amis vendredi après l'école pendant 2 heures ou samedi à midi pendant 4 heures. Que préfères-tu? »

Écoute

« Les enfants sont plus susceptibles de vous écouter *une fois* qu'ils se sentent écoutés » (Nelsen, 2006, p. 29). Il s'agit de l'un des principes fondamentaux de la discipline positive. La vie au 21e siècle est mouvementée. Les parents sont constamment en déplacement et il est parfois très difficile de ralentir et d'écouter.

Pour utiliser efficacement l'outil d'Écoute, les parents doivent s'arrêter et être présents (prêter toute leur attention). Souvent, le parent n'a pas besoin de répondre. L'enfant peut simplement avoir besoin de partager une idée qui est importante à ce moment-là. Cependant, répéter ce qui a été entendu est une expérience valorisante pour l'enfant. Lorsque les parents écoutent, ils envoient le message suivant : ce que l'enfant a à dire est important, ce qui signifie que *l'enfant* est important dans leur vie. Il s'agit de l'origine de la connexion.

Écouter sans qu'il soit nécessaire de répondre devient un élément essentiel au cours des années d'adolescence. Entraînez-vous à écouter vos adolescents sans donner de leçons, moraliser, juger, condamner ou rejeter leurs idées. Les adolescents sont très sensibles à ce que disent leurs parents. Ils perçoivent parfois une suggestion bien intentionnée comme une forme de contrôle étouffant. Souvent, les parents n'aimeront pas ce que les adolescents partagent, mais dans les situations où il n'y a pas de problème spécifique, les parents sont invités à s'abstenir de partager leurs pensées moralisatrices. Lorsque les adolescents sentent qu'ils peuvent se confier en toute sécurité, ils se sentiront en contact avec leurs parents et resteront transparents. Lorsque des préoccupations graves surgissent, les parents partagent leurs inquiétudes avec le moins de mots possible et seulement après avoir écouté et répété ce qu'ils ont entendu. L'Écoute n'est pas passive. Dans certains cas, après avoir écouté, un parent devra établir une limite avec l'adolescent à l'aide de l'outil de Résolution de problèmes.

Conséquences logiques

Il existe une très fine ligne entre les conséquences logiques et les punitions. De nombreux parents s'en remettent à des punitions en déclarant qu'ils utilisent des conséquences logiques. Selon Jane Nelsen (2006), les conséquences logiques sont caractérisées par quatre critères : elles doivent être en lien avec le problème, respectueuses, raisonnables et utiles.

Toute réaction d'un parent ne répondant pas aux quatre critères est probablement une punition. Par exemple, Maryam a du mal à contrôler sa colère. Elle a souvent des crises incontrôlables au point où elle jette des objets dans la maison. Ses parents, guidés par un objectif de parentalité à long terme, ont établi une conséquence logique : lorsqu'elle a terminé sa crise, elle doit se parcourir la maison et nettoyer tous les dégâts qu'elle a causés. Il s'agit d'un exemple de conséquence logique. Ce qui transforme cette conséquence en punition serait un (ou une combinaison) des éléments suivants :

- « Je ne peux pas croire que tu as encore fait ça! Quel genre de monstre es-tu? Tu n'apprends jamais! » Hurler, crier et étiqueter est irrespectueux envers votre enfant et envers vous-même;
- « Non seulement tu vas nettoyer ton désordre, mais tu seras aussi privé de télévision pour la semaine! » La punition n'est pas liée à la situation;
- « Tu vas nettoyer ce désordre et celui de tes frères et sœurs pendant toute la semaine. » L'imposition du nettoyage du désordre de la fratrie est déraisonnable et n'a aucun rapport.

L'un de mes (Noha) adolescents avait du mal à se réveiller à l'heure pour l'école. Pour chaque retard ou absence, j'avais la possibilité d'excuser mon adolescente. J'ai remarqué qu'au bout de quelques semaines, je me retrouvais à justifier de fréquents retards de mon adolescente à cause de ce que je croyais être une gestion du temps irresponsable. Au début, j'étais incertaine de la manière de réagir face à cette problématique. J'ai envisagé de nombreuses options. Est-ce que j'essaie de contrôler la situation (ce qui est mon premier réflexe lorsque je veux changer les choses)? Est-ce que je me bats tous les soirs à l'heure du coucher? Est-ce que je prends la responsabilité de réveiller mon adolescente tous les jours? Est-ce que je continue à justifier indéfiniment les retards de mon enfant? Que dois-je faire? J'étais en conflit.

J'ai dû d'abord me calmer, réfléchir à ce qui est important, reconnaitre mes limites, établir l'objectif à long terme, puis élaborer un plan. Après avoir effectué cette introspection, j'ai tiré les conclusions suivantes.

Tout d'abord, d'un point de vue d'éducation à long terme, mon adolescente devait être responsable de se coucher à l'heure et de se réveiller à l'heure. Dans quelques années, cet enfant serait à l'université et rencontrerait le même problème. Il n'y avait donc aucune raison de foncer et de forcer des routines de sommeil. À l'époque où ce défi est survenu, mon adolescente avait pourtant passé de nombreuses années à suivre une routine du sommeil. Le défi n'était donc pas lié à un manque de sensibilisation ou de formation. Il s'agissait d'une autre sorte de défi. Mon enfant naviguait les années d'adolescence et, pour une raison ou une autre, les routines de coucher devenaient l'un des moyens pour affirmer son indépendance. En comprenant l'étape de développement et en sachant que j'avais rempli mon devoir de formation en bas âge, j'ai compris qu'il était temps de lâcher-prise. J'ai choisi de ne pas entreprendre cette bataille.

Deuxièmement, lâcher-prise n'est pas la même chose que de ne rien faire. J'ai le contrôle de mes actions. Je peux choisir de définir des limites sans avoir à contrôler ce que fait mon enfant. En conséquence, j'ai décidé de limiter le nombre de fois où je l'excusais en raison d'un retard ou d'une absence à l'école. Nous avons eu une réunion et j'ai utilisé l'outil de discipline positive J'ai remarqué que... Au lieu d'as-tu...: « J'ai remarqué que tu es souvent en retard à l'école. Au cours du mois dernier, tu es arrivée en retard 3 fois et j'ai justifié ces trois retards ». J'ai ensuite dit : « J'ai décidé que je ne justifierais que trois fois par semestre un retard ou une absence de ta part. Tu devras être responsable de justifier tes retards subséquents. » J'ai demandé : « Quelles sont les conséquences des absences et des retards non justifiés à ton école? » Mon adolescente m'a informé qu'elle devrait rester en punition après les cours. J'ai demandé : « Que comprends-tu sur ce qui va se passer désormais concernant tes retards et absences? » Ma fille a été en mesure de répéter ma limite et nous avons mis fin à la conversation.

Ce qui était essentiel à la suite de cette conversation était de Tenir parole. J'ai fait en sorte de noter le nombre de fois où j'ai justifié ses retards, et je n'ai pas succombé à la pitié lorsqu'elle a dû faire face aux conséquences de ses actions. J'ai maintenu ma limite.

Les conséquences logiques nécessitent l'intervention d'un adulte tandis que les conséquences naturelles sont celles qui se produisent lorsqu'un adulte n'intervient pas. Nous vous invitons à utiliser les conséquences logiques le moins possible, car elles ne corrigent pas nécessairement le problème. Le pouvoir consiste à donner aux parents un plan pour savoir ce qu'ils doivent faire lorsque le défi se reproduit. Les conséquences naturelles et Se concentrer sur les solutions sont des outils plus efficaces.

Message d'amour

Comment exprimez-vous votre amour? Plus important encore, vos enfants savent-ils que vous les aimez? Pour les musulmans occidentaux, dire « Je t'aime » est emblématique de notre histoire et de notre culture. J'ai (Munira) entendu tous les jours des messages d'amour de mes parents. Dans nos petits rituels de se dire « je t'aime », de s'embrasser et de se faire des câlins en arrivant à la maison, lorsque nous sortions ou quand nous allions nous coucher.

L'expression du message d'amour est culturelle. J'ai (Noha) grandi au Moyen-Orient. Ma famille n'était pas du genre à dire verbalement « je t'aime ». Cependant, je n'ai jamais douté de l'amour infaillible de mes parents pour mes frères, mes sœurs et moi. Leur amour était clair dans tout ce qu'ils faisaient pour nous : soutien indéfectible, écoute, encouragement, présence, etc. Je savais que j'étais aimée et je n'avais pas besoin des mots « je t'aime » pour le ressentir. Cependant, ayant élevé mes enfants aux États-Unis, j'ai utilisé « je t'aime », en plus de tous les messages d'amour non verbaux repris de mes parents.

Réfléchissez à la manière dont vous exprimez vos messages d'amour à vos enfants. Il n'existe aucune méthode spécifique, car l'amour est exprimé en mots et en actions. Pour en savoir plus sur les différentes façons d'exprimer votre amour, consultez le livre de Gary Chapman, *Les 5 languages de l'amour*.

Refléter

Les adultes sont des miroirs pour les enfants. Que se soit leurs parents ou leurs enseignants, les enfants se voient dans le regard des adultes dans leur vie (Glasser, 1999). Refléter consiste simplement à faire écho aux émotions et aux comportements de vos enfants. Ceci est réalisé dans chaque interaction parent-enfant. Il est essentiel de refléter dans les deux domaines principaux suivants :

> 1. *Émotions.*
>
> « Belal, tu as l'air triste. Que s'est-il passé? »
>
> « Zainab, tu es si enthousiaste. J'aimerais savoir ce qui t'excite autant! »
>
> « Khaled, tu as l'air si contrarié. Que puis-je faire pour t'aider à te sentir mieux? »

2. Cadeaux et points forts.

« Waouh! *Masha Allah* (que Dieu te protège!) Adam, tu as terminé le projet scientifique par toi-même et deux jours avant la date d'échéance! Cela fait foi de tes compétences organisationnelles et de planification. »

« *Jazaka Allahu khair* (que Dieu te récompense pour ta bonté) Yusuf d'avoir aidé ta tante avec ses sacs. C'était très responsable et réfléchi de ta part. »

« Sara, j'ai remarqué que lorsque quelqu'un est déprimé ou se sent seul, tu prends le temps de t'asseoir avec cette personne et de discuter avec elle. C'est naturel chez toi de détecter les émotions des autres et d'être empathique. Une telle aptitude t'amènera loin dans la vie. »

Refléter est essentiel, car cela attire l'attention des enfants sur ce qu'ils ne voient pas sur eux-mêmes. C'est l'un des nombreux cadeaux offerts par les parents à leurs enfants. Plus les enfants se connaissent, plus ils sont équipés pour faire face à la vie. Par exemple, lorsque les enfants sont conscients de leurs réactions émotionnelles, ils sont habilités à prendre de meilleures décisions concernant la manière de contenir leurs émotions. Comme le dit le proverbe chinois : « Contrôlez vos émotions avant qu'elles ne vous contrôlent ».

Les erreurs sont des opportunités d'apprentissage

Cet outil est un recadrement mental du concept d'erreur. Demandez-vous à vous-même : « Comment est-ce que je perçois les erreurs? Quelles leçons ai-je reçues en tant qu'enfant au sujet des erreurs? Quels types de messages est-ce que j'envoie à mon enfant? » Les messages envoyés par les parents peuvent être interprétés par les enfants de cette façon : je suis « mauvais » ou « il y a quelque chose qui ne va pas chez moi ». De telles interprétations erronées peuvent conduire les enfants à devenir des adultes dont l'identité est liée à la honte et au sentiment d'être sans valeur. Nous vous invitons à prendre pleinement conscience des mots que vous utilisez et des gestes que vous posez lorsque vous réagissez à leurs erreurs.

Prenons exemple sur l'héritage prophétique et plus précisément sur l'histoire du Bédouin qui a uriné dans la sainte mosquée de Médine. Cette histoire est un exemple d'erreur. Pourtant, comment le prophète (pbsl) a-t-il géré cette situation? A-t-il puni le Bédouin? L'a-t-il chicané? Lui a-t-il dit : « Comment as-tu pu commettre une erreur aussi stupide dans notre lieu le plus sacré? » Lui a-t-il dit : « Tu es un ignorant! Tu dois en apprendre plus sur cette religion. » Non. Il n'a réagi d'aucune de ces façons. Au lieu de cela, il s'est efforcé de se concentrer sur les solutions. Il a demandé à ses compagnons de verser de l'eau sur la zone pour la purifier et pour enseigner l'étiquette de la mosquée. L'erreur a été une opportunité d'enseigner, et non une opportunité pour embarrasser et humilier.

Les enfants apprennent de leurs erreurs lorsqu'ils sont tenus responsables et que leur amour-propre reste intact. J'ai (Munira) partagé ce message avec mes enfants lorsqu'ils étaient âgés de trois ans. Lorsqu'ils commettaient des erreurs à cet âge, je les invitais à réfléchir à des moyens de résoudre le problème, puis à partager avec les autres ce qu'ils avaient appris de leurs erreurs. Lorsque mes enfants ont grandi, ils n'avaient pas peur de partager immédiatement leurs erreurs avec moi et de Se concentrer sur les solutions. J'évitais de répondre avec colère ou de façon à les humilier tout en les écoutant activement et j'offrais plutôt des suggestions lorsqu'ils avaient du mal dans leur recherche de solutions. Souvent, il n'y avait rien à faire pour réparer une situation. Dans ce cas, je reflétais leurs sentiments de frustration, je laissais le temps aux conséquences naturelles de suivre leur cours et je me concentrais sur ce qu'ils avaient appris de l'expérience.

FIGURE 5.6
Réponses aux erreurs

Réponses aux erreurs qui induisent le perfectionnisme, l'impuissance ou encore la tristesse et une culpabilité paralysante	Réponses aux erreurs qui induisent l'imputabilité, la responsabilité, la réflexion critique et les compétences en matière de résolution de problèmes
« Je n'arrive pas à croire que tu as cassé le vase! Tu es si maladroit! »	« *Khair insha Alla* (que Dieu t'envoie ce qui est bon). C'était Sa volonté. Nettoie ton dégât s'il te plaît. »
« Qu'est-ce qui ne va pas chez toi? Comment as-tu pu commettre une erreur aussi stupide dans ton examen? »	« Hum. Tu connais bien la matière, je suis certaine de ça. Je me demande ce qui s'est passé pour que tu fasses cette erreur. »
« Tu as oublié ton porte-monnaie au parc! Je n'arrive pas à croire à quel point tu es irresponsable! »	« *Khair insha Allah* (que Dieu t'envoie ce qui est bon). Tu devras communiquer avec la banque pour faire annuler toutes tes cartes. Je te suggère de le faire immédiatement. »
« Tu n'as pas le droit de faire des erreurs dans ton examen/tes devoirs! »	« Il te suffit de te concentrer sur tes études et de faire de ton mieux. »
« Tu m'as humilié devant mon oncle. Comment as-tu pu me faire ça à moi! »	« J'ai été gêné par ce que tu as fait. Que pourrais-tu faire pour réparer tes torts? »

Par exemple, mon enfant de 11 ans suivait un cours en ligne et, une soirée, il avait complètement oublié d'assister à son cours. Il était contrarié parce qu'il s'était préparé pour le cours, mais s'était laissé distraire par une émission télévisée. Les règles de la classe indiquaient qu'il perdrait la note de participation pour ce trimestre, ce qui pourrait affecter sa note globale. Il était contrarié d'avoir oublié son cours, car il n'aimait pas être irresponsable. J'ai reflété ses sentiments et je l'ai invité à réfléchir à ce qu'il pourrait faire différemment pour éviter ce problème à l'avenir. Il a pensé à régler une alarme sur son ordinateur comme rappel. Il a également

FIGURE 5.7

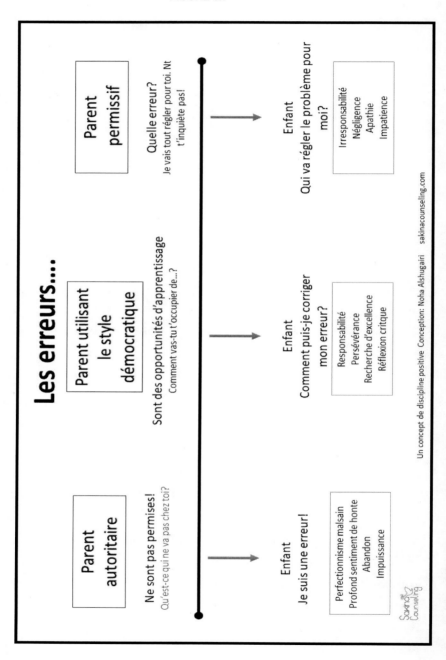

Les erreurs....

Parent autoritaire
Ne sont pas permises!
Qu'est-ce qui ne va pas chez toi?

Parent utilisant le style démocratique
Sont des opportunités d'apprentissage
Comment vas-tu t'occuper de...?

Parent permissif
Quelle erreur?
Je vais tout régler pour toi. Nt t'inquiète pas!

Enfant
Je suis une erreur!

Perfectionnisme malsain
Profond sentiment de honte
Abandon
Impuissance

Enfant
Comment puis-je corriger mon erreur?

Responsabilité
Persévérance
Recherche d'excellence
Réflexion critique

Enfant
Qui va régler le problème pour moi?

Irresponsabilité
Négligence
Apathie
Impatience

Un concept de discipline positive   Conception: Noha Alshugairi   sakinacounseling.com

Sakina Counseling

décidé d'imprimer une copie de son horaire de cours et de l'afficher au-dessus de son bureau. J'ai également suggéré qu'il envoie un courriel à son enseignant pour s'excuser de ne pas avoir suivi le cours pour affirmer qu'il prenait la responsabilité de son erreur. Même s'il a perdu des points, il a appris plusieurs leçons de vie en une seule expérience : gestion du temps, tenir parole sur ses engagements, contenir sa déception et accepter sa propre responsabilité. Ce qui suit illustre la relation entre les trois principaux styles parentaux et les messages qu'ils envoient au sujet des erreurs.

Respect mutuel

Le respect est réciproque. La base du respect entre le parent et l'enfant est construite dès la petite enfance. Mettons-nous dans les chaussures de votre tout-petit et découvrons à quoi peut bien ressembler pour lui une journée typique. Aliya a deux ans et elle est réveillée de manière abrupte le matin par maman qui lui met un tricot autour de la tête pour l'habiller. Aliya est amenée dans la cuisine où papa lui a préparé un bol de céréales et maman l'assied dans sa chaise haute. Pendant qu'Aliya mange, maman et papa discutent de son entraînement à la propreté. Aliya se concentre sur ses céréales flottant dans le lait. Elle remarque que ses céréales continuent à flotter sur le dessus même lorsqu'elle les pousse vers le bas. Maman l'interrompt en nettoyant sa bouche avec un chiffon humide. Aliya commence à pleurnicher. Maman dit : « Tu ne fais que jouer avec ta nourriture. Tu dois avoir terminé. » Elle est retirée de sa chaise haute. Papa prend Aliya dans ses bras et l'emmène à la voiture. Ils sont en retard pour la garderie. Ils arrivent à la garderie et les éducatrices commencent à l'embrasser et à la chatouiller. Elles sont tellement contentes de la voir. Elle rejoint les autres enfants, mais commence à pleurer parce qu'un autre enfant de la classe la bouscule accidentellement. Les éducatrices lui disent : « Tu vas bien. Ça ne fait pas mal. » Aliya trouve un ensemble de blocs et commence à construire un château. Une des éducatrices s'approche d'elle, range rapidement les blocs, lui indique qu'il est temps de « faire un cercle » et la place sur la moquette. C'est la journée d'Aliya, et il n'est que 9 h du matin.

Imaginez maintenant un scénario similaire, mais pour un adulte. Vous êtes réveillée brusquement par votre conjoint et il vous tend une tenue pour la journée. Vous arrivez dans la cuisine et trouvez une assiette de crêpes préparées pour vous. Vous n'avez pas vraiment envie de manger des crêpes ce matin, mais vous les mangez quand même. Votre conjoint est au téléphone avec un ami et il lui dit tout sur la journée de travail difficile que vous avez vécue hier. Pendant que vous mangez, vous vous dites que quelques fraises fraîches sur les crêpes seraient une délicieuse garniture. Pendant que vous mangez, votre conjoint vous dit que vous venez de renverser du sirop sur votre chemise et il se met à tamponner vos vêtements avec un linge humide. Vous vous levez pour aller chercher les fraises. Vous passez cinq minutes à les rechercher, mais vous ne les trouvez pas. Lorsque vous revenez pour vous asseoir, votre assiette a disparu parce que votre conjoint pensait que vous aviez terminé. Vous êtes en retard au travail, alors votre conjoint rassemble vos affaires et vous presse vers la porte. Il vous passe votre sac repas et une tasse de café. Vous arrivez au boulot et vos collègues vous bombardent de questions relatives au travail. Vous vous asseyez à votre bureau et vous découvrez que quelqu'un a laissé des miettes sur votre clavier. Votre patron vous dit : « Ça va, passe à autre chose. » Vous commencez à vous concentrer sur votre travail lorsque votre patron arrive soudainement et dépose un nouveau projet sur votre bureau. Vous avez une réunion dans la salle de conférence et vous devez y assister maintenant. Il s'agit du début de votre journée.

Vous vous sentiriez probablement contrariée, frustrée, fâchée, surprise, incomprise et confuse lorsque vous vivez ce type de journée. Or, voilà peut-être ce que votre nourrisson ou votre tout-petit vit chaque matin. Ce qui manque dans les deux courtes histoires ci-dessus est le respect. Les adultes ont tendance à s'attendre à ce que les autres soient respectueux envers eux, mais ils oublient de faire preuve de respect envers leurs enfants. C'est malheureux, car la parentalité fondée sur le respect dès le départ conduit à des relations respectueuses.

Si nous rejouons l'histoire ci-dessus sous cet angle, ça va comme suit. Avant d'enfiler une chemise à Aliya, maman l'informe qu'elle l'aide à s'habiller. Papa offre des Choix limités à Aliya : « Veux-tu des céréales ou des œufs? » Les deux parents incluent Aliya dans la conversation. Ils parlent avec elle et non pas d'elle. Maman demande : « Comment ça va avec ton entraînement à la propreté? Est-ce que nous allons réessayer aujourd'hui? » Lorsque maman et papa remarquent qu'Aliya se concentre sur quelque chose, ils réduisent au maximum les interruptions. Maman demande si Aliya a fini de manger et respecte sa réponse. Lorsqu'Aliya a fini de manger, maman lui donne une serviette. Lorsqu'Aliya a du mal à faire face aux transitions, les deux parents reflètent ses sentiments : « Tu es frustrée, blessée, tu as mal, etc. » Maman et papa aident également Aliya à passer d'une activité à l'autre en suivant le Tableau de routine affiché et en lui rappelant le temps restant avant la prochaine activité. Imaginez à quel point Aliya se sent différemment d'ici à ce qu'elle commence l'école. Lorsque vous montrez à vos enfants le respect, ils se sentent capables, satisfaits et apprennent à vous traiter avec respect.

Conséquences naturelles

Les conséquences naturelles sont des conséquences qui se produisent lorsque les adultes n'interfèrent pas. Il est regrettable que les parents n'utilisent pas ce merveilleux outil pédagogique au nom de l'amour. Les enfants apprennent mieux (tout comme les adultes) par des expériences de vie, qu'elles soient bonnes ou mauvaises. Mon (Noha) père avait l'habitude de partager un proverbe arabe chaque fois que quelqu'un apprenait d'une expérience : « Tout le monde apprend mieux de ses propres poches. » En tant que parent, la voix de mon père résonnait dans ma tête avec ce simple proverbe lorsque mes enfants choisissaient d'ignorer mes avertissements et d'apprendre à la dure de leurs propres expériences. Avec le temps, ils se sont mis à respecter et à tenir compte de mes préoccupations. Il va sans dire que je ressentais du soulagement et que je me sentais validée chaque fois que cela se produisait.

FIGURE 5.8
Exemples de conséquences naturelles

Situation	Conséquence naturelle
Il fait froid dehors. Un enfant quitte la maison sans veste.	L'enfant a froid.
Un enfant oublie son repas du midi à la maison.	L'enfant a faim.
Un enfant oublie sa bouteille d'eau à la maison.	L'enfant a soif après sa partie.

Une conséquence naturelle est simplement ce qui arrive lorsque les parents ne se mettent pas dans le chemin et laissent les enfants faire face aux ramifications de leurs actions. De nombreux parents ont du mal à utiliser cet outil parce qu'ils aiment tellement leurs enfants. Ils ont le sentiment que le parent abdique ses responsabilités si « quelque chose de mal se produit ». Si un parent se concentre sur le court terme, cela semble en effet la chose responsable à faire. Cependant, avec un objectif de parentalité à long terme, donner aux enfants de l'espace pour vivre des expériences est un tremplin pour leur permettre de devenir des adultes responsables.

Les ramifications d'empêcher les conséquences naturelles de se produire deviennent claires lorsque les enfants deviennent adultes. Malheureusement, lorsque les enfants se font souvent dire comment ils doivent se sentir, ignorant du même coup leurs propres signaux corporels (faim, soif, froid, anxiété, peur, etc.), ils cherchent à ce que les autres règlent leurs problèmes émotifs. C'est la dynamique fondamentale des dépendances. Lorsque les enfants apprennent à s'appuyer sur leurs parents pour leur venir en aide à chaque fois qu'ils en ont besoin, ils ne développent pas la capacité de faire face aux problèmes de la vie avec une réflexion critique et avec responsabilité. Quand apprendront-ils que c'est de leur devoir de résoudre leurs propres problèmes? Les leçons apprises en début de vie sont plus faciles à intégrer que les leçons apprises plus tard. Permettez à votre enfant de gérer les conséquences d'un devoir oublié pour le préparer à gérer les responsabilités plus importantes de la vie : respecter les échéances au travail, amener son passeport lors d'un voyage, payer ses factures à temps, prier à l'heure, etc.

Vous trouverez ci-dessous une explication sur la façon d'utiliser les conséquences naturelles à partir d'un sujet de préoccupation commun pour les parents : le temps froid et les vestes. De la même manière, les conséquences naturelles peuvent s'appliquer à d'autres problèmes. Notez également les autres outils de discipline positive utilisés : Prendre du temps pour s'entraîner, Questions de curiosité et Décider ce que vous ferez.

- Lorsque les enfants sont très jeunes (moins de 3 ans), le parent sera responsable d'amener leur veste.
- À 3 ou 4 ans : Formez l'enfant à amener sa propre veste.

Accrochez la veste au niveau de l'enfant pour qu'il puisse l'atteindre facilement. Lorsque vous quittez la maison, demandez à votre enfant d'aller chercher sa veste.

- Plus de 4 ans : Le parent dit simplement : « Il fait froid dehors. Je prends ma veste. Veux-tu amener ta veste avec toi? » Si l'enfant dit oui, parfait! Si l'enfant dit non, le parent peut lui demander : « Que se passera-t-il si tu n'as pas ta veste avec toi et que tu as froid? » Si l'enfant insiste pour ne pas prendre sa veste, le parent dit : « Tu as décidé de ne pas amener ta veste. Donc, si tu as froid parce que tu n'as pas ta veste, je m'attends à ce que tu évites de te plaindre puisque c'est ton choix. Je n'aurai aucune solution pour t'aider à ce stade. Est-ce que c'est clair? Qu'est-ce que j'ai dit? »
- Si l'enfant quitte la maison sans sa veste et que le parent remarque que l'enfant a froid, le parent doit éviter de lui dire : « Je te l'avais bien dit. » Plutôt, faites preuve d'empathie en disant : « Il semble que tu ne t'attendais pas à ce qu'il fasse si froid. J'ai l'impression que tu as appris plusieurs choses de cette expérience. »
- Quand l'enfant grandit, le parent doit indiquer que la responsabilité de décider d'amener ou non la veste est celle de l'enfant et que le parent ne le lui rappellera plus. Le parent peut choisir de dire : « Il fait froid dehors et je vais amener une veste. »

De nombreux parents s'opposent à l'idée de donner à l'enfant la responsabilité d'amener la veste : « Mais mon enfant va tomber malade! Et je devrai m'en occuper. Voilà pourquoi je dois continuer à le lui rappeler. » Nous vous invitons à réfléchir à long terme. Demandez-vous à vous-même : « Quand mes enfants apprendront-ils si je ne leur confie pas la responsabilité? » Quel que soit l'âge que vous avez en tête, n'oubliez jamais que ce sont les enseignements appris à un jeune âge qui sont intégrés plus profondément que ceux appris plus tard dans la vie. Gardez à l'esprit que si vos enfants ne font pas le lien entre la sensation de froid et le choix d'apporter leur veste, ils n'apprennent pas la cause et l'effet. Ils vont plutôt intégrer que leurs parents s'attendent à devoir leur dire ce qu'ils doivent faire. Plus inquiétant encore? C'est lorsque les enfants blâment les parents pour ce qui se passe dans leur vie en raison de cette dépendance.

Une clarification est nécessaire ici. Les conséquences naturelles ne doivent pas être utilisées dans des situations où il y a un danger réel. La sécurité des enfants doit être assurée. Par exemple, laisser les tout-petits s'aventurer dans la rue pour qu'ils puissent apprendre au moyen des conséquences naturelles est aberrant. Il n'est pas non plus judicieux de ne pas limiter la consommation de malbouffe pour laisser les enfants apprendre par les conséquences naturelles. Quelqu'un peut dire : « Qu'en est-il de ne pas porter de veste et d'attraper froid? Il s'agit d'une menace pour la sécurité. » La différence entre attraper froid et être frappé par une voiture est que le premier événement peut arriver ou non alors que le deuxième est une certitude. De plus, même si cela arrive, attraper froid ne met pas la vie en danger. En conséquence, préparez-vous à assister aux difficultés surmontées par vos enfants, mais cela vous permettra de leur offrir le cadeau d'apprendre de leurs expériences de vie. Les conséquences naturelles constituent une stratégie efficace et responsabilisante tant qu'elles se passent dans un cadre sans danger. Foncez!

Un mot / dix mots ou moins

Si tous les sermons donnés par les parents étaient enregistrés, les parents seraient choqués de découvrir à quel point ces sermons sont à la fois très fréquemment utilisés et très peu efficaces. Lorsque les parents parlent, les enfants les écoutent très rapidement d'une seule oreille. Une approche plus efficace est l'outil Un mot / dix mots ou moins. En gros, il s'agit d'utiliser le moins grand nombre de mots possible.

L'outil Un mot est utilisé lorsqu'une situation a été abordée au préalable, et ce mot unique est une indication claire de la demande. Par exemple, pendant un Temps d'échanges en famille au cours de laquelle les tâches étaient à l'ordre du jour, un enfant a choisi de faire la vaisselle après le repas du soir. Si le parent entre dans la cuisine et remarque que l'enfant n'a toujours pas fait la vaisselle, le parent peut simplement dire « vaisselle » dans cette situation. Cela devrait suffire pour donner le message à l'enfant. Il n'est pas nécessaire de répéter l'accord ni de dénoncer le comportement irresponsable.

Exemples d'Un mot :

- « Sac. » Lorsqu'il est jeté au milieu du couloir;
- « Assiette ». Lorsque l'enfant laisse son assiette sur la table après avoir mangé;
- « Ton repas » Lorsque l'enfant a oublié son repas du midi dans la cuisine;
- « Histoire. » Lorsque le parent se dirige vers la chambre de l'enfant pour l'heure de l'histoire.

L'outil Dix mots ou moins est utilisé dans les situations où les parents doivent discuter d'un problème. Le parent fait une déclaration de dix mots ou moins, puis attend une réponse ou une réaction de l'enfant. De cette manière, le parent divise la discussion en petits morceaux, ce qui permet à l'enfant de rester engagé et à l'écoute. Il s'agit d'une stratégie beaucoup plus efficace pour permettre aux enfants de parler et de s'exprimer.

Exemples de Dix mots ou moins :

- « Tu es contrarié; Malak ne veut pas jouer avec toi. »
- « Dès que tes jouets seront ramassés, nous allons lire l'histoire. »
- « J'ai remarqué que tu t'es levé difficilement cette semaine. »
- « L'école a laissé un message : tu étais en retard aujourd'hui. »
- « Mon relevé bancaire indique des frais de téléchargement. »
- « Qu'avez-vous acheté avec votre argent de poche? »

Prêter attention

De nos jours, la vie est certainement complexe. Bien qu'ils essaient vaillamment d'assumer leurs responsabilités, les parents, afin d'accomplir leurs tâches, ne prêtent parfois pas attention à leurs enfants. C'est une situation que vit tout parent à un moment ou à un autre. Souvent, cela se produit inconsciemment, surtout si le parent pense que l'enfant parle de quelque chose de « non pertinent ».

J'avais (Noha) vraiment du mal à Prêter attention. Je pensais que tant que mes enfants ne disaient pas quelque chose d'« important », je pouvais continuer à faire ce que je faisais et me contenter de simplement écouter (c'est-à-dire ne pas vraiment leur prêter attention) jusqu'à ce qu'ils aient fini. Toutefois, les enfants sont intelligents. Mes enfants savaient bien différencier quand j'écoutais vraiment et lorsque j'étais distraite par mes tâches. Je vous invite à Prêter attention la prochaine fois que votre enfant parlera de quelque chose de « non pertinent ». Prenez quelques minutes pour arrêter activement ce que vous faites, regarder votre enfant dans les yeux et l'écouter avec attention. Je vous assure que votre enfant n'a pas besoin de votre attention plus de dix minutes à la fois. Toutefois, les bienfaits d'une telle attention dédiée ne peuvent pas être calculés. Cela se répercute jusque dans la manière dont vos enfants perçoivent leur place dans votre vie.

Enfin, dans un monde où tous disposent d'une tablette ou d'un téléphone intelligent, les parents doivent être conscients de la façon dont ils passent du temps à la maison. Êtes-vous distrait par la présence de vos appareils qui vous empêchent d'être véritablement présent avec vos enfants? Vos enfants parlent-ils à votre dos parce que vous vous concentrez sur votre écran? Prêter attention c'est être présent avec vos enfants sans être distrait par les gadgets électroniques, les tâches ou les amis. Il s'agit de reconnaître que leur présence dans votre vie sera plutôt courte. Alors, chérissez les moments où ils cherchent votre attention.

Temps de pause positif

Depuis des années, les parents et les enseignants ont largement utilisé le retrait comme outil de discipline. Généralement, le retrait est utilisé comme stratégie punitive pour manipuler le comportement. Lorsqu'il a été introduit comme alternative à la fessée et à d'autres punitions physiques, le retrait a été salué comme un pas en avant. Bien sûr, comparé aux méthodes de discipline les plus dures, il s'agissait effectivement d'un progrès. Le Temps de pause positif est un autre pas en avant comparé au « retrait » traditionnel.

Dans le « retrait » traditionnel, l'enfant est envoyé à un endroit pour être isolé et on lui indique de ne pas quitter cet endroit tant qu'il n'en a pas obtenu l'autorisation. Certains adultes appellent cet endroit un « lieu de réflexion » où les enfants sont censés réfléchir à ce qu'ils ont fait et aux conséquences de leurs actions. Le problème de ce retrait traditionnel est qu'il s'agit d'un outil de discipline de style entièrement autoritaire. On ne met pas l'accent sur la résolution du problème réel; le retrait est plutôt utilisé par l'adulte pour contrôler le comportement de l'enfant. Dans de nombreuses situations, l'enfant se rebelle contre le retrait par des pleurs, des hurlements, des cris et le refus de s'y conformer. Parfois, les parents, frustrés et impuissants, traînent l'enfant jusque dans sa chambre et ferment la porte. J'étais (Noha) un de ces parents. Je souhaiterais avoir connu la discipline positive à cette époque.

Le Temps de pause positif est une approche activement différente. Les parents et les enfants conçoivent un endroit dans la maison qui sera utilisé comme un lieu d'autoapaisement. C'est la clé. Le lieu de Temps de pause positif n'est pas un lieu punitif. C'est un lieu calme et serein pour toute personne qui vit un moment d'émotions difficiles à gérer (tristesse, irritation, colère, impuissance, confusion, etc.). Les parents et les enfants réfléchissent ensemble à des idées pour nommer ce lieu et quels éléments inclure pour créer un espace de paix.

Recommandations pour le lieu de Temps de pause positif :

- Couverture douce;
- Ours en peluche;
- Oreillers;
- Livres;
- Balle antistress;
- Casse-têtes;
- Jeux de société;
- Blocs;
- Chapelets;
- Tapis de prière;
- Livres d'images;
- Livres de coloriage.

Après avoir conçu la zone ensemble, le parent explique à l'enfant que ce lieu sera utilisé par toute personne qui se sent émotionnellement agitée. Dans certaines demeures, chaque membre de la famille crée son propre espace de pause. Personne ne sera obligé d'aller à l'espace de Temps de pause positif. Les membres de la famille sont invités à s'y rendre : « Est-ce que cela t'aiderait de prendre un Temps de pause positif? » ou ils peuvent choisir de s'y rendre par eux-mêmes. De plus, la décision de quitter l'espace repose sur la personne agitée et impliquée dans l'autoapaisement. Aucune autorisation parentale n'est requise pour y aller ou pour en partir.

Voici un exemple sur la manière d'utiliser le Temps de pause positif avec Khaled âgé de quatre ans. Lors du dernier Temps d'échanges en famille, l'idée de Temps de pause positif a été présentée. Les membres de la famille ont travaillé ensemble pour décider où serait l'espace et ce qu'il contiendrait. Khaled était enthousiaste à l'idée. Cependant, un après-midi, il a piqué une crise de colère en réponse à sa mère qui lui a dit qu'« il n'est pas temps de jouer dehors. » Maman s'est doucement accroupie au niveau de Khaled et lui a dit : « Je vois à quel point tu es contrarié parce que nous ne sortons pas dehors pour le moment. Est-ce que ça t'aiderait d'aller au lieu de calme pour le moment? » Khaled peut dire « Oui » et y aller pour se calmer. Dans cette situation, Khaled commence à dépendre de lui-même pour s'autoréguler. À l'inverse, il peut dire : « NON! Je ne veux pas! » À ce stade, Maman le flatte doucement et lui demande : « Est-ce que ça t'aiderait si j'y vais avec toi? » Si Khaled dit « Oui », ils vont ensemble jusqu'au lieu de calme jusqu'à ce qu'il s'apaise. Maman ne fait pas de sermon, n'explique rien et ne se défend pas. Au lieu de cela, elle se concentre simplement à Refléter les émotions de Khaled et à diriger l'attention de son fils sur la manière dont il va se calmer. Si Khaled dit : « Non! Je ne veux pas aller à ce stupide… », maman suit simplement les étapes pour gérer les crises de colère.

Le Temps de pause positif est utilisé à un âge où un enfant est capable de prendre des décisions et les formuler, généralement entre deux et trois ans. Certains parents commencent à utiliser un Temps de pause positif plus tôt en adaptant l'outil pour leurs enfants. Un parent peut tenir la main de l'enfant de façon non verbale, car il pleure et guider l'enfant jusqu'au lieu de Temps de pause positif en disant : « Je vois à quel point tu es contrarié. Allons à… afin que tu puisses te calmer. » Une fois que l'enfant s'est calmé, le parent reflète ce fait, puis il dirige l'attention de l'enfant sur ce qui doit se passer ensuite. Les parents peuvent également choisir d'aller eux-mêmes en Temps de pause positif lorsqu'ils ont besoin de se calmer pour qu'une situation ne dégénère pas. Dans ces situations, le parent montre à l'enfant comment prendre en charge ses propres émotions en se calmant avant d'interagir davantage avec les autres.

L'objectif est de créer un endroit où s'autoapaiser. Par conséquent, il est essentiel d'éviter les éléments susceptibles de stimuler l'agitation émotionnelle et qui ne sont pas propices à l'établissement de bonnes habitudes d'autoapaisement. Évitez de placer des gadgets électroniques tels que des appareils pour regarder la télévision ou jouer à des jeux vidéo. Si les enfants n'apprennent pas assez tôt dans la vie à s'asseoir avec leurs émotions négatives et à s'autoapaiser efficacement, ils pourraient être susceptibles de développer des comportements de dépendance une fois adultes. Dans mon bureau (Noha), j'ai observé des clients qui se livrent à des comportements de dépendance destructifs (médicaments, pornographie, relations non saines, etc.). Ce sont des clients qui, lorsqu'ils étaient enfants, n'ont pas appris à s'autoapaiser efficacement. Ces clients ont appris à réprimer leurs émotions négatives. Ils ont appris à fuir la détresse émotionnelle accablante par des habitudes non saines. Lorsque ces habitudes non saines sont devenues leur moyen de gérer la douleur émotionnelle, ces clients ont perdu l'occasion d'apprendre la résilience émotionnelle. Offrez à vos enfants ce cadeau qu'est l'autoapaisement.

Résolution de problèmes

Cet outil est utilisé lorsque le parent souhaite trouver une solution à un comportement perturbateur. Tout d'abord, il est important que les parents choisissent leurs batailles. Le choix de la bataille à prendre dépendra de l'enfant, des autres problèmes connexes, de la situation familiale et de l'aptitude du parent à appliquer les mesures et à Tenir parole. C'est uniquement lorsque les parents estiment qu'ils sont prêts à améliorer une situation qu'ils devraient utiliser la procédure suivante pour résoudre les problèmes :

- Informez l'enfant à l'avance que vous allez avoir une rencontre ensemble et convenez du jour et de l'heure;
- Commencez la rencontre en indiquant « J'ai remarqué que… » et « Je me sens… »;
- Invitez l'enfant à répéter ce que vous avez dit;
- Laissez l'enfant répondre et reconnaissez ses sentiments;
- Une fois que tous les points concernant le problème ont été exprimés, le parent déclare : « Nous allons réfléchir à des solutions à ce problème. Quelles solutions voudrais-tu suggérer pour ce problème? »;
- Notez toutes les solutions auxquelles vous et votre enfant pouvez penser;
- Évitez d'expliquer pourquoi une solution ou une autre peut ne pas fonctionner;
- Une fois toutes les solutions répertoriées, commencez à les éliminer en commençant par celles que l'un ou l'autre de vous deux juge inacceptables;

- Évitez le piège de tenter de contraindre ou de convaincre votre enfant de suivre une de vos solutions;
- Continuez à réfléchir à des idées sur la manière de résoudre le problème jusqu'à ce que vous arriviez à une solution qui vous satisfasse tous les deux.

Voici un exemple : Maman a observé que son fils de 13 ans, Bilal, refusait de souper avec eux et qu'il était de mauvaise humeur et irritable à table. Elle ne sait pas ce qui a changé. Elle demande à Bilal un moment pour s'asseoir et discuter du problème du souper. Voici comment elle a facilité la Résolution de problèmes :

Maman : Je ne suis pas certaine de ce qui se passe. Voici ce que j'ai remarqué : lorsque je t'ai appelé à venir souper au cours des dernières semaines, tu as refusé de venir ou tu étais contrarié lorsque tu venais. Qu'est-ce qui se passe?

Bilal : Oh, maman! Le repas du soir interrompt toujours ma partie de jeu vidéo. Donc, lorsque tu m'appelles et que je suis en train de jouer, je ne veux pas venir.

Maman : Donc, la raison principale pour laquelle nous nous rencontrons vient du fait que j'interromps ta partie de jeu vidéo?

Bilal : Oui. Je dois terminer ma partie avant d'être interrompu.

Maman : Aide-moi à comprendre : pourquoi ne peux-tu pas simplement mettre ta partie à pause, souper, puis reprendre la partie?

Bilal : Maman! Je ne peux pas mettre le jeu à pause!

Maman : Qu'est-ce que tu veux dire par le fait que tu ne peux pas mettre le jeu à pause?

Bilal : En gros, dans les jeux de stratégie, il faut atteindre un certain point dans le jeu avant de pouvoir quitter la partie ou de la mettre à pause. Sinon, tu perds tout ce que tu as gagné.

Maman : Hum... Je ne le savais pas. Qu'allons-nous faire dans ce cas? Il est très important que nous soupions ensemble. Je comprends également que tu as besoin d'une durée de jeu vidéo ininterrompue. Comment allons-nous régler ce problème? Réfléchissons à des solutions.

Bilal : Bien, nous pouvons tout simplement retarder le repas du soir jusqu'à la fin de ma partie.

Maman : OK, voilà déjà une solution. Je te suggère que tu joues aux jeux vidéo après le repas du soir. Que pouvons-nous faire d'autre?

Bilal : Si je sais quand le repas du soir va être prêt, je peux planifier mon emploi du temps pour terminer ma partie avant que tu ne m'appelles pour le repas du soir.

Maman : Oh wow! Je peux voir comment l'heure de souper qui varie peut contribuer à ce problème. OK. Jusqu'à présent, nous avons trois solutions : retarder le repas du soir, jouer après le repas du soir ou t'indiquer quand le repas du soir sera servi. Retarder le repas du soir ne fonctionne pas pour moi. Je peux t'indiquer quand le repas du soir sera prêt ou tu peux retarder ta partie pour après la fin du souper. Qu'en penses-tu?

Bilal : Le fait de retarder ma partie jusqu'après le repas du soir ne me convient pas, car j'aime me concentrer sur mon travail après le repas du soir. Par contre, j'aime l'idée que tu m'indiques quand le souper sera prêt.

Maman : Super! Je vais le faire.

Parfois, une session de Résolution de problèmes ne donne pas lieu à une solution adéquate. Lorsque c'est le cas, il est utile de reporter les discussions à un autre moment ou d'accepter d'essayer l'une des solutions proposées pendant une semaine et de réévaluer la situation lors du prochain Temps d'échanges en famille. En dernier recours, les parents devront parfois avoir recours à l'outil Décider ce que vous ferez. Certains parents se demandent pourquoi suivre le long processus de Résolution de problèmes et ne pas utiliser directement l'outil Décider ce que vous ferez dès le début. Bien que les parents utilisent divers outils d'éducation parentale, il est essentiel de s'exercer à utiliser l'outil de Résolution de problèmes le plus tôt possible afin de former l'enfant et le parent à son efficacité. Éventuellement, cela deviendra l'outil principal utilisé avec les adolescents. Lorsque l'outil de Résolution de problèmes est utilisé fréquemment, il cultive les éléments suivants :

- Le respect mutuel;
- Des compétences en matière de réflexion critique;
- Une connaissance de ce qui se passe avec l'enfant;
- Une meilleure communication et une meilleure connexion;
- Le sentiment d'être « une seule et même équipe, qui travaille ensemble »;
- Un processus de compromis;
- La compréhension que les autres ont des priorités ou des interprétations différentes.

Routines

Les Routines sont un outil de parentalité sous-estimé en raison du mode de vie « connecté en permanence » d'aujourd'hui. Les Routines de vie qui étaient nécessaires à un moment de l'histoire humaine en raison du temps d'ensoleillement limité ne sont plus en place. L'électricité allonge les jours jusqu'à l'aube suivante.

Internet permet aux utilisateurs de rester connectés les uns aux autres, au travail et aux boutiques en ligne en continu. La connexion instantanée de la technologie permet à de nombreux parents de vivre leur vie minute par minute, en décidant quoi faire par la suite sous l'inspiration du moment.

Pour certains parents, les Routines font partie intégrante de leur journée, car c'est ainsi qu'ils vivent leur vie. Ces parents créent et gèrent automatiquement des Routines avec leurs enfants. Pour d'autres parents, les Routines viennent détruire les surprises de la vie et l'excitation de la spontanéité. Ce groupe de parents rejette généralement le concept des Routines jusqu'à ce qu'ils en comprennent la valeur. La mise en place d'une Routine est généralement un défi pour les nouveaux parents, car la vie n'est plus axée sur les plans des parents, mais plutôt sur le nouveau-né.

Les Routines sont un excellent moyen de Structurer l'environnement, permettant aux parents de contrôler les situations de manière respectueuse. Elles sont particulièrement importantes lors de phases de transition au cours d'une journée : le matin, au coucher, après l'école et au moment des repas. Les Routines sont essentielles au développement sain des enfants, car elles véhiculent des messages intrinsèques. Elles enracinent chez les enfants un sentiment de sécurité. Elles permettent d'internaliser les convictions selon lesquelles « le monde est un endroit sûr et prévisible » et « les adultes sont fiables et dignes de confiance ». Le pouvoir des Routines réside dans la planification à l'avance, l'appréciation du temps passé sur les activités du quotidien, la réduction des disputes et l'anticipation de ce qui va suivre. Aucune de ces valeurs ne sera atteinte sans le fait de Tenir parole.

Conseils pour les Routines quotidiennes :

- Réveillez-vous à la même heure du lundi au vendredi;
- Choisissez les vêtements la nuit précédente;
- Préparez les repas du midi la nuit précédente;
- Posez les sacs à dos à côté de la porte ou dans la voiture la veille au soir;
- Soyez clair sur les options disponibles pour le petit déjeuner;
- Prenez l'habitude de laisser vos enfants préparer leur propre déjeuner lorsqu'ils sont assez vieux (4 ans et plus);
- Établissez une règle d'absence de télévision le matin;
- Établissez des limites concernant la télévision, les jeux vidéo et les téléphones intelligents après l'école;
- Dînez à une heure régulière tous les jours;
- Établissez un moment de calme (pour toute la famille, y compris vous-même) dans l'après-midi lorsque les devoirs sont faits;
- Si le souper est servi tard, prévoyez un moment pour les collations. Soyez clair sur ce qui est autorisé pour la collation;
- Faites une activité calme (afin que les enfants puissent se calmer) juste avant le coucher. Certaines familles prennent le bain, suivi par une histoire et la fermeture des lumières;
- Évitez d'associer des récompenses ou des sanctions aux Routines.

Au début, Tenir parole avec les Routines signifie que le parent suivra la Routine sans s'attendre à ce que les enfants les suivent par eux-mêmes. Par exemple, maman et Rana ont créé le Tableau de routine ci-dessus. La Routine convenue se trouve sur un tableau suspendu dans la chambre de Rana. Le matin, Rana a prié *fajr* (prière du matin) et maman observe Rana en train de jouer avec des blocs. Puisqu'elle Tient parole, maman s'approche de Rana et lui demande : « Qu'est-ce que ton Tableau de routine indique que tu

FIGURE 5.9
Exemple de Tableau de routine pour un enfant du primaire

Heure	Activité
6 h	Se réveiller, faire le *wudu* (ablutions), prier *fajr* (prière du matin).
6 h 20	Se laver le visage, se brosser les dents et les cheveux, s'habiller.
6 h 45	Déjeuner.
7 h 10	Prendre son sac à dos, son repas du midi et s'asseoir dans la voiture.
7 h 20	Partir vers l'école.
15 h	Rentrer de l'école, faire le *wudu* (ablutions) et prier.
15 h 20	Prendre une collation.
15 h 45	Commencer les devoirs – jouer quand ils sont terminés.
18 h	Souper en famille – manger puis aider à nettoyer.
19 h	Regarder la télévision/jouer aux jeux vidéo (si les devoirs sont terminés).
19 h 30	Prendre une douche et brosser les dents.
19 h 45	Écouter l'heure du conte.
20 h 15	Se coller avec maman ou papa.
20 h 30	Fermer les lumières.

dois faire en ce moment? » Si Rana répond : « Je ne sais pas. J'ai oublié », maman répond : « Je vais attendre que tu consultes ton tableau et que tu me le dises. » À ce stade, Maman se tient à la porte en attendant discrètement que Rana se lève et consulte le tableau. Le Tableau de routine devient « le patron » et maman évite de donner des ordres et de demander quelque chose.

Plus les parents utilisent des Routines tôt, moins ils rencontrent de résistance. Pour les enfants plus âgés qui n'ont pas encore intégré les Routines, les parents sont encouragés à établir des Routines cohérentes dans des domaines directement sous le contrôle parental (par exemple, l'heure du souper et les heures de fermeture du Wi-Fi). La mise en place de Routines n'est pas une bataille à mener lorsque vos enfants sont déjà adolescents. Commencez tôt!

Dites NON, mais avec parcimonie

En islam, tout est *halal* (licite) sauf ce qui est clairement et distinctement *haram* (illicite). L'islam est en fait une religion de « Oui », malgré la croyance erronée qu'elle ne l'est pas. Nous vous invitons à noter toutes les règles du *haram* en islam, et vous serez agréablement surpris de constater que la liste est très courte. Malheureusement, les interprétations culturelles de l'islam élargissent le cercle des interdits jusqu'à un point où les enfants associent plus Allah à l'enfer qu'au paradis. De nombreux jeunes musulmans américains déplorent le fait que la communauté musulmane se concentre sur les *interdits* dans l'islam plutôt que sur l'amour d'Allah. Malheureusement, de nombreux musulmans sont tellement déçus par cette vision restrictive et étouffante de la foi qu'ils éprouvent des difficultés dans leur relation avec Allah. Alors que certains doivent se soumettre à une réévaluation majeure de l'islam avant de pouvoir bien se connecter avec Allah, d'autres ne retrouvent pas leur chemin vers leur religion. Nous vous invitons à renverser la tendance. Enseignons un islam parlant de la bienveillance d'Allah plutôt qu'un islam parlant de son courroux.

Lorsque les parents abordent la discipline, ils peuvent appliquer la même règle que celle utilisée par Allah. Utilisez « Non » avec parcimonie et uniquement lorsque cela est nécessaire. « Non » est un mot important qui est communiqué par le biais de mots et d'actions. Puisque nous vivons ensemble dans une communauté, des limites sont nécessaires dans la vie. Il n'y a rien de tel qu'une liberté sans limites. Cependant, lorsque les enfants entendent constamment « Non » de la part de leurs parents, le mot perd de son efficacité. Les enfants ne savent plus si une chose est vraiment dangereuse et doit être évitée. Ils commencent à poser des questions et à résister chaque fois que les parents disent « Non ».

Inversement, les parents qui ne disent jamais « Non » envoient le message que « la vie se passera conformément à la manière dont tu (l'enfant) le souhaites. » Les enfants qui n'ont pas appris à respecter des limites raisonnables peuvent devenir imbus d'eux-mêmes, irrespectueux, méprisants, égoïstes et exigeants.

Exemples d'utilisation du « Non » :

- « Puis-je avoir un seul bonbon? Juste aujourd'hui! » « Non. »
- « Non. Désolé, mon amour. Je ne peux pas acheter ce jouet parce qu'il coûte plus de 20 $ et nous ne pouvons pas nous le permettre. »
- « Je sais que tu aimerais manger de la restauration rapide tous les jours. Cependant, nous ne pouvons pas le faire pour deux raisons : nous ne pouvons pas nous le permettre financièrement et cela n'est pas bon pour la santé. »

Dans les situations où l'enfant connaît les règles, il est préférable d'utiliser un simple « Non » sans commentaire supplémentaire. Même lorsque l'enfant pose des questions ou se met à pleurer, il est plus efficace de répéter calmement « Non ».

Temps de qualité

Cet outil consiste à réserver du temps seul à seul à chaque semaine avec chacun de vos enfants. Le Temps de qualité n'a pas besoin de durer longtemps. Une bonne suggestion est un 20 minutes par semaine et par enfant.

Critères pour le Temps de qualité :

- Cohérent – même jour et même heure;
- Le parent établit une limite de dépenses;
- L'enfant décide comment passer ce temps dans le cadre établi par le parent;

- Ce temps n'est pas utilisé pour sermonner, houspiller ou interroger l'enfant;
- Les parents se concentrent sur l'écoute et le plaisir qu'ils passent ensemble.

En cas de crise et de difficultés, le Temps de qualité devient essentiel pour réparer la relation parent-enfant. Certaines familles éprouvent des difficultés à réserver du temps pour chaque enfant de la famille sur une base hebdomadaire, et elles optent plutôt pour du Temps de qualité mensuel ou bimensuel. Certains parents sont créatifs et utilisent « des journées d'école à départ tardif » comme occasion de se connecter en tête-à-tête avec l'enfant qui va à l'école ce jour-là.

Je (Noha) n'ai pas pu mettre en œuvre cet outil personnellement. *Alhamdu Lillah* (toutes les louanges à Dieu) avec quatre enfants et une tendance à être impliquée dans de nombreuses choses en même temps, je n'ai pas priorisé cet outil. Toutefois, ma façon unique de passer du Temps de qualité était de tout laisser tomber momentanément, d'Être présente et d'écouter lorsque mes enfants m'approchaient. Le Temps de qualité dans ma maison se produisait spontanément, en fonction des besoins uniques de chaque enfant. Parfois, c'était de travailler avec mon enfant sur un projet pour l'école. Parfois, c'était d'assister à une activité scolaire à laquelle mon enfant participait ou d'aller en sortie scolaire comme accompagnatrice. Parfois, c'était d'encourager les intérêts personnels uniques de mon enfant. Si un parent est présent avec ses yeux et ses oreilles ouverts, des opportunités de passer du Temps de qualité vont survenir.

Déclaration de fait*

De nombreux parents, dans leurs efforts pour être conciliants et bienveillants, utilisent des questions telles que « veux-tu rentrer à la maison maintenant? Tu ne penses pas que tu as assez joué? » Ce qu'il faut, c'est une Déclaration de fait : « Nous allons partir dans 5 minutes. Prépare-toi, s'il te plaît. » D'autres parents, qui espèrent être conciliants et bienveillants, peuvent dire ce qui va se passer, mais le faire de manière incertaine et hésitante, puis poursuivre en posant une question sur la façon dont l'enfant se sent ou sur ce qu'il en pense. « Je sais que tu veux jouer plus, mais papa m'a appelé et nous devons partir. Qu'en penses-tu? » Le problème avec ce type d'échange est qu'il invite à un « Non ». En général, les parents sont pris au dépourvu, car ils essayaient simplement d'éviter de donner un ordre. Utiliser des questions lors de la communication avec les enfants dans des domaines sous leur contrôle est utile. Cependant, lorsque l'enfant n'a pas de mot à dire dans une situation, une Déclaration de fait est nécessaire.

Par exemple, maman doit s'arrêter à un magasin après avoir été chercher Ibrahim. Maman sait qu'Ibrahim n'aime pas aller à ce magasin, et elle est généralement conciliante à cet égard. Toutefois, aujourd'hui, l'horaire est serré. Un parent qui pose des questions pourrait dire : « Est-ce que c'est correct si nous nous arrêtons au magasin, car je dois acheter du lait? » La question ouvre la porte à ce qu'Ibrahim dise « Non ». Un parent utilisant une Déclaration de fait dira : « Juste pour t'avertir, je dois aller acheter du lait au magasin. Cela ne prendra pas beaucoup de temps *insha Allah* (si Dieu le veut). » Si Ibrahim pleure et chigne, maman reste ferme, reconnaît ses sentiments et dirige son énergie vers une solution : « Oui, je sais que tu n'aimes pas ça. Malheureusement, je dois y aller aujourd'hui. Qu'est-ce qui pourrait t'être utile pendant que tu attends? Veux-tu venir avec moi à l'intérieur ou attendre dans la voiture? » (C'est en supposant qu'Ibrahim est suffisamment vieux pour être laissé seul dans la voiture).

Faites attention au piège de la culpabilité. Certains parents pensent à tort qu'ils sont responsables du bonheur de leurs enfants. Dans les situations où les enfants n'ont pas le choix, ces parents compensent en s'excusant et en se voulant rassurants. Par exemple, maman peut offrir à Ibrahim une friandise pour soulager sa « souffrance ». Les enfants qui grandissent en croyant que leurs parents sont responsables de leur bonheur développent une forte impression que tout leur et dû. Ils pensent que les autres leur doivent du bonheur. De manière tragique, ces enfants ne sont pas en mesure d'assumer leur responsabilité personnelle dans la vie. À l'âge adulte, ils ne parviennent pas à devenir indépendants financièrement, émotionnellement et physiquement.

L'outil de Déclaration de fait est particulièrement utile avec des enfants qui ont de fortes personnalités. Ces enfants expriment leurs goûts et leurs dégoûts et sont en lutte constante avec leurs parents pour le pouvoir. Il y a souvent des conversations tendues sur ce qui va se passer. Je (Noha) me souviens de la première fois que j'ai utilisé cet outil avec l'un de mes enfants. Je me souviens distinctement d'avoir eu peur, m'attendant à subir l'antagonisme habituel et la myriade de questions de mon enfant. Imaginez ma surprise lorsque mon enfant n'a pas réagi comme d'habitude. J'étais sidérée! Je ne croyais ni mes yeux ni mes oreilles lorsque mon enfant a simplement écouté et s'est éloigné.

Conseils pour utiliser la Déclaration de fait :

- Utilisez-la dans des domaines qui sous votre contrôle direct;
- Évitez d'avoir l'air timide ou hésitant. Utilisez une voix calme et ferme;
- Évitez de demander à l'enfant ce qu'il ressent;
- Si l'enfant pleure ou chigne, reconnaissez ses sentiments et demandez-lui ce que vous pouvez faire pour faciliter la

situation;

- Éviter de tomber dans le piège de la culpabilité. C'est acceptable si votre enfant est mécontent ou frustré par rapport à la situation.

Structurer l'environnement*

Modifier l'environnement physique et virtuel est un puissant outil parental qui réduit les combats familiaux en toute simplicité.

Exemples de structuration de l'environnement :

- Conserver les aliments appétissants (bonbons, chocolat, friandises, etc.) hors de vue et hors de portée;
- Sécuriser les placards ou les zones potentiellement dangereuses (substances toxiques, escaliers, toilettes, etc.) à l'aide de gadgets de sécurité pour enfants;
- Mettre en place des zones privées calmes et organisées pour l'étude;
- Limiter les appareils électroniques à la salle familiale;
- Réguler le temps passé sur Internet (au moyen des commandes du routeur);
- Bloquer l'accès à des contenus inappropriés en ligne.

Bien que cet outil soit principalement utilisé pour atténuer les défis, il favorise également l'autonomie. Par exemple, les tout-petits gagnent en autonomie et en confiance lorsqu'ils sont autorisés à explorer leur environnement; on peut leur permettre d'accéder facilement aux récipients en plastique situés au bas d'une armoire de cuisine. Pour les enfants d'âge préscolaire qui ont besoin de se sentir indépendants et compétents, les boîtes de céréales et de petits récipients à lait peuvent être placés à leur niveau. Avec des enfants à l'école, installez des crochets et des étagères pour leur permettre d'organiser leurs effets personnels. Permettez aux adolescents de disposer d'un gril électrique pour cuisiner leurs propres aliments.

Supervision

Cet outil prend différentes formes à mesure que l'enfant passe à travers les différentes étapes de l'enfance. Lorsque l'enfant est un nourrisson, la supervision parentale consiste à répondre aux signaux indiquant qu'il a faim, qu'il est fatigué, qu'il a besoin d'un changement de couches, etc. Lorsque l'enfant commence à se déplacer, la supervision s'étend pour inclure la prévention des blessures et des dangers en Structurant l'environnement.

À mesure que l'enfant devient plus indépendant, le rôle de supervision du parent devient plus un rôle de surveillance et nécessite moins une présence physique. Le parent commence à transférer une partie de la responsabilité à l'enfant tout en restant à portée de main pour l'aider si nécessaire. Par exemple, établir la règle selon laquelle tous les appareils électroniques doivent être utilisés dans la salle familiale (et non dans les chambres) est un moyen puissant de permettre au parent de surveiller l'utilisation d'Internet. Un autre exemple de supervision est de connaître l'horaire de l'enfant à l'avance et d'attendre que l'enfant informe le parent lorsque cet horaire change pour quelque raison que ce soit.

La supervision et la surveillance ne veulent pas dire la même chose que d'espionner les enfants dans leur dos. Les parents n'ont pas besoin de tout savoir sur ce qui se passe dans la vie de leurs enfants. Les enfants vont cacher certaines choses à leurs parents, ce qui est normal. Ne paniquez pas. Concentrez-vous sur le fait d'avoir une relation de confiance avec vos enfants et ils vous approcheront s'ils ont besoin de vous. Espionner et demander à tout savoir peut se retourner contre vous tout en éloignant vos enfants de vous. Concentrez-vous plutôt à dire à vos enfants : « Je t'aime. Je veux que tu saches que si jamais tu as des problèmes, alors s'il te plaît contacte-moi. Je te promets de t'aider sans me fâcher. »

Prendre du temps pour s'entraîner

Établir de nouvelles habitudes prend du temps. Lorsque vous enseignez à votre enfant une nouvelle compétence, que vous établissez une nouvelle règle ou que vous suivez une nouvelle Routine, laissez à votre enfant et à vous-même suffisamment de temps pour que le « nouveau » s'intègre à vos vies. Se laisser du temps implique également de savoir que vous devez être là avec votre enfant lorsque ce qui est « nouveau » est appris. Parfois, les parents s'attendent à ce qu'un enfant obéisse immédiatement une fois qu'ils établissent une nouvelle règle et que leur travail de parent est terminé. Si seulement c'était aussi simple!

Peu de parents envisagent la parentalité comme un processus méthodique, qui implique d'enseigner aux enfants une compétence ou une habitude. La plupart des parents s'attendent simplement à ce que les enfants mettent en œuvre ce qu'ils apprennent immédiatement. Apprendre quelque chose de nouveau est un processus.

Les phases pour apprendre quelque chose de nouveau :

1. Le parent montre comment cela doit être fait;
2. Parents et enfants pratiquent ensemble avec l'adulte qui donne l'exemple;
3. Parents et enfants pratiquent ensemble avec l'enfant qui donne l'exemple;
4. L'enfant pratique seul.

Conseils pour former efficacement un enfant :

• Modélisez ce que vous enseignez dans votre propre vie;

- Divisez la tâche en plus petits morceaux;
- Passez au petit morceau suivant une fois que vous voyez que l'enfant a acquis une certaine maîtrise;
- Concentrez-vous sur l'apprentissage d'une nouvelle chose à la fois. Évitez de vous emporter en voulant tout enseigner à l'enfant d'un seul coup;
- Évitez de vous concentrer sur la perfection. Votre enfant est peut-être plus méticuleux ou moins attentif aux détails que vous. Enseignez la compétence tout en accordant à l'enfant la flexibilité nécessaire à sa réalisation. Il est plus important de le faire que de le faire parfaitement.

Par exemple, mon (Munira) mari a enseigné à nos enfants comment prendre leur bain de manière indépendante en décomposant les tâches en petites parties. La première petite étape consistait à verser de l'eau sur leur tête. La deuxième étape consistait à frotter le shampooing dans leurs propres cheveux. La troisième étape consistait à verser la bonne quantité de shampooing dans les mains pour effectuer la tâche par eux-mêmes. Éventuellement, toutes les étapes pour prendre un bain (ouvrir l'eau, se sécher, s'habiller, etc.) ont été apprises au cours de plusieurs leçons quotidiennes. Toutes ces leçons ont permis à nos enfants de prendre des bains de manière indépendante.

Minuteries pour les jeunes enfants

Les jeunes enfants ont de la difficulté à conceptualiser le temps. Notre mode de vie actuel consistant à utiliser des téléphones intelligents dans notre vie quotidienne a réduit notre besoin de nous fier aux vraies horloges et montres. Ainsi, de nombreuses maisons modernes ne disposent pas d'appareils visibles permettant à tous de suivre le temps. Du point de vue d'un enfant, le temps passe d'un jour à un autre sans fin ni début. Dans de telles maisons, un jeune enfant est absorbé par une activité seulement pour se voir presser de partir parce que la famille a besoin de quitter le domicile, de rentrer à la maison après s'être amusé au parc ou encore d'aller en voiture sans fin en vue. Lorsque les enfants ne peuvent pas suivre les intervalles de temps, ils commencent généralement à se plaindre ou à pleurnicher, car le passage du temps n'est pas tangible ou que cela semble prendre une éternité. Par conséquent, l'utilisation des horloges et des minuteries devient un outil de régulation du temps et, par extension, des émotions. La capacité de surveiller le passage du temps est rassurant pour les enfants, car elle leur donne un sentiment de contrôle sur ce qui se passe. Ils se sentent en sécurité et savent à quoi s'attendre et commencent à se percevoir comme des membres de l'équipe.

Placez une horloge dans la chambre de l'enfant. Au fur et à mesure que l'enfant commence à reconnaître des chiffres, suivre le temps devient plus facile. Commencez par utiliser une horloge que l'enfant peut entendre et lire. Montrez à l'enfant comment lire l'heure. Au début, il peut sembler que l'enfant ne comprenne pas le concept, mais, avec la pratique et en Tenant parole, l'enfant finira par comprendre. Assurez-vous que les Tableaux de routine incluent des intervalles de temps. (Exemple : 12 h à 12 h 30 : repas du midi).

Utilisez une minuterie pour indiquer à vos enfants quand vous serez disponible pour passer du temps avec eux ou pour définir le temps que vous passerez avec eux. Par exemple, vous travaillez sur une tâche et votre fils veut jouer avec vous. Vous avez besoin de 30 minutes pour terminer votre tâche. Vous pouvez répondre à votre fils : « Je vais avoir terminé dans 30 minutes, *insha Allah* (si Dieu le veut). Lorsque la minuterie sonnera, je vais être disponible pour toi. » Donnez à votre fils la responsabilité supplémentaire de tenir la minuterie pendant que vous terminez votre tâche. Vous pouvez également régler la minuterie pour la durée de temps que vous passerez avec lui. Par exemple, « Papa va passer 10 minutes à jouer avec toi, puis je dois terminer mon travail. » Lorsque la minuterie sonne, dites simplement : « C'était tellement amusant. J'ai hâte de recommencer demain, *insha Allah* (si Dieu le veut). » Si votre fils se plaint et pleurniche, restez ferme, donnez-lui un câlin et reconnaissez ses sentiments. « Je sais que tu aimerais que je passe plus de temps avec toi. *Insha Allah*, nous le ferons demain. Maintenant, je dois terminer mon travail. C'est acceptable que tu sois triste parce que tu veux que je passe plus de temps avec toi. Que peux-tu faire par toi-même pendant que je termine de travailler? » Ensuite, retournez à votre travail même si votre fils fait la moue. Laissez-le seul avec ses sentiments afin qu'il apprenne à s'autoapaiser.

Certains enfants ont besoin d'aide pour suivre le temps pendant qu'ils font leurs devoirs. Ils se sentent submergés par les devoirs et leur anxiété inhibe leur travail. Ces enfants sujets à l'anxiété tireront un grand bénéfice de diviser le temps d'étude en intervalles plus courts espacé de plusieurs pauses. Par exemple, un parent invite sa fille à régler la minuterie sur 30 minutes. Pendant ce temps, il est attendu que sa fille travaille sur ses devoirs. Lorsque la minuterie sonne, elle prend une pause de 15 minutes, puis revient travailler pendant 30 minutes supplémentaires.

Comprendre l'étape de développement

La connaissance, c'est le pouvoir. Demandez à n'importe quel parent la différence entre élever l'aîné et le deuxième né et la plupart vous diront : « Oh! Je savais à quoi m'attendre avec le second, ce n'est donc pas aussi stressant. » L'anxiété, les combats et le chaos sont souvent atténués lorsque les parents savent à quoi s'attendre. Savoir qu'un comportement difficile spécifique est caractéristique d'un stade de l'enfance permet aux parents de se sentir soulager, surtout s'ils savent comment réagir. Nous vous invitons à passer en revue la phase de développement que votre enfant traverse selon les phases psychosociales d'Erikson.

Coopération gagnante

L'ingrédient secret pour obtenir de la coopération est d'exprimer de l'empathie pour l'enfant. Une fois que la perception de l'enfant est clairement comprise par le parent, l'enfant sera plus disposé à entendre le point de vue du parent. Souvent, les parents veulent que les enfants les écoutent en premier et, une fois qu'ils ont exprimé leur opinion, ils sont prêts à écouter leurs enfants. Toutefois, réfléchissez à ce qui se passerait si ce paradigme était inversé et que le parent commençait par écouter. L'enfant ressentirait instantanément une connexion avec le parent ce qui réduirait la défensive et la résistance. Ne pas s'engager dans les batailles émotionnelles avec les enfants est une condition préalable à la Coopération gagnante. Prenons l'exemple d'un papa travaillant avec Rhonda sur son excès de télévision :

Papa : J'ai remarqué que tu regardes la télévision pendant plus de 2 heures par jour. Je suis préoccupé par cette habitude, car elle interfère avec ton travail scolaire et tes autres responsabilités. Quelle serait une limite acceptable pour la télévision avec laquelle nous pouvons tous les deux travailler? Qu'est-ce que je dis?

Rhonda : [Exaspérée] Tu dis que je regarde trop la télévision et que tu voudrais que j'aie une vie!

Papa : [Calmement] Oui, je te dis que tu regardes trop de programmes télévisés. Je vois que tu commences déjà à te frustrer. Je veux que tu t'amuses, mais j'aimerais aussi te voir vivre de manière productive. Donc, je ne dis pas plus de télévision. Je te demande simplement quelle limite de temps passé à regarder la télévision serait raisonnable. Alors, que suggères-tu?

Rhonda : C'est fou! Tous mes amis regardent la télévision autant qu'ils le souhaitent et leurs parents n'interfèrent pas! Tu es le seul père qui est aussi strict! Pourquoi?

Papa : *[Calmement]* Tu penses que je suis inutilement strict et tu voudrais que je te laisse regarder autant de télévision que tu le veuilles.

Rhonda : Oui! Exactement. Tout le monde dans mon école le fait. S'il te plaît, papa! S'il te plaît.

Papa : Il est difficile pour toi d'être différente de tes amis. Tu aimerais que je te permette de regarder autant de programmes que tu le souhaites.

Rhonda : Oui, c'est exact, papa! S'il te plaît.

Papa : Malheureusement, je ne vais pas le faire. C'est un domaine qui, selon moi, est important dans la vie. Alors, quelle est la limite de temps que tu serais prête à accepter?

Rhonda : Oh, je ne sais pas! Tu n'aimes pas la limite de 2 heures. Environ 1 heure et demie par jour?

Papa : Hum... Que dirais-tu que nous nous rencontrions au milieu et que nous disions 1 heure par jour et 2 heures la fin de semaine?

Rhonda : D'ACCORD! J'imagine. OK, alors.

Comme l'illustre l'exemple ci-dessus, papa a évité de se laisser affecter par l'agitation émotionnelle de Rhonda. Au lieu de cela, il a validé ses sentiments et s'est concentré sur le problème (la marque emblématique de la Coopération gagnante). Papa a continué d'écouter et à être emphatique tout en maintenant fermement ses limites.

Roue de choix

Cet outil simple et concret est très pratique pour les jeunes enfants. Il peut être utilisé de différentes manières. La roue de choix est un cercle divisé en pointes contenant différentes options pour répondre à une situation spécifique. Lorsque cette situation se présente, on donne la roue à l'enfant et on lui demande de choisir une option. La figure 5.2 est une Roue de choix créée par Sumaya Abdul-Quadir, une mère dans l'une de mes (Noha) classes de parentalité. Elle avait du mal à faire face aux crises de colère de sa fille, et elle a décidé de créer ce joli graphique intégrant certaines directives islamiques concernant la colère.

Voici ce que Sumaya a dit au sujet de l'utilisation dont elle faisait de la Roue de choix : « Ma fille Anisa et moi avons fabriqué la Roue de choix de la colère. Je me suis rendu compte que j'avais plus besoin de la roue que ma fille, afin que je puisse lui donner l'exemple sur la façon de gérer la frustration et d'éviter d'être une « mère qui crie constamment ». J'ai dit à ma fille que j'allais la faire et que nous allions l'utiliser TOUTES LES DEUX. Je lui ai également demandé de me rappeler d'utiliser la roue si jamais j'oubliais. *Subhan Allah* (gloire à Dieu), j'ai pu constater une énorme différence, non seulement avec moi-même et avec mon comportement lorsque j'étais en colère, mais aussi un changement immédiat dans la façon dont ma fille gérait sa propre colère. C'était gratifiant de voir ma fille de 5 ans prendre le contrôle sur ses émotions, puis de me les communiquer pacifiquement. *Alhamdu Lillah* (toutes les louanges à Dieu). »

La Roue de choix peut être créée au moyen d'un processus collaboratif avec l'enfant. Réservez un moment où le parent et l'enfant sont calmes et ne sont pas pressés. Expliquez à l'enfant l'objectif du graphique. Ayez un grand cercle divisé en pointe de disponible. Réfléchissez à des idées qui répondent au problème.

Figure 5.10
Roue de choix de la colère

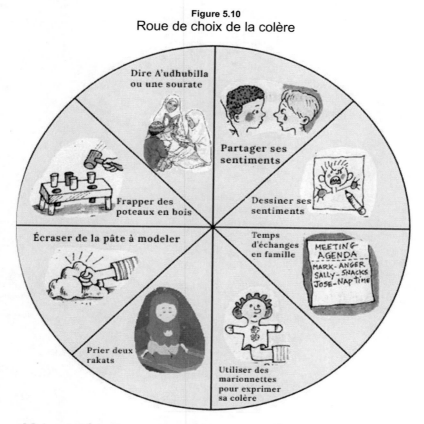

Nous espérons que vous avez une meilleure connaissance des différents outils de discipline positive. Dans la section suivante, nous appliquons ces outils pour relever les défis spécifiques aux différentes étapes du voyage de parentalité : jeune enfance, phase intermédiaire de l'enfance, années d'adolescence et début de l'âge adulte.

PARTIE III

LE
VOYAGE
PARENTAL

CHAPITRE SIX

LES PREMIÈRES ANNÉES (0 À 5 ANS)

À ces stades précoces de la vie, les nourrissons, les tout-petits et les jeunes enfants passent par un important développement physique et émotionnel. Ils apprennent à se connaître eux-mêmes et à comprendre leur environnement : ce qu'ils peuvent attendre de leurs fournisseurs de soins, leur propre capacité à faire les choses et l'impact de leurs actions sur leur environnement. Ces premières années constituent la base du développement de la personnalité. La façon dont les parents réagissent au cours de ces années va marquer les enfants pour la vie. Il est regrettable que nombre de parents ne reconnaissent pas le rôle critique de ces premières années. Dans cette section, nous détaillerons les défis courants auxquels les parents sont confrontés, et qui s'articulent généralement autour des activités quotidiennes.

Sommeil

Deux ans et moins.

Parlez aux parents de nouveau-nés et vous constaterez que la difficulté qu'ils ont tous en commun est le manque de sommeil. Lorsqu'il s'agit de gérer le sommeil d'un nourrisson, il existe deux grandes visions actuellement. Les premiers défendent l'idée qu'il faut suivre le rythme de l'enfant sans que le parent ne cherche à modifier le cycle de sommeil ni à interférer (Granju et Kennedy, 1999). Généralement, ces parents s'inquiètent de la croissance de leurs nourrissons et, par conséquent, ils nourrissent leurs enfants à la demande, y compris la nuit. Le Dr William Sears est un expert en approche parentale fondée sur l'attachement et il encourage les parents à dormir dans la même chambre que le bébé ou même dans le même lit pour favoriser le lien d'attachement.

Les seconds prônent l'idée qu'il faut éliminer progressivement le fait de nourrir le bébé la nuit ce qui, une fois la routine installée, fera dormir l'enfant toute la nuit. Le Dr Richard Ferber est le principal partisan de cette idée. Sa technique pour favoriser le sommeil des nourrissons tout au long de la nuit consiste à minimiser les interactions avec le bébé pendant la nuit tout en prolongeant progressivement les intervalles afin que le bébé puisse apprendre à s'autoréguler.

Décider de la méthode à suivre est un choix personnel qui reflète les convictions du parent quant aux besoins de son enfant. Faites preuve de discernement dans ce que vous choisissez. Évitez l'instabilité : certaines nuits, insister pour ne pas offrir à boire au bébé, puis faire le contraire la nuit d'après. Soyez intentionnel, cohérent et choisissez ce qui convient le mieux à votre famille.

Une étude récente (citée dans Cowden, 2016) a mis en évidence que l'utilisation de stratégies d'entraînement au sommeil chez les nourrissons n'a pas entraîné de stress ni de problèmes émotionnels chez ces derniers. L'étude est significative, car de nombreux parents au cours des dernières années hésitent à mettre en place des méthodes d'entraînement au sommeil, inquiets à l'idée de traumatiser leurs enfants en ne répondant pas à leurs besoins durant la nuit. L'étude portait sur le retard de la réponse parentale pendant la nuit et le fait de retarder le coucher du nourrisson. Les taux d'hormone de stress chez les nourrissons ont été mesurés tout au long de l'étude, tandis que les marqueurs comportementaux, émotionnels et d'attachement ont été évalués à l'âge de 12 mois.

Conseils généraux pour l'entraînement au sommeil (Spock et Parker, 1998) :

- Jouez beaucoup avec votre bébé durant la journée;
- Réveillez votre bébé pendant la journée si le temps habituel s'est écoulé depuis la dernière fois qu'il a été allaité;
- Gardez les interactions au minimum la nuit après l'avoir nourri;
- Ne réveillez jamais votre bébé pour l'allaiter la nuit, sauf en cas de raison médicale;
- Habituez bébé à dormir dans son berceau, pas dans vos bras;
- Les bébés s'habituent aux bruits domestiques réguliers. Pas besoin de mettre en place un couvre-feu silencieux;
- Évitez de prendre le bébé immédiatement pendant la nuit. Laissez-lui le temps de se rendormir seul;
- Établissez des rituels de coucher (par exemple : heure de coucher régulière, bain, repas, récitation du Coran, se mettre au lit, éteindre les lumières);
- N'oubliez pas que ce à quoi les bébés s'habituent pour s'endormir fera partie de leurs attentes au réveil nocturne. Plus vous leur permettez de s'endormir seuls, plus ils pourront se rendormir facilement pendant la nuit;
- Placez le berceau de manière à ce que le bébé ne vous voie pas lorsqu'il se réveille la nuit.

Deux et trois ans.

Généralement, les enfants de plus de deux ans peuvent dormir toute la nuit par eux-mêmes. Cependant, tous les enfants ne le feront pas. Les batailles autour du sommeil qui se produisent après l'âge de deux ans sont généralement le résultat d'une routine incohérente qui reflète une structure parentale décontractée au quotidien. Même si les adultes sont capables de gérer une structure de sommeil fluide, les enfants deviennent irritables et sont plus sujets aux crises. Il est fortement recommandé qu'un enfant ait une routine de coucher cohérente. En outre, certains enfants qui étaient auparavant de grands dormeurs peuvent commencer à avoir des difficultés en raison de la peur du noir, des monstres ou des cauchemars. Rester cohérent avec les routines tout en rassurant l'enfant est primordial. Apprendre à l'enfant des pratiques d'autoapaisement telles que la lecture du Coran, faire le *wudu* (ablutions), caresser une peluche et pratiquer des exercices de respiration lui permettra de se responsabiliser.

Les tableaux de routine visuels sont particulièrement efficaces pour les enfants dès l'âge d'un an. Les parents collent des photos de l'enfant en action durant les différentes étapes de la routine du coucher. Pendant que le parent et l'enfant passent en revue la routine, le parent pointe vers la photo et indique ce qu'ils vont faire. Avec la répétition, l'enfant anticipera les étapes et saura à quoi s'attendre, aussi longtemps que s'assurera de Tenir parole. Plus le Tableau de routine est mis en place tôt avec un enfant, plus il est facile pour celui-ci de suivre les routines sans résister.

Les routines de coucher ont un impact durable sur les enfants, plus que ce que les parents sont en mesure de percevoir. Des chercheurs (cités dans Whiteman, 2013) ont découvert que les périodes de sommeil incohérentes au début de l'enfance avaient un impact négatif sur le développement cognitif des enfants en vieillissant. Ces enfants étaient également plus sujets à avoir des difficultés comportementales et émotionnelles. Cependant, les parents qui ont par la suite mis en place des routines ont pu renverser ces effets néfastes. Il n'est jamais trop tard pour que les parents créent une routine avec leurs jeunes enfants, surtout au coucher.

Selon la National Sleep Foundation (Hirshkowitz, 2015), il est essentiel pour les humains de bien dormir afin de fonctionner correctement. Leurs plus récentes recommandations pour les enfants sont les suivantes :

- Nouveau-nés (0 à 3 mois) : 14 à 17 heures par jour;
- Nourrissons (4 à 11 mois) : 12 à 15 heures par jour;
- Tout-petits (1 à 2 ans) : 11 à 14 heures par jour;
- Enfants d'âge préscolaire (3 à 5 ans) : 10 à 13 heures par jour.

Plus de trois ans.

Les parents qui se plaignent de troubles du sommeil lorsque leurs enfants ont au moins trois ans réalisent que leurs problèmes finissent par être résolus lorsque leurs enfants commencent l'école. Aller à l'école force un enfant à se lever tôt, ce qui signifie également se coucher relativement tôt, sauf si l'enfant prend une longue sieste pendant la journée. Encore une fois, l'utilisation d'un Tableau de routine permet d'éliminer de nombreuses batailles avant le coucher.

Lorsqu'un enfant est capable de s'exprimer, impliquez-le dans le processus de création du Tableau de routine. Prenez des photos de l'enfant effectuant les différentes étapes de la routine du coucher, puis travaillez ensemble pour coller les photos dans le bon ordre. Il est essentiel que le parent collabore avec l'enfant et inclue autant que possible les suggestions de celui-ci, lui permettant notamment de faire certains choix dans l'ordre des étapes ou l'horaire.

Horaires du matin, du retour de l'école et du soir

La plupart des défis à cette étape de développement peuvent être résolus en établissant des Routines et en mettant en place des systèmes. La clé du succès des Routines et des systèmes est le fait pour les parents de Tenir parole. Si un parent a tendance à suivre une routine de manière désordonnée, l'enfant reconnaîtra l'incohérence et mettra le parent au défi quotidiennement. Un enfant qui ne sait pas à quoi s'attendre va se plaindre et résister tandis qu'un enfant dont la vie est régie par des routines suivra les systèmes mis en place par la famille avec une résistance minimale. Les routines offrent un sentiment de stabilité et de sécurité aux enfants.

Crises de colère

Les crises de colère sont une façon pour les tout-petits d'explorer le monde, quoique de manière… explosive! Les parents peuvent se demander : « Qu'est-ce que mes enfants explorent lorsqu'ils crient, hurlent, s'agitent et me font honte en public? » Les enfants explorent en fait les limites de leur influence sur leur environnement, ce qui vous inclut vous, le parent. Ils se demandent : « Puis-je affecter l'environnement pour obtenir ce que je veux? » Néanmoins, il est rare que les parents comprennent ce message. Les parents ont plutôt tendance à se sentir impuissants, frustrés et en colère. Or, il importe de savoir que la réaction parentale face à ces crises envoie l'une des premières leçons que les enfants apprennent sur leur place dans le monde. Malheureusement, le message envoyé a parfois, sans le vouloir, des effets dévastateurs sur l'identité de l'enfant. Voir ci-dessous les messages potentiels que les enfants reçoivent en fonction des styles parentaux.

La théorie du moi que l'enfant développe est le résultat de

millions d'interactions. C'est en fin de compte la réponse collective que reçoit l'enfant qui déterminera les messages que celui-ci intériorisera. Par conséquent, si vous reconnaissez votre réaction dans l'une des deux premières colonnes, n'ayez pas peur d'avoir « gâché la vie de votre enfant ». Vous avez le pouvoir de modifier immédiatement votre réaction et de commencer à influencer les perceptions erronées de votre enfant. Il n'est jamais trop tard.

Suggestions pour gérer les crises de colère :

- Au cours de la semaine prochaine, commencez à observer les éléments déclencheurs des crises. Certains enfants ont plus de mal à contenir leurs émotions lorsqu'ils ont faim ou sont fatigués. Observez, analysez et pensez aux solutions pour atténuer les déclencheurs;
- Formulez un plan de réaction. Avec un plan préconçu, vous serez agréablement surpris de découvrir que votre propre réaction à une crise de colère est plus calme et plus ferme;
- Évitez de recourir au raisonnement avec un enfant pendant une crise de colère. Le cerveau rationnel est désactivé pendant ces périodes et la conversation exacerbe généralement le problème;
- Évitez de plier aux demandes de votre enfant lorsqu'il est en pleine crise de colère. Plus les enfants reconnaissent tôt que les crises de colère ne sont pas des moyens de manipulation efficaces, plus tôt ils cesseront de les utiliser. Soyez patient, cohérent et ferme. En fin de compte, votre enfant recevra le message;
- Chaque enfant a un tempérament, des besoins et un niveau de tolérance différents. Par conséquent, une famille peut avoir un enfant qui ne fait pas de crises alors que son frère peut en faire tout le temps;

- Lorsque l'inévitable crise de colère se produit dans un lieu public, restez calme, éloignez votre enfant de la scène, trouvez un endroit privé et dites : « Je vois que tu es très contrarié maintenant parce que… Une fois que tu te seras calmé, nous pourrons y retourner… ». Parfois, il peut être nécessaire de quitter l'endroit;

- Lorsque des crises se produisent à la maison, procédez comme suit :

  - Commencez toujours par Refléter les sentiments : « Je vois que tu es très contrarié parce que… »,

  - Utilisez l'outil Donner des câlins sans compter : « Veux-tu un câlin? »,

  - Utilisez l'outil Distraction pour les jeunes enfants. Créer des distractions et rediriger l'attention peut faire des miracles en termes de gestion de crises : « Allons jouer à… »,

  - Invitez-les à utiliser l'outil Temps de pause positif selon la méthode de Jane Nelsen : « Est-ce que cela t'aiderait d'aller…? » Si l'enfant dit non, demandez : « Est-ce que cela t'aiderait si j'y allais avec toi? »,

  - Demandez : « Qu'est-ce qui t'aiderait à te calmer en ce moment? »,

  - Utilisez l'outil Roue de choix,

  - Si aucune de vos stratégies ne fonctionne, dites : « Je vois que tu es très contrarié pour le moment. C'est tout à fait acceptable d'être contrarié. Lorsque tu te seras calmé, et que tu voudras être avec moi, tu pourras venir me retrouver. » Ensuite, éloignez-vous et faites ce que vous avez à faire. Si vous êtes vous-même contrarié, prenez le temps de vous calmer.

FIGURE 6.1
Styles parentaux et crises de colère

Styles parentaux:	Autoritaire	Permissif	Démocratique
Réaction du parent :	• punition; • fessée; • hurlement; • renvoi à la chambre; • retrait punitif	• céder aux demandes de l'enfant; • faire des promesses de récompenses; • cajoler; • apaiser; • convaincre	• refléter les sentiments, demander à l'enfant ce qui pourrait l'aider à se calmer; • lui donner des câlins; • le laisser pleurer et lui dire de venir rejoindre le parent lorsqu'il se sera calmé; • le Temps de pause positif
Messages possibles intériorisés par l'enfant :	• « Je suis mauvais. » • « Quelque chose cloche chez moi. » • « Personne ne m'aime. » • « Ils gagnent cette fois, mais j'obtiendrai ce que je veux derrière leur dos. »	• « C'est moi qui mène. » • « Je dois simplement pleurer et je vais obtenir ce que je veux. » • « Je dois simplement les déranger suffisamment pour qu'ils abandonnent. » • « Papa n'aime pas me voir contrarié. Il me donnera tout ce que je demande. »	• « Je suis en colère lorsque je n'obtiens pas ce que je veux. » • « Maman m'aime même quand je suis contrarié. » • « Je suis responsable de mes émotions. » • « Lorsque je me blottis dans ma couverture, je me sens bien. » • « Je ne vais pas toujours avoir ce que je veux. » • « C'est acceptable de m'énerver, je dois simplement savoir comment me calmer. »

Toucher à tout

Les tout-petits explorent...tout. Il s'agit d'un comportement normal, car leur méthode d'apprentissage naturelle à ce stade consiste à manipuler des objets. Du point de vue d'un tout-petit, l'environnement est la nouvelle frontière à découvrir. Ils peuvent adorer ouvrir les placards de cuisine, s'éclabousser avec l'eau des toilettes, jouer avec les prises électriques ou simplement toucher le charmant vase en cristal dans le salon. Les enfants d'âge préscolaire testent leurs limites physiques et mentales en trouvant de nouvelles façons de faire des choses telles que grimper sur les chaises pour sortir le chocolat ou les biscuits de l'armoire de cuisine.

Les parents peuvent éprouver des difficultés au quotidien dans

182 | LA PARENTALITÉ POSITIVE DANS LA FAMILLE MUSULMANE

leurs efforts de protéger leurs jeunes enfants curieux et actifs. Bon nombre d'entre eux m'ont (Noha) fait part du fait qu'ils ont déjà frappé leurs enfants dans l'espoir de leur faire comprendre le danger associé à toutes ces explorations. Puis ils me disent : « Mais ils continuent à le faire! Ils ne comprennent pas. Je ne sais pas quoi faire! » C'est vrai. Les jeunes enfants n'établissent pas la connexion entre la fessée et le message que le parent essaie d'envoyer (Voir La Fessée dans le contexte islamique). Je vous invite à canaliser votre énergie à limiter l'accès aux endroits et éléments que vous ne voulez pas que votre enfant approche (Structurer l'environnement). L'installation des systèmes de protection à l'épreuve des enfants prendra un certain temps, mais cela vous épargnera beaucoup de frustration et de colère.

Bataille lors des repas

De nombreux parents se plaignent que leurs enfants ne mangent pas la nourriture qu'ils préparent ou ne mangeront qu'un seul élément. Tout comme les enfants explorent leur environnement, ils découvrent les saveurs et les textures des aliments qu'ils aiment et n'aiment pas. Les parents modélisent pour leurs enfants leur rapport à la nourriture. Ceux-ci apprennent comment celle-ci est appréciée dans la famille : un repas à partager, une collation qui peut être mangée tout au long de la journée, une source de confort en cas de fatigue et de colère, etc.

Les parents savent qu'ils ne peuvent pas forcer les nourrissons à se nourrir. Les aliments qui ne sont pas appréciés par les nourrissons sont généralement rapidement recrachés. Si le bébé n'est pas intéressé, rien ne fonctionnera et les parents cessent généralement de présenter cet aliment spécifique. Cependant, quelque chose change quand les nourrissons deviennent des tout-petits. Les parents commencent alors à utiliser des stratégies externes de changement de comportement pour forcer leurs enfants à manger : les parents les achètent avec des bonbons ou des desserts; les menacent de perdre leur droit de regarder la télévision ou d'aller au parc; les nourrissent à la cuillère pendant qu'ils regardent leur émission préférée; les suivent avec de la nourriture pendant qu'ils jouent; leur préparent des plats spéciaux, etc. Tous ces comportements découlent de la conviction que les parents savent ce qui est le mieux pour leurs enfants et qu'ils *doivent* donc les forcer à manger. N'oubliez pas que les enfants ne se laisseront pas mourir de faim. La faim est une alarme biologique naturelle qui régit le besoin de manger. Toutefois, lorsque les parents utilisent des méthodes de coercition et de contrôle, les enfants deviennent moins sensibles à leurs signaux de faim internes et deviennent dépendants des parents pour leur dire quand et quoi manger. C'est une tragédie!

Si les enfants ont appris que la nourriture est un champ de bataille, ils pourront se forcer à rester affamés pour gagner parfois (par exemple, refuser de manger jusqu'à ce qu'ils aient reçu des bonbons). Même dans ces cas, les enfants gagnent généralement. Les parents répondent aux demandes de leurs enfants parce qu'ils craignent l'impact sur la santé de ceux-ci. Et le cycle se poursuit. Les conséquences à long terme des premières batailles alimentaires sont plus inquiétantes. « Si vous faites trop d'histoires au sujet de la nourriture lorsque (l'enfant) est jeune, vous pourriez avoir à faire face à l'anorexie plus tard » (Glasser, 1999, p. 215). C'est pourquoi nous vous invitons à abandonner les batailles le plus tôt possible et à avoir confiance dans le fait que vos enfants mangeront quand ils auront faim.

Décider ce que vous ferez est crucial pour éliminer les batailles alimentaires. Passer de « mon fils doit manger ou il ne sera pas en bonne santé » à « je vais jouer mon rôle et laisser la faim faire son œuvre » libère les parents de toute inquiétude inutile. Lorsque ce changement se produit tôt (dans la petite enfance), les enfants apprennent de bonnes habitudes alimentaires.

Exemples de Décider ce que vous ferez :

- Offrir des repas sains et nutritifs sans pression;
- Demander l'avis des enfants sur le menu hebdomadaire;
- Reconnaître les limites de temps et décider quoi cuisiner sans tenir compte de l'avis des autres;
- Exclure la malbouffe de la liste d'épicerie;
- Avoir des collations saines à portée de main (carottes, fruits, noix, etc.);
- Permettre aux enfants de juger s'ils ont faim ou non.

Exemples de choix limités :

- Le parent décide quels choix de petits-déjeuners et de repas du midi sont gérables dans l'horaire familial;
- Le parent les écrit;
- Chaque jour, le parent décide quels sont les 2 ou 3 choix qui seront proposés ce jour-là;
- Le parent demande calmement à l'enfant de décider ce qu'il préfère parmi les choix quotidiens;
- Si l'enfant demande quelque chose qui ne fait pas partie des options proposées, le parent dit calmement : « Je suis désolé, … n'est pas l'une des options disponibles. Peut-être que nous pourrons avoir … la fin de semaine, mais pas aujourd'hui. Alors, qu'aimerais-tu avoir? … ou ...? »

Un mot d'avertissement est de mise ici. Au fur et à mesure que l'enfant grandit, les choix limités deviennent de moins en moins efficaces, car il commence à se montrer intransigeant quand il souhaite ne choisir aucune des options. Lorsque les choix limités ne fonctionnent pas, le parent se tourne vers un autre outil de discipline positive. Par exemple, en cas de conflit sur les choix du déjeuner ou du repas du midi, le problème peut être ajouté à l'ordre du jour du Temps d'échanges en famille; le parent peut décider ce qui sera préparé et laisser l'enfant décider de manger ou non; ou encore le parent peut confier la responsabilité de préparer le déjeuner ou le repas du midi à l'enfant.

L'outil Structurer l'environnement permet d'éliminer les batailles alimentaires autour des bonbons et du chocolat. De nombreux parents sont aujourd'hui très préoccupés par la consommation de sucre. Ces parents font attention à ne pas acheter de bonbons et de chocolat. Leur objectif est d'établir une alimentation à faible teneur en sucre avec leurs enfants, en particulier parce que les études ont associé une forte consommation de sucre à des niveaux d'activité plus élevés pour les enfants, à l'obésité et au diabète. Il y a d'autres parents qui ne voient pas de problèmes à ce que leurs enfants mangent des bonbons et du chocolat, tant que c'est en quantité limitée. Les enfants très jeunes ayant des difficultés à comprendre la raison pour laquelle ils n'ont pas de friandises tout le temps ou juste avant un repas, l'élimination de l'accès aux bonbons peut être la solution la plus simple (les cacher dans une armoire haute ou dans la chambre des parents). Cependant, les parents doivent disposer d'un système clair pour indiquer quand l'enfant peut obtenir ces friandises. Je (Noha) n'ai acheté que du chocolat ou des bonbons que j'ai approuvés et mes enfants savaient qu'ils ne pouvaient avoir un dessert, des bonbons ou du chocolat qu'après le dernier repas de la journée. Ils savaient également combien ils pouvaient en avoir. Réfléchissez à la façon dont vous gérez les friandises dans votre famille, informez vos enfants et assurez-vous de Tenir parole.

Mordre et frapper

L'acquisition du langage pour exprimer les sentiments se développe à des rythmes différents pour chaque enfant. Les enfants qui ont du mal à s'exprimer auront plus fréquemment recours aux coups ou morsures, comme forme de communication primitive. Les parents conscients de la frustration cachée derrière ces gestes violents pourront résoudre ces problèmes à l'aide de l'outil Connexion avant correction. Le parent commence par dire : « Je vois que tu es frustré. Tu as le droit de te sentir contrarié et en colère, mais faire mal aux autres n'est pas acceptable. » Le parent encourage ensuite l'enfant à faire preuve d'empathie envers l'autre enfant : « Regarde son visage. Elle est triste parce que tu l'as frappée. Comment peux-tu l'aider à se sentir mieux? » Un enfant peut avoir besoin d'apprendre à présenter des excuses après un tel incident. L'objectif est d'encourager l'enfant à pratiquer l'autorégulation émotionnelle (reconnaissance des sentiments, contrôle des impulsions violentes, se calmer) et de s'acquitter de ses responsabilités en s'excusant et en se connectant avec les autres. Lorsque les enfants sont en mesure de reconnaître leurs comportements, ils peuvent trouver des solutions. Ce processus prendra du temps. Soyez patient, car votre enfant peut répéter ce comportement jusqu'à ce qu'il soit capable de contrôler ses impulsions. Au fur et à mesure que les enfants développent leurs compétences linguistiques et sociales, ils seront moins susceptibles de recourir aux coups et aux morsures et, au lieu de cela, ils utiliseront des mots pour communiquer leurs besoins.

Pleurnichage

Le comportement le plus irritant pour les parents est peut-être le pleurnichage. Malheureusement, il s'agit d'un comportement appris que les enfants adoptent pour attirer l'attention ou obtenir ce qu'ils veulent. S'ils n'ont pas appris un moyen plus approprié de s'exprimer, cela peut devenir une habitude qui se perpétue lors des années d'adolescence et au-delà.

Pour éliminer le pleurnichage, un parent commence par le porter à l'attention de l'enfant, car les enfants ne se rendent pas compte de ce qu'ils font. Le parent dit : « Tu me parles d'une voix plus aiguë. » Ce petit rappel identifiera d'abord le comportement. Puis le parent demande : « Peux-tu me demander à nouveau avec une voix normale? » Chaque fois que l'enfant s'exprime ainsi, le parent doit répondre de la même manière jusqu'à ce que l'enfant apprenne à communiquer de manière appropriée. Les réponses inconstantes incitent les enfants à retourner aux stratégies de pleurnichage étant donné qu'elles fonctionnent parfois. De même, lorsque les enfants parlent d'une façon mature, il est important que les parents répondent positivement afin que les enfants sachent que leurs efforts sont remarqués. Un parent peut dire : « J'ai remarqué que tu viens d'utiliser une voix normale! Merci, je l'apprécie. »

Une fois qu'un parent a répondu à la demande d'un enfant par « non » et que l'enfant continue à se plaindre, le parent peut utiliser l'outil de Déclaration de fait pour répondre au lieu de sermonner ou de répéter ce qui a été dit auparavant. Encore une fois, la clé de cet outil est la constance et le fait de ne pas céder aux demandes. Le parent dit : « As-tu posé une question à propos de… et y ai-je répondu? » L'enfant peut répondre par : « Oui, mais… ». Le parent répond alors avec fermeté et bienveillance : « Je ne changerai pas d'avis, peu importe le nombre de fois que tu vas me le demander. Non veut dire non. Tu as demandé et je t'ai donné ma réponse. » Plus le parent répond de manière cohérente, plus vite l'enfant apprend que le pleurnichage n'est pas efficace.

Achète-le-moi

Promenez-vous dans une allée d'un magasin de jouets et vous entendrez inévitablement un parent et un enfant qui ont une conversation similaire à celle-ci :

Parent : Non, je ne vais pas acheter ça. Remets-le à sa place.

Enfant : [Sortant le jouet du présentoir] Je le veux!

Parent : J'ai dit non. Remets-le à sa place.

Enfant : [Commençant à jouer avec le jouet] : Je le veux vraiment! Achète-le s'il te plaît!

Les larmes commencent alors à couler et l'histoire se termine généralement de l'une ou l'autre de ces façons : soit le parent crie après l'enfant et ce dernier pique une crise de colère, ou alors le parent abandonne et achète le jouet. Ce scénario est si courant qu'il reflète le comportement normal des jeunes enfants qui vivent uniquement dans le moment présent. Ils manquent de patience qui est une compétence nécessaire pour anticiper l'avenir. Les enfants voudront de nouvelles choses brillantes parce que ces nouveaux gadgets sont probablement les choses les plus géniales qu'ils n'aient jamais vues dans leur courte vie. Ils sont curieux, fascinés et intrigués par ces objets tout en sachant que leurs parents ont le pouvoir de les ramener chez eux. Certains enfants ont appris que s'ils pleurent et se plaignent, ils finiront éventuellement par obtenir ce qu'ils veulent. D'autres ne comprennent tout simplement pas pourquoi ils ne peuvent pas obtenir ce qu'ils veulent. Le concept d'argent est vague. Tout ce qu'ils savent, c'est que leurs désirs sont bloqués par le parent, ce qui est frustrant et injuste de leur point de vue.

Les magasins sont également conscients de la manière dont

réagissent les enfants. C'est la raison pour laquelle les produits sont placés au niveau des yeux des enfants. Alors, que doivent faire les parents? Anticiper que les enfants seront intrigués par ce qu'ils voient dans les magasins est utile. Les parents peuvent utiliser ces expériences pour enseigner leurs valeurs personnelles en matière de dépenses. La gestion de l'argent est une compétence de vie qui doit être abordée au début de l'enfance. Les concepts que les parents doivent enseigner comprennent :

- Argent (devise, chèques, cartes de crédit);
- Besoins par opposition aux désirs;
- L'argent est dépensé, économisé et donné;
- Patience par opposition à la gratification instantanée.

Pour les enfants de 0 à 3 ans :

- Évitez d'amener les enfants avec vous. Pendant quelques années, j'ai (Noha) fait les courses une fois les enfants au lit, évitant ainsi les batailles;
- Avant de vous rendre dans un magasin, expliquez vos attentes : « Nous allons à l'épicerie. Je n'achèterai pas de bonbons aujourd'hui » ou « Aujourd'hui, vous pouvez acheter un morceau de chocolat à condition qu'il coûte moins d'un dollar »;
- Si votre enfant pique une crise de colère, dites simplement « non », Reflétez les sentiments de votre enfant et restez ferme : « Je vois à quel point tu es contrarié parce que tu aimerais vraiment avoir ce jouet. Aujourd'hui, ce n'est pas un jour d'achat de jouets »;
- Si une crise de colère devient trop intense, portez votre enfant et quittez le magasin même si vous n'avez pas accompli votre tâche;
- Vous pouvez parfois acheter ce que votre enfant demande. Il

faut faire attention à ce que cela ne devienne pas une habitude sinon cela peut développer l'impression que tout leur et dû. Si vous avez l'intention de dire oui, dites-le dès que votre enfant demande l'article en question. N'attendez pas que votre enfant commence à pleurnicher;

• Distrayez l'enfant en attirant son attention sur quelque chose d'intéressant dans le magasin comme de la musique qui joue, une décoration à l'entrée, etc.

Pour les enfants de 3 à 6 ans :

Commencez à établir un système d'Argent de poche pour votre enfant. Commencez par décider du montant que vous allez donner à votre enfant. Étant donné que les jeunes enfants ont dû mal à ne pas égarer leur argent, nous vous invitons à conserver leur argent pour eux. Une enveloppe par enfant. Chaque mois, ajoutez l'argent de poche de l'enfant à l'enveloppe. Lorsque l'enfant demande quelque chose, vérifiez l'enveloppe pour voir si l'enfant a suffisamment d'argent pour acheter l'article. Les enfants apprennent rapidement si le parent Tient parole. Éventuellement, l'enfant commencera à demander au parent : « Papa, est-ce que j'ai assez d'argent pour acheter... ». Établir le système d'argent de poche dès cet âge enseigne aux enfants qu'on ne peut acheter que ce que l'on peut se permettre. Cette leçon sera la base solide pour qu'ils puissent prendre des décisions éclairées au cours de leurs années d'adolescence.

Entraînement à la propreté

Entraîner les enfants à utiliser la salle de bain peut être l'un des moments les plus difficiles pour les parents. L'utilisation des toilettes est un signe d'indépendance et de maturation physique. Étant donné que cela implique d'entraîner les enfants à devenir conscients d'une fonction corporelle qui était autrefois incontrôlable, le processus dépend de l'enfant. De nombreux parents choisissent de commencer quand ils sont *eux-mêmes* prêts à commencer l'entraînement à la propreté (c'est-à-dire quand ils sont fatigués de changer les couches ou qu'un autre enfant est en route, etc.) plutôt que de déterminer si l'enfant montre des signes indiquant qu'il est prêt à utiliser les toilettes. Les parents enthousiastes qui se précipitent pour entraîner les tout-petits lorsqu'ils ne sont pas prêts se rendent compte que le processus d'entraînement à la propreté prend beaucoup plus de temps et implique beaucoup plus d'accidents et de luttes de pouvoir.

En général, les tout-petits âgés de deux à trois ans montrent des signes de contrôle de leur sphincter. Ils peuvent être conscients lorsqu'ils souillent leur couche ou qu'ils ont moins de couches humides le soir. Ils peuvent montrer de l'intérêt à s'asseoir sur les toilettes et exprimer leur désir de porter des sous-vêtements. Ils ont peut-être développé les mots pour l'urine et les selles. Les parents observateurs détermineront le moment approprié pour commencer l'entraînement à la propreté.

L'entraînement à la propreté est l'élément de parentalité que je (Munira) redoutais le plus. Lorsque j'ai essayé d'entraîner mon premier enfant, je n'avais aucune idée de ce que je faisais et j'ai demandé conseil à d'autres parents. J'ai reçu tellement d'informations contradictoires qu'elles m'ont rendue encore plus anxieuse et confuse. En outre, j'ai eu de la pression des grands-parents pour entraîner mon fils à la propreté à un jeune âge, car il était « trop vieux » pour porter des couches selon leurs normes culturelles. J'ai essayé l'entraînement à la propreté à deux ans : un échec monumental. J'ai ensuite réessayé à deux ans et demi et j'ai dû faire face à des crises de colère et à des luttes de pouvoir –

venant de lui et de moi. Ensuite, un mois avant l'âge de trois ans, nous avons essayé à nouveau et en trois jours mon fils était entièrement entraîné à la propreté.

J'ai appris que mon anxiété et ma réponse émotionnelle ont joué un rôle important dans la façon dont mon fils a abordé l'entraînement à la propreté. Même s'il n'avait que deux ans, il a ressenti ma nervosité et a commencé à se sentir de la même manière. Je me suis engagé dans des luttes de pouvoir et de la frustration lorsque je ne pouvais pas l'amener à coopérer. Je me suis concentré sur la correction plutôt que sur la connexion et j'ai échoué. C'est seulement lorsque je suis devenue calme et peu réactive que mon fils a réellement progressé. En comparaison, mon mari était un modèle de confiance et de calme. J'étais frappée par la manière dont il interagissait avec notre fils et, en réponse, par la fierté que notre fils ressentait par son aptitude à être indépendant. Mon mari a utilisé l'outil Prendre du temps pour s'entraîner. Il encourageait notre fils à utiliser les toilettes lorsqu'il y allait, le lui rappelait doucement, gardait un ton léger et riait avec lui, l'aidait à nettoyer les accidents en toute simplicité et l'applaudissait bruyamment lorsqu'il réussissait. En suivant l'exemple de mon mari, ce simple changement d'état d'esprit m'a apporté facilité et force.

Entraîner mon fils à la propreté m'en a appris plus à propos de son tempérament et sur la façon dont il apprenait le mieux. C'était également l'occasion de me reposer sur mon mari et de mieux comprendre les rôles respectifs que nous jouions auprès de nos enfants. Mon mari est devenu super-papa et a entraîné nos deux autres fils à la propreté avec succès. Il était toujours prêt à encourager nos enfants à gagner en indépendance. Ça a commencé par l'entraînement à la propreté, puis il leur a appris à attacher leurs chaussures, à prendre des douches, à écrire leurs noms, etc. Le parcours de l'entraînement à la propreté est un pont qui amène vers l'indépendance et la croissance personnelle. Je n'aime toujours pas le processus de l'entraînement à la propreté et je compatis avec les parents lorsqu'ils atteignent cette étape. Mais je leur rappelle ce qu'un ami m'a dit un jour: « Les tout-petits finiront par apprendre à utiliser les toilettes à leur propre rythme. Il suffit de regarder autour de soi; on ne voit pas d'adolescent toujours en couche, n'est-ce pas? »

Angoisse de la séparation scolaire

La transition vers l'école est un changement important non seulement pour les enfants, mais aussi pour les parents. Les parents qui font preuve d'enthousiasme et de confiance envers leurs enfants rassureront ces derniers relativement à leur nouvelle expérience. Les parents peuvent aider leurs enfants à transitionner vers la vie scolaire en créant une routine matinale, en choisissant les vêtements la veille et en préparant le repas du midi ensemble.

La première fois que vous vous rendez à l'école ou que vous retournez à l'école après une longue pause, cela crée de l'anxiété chez certains enfants. Il serait utile pour les enfants qui vont à l'école pour la première fois de visiter l'école en votre compagnie au préalable et, si possible, de rencontrer son enseignant. Un enfant qui est contrarié lorsqu'il est déposé peut être consolé par le parent avec un câlin et des mots réconfortants : « Il est difficile de se dire au revoir. Je vois que tu te sens nerveux à l'idée d'être dans une nouvelle classe »; « Je t'aime et j'ai hâte que tu me parles de ta journée lorsque je viendrai te chercher. » Les parents doivent toujours dire au revoir à leurs enfants plutôt que d'essayer de partir en catimini. Rester ferme et affectueux combiné à un rapide au revoir montrera à l'enfant que le parent est convaincu que l'enfant ira bien et que le parent a confiance en l'enseignant et en l'école.

Certains enfants réagissent plus intensément à l'idée de quitter la sécurité des parents et de la maison. Ils refusent tout simplement d'aller à l'école ou se plaignent d'être malades. La peur et la panique qui persistent sur une longue période peuvent empêcher l'enfant de s'adapter adéquatement à l'école. L'anxiété liée à la séparation qui persiste sous la forme de grosses crises de colère, de comportements où l'enfant s'agrippe au parent ou encore d'une inquiétude et d'une peur excessives nécessite une aide professionnelle pour le parent et l'enfant. Le counseling, dans ces cas, permettrait au parent d'apprendre à aider les enfants à gérer eux-mêmes leurs émotions et les transitions.

Ceintures de sécurité

C'est très simple. Ne conduisez pas tant que tout le monde dans la voiture n'est pas attaché. Pas besoin de crier ni de hurler. Pas besoin de menacer ni de récompenser. Il vous suffit d'établir la règle que vous ne conduirez pas, sauf si tout le monde est attaché et d'y tenir. Cela signifie que vous serez parfois en retard à vos rendez-vous. Envisagez de quitter la maison plus tôt pour prendre le temps de gérer les crises de colère, les rébellions et les argumentations. Nous vous invitons, en particulier lorsque vos enfants sont capables de mettre leurs propres ceintures de sécurité, à vous s'asseoir dans votre siège, à vous attacher et à attendre. Lisez ou faites une activité silencieuse jusqu'à ce que les enfants soient assis de manière sécuritaire dans leur siège.

Si vos enfants décident de retirer leurs ceintures de sécurité pendant que vous conduisez, trouvez un endroit sûr, stationnez la voiture et dites-leur que vous ne redémarrerez pas tant qu'ils n'auront pas remis leur ceinture de sécurité. Répétez cette procédure à chaque fois, si nécessaire. Le temps passé à Tenir parole représente une fraction du temps perdu en argumentation et en combats. Cela renforcera également un message important : vous pensez ce que vous dites.

Certains parents utilisent la police comme un « monstre » pour effrayer les enfants quand ceux-ci ne veulent pas mettre leur ceinture de sécurité. On dit à ces enfants de façon menaçante que la police les enlèvera s'ils ne sont pas attachés. Si une parentalité basée sur la peur est mise en place, votre enfant peut ne pas apprendre à travailler ou écouter les règles, sauf s'il existe une menace de punition. Ces enfants n'apprendront pas à faire les choses pour le bien qu'elles apportent, mais plutôt à poser la question suivante : « Que se passera-t-il si je ne fais pas...? » Le port de la ceinture de sécurité est une mesure de sécurité. Si vous détournez l'attention vers la police, vous détournez également l'attention de l'enjeu principal. La bataille avec votre enfant pourrait passer à des débats à savoir si la police se trouve à proximité, ce qui n'est pas l'enjeu principal. Cette approche diminue la confiance que votre enfant a envers vous. Votre enfant grandira et découvrira bientôt que la police donne des contraventions aux parents et n'enlève pas les enfants. Lorsqu'ils découvriront ce fait, ils commenceront à se demander quels autres faits vous leur avez cachés. Lorsque cela se produit, vous perdez la confiance de votre enfant. Il sera difficile pour votre enfant de s'ouvrir et de se connecter à vous. Enfin, les policiers ont pour mission de servir et d'aider la communauté. En les utilisant comme des « monstres », cela enseignera aux enfants à ne pas chercher leur aide en cas de besoin.

Temps de jeu

Les enfants cherchent naturellement à jouer. Le type de jeu qui les intéresse évolue constamment alors qu'ils grandissent. Lorsqu'ils sont bébés, ils jouent en explorant leur environnement, en plaçant des objets dans leur bouche, en grimpant sur les choses et en observant ce que les autres font et disent. L'existence quotidienne d'un bébé est remplie de ces activités banales, et les parents peuvent facilement oublier que les bébés apprennent par le biais de chacune de ces expériences. Lorsque les bébés entrent dans la petite enfance, l'apprentissage passe par la construction avec les blocs, le dessin et les jeux de rôles. Au cours de cette étape, le jeu est « un travail sérieux », car les enfants créent, imaginent et mettent en scène leurs pensées et leurs idées. Les enfants d'âge préscolaire passent d'un jeu individuel à un jeu de groupe. Ils apprennent la coopération, le travail d'équipe, les compétences sociales et la lecture des émotions. Nous invitons les parents qui envisagent un programme préscolaire à se renseigner sur l'importance que ce programme place dans l'intégration du jeu, car il s'agit de la meilleure stratégie d'apprentissage au cours de ces premières années de vie.

Utilisation des appareils électroniques

Comme pour d'autres aspects de la vie de famille, les parents sont les meilleurs modèles en ce qui concerne l'utilisation des appareils électroniques. La télévision est-elle toujours allumée en arrière-plan? Les parents utilisent-ils leur téléphone portable à la table du repas du midi? Les parents utilisent-ils les appareils électroniques avec des limites? Lorsque les appareils électroniques sont un obstacle aux interactions positives avec les enfants, il s'agit d'un problème pour toute la famille.

La technologie étant en constante évolution, les chercheurs ne peuvent que prédire leurs effets à long terme à ce stade. Les recherches (citées dans Ferguson, 2015) sur l'utilisation des appareils électroniques chez les nourrissons et les tout-petits sont complexes. Par exemple, l'American Psychological Association a montré que les interactions parents-enfants avec les multimédias étaient vitales pour le développement du langage, tandis que l'American Academy of Pediatrics ne conseille aucune heure d'écran pour les nourrissons. Toutefois, la plupart des chercheurs recommandent la modération et suggèrent aux enfants d'utiliser les appareils électroniques avec leurs parents, pas lorsqu'ils sont seuls. Cela signifie que les parents ne doivent pas utiliser de programmes télévisés, de vidéos et de jeux sur leur téléphone comme solution de « gardiennage » pour leurs enfants. La création d'une règle familiale selon laquelle l'utilisation des appareils électroniques est supervisée, voulue et faite uniquement sur de courtes périodes établit des limites que les enfants continueront à respecter lorsqu'ils grandissent.

Le sujet des écrans sera constamment réexaminé lors de votre parcours de parent. J'ai (Munira) découvert qu'avec la naissance de chacun de mes enfants, m'abstenir d'utiliser les appareils électroniques devenait de plus en plus difficile. Avec mon premier enfant, j'ai limité la télévision pendant les deux premières années de sa vie. Puisqu'il est né avant l'invention des téléphones intelligents et des tablettes, c'était relativement simple. Après la naissance de son frère 18 mois plus tard, il a commencé à regarder des programmes éducatifs pendant une durée limitée chaque jour. Mon deuxième fils était alors exposé plus jeune à la télévision en raison de son frère plus âgé. Puisqu'ils étaient proches en âge, j'étais capable de gérer le contenu qu'ils regardaient afin qu'il soit approprié et conforme aux valeurs de notre famille. Mon troisième fils, quant à lui, est né plusieurs années plus tard, lorsque ses frères plus âgés ont commencé à jouer à des jeux vidéo sur des tablettes et des consoles. Il était presque impossible de le protéger des appareils électroniques. Tout jeune, il n'était pas seulement exposé à la télévision, mais aussi aux applications pour téléphone intelligent, aux jeux sur console et aux films. Chaque fois que l'utilisation des appareils électroniques s'est avérée déséquilibrée dans notre maison, mon mari et moi-même négocions et cherchions à Résoudre les problèmes avec nos enfants. Nous revisitions les limites et ce que chaque membre de la famille pouvait faire différemment. Même si nous ne trouvions pas toujours des solutions parfaites, nous pouvions discuter de nos valeurs et travailler ensemble en équipe. Chaque enfant naît dans un contexte différent et, au fur et à mesure que la famille se développe, il y aura inévitablement des changements. Il est nécessaire de se montrer flexible et de redessiner consciemment les limites pour s'adapter au contexte actuel à mesure que les enfants grandissent.

Rivalités entre frères et sœurs

Tous les frères et sœurs se chicanent. Les chicanes entre les frères et sœurs jouent un rôle essentiel dans l'apprentissage de l'art du compromis et de la négociation. Cependant, de nombreux adultes se remémorent des souvenirs d'enfance de jalousie, de concurrence déloyale et parfois de haine pure envers les autres membres de la fratrie. Bénis sont ceux qui se souviennent de leurs interactions avec leurs frères et sœurs comme étant remplies d'amour et d'affection. La clé afin d'entretenir des relations fraternelles saines comme base d'apprentissage de la collaboration sociale réside dans le fait que les parents jouent un rôle neutre dans les chicanes entre frères et sœurs.

Commencez tôt. Avec des enfants plus jeunes, établissez votre rôle en tant qu'observateur neutre plutôt qu'en tant que juge ou actionnaire. Par exemple, lorsque mon (Noha) aîné était âgé de moins de quatre ans et que son frère n'avait pas encore trois ans, les chicanes ont commencé. Il s'agissait des simples disputes pour des jouets. J'avais lu un article dans le magazine *Parents* sur l'importance d'amener les enfants à résoudre leurs propres problèmes. L'article suggérait de placer chaque enfant dans un coin de la pièce, face à face, et de leur demander de discuter d'un compromis. Ils pouvaient quitter leur coin et continuer à jouer une fois une solution trouvée. Cela a fonctionné comme par magie, car j'ai commencé cette pratique lorsqu'ils étaient jeunes, et je n'avais pas à superviser ni même à décider quand ils pouvaient quitter leur coin.

Avec les enfants plus âgés qui viennent vous voir pour que vous régliez leurs problèmes (ou qui veulent rapporter ce que leur sœur ou leur frère a fait), facilitez l'utilisation de l'outil de Communication efficace. Évitez de donner votre opinion ou de prendre le côté d'un enfant ou de l'autre – même si vous savez qui est dans son droit et qui est dans le tort! L'objectif est d'amener les frères et sœurs à négocier eux-mêmes. L'accent ne doit pas être mis sur « qui a fait quoi à qui », mais plutôt de s'assurer qu'ils utilisent les formules de communication. Une fois qu'ils ont partagé leurs sentiments et leurs réflexions sur la situation, posez la Question de curiosité : « Quelles solutions seraient utiles dans cette situation? », en veillant à ce que les enfants trouvent eux-mêmes les solutions. Si les enfants se disputent pour un objet et n'ont pas encore trouvé de solution viable, conservez l'article jusqu'à ce qu'ils aient un plan. Lorsque le combat est physique, séparez les frères et sœurs et envoyez-les dans différentes pièces. Une fois qu'ils se sont calmés et qu'ils sont prêts à parler, facilitez la discussion comme indiqué ci-dessus.

Si vous remarquez des récurrences dans les circonstances entourant les disputes entre frères et sœurs, il peut être nécessaire d'établir ou de réviser les règles et les routines familiales. Par exemple, mon (Noha) mari a remarqué que parfois les enfants jouaient à la lutte et que ça évoluait en véritable dispute. Après avoir analysé ce qui se passait plusieurs fois, mon mari a invité les enfants à lever les mains et à dire : « Arrête. Je ne veux plus jouer maintenant. » En me remémorant cela à travers le prisme de la thérapie, je me rends compte qu'il a établi une très belle habitude. Avec cette simple suggestion, il a reconnu leur amour pour les jeux de lutte, ne les en a pas privés, a permis à celui qui se sentait dépassé de pouvoir s'exprimer oralement et lui a donné l'aptitude d'arrêter ce qui se passait, et a enseigné au plus fort d'entendre et de respecter l'autre instantanément.

Tâches

Les tâches ménagères ne sont pas réservées aux adultes de la famille. Il est possible d'attribuer des responsabilités domestiques aux enfants dès leur jeune enfance. Un enfant qui aide aux tâches ménagères développe un sentiment d'appartenance à la famille, reconnaît ses aptitudes émergentes et ressent la satisfaction d'aider les autres.

Les tout-petits peuvent aider avec des tâches simples telles que :

- Ranger les jouets;
- Trier et jumeler les chaussettes;
- Dépoussiérer avec un chiffon humide;
- Ranger les ustensiles de cuisine tels que les récipients en plastique, les cuillères en bois, les tasses, etc.;
- Placer les vêtements dans les tiroirs et les paniers;
- Pousser les boutons pour activer et désactiver les machines;
- Sécher les dégâts et les surfaces mouillées;
- Donner de la nourriture aux animaux de compagnie.

Une fois que les enfants sont d'âge préscolaire, les responsabilités peuvent inclure :

- Mettre la table (ustensiles, serviettes de table, napperons);
- Prendre les vêtements de la machine à laver et les mettre dans la sécheuse;
- Mettre les vêtements propres dans le panier;
- Plier les vêtements et les mettre en pile;
- Secouer les oreillers;
- Essuyer les tables et les comptoirs;
- Épousseter;
- Trier les articles recyclables;
- Vider les petites poubelles;
- Mettre ou enlever certains plats du lave-vaisselle;
- Mettre le savon dans la machine à laver ou le lave-vaisselle;
- Vider les sacs d'épicerie;
- Éplucher les légumes;
- Arroser les plantes;
- Râteler les feuilles ou s'occuper d'un jardin.

Parents épuisés

Devenir un nouveau parent est une expérience à la fois passionnante et épuisante. Les magnifiques réflexions et leçons apprises sur la naissance d'un bébé dans l'essai *Dieu dispense*, en témoignent. Les nouveaux parents sont entièrement consumés par les besoins de leurs nourrissons et peuvent être naturellement au bout du rouleau autant physiquement qu'émotionnellement. Ils ignorent souvent leurs propres besoins individuels et/ou de couple. Certains parents se sentent « coupables » de faire des choses qu'ils trouvent agréables sans leurs enfants, aussi ils sacrifient leurs désirs et se concentrent sur leur progéniture. Les familles centrées sur l'enfant créent un environnement où les besoins des enfants sont supérieurs à ceux des parents. Le résultat d'une telle concentration est une dynamique familiale malsaine où les enfants sont égocentriques et manquent d'empathie pour les autres. Les parents doivent s'efforcer de rester centrés sur le couple tout en élevant leurs enfants. Leurs besoins de couple et leurs besoins individuels doivent être équilibrés avec ceux de leurs enfants.

Jongler avec les responsabilités liées à la parentalité, au travail et à la vie sociale laisse de nombreux parents stressés et épuisés. Pour contrebalancer l'impact négatif d'être tiré dans de nombreuses directions, les parents doivent s'entraîner à prendre soin d'eux-mêmes (voir Avoir une vie). Prendre soin de soi englobe tous les domaines de la vie d'un parent, de la spiritualité au bien-être physique et émotionnel en passant par la stimulation intellectuelle. Lorsque les parents reconnaissent que le fait de prendre du temps pour soi n'est pas un luxe, mais un ingrédient nécessaire pour prendre soin des enfants, ils sont plus disposés à consacrer le temps nécessaire à des activités personnelles.

Exemples d'activités pour prendre soin de soi :

- Prendre du temps personnel pour lire, écouter de la musique ou pour des passe-temps;
- Profiter du silence et méditer;
- Passer du temps planifié avec l'époux(se);
- Passer du temps avec des amis;
- Passer du temps avec d'autres parents;
- Participer aux prières et aux activités de la mosquée;
- Passer du temps dans la nature;
- Maintenir une connexion avec Allah;
- Faire des activités physiques comme le sport et la marche.

Les parents ont des besoins différents et la façon dont ils se rechargent diffère également. Ce qui est essentiel, c'est que le fait de prendre soin de soi devienne une priorité aussi importante que de nourrir ses propres enfants. Le fait de prendre soin de soi doit être pratiqué tous les jours. Par conséquent, il est bien plus efficace de consacrer 20 minutes par jour à des activités vivifiantes que d'entreprendre une activité plus longue une fois de temps en temps. (Voir Familles paisibles).

Colère et frustration des parents

L'art de la patience est vraiment mis à l'épreuve lorsqu'on devient parent. Même les meilleurs parents se mettent en colère. C'est une réalité de la vie. Les parents s'énervent pour de nombreuses raisons : perte de contrôle, fatigue, sentiment d'être remis en cause, horaire surchargé, sentiment d'être submergé, se sentir critiqué, douter de ses aptitudes, etc. La colère est tout simplement l'état d'esprit lorsque toute l'énergie est dépensée et que le parent fonctionne à vide. Lorsque les parents sont en colère, ils oublient quatre principes de base :

1. Leurs enfants sont encore jeunes;
2. Leurs enfants apprennent encore;
3. Leurs enfants s'efforcent de donner le meilleur d'eux-mêmes;
4. Leurs enfants leur font confiance pour être des modèles d'adultes matures.

Lorsque je (Munira) suis devenue mère, j'avais une patience très limitée et une tendance à m'emporter facilement. Je me sentais contrariée tous les jours par des choses somme toute mineures. Un jour, je me suis rendu compte que je ne voulais pas qu'on se souvienne de moi comme le parent en colère, et j'ai entamé un processus de transformation. J'ai travaillé activement à choisir mes batailles et « à ne pas m'en faire pour les petites choses » pour gagner en patience et en maturité émotionnelle. Il m'a fallu de nombreuses années pour changer mes convictions vis-à-vis de certaines situations et ma façon de les gérer. Évidemment, je ne suis pas parfaite et il m'arrive encore d'avoir des réactions excessives, mais, dans ces situations, j'ai appris à me pardonner et à travailler activement pour me rattraper et à offrir à ma famille un modèle de communication plus efficace et de meilleures compétences d'adaptation.

L'outil de Temps de pause positif est idéal pour les moments de frustration et de colère. Un parent peut dire à l'enfant : « Je me sens très contrarié pour le moment et je vais prendre le temps de me calmer » ou « Je me sens en colère pour le moment et j'ai besoin de temps pour réfléchir afin de ne pas dire quelque chose que je vais regretter. » Pratiquer une activité apaisante (lecture, marche, cuisine, sport, prière) qui calme et recentre le parent est plus efficace que de se laisser aller à des excès de colère. La méthode des 4 R de la réparation est également efficace (Nelsen, 2006) :

1. Reconnaissance (« Je dois prendre le temps de me calmer »);
2. Responsabilité (« Oups! J'ai réagi trop fortement! »);
3. Réconciliation (« Je suis désolé de t'avoir blessé »);
4. Résolution (« Que pouvons-nous faire pour que cela ne se reproduise pas? »).

En suivant ces étapes, les parents peuvent corriger des interactions négatives avec leurs enfants, tout en reconnaissant leur propre responsabilité en ce qui concerne leurs sentiments et leurs actions. En outre, les enfants apprennent à gérer les erreurs et à développer une maturité émotionnelle à partir des réactions de leurs parents. (Voir Attitudes de gratitude).

L'islam comme habitude

Durant les premières années, les parents transmettent l'islam par le biais de leurs actions et de leurs mots. Inculquer aux enfants les bases de l'islam se fait de manière naturelle : lorsque les parents commandent une pizza sans saucisse de porc, lorsqu'ils prient, se rendent à la mosquée, ou disent « *Alhamdu Lillah* » (toutes les louanges à Dieu), « *Allahu Akbar* » (Dieu est le plus grand), « *Subhan Allah* » (gloire à Dieu) ou « *La hawla wa la quwwata Illa Billah* » (Il n'y a de force ou de pouvoir qu'en Dieu). Tous ces éléments sont des moyens indirects par lesquels les parents transmettent à leurs enfants leur vision du monde basée sur la foi. Ce que les parents disent et pratiquent régulièrement devient l'islam pour l'enfant. Commencez par vous-même. Si vous n'êtes pas satisfait de votre pratique ou de votre vision de la foi, vous devrez l'évaluer tôt, car les enfants voient au-delà des paroles creuses. Pratiquez les traditions islamiques que vous chérissez et vos enfants les absorberont de manière naturelle.

Les sept premières années sont des années *sans obligations*. Respectez cela. Certains parents, dans leur zèle de l'islam, exigent la pratique religieuse de leurs enfants avant l'âge de sept ans (par exemple, ordonner à l'enfant de prier, forcer les filles à couvrir leurs cheveux, etc.). Veuillez éviter de faire cela. Voici un exemple de ce que le prophète (pbsl) a dit : « Toute personne qui est trop austère dans sa pratique de cette foi sera dominée par sa pratique » (Hadith, Bukhari et Muslim). Adopter la foi est un processus qui prend du temps. Cela ne peut être ni pressé ni forcé. Offrez donc à votre enfant l'espace, le temps et l'entraînement nécessaires pour qu'il développe sa spiritualité. Vivez les sept premières années sans la pression des obligations, comme l'avait prévu Allah.

Il existe quelques articles de la foi de base devant être présentés aux enfants dès leur plus jeune âge. L'aspect le plus important est l'établissement d'une connexion avec Allah, le Tout Aimant. Guidez votre enfant vers des actes qu'Allah aime. Au lieu de dire :

« Vous devez toujours dire la vérité, car Allah vous punira si vous mentez », dites plutôt : « Allah t'aime et aime ceux qui disent la vérité. Et Allah protège et soutien ceux qu'Il aime. » C'est le même message à propos de l'honnêteté, mais l'un est plein d'amour tandis que l'autre est imprégné de peur (voir Enseigner l'amour d'Allah aux enfants). Il y aura du temps plus tard pour parler de la peur d'Allah, *de Shaitan* (Satan) et de l'enfer. Tous les jours, dans mon cabinet, je (Noha) vois les conséquences du fait d'élever les enfants avec la peur d'Allah. Jeunes ou plus vieux, leur sentiment de valeur a été lié à des interdictions, la notion de péché et l'enfer. Ils se retrouvent prisonniers d'un profond sentiment de honte, en raison des messages négatifs qu'ils ont reçus alors qu'ils étaient enfants. La blessure psychologique causée par autant de honte est difficile à guérir (bien qu'on puisse y travailler en thérapie) et elle refera surface dans les moments où la personne se sentira plus fragile émotionnellement. Offrez à votre enfant ces sept premières années baignées dans l'amour (et non dans la peur) d'Allah.

Cultivez la gratitude (*shukr*) envers Allah. Dans votre vie quotidienne, répétez souvent « *alhamdu Lillah* » (toutes les louanges à Dieu). Soyez un modèle positif en faisant preuve de gratitude et de reconnaissance pour tout ce que vous avez dans votre vie. Apprenez aux enfants à dire « *alhamdu Lillah* » (toutes les louanges à Dieu) lorsqu'ils reçoivent quelque chose de nouveau ou lorsqu'une bonne chose se produit. Évitez le piège de dire : « Faites des bonnes actions pour qu'Allah vous offre de bonnes choses. » Dites plutôt : « Faites des bonnes actions pour montrer votre gratitude envers Allah pour ses cadeaux infinis. Même lorsque tout semble mal aller, nous sommes bénis. » Allah n'a pas promis une vie pleine de succès matériel et de réussites à ceux qui suivent Sa voie. Il a plutôt promis à ses serviteurs une bonne vie terrestre basée sur la paix et la satisfaction malgré les difficultés de la vie.

Beaucoup d'enfants ayant été élevés avec l'idée qu'ils récolteront nécessairement les fruits de leur bon comportement se retrouvent, une fois adultes, en thérapie avec des problèmes de gestion de colère, considérant qu'Allah ne leur a pas accordé ce qu'ils voulaient ou méritaient. En tant que parents, les messages que vous envoyez vont grandement aider à atténuer cette impression que tout leur et dû.

Pour contrecarrer les ressentiments du type « pourquoi Allah me fait-il cela à moi? » inculquez l'idée que l'adversité et les épreuves viennent d'Allah. Apprenez à vos enfants à surmonter les difficultés grâce à leur spiritualité en les affrontant avec patience, proactivité et persévérance. Évitez d'indiquer que les malheurs sont nécessairement dus à un quelconque péché. Lorsqu'on dit aux enfants que les événements négatifs sont les résultats de ce qu'ils ont fait ou dit, ils intègrent une estime de soi négative qui teint le reste de leur vie avec de la honte et de la culpabilité. Insistez sur ce que l'islam enseigne relativement aux difficultés : « Nous avons créé l'homme pour une vie de lutte! » (Coran, 90:4); « La grandeur de la récompense est à la mesure de la grandeur de l'épreuve. Quand Allah aime des gens, Il les éprouve. Celui qui accepte l'épreuve aura la satisfaction d'Allah; et celui qui lui oppose son mécontentement, Allah sera mécontent de lui » (Hadith, Tirmidhî). Par conséquent, concentrez l'attention de vos enfants sur la façon dont ils vont gérer la situation plutôt que de lier l'événement à leur valeur. (Voir Syndrome de l'adulte fragile).

Pratiques à mettre en œuvre avant l'âge de sept ans :

- Présentez Allah et ses prophètes;
- Apprenez aux enfants à dire « *bismillah* » (au Nom de Dieu) avant de manger et « *alhamdu Lillah* » (toutes les louanges à Dieu) après avoir fini de manger;

- Enseignez les supplications (*duaa*) avant de se mettre à table;
- Faites-leur savoir que les musulmans ne mangent pas de porc et ne boivent pas d'alcool;
- Apprenez-leur l'étiquette islamique entourant l'utilisation des toilettes (s'asseoir, éviter de salir le siège ou les vêtements, nettoyer les toilettes ou les vêtements sales, se laver à l'eau après avoir uriné ou déféqué, et se laver les mains par la suite);
- Partagez des chansons et des histoires islamiques;
- Commencez à enseigner aux enfants la langue arabe afin qu'ils aient un accès direct au Coran. En connectant les enfants au Coran, concentrez-vous sur la compréhension et l'application;
- Aidez les enfants à mémoriser une *sourate* (chapitre) du Coran. La *sourate* la plus importante à mémoriser est la *Al-Fatiha* (le chapitre d'ouverture du Coran), car elle est au cœur des prières obligatoires;
- Reconnaissez que les enfants auront des aptitudes de mémorisation différentes. Pour certains, c'est très naturel. Pour d'autres, c'est une lutte. Par conséquent, encouragez la mémorisation, mais évitez d'humilier les enfants. Trouvez un enseignant qui enseigne avec amour et respect, pas avec la peur et les punitions;
- Connectez les enfants à Allah grâce à toutes ses superbes créations. Passez du temps dans la nature à apprécier les animaux, les montagnes, les arbres, l'eau, les déserts, etc. Ces expériences les aideront à apprécier l'interconnectivité de l'univers. Apprenez-leur à exprimer leur admiration pour la beauté des créations d'Allah en disant « *subhan Allah* » (gloire à Dieu);
- Lorsque vos enfants manifestent de l'intérêt pour l'exécution

de l'une des pratiques obligatoires, encouragez-les à les effectuer en petites étapes et insistez sur le fait que ce n'est pas encore obligatoire. Découvrez les histoires de deux parents dans la section « Lien avec la communauté » ci-dessous et la manière dont ils ont abordé le jeûne avec leurs enfants lorsque ceux-ci avaient moins de sept ans.

Lien avec la communauté

Tous les matins, mon aîné de 5 ans se réveille pour prendre le souhour (repas du ramadan avant l'aube) et décide de jeûner jusqu'au petit-déjeuner à 8 h 30. Après le petit-déjeuner, il choisit de continuer à jeûner jusqu'à midi. Subhan Allah (gloire à Dieu), il y a quelques jours, il a mentionné que nous devrions offrir BEAUCOUP de nourriture aux pauvres afin qu'ils n'aient pas mal au ventre comme lui entre le petit-déjeuner et l'heure du midi. Masha Allah (que Dieu le protège). Qu'est-ce qu'il décide de faire? Il place 1 $ dans chaque case de son calendrier du ramadan et décide (avec son frère de 3 ans) de donner 30 $ à la fin du ramadan à des gens pauvres en Inde, l'endroit où nous irons après le ramadan insha Allah (si Dieu le veut). Alhamdu Lillah (toutes les louanges à Dieu)!

Farah Ruknuddeen

Hier, mon fils de 6 ans m'a dit : « Maman, je veux jeûner pour qu'Allah soit satisfait de moi. » Bien sûr, j'ai été touchée et je lui ai dit qu'Allah était déjà satisfait de lui et que les enfants n'avaient pas besoin de jeûner, mais que, s'il le voulait vraiment, il pourrait peut-être jeûner une partie de la journée. Je lui ai ensuite demandé combien de temps il aimerait jeûner. Il a dit trois heures. Nous avons donc décidé que le meilleur moment était entre 17 h et 20 h, afin qu'il puisse manger l'iftar (repas brisant le jeûne) avec nous. Je lui ai dit qu'il devait écouter son corps et m'indiquer s'il se sentait fatigué, s'il avait faim ou soif et si c'était trop désagréable pour lui. Il m'a assuré qu'il pouvait le faire.

À 18 h 30, il est monté à l'étage en boudant. En lui demandant ce qui n'allait pas, il me répond que Baba donnait sa gâterie préférée à son petit frère. Il voulait vraiment en avoir aussi, mais se sentait mal de briser son jeûne. Les larmes lui sont montées aux yeux et il a eu l'impression d'avoir échoué son défi personnel. Je lui ai donc dit qu'il avait bien fait et qu'il avait démontré une volonté forte en ne cédant pas à la tentation. Nous avons calculé qu'il avait jeûné deux heures, ce qui était très bon pour une première fois, et je lui ai suggéré d'augmenter la durée graduellement lorsqu'il se sentirait prêt. Il a essuyé ses larmes, souri et couru en bas pour déguster sa gâterie!

Hosai Mojaddidi

Ces cinq premières années sont pleines de changements et de croissances rapides. Cependant, les familles qui ont mis en place des routines et des systèmes au début de l'enfance profitent généralement de ce qui est appelé les « années d'or » de l'enfance dans la prochaine phase. Cette phase intermédiaire de l'enfance met ainsi l'accent sur les forces innées uniques des enfants. Le chapitre suivant est rempli d'idées pour favoriser un environnement familial encourageant qui permet d'aider les identités émergentes des enfants à se développer.

CHAPITRE SEPT

LA PHASE INTERMÉDIAIRE DE L'ENFANCE (6 À 12 ANS)

À cette étape de développement, la vie de l'enfant tourne autour de l'école et des amitiés. Les solutions qui ont été trouvées lorsque les enfants étaient plus jeunes devront être revues et actualisées. Les parents continuent d'avoir la plus grande influence sur les habitudes et les valeurs de leurs enfants, tandis que ces derniers continuent à demander l'aide et à chercher l'approbation de leurs parents. La perception que les enfants ont d'eux-mêmes s'élargit au fur et à mesure qu'ils interagissent avec les enseignants, les entraîneurs et leurs pairs. Pour certaines familles, cette période est considérée comme les « années d'or », avec des relations parent-enfant fluides et un mode de vie moins intense.

Manque de respect et réplique

Tous les parents auront, un jour ou l'autre, des échanges houleux avec leurs enfants lors desquels ces derniers vont répliquer impoliment. La première fois que cela se produit, de nombreux parents sont choqués que leurs enfants puissent leur répondre avec un ton aussi négatif. Souvent, les parents réagissent rapidement avec colère. Cela peut conduire à une lutte de pouvoir entre le parent et l'enfant, ainsi qu'à une rupture subséquente dans la relation. Par conséquent, il est important de comprendre les principales raisons qui se cachent derrière cette répartie aggressive et la meilleure façon pour les parents d'y répondre.

Les principales raisons derrière les répliques impolies :

- Répéter ou imiter la façon dont les adultes parlent;
- Tenter d'obtenir une réaction du parent;
- Rechercher l'attention;
- Se sentir découragé et impuissant;
- Tester leur propre pouvoir dans la relation.

Les conversations avec les conjoints, les amis, les employés de magasin et les collègues sont toutes des occasions d'enseigner des techniques d'écoute et de prise de parole respectueuses. Les parents modélisent la façon de parler à d'autres personnes. Le ton et les mots utilisés par les parents seront inévitablement intégrés et répétés par les enfants. Si un enfant parle avec un ton irrespectueux, il serait sans doute utile de faire une introspection. Écoutez-vous la prochaine fois que vous demandez quelque chose à votre enfant. Êtes-vous respectueux dans votre discours? Êtes-vous sarcastique? Condescendant? (Voir Communication efficace)

Le plus grand défi est de réaliser comment les parents gèrent leurs émotions et ce qu'ils disent lorsqu'ils sont stressés ou frustrés. Par exemple, un parent qui se sent pressé par le temps peut dire : « Dépêche-toi! Je n'arrive pas à croire que nous sommes encore en retard! Qu'est-ce que tu fais? Tu me mets toujours en retard! » Ce type d'échange peut plus tard être renvoyé au parent par l'enfant qui dira : « Je n'arrive pas à croire que tu as oublié d'aller chercher du lait aujourd'hui! Qu'est-ce que je vais manger pour le petit-déjeuner? » Un parent pratiquant la discipline positive dira plutôt : « J'ai besoin que nous travaillions ensemble rapidement, car nous sommes en retard. Je sais que c'est ennuyeux d'être pressé et je suis désolé, c'est le cas pour le moment. Aide-moi à faire vite. » Avec la première déclaration, le parent défoule sa frustration personnelle sur l'enfant, en le blâmant et en l'accusant. Dans la deuxième déclaration, le parent reconnaît la problématique et demande à l'enfant d'être un allié pour l'aider à la résoudre. (Respect mutuel).

Lors d'une conversation houleuse avec l'enfant, un parent a deux choix : répondre de manière tout aussi irrespectueuse ou fixer des limites à l'enfant. Lorsque les parents se sentent attaqués, ils risquent de répondre à l'enfant en disant : « Comment oses-tu me parler de cette manière? Parfait! Ne m'aide pas. Tu verras où cela va te mener! » Ceci n'est utile ni pour le parent ni pour l'enfant. Cependant, les parents capables de se détacher des commentaires désobligeants de leur enfant pourront comprendre le « message caché » que ce dernier envoie (Croyance cachée derrière le comportement).

La meilleure réponse à un enfant qui réplique est la technique de Refléter les émotions et de définir les limites. Le parent peut dire : « Je vois que tu es très contrarié. Je ne me sens pas respecté lorsque tu me parles comme ça. Je vais te laisser du temps pour te calmer et nous pourrons en parler plus tard. » Lorsqu'il répond à l'enfant avec des limites respectueuses au lieu de répliquer ou de le punir, le parent choisit de ne pas s'engager dans une lutte de pouvoir. Le parent modélise la régulation émotionnelle et l'enfant apprend que les besoins seront satisfaits, non pas par la manipulation et la colère, mais par la coopération et le respect. Le parent et l'enfant peuvent résoudre le conflit après que ce dernier se soit calmé.

Déresponsabilisation

La phase intermédiaire de l'enfance est la période la plus opportune pour enseigner aux enfants des compétences précieuses pour leur futur. Malheureusement, certains parents empêchent leurs enfants de profiter de ces opportunités en les protégeant des réalités de la vie. Ce phénomène est appelé la déresponsabilisation. Les parents ne souhaitent pas intentionnellement affaiblir la résilience et la persévérance de leurs enfants. Ils pensent réellement qu'ils font ce qu'il y a de meilleur pour eux. Ils pensent qu'en faisant des choses pour leurs enfants, ils leur montrent combien ils les aiment et sont prêts à sacrifier pour eux. (Voir Construire la résilience).

Certains parents font des choses à la place de leurs enfants parce qu'ils peuvent le faire plus facilement, plus rapidement ou mieux que ces derniers. L'efficacité devient plus importante que l'enseignement et le mentorat. Parfois, les parents veulent simplement éviter les « batailles ». Ils deviennent prudents dans leurs interactions avec leurs enfants et se concentrent sur la réduction des conflits aux dépens de l'éducation ou d'en attendre plus de leurs enfants. Dans cette dynamique, les enfants ont le pouvoir, car les parents craignent les crises ou que leurs enfants les détestent. Les parents peuvent également faire les choses à la place de leurs enfants parce qu'ils veulent que ceux-ci paraissent bien aux yeux des autres. Ils pensent que la seule façon de faire en sorte que leurs enfants répondent aux attentes de la société est de faire les choses pour eux.

Certains parents souhaitent que leurs enfants réussissent dans un monde concurrentiel. Ils présentent leurs enfants sous le meilleur jour possible en créant des façades. Ces enfants deviennent des insignes d'honneur pour leurs parents et reflètent ce que les parents veulent que les autres voient chez leurs enfants. D'autres parents, par peur, briment la liberté de leurs enfants en leur « coupant les ailes ». Leur objectif est de protéger leurs enfants de tout mal, toute douleur ou toute déception qu'ils perçoivent.

Généralement, ces parents pensent que leurs enfants ne sont pas capables de relever des défis ou pensent qu'ils sont encore trop jeunes. Ces parents ignorent le fait que, tout comme le papillon renforce ses ailes en se détachant du cocon, les enfants construisent leurs propres muscles émotionnels lorsqu'ils sont confrontés à des défis.

Le résultat à long terme pour ces enfants est l'incapacité à passer à l'âge adulte. Tout comme le papillon qui n'a pas traversé son cocon par lui-même ne s'envole pas, ces enfants, une fois adultes, ne parviennent pas à être autonomes. Les parents se sentent alors obligés de poursuivre leur soutien émotionnel et financier alors qu'ils sont, en fait, ceux qui ont créé cette surdépendance en coupant les ailes de leurs enfants en premier lieu.

Croire que tout nous est dû

De nombreuses familles dans les sociétés occidentales sont confrontées à un nouveau défi du 21e siècle : les enfants qui croient que tout leur est dû. Selon un sondage mené par le magazine *Time* et par CNN, le deux tiers des parents américains pensent que leurs enfants sont trop gâtés (cités dans Kolbert, 2012). De nombreux parents hochent la tête de frustration et se résignent à cette réalité. Malheureusement, ils se sentent défaits et incapables de corriger le problème.

Cette nouvelle attitude largement répandue du « tout m'est dû » provient d'une combinaison de changements observés dans la réalité socio-économique, dans les rôles et dans les valeurs. Vivre dans une période de prospérité et d'excès a créé des opportunités de surconsommer autant chez les adultes que chez les enfants. Les valeurs sont passées de la valorisation du travail acharné à un mode de vie axé sur le matérialisme et l'amusement. Les normes culturelles ont changé les rôles parentaux, les faisant passer de guides à dispensaires de luxe. Les parents qui vivent une vie de confort et de facilité ne s'attendent plus à ce que les enfants contribuent à la vie de famille. Ces tendances ont été normalisées en tant que chemin vers la réussite et le bonheur.

Ce sentiment du « tout m'est dû » chez les enfants est le résultat direct des parents qui aiment trop leurs enfants. Ils ont l'impression erronée que leur responsabilité parentale inclut de tout faire pour leurs enfants, de les protéger de toute difficulté ou douleur, aussi minime soit-elle, et de leur offrir tout ce qu'ils réclament. Ce qui s'ensuit est une dynamique dysfonctionnelle dans laquelle les enfants attendent des personnes qui les entourent qu'elles leur donnent tout, qu'elles fassent tout pour eux et qu'elles les aident à n'importe quel prix. Au cours du processus, des leçons de vie importantes sont perdues.

Exemples de raisonnements d'enfants qui croient que tout leur est dû :

- Les autres me protègent de la douleur et de la déception;
- Les autres doivent prendre soin de moi et de mes besoins;
- Je dois simplement demander aux gens qui m'entourent ce que je veux et je l'obtiendrai parce que les gens ne veulent pas me dire non;
- Toutes les personnes autour de moi doivent me faire plaisir et me satisfaire;
- Je mérite d'être heureux en tout temps;
- Mes parents me sortiront de toutes les situations difficiles.

Plusieurs outils jouent un rôle déterminant pour contrecarrer ce sentiment chez l'enfant : Responsabilisation; Encouragement; Lâcher-prise; Tâches; Argent de poche; Conséquences logiques; Conséquences naturelles; Les erreurs sont des opportunités d'apprentissage; et Temps d'échanges en famille. En mettant en œuvre tous ces outils, les parents étendent progressivement les capacités de leurs enfants à s'adapter physiquement et émotionnellement aux réalités de la vie. Les enfants apprennent que, pour réussir, ils doivent être responsables de leur vie et avoir la patience de gérer les aspects moins faciles de celle-ci. Lorsque les enfants comprennent qu'il leur revient de décider du type de vie qu'ils veulent mener, ils résisteront à la vague du « tout m'est dû ».

Tâches

Les enfants d'âge scolaire peuvent s'occuper de tâches plus importantes et avoir des responsabilités supplémentaires à la maison.

Exemples de tâches adaptées à cet âge :

- Mettre la table;
- Préparer un repas;
- Éplucher les légumes;
- Essuyer la table et les comptoirs;
- Laver la vaisselle;
- Remplir et vider le lave-vaisselle;
- Vider les sacs d'épicerie;
- Préparer le lunch pour l'école;
- Mettre les vêtements propres dans le panier;
- Mettre les vêtements dans la machine à laver;
- Prendre les vêtements de la machine à laver et les mettre dans la sécheuse;
- Plier et ranger les vêtements;
- Changer les draps et les serviettes;
- Sortir la poubelle et le recyclage;
- Épousseter;
- Passer l'aspirateur;

- Nettoyer le plancher;
- Arroser les plantes;
- Râteler les feuilles ou s'occuper d'un jardin;
- Laver les vitres et les miroirs;
- Laver la voiture;
- Pelleter la neige;
- Nourrir les animaux de compagnie;
- Nettoyer les cages, les litières et les lits des animaux de compagnie.

Technologie

Il y a quinze ans, les parents s'inquiétaient que leurs enfants regardaient trop de télévision au lieu de jouer dehors. Aujourd'hui, la technologie a évolué au point que les enfants sont non seulement collés aux écrans de télévision, mais aussi à ceux des tablettes, des ordinateurs, des téléphones, des consoles de jeux et d'autres appareils connectés à Internet. Ils jouent rarement à l'extérieur et interagissent peu avec d'autres personnes en face à face. Les avancées technologiques ont des effets à la fois positifs et négatifs. Des chercheurs (cités dans Taylor, 2012) ont découvert des points positifs tels que l'amélioration de la coordination main-œil et des compétences en matière de résolution de problèmes. Les jeux et les applications sont également devenus une plateforme attrayante pour les enfants, qui leur permet d'apprendre, de créer et d'innover.

Néanmoins, la technologie a eu un impact négatif sur les processus cognitifs des enfants dans des domaines tels que la capacité d'attention, la prise de décision, la mémorisation et l'apprentissage. Des chercheurs (cités dans Summers, 2014) de l'UCLA ont constaté que les enfants étaient en mesure de mieux lire les expressions faciales et les indices non verbaux après qu'on leur ait retiré leurs appareils électroniques pendant 5 jours comparativement aux enfants qui étaient constamment connectés aux appareils multimédias. L'étude a montré que les enfants ont besoin d'interactions en face à face pour apprendre à faire preuve d'empathie et à établir des liens.

Déconnecter complètement les enfants de l'électronique n'est ni pratique ni possible. L'électronique fait désormais partie intégrante de la vie des gens. L'équilibre est la clé. Les familles doivent gérer leur utilisation de manière saine. Les Temps d'échanges en famille sont de formidables occasions de discuter et de décider du temps à consacrer aux appareils électroniques. Dans notre maison, j'ai (Munira) passé en revue et révisé nos règles concernant les appareils électroniques à plusieurs reprises lors de nos Temps d'échanges en famille. Nous réfléchissions à ce que chacun trouvait raisonnable et élaborions un plan lorsque nous remarquions que l'ordinateur, utilisé pour faire les devoirs, finissait souvent par servir aux jeux vidéo. Souvent, mes enfants souhaitaient définir des limites de temps spécifiques pour l'utilisation d'appareils électroniques spécifiques. Nos décisions finales mettaient toujours en équilibre le temps d'écran avec les activités parascolaires et le temps de jeu libre. Ça a été un cheminement continu. Il fallait également que mon mari et moi-même modélisions nos valeurs en n'étant pas connectés en permanence à nos propres appareils électroniques. Chaque famille doit trouver un équilibre qui lui convient.

Nous vous invitons à trouver un coin dans votre maison où toute utilisation des appareils électroniques est effectuée dans un espace ouvert afin que vous sachiez ce que vos enfants regardent, écoutent ou ce à quoi ils jouent à tout moment. Lorsque la consommation de technologies est faite en « public », les enfants sont moins tentés de se tourner vers du contenu inapproprié. Chez nous, les ordinateurs et les téléphones portables de la famille restaient dans la salle familiale et n'ont jamais été autorisés dans les chambres à coucher. Des chercheurs (cités dans Whiteman, 2013) ont découvert que les enfants qui avaient des télévisions et des ordinateurs dans leurs chambres dormaient plus tard et avaient des cycles de sommeil plus courts, ce qui a un impact négatif sur leurs résultats scolaires et leur croissance psychologique. Les appareils électroniques doivent être « stationnés » pendant les repas, les Temps d'échanges en famille, les soirées en famille et à partir d'une heure spécifique en soirée. En appliquant ce type de règles, les parents enseignent aux enfants l'utilisation équilibrée de l'électronique.

Un petit conseil : les enfants peuvent être initiés aux téléphones et aux ordinateurs sur des modèles « de base » plutôt que sur des modèles plus récents et plus performants. Lorsqu'ils apprennent à être responsables de leurs appareils et en font une utilisation appropriée, ils peuvent « passer » à de meilleurs téléphones et ordinateurs. Lorsque les enfants vieillissent et se montrent plus responsables, ils peuvent également contribuer financièrement à l'achat des appareils plus coûteux qu'ils convoitent, avec la guidance des parents.

Sécurité sur Internet et éducation aux médias

Tout comme les parents ne prêtent pas les clés de leur voiture à leurs enfants s'ils n'ont pas réussi leur cours de conduite, ils ne devraient pas leur permettre non plus de naviguer sur Internet sans leur enseigner la sécurité sur le Web. Internet et les médias ont progressé si rapidement que la plupart des gens ne sont pas à jour avec les dernières innovations. Internet est une immense source d'informations, de divertissements, de réseautage et d'efficacité.

C'est une ressource qui continuera à jouer un rôle majeur dans la vie des familles.

Bonnes pratiques pour aborder la sécurité sur Internet et l'éducation aux médias :

- Installez le contrôle parental qui limite l'exposition aux contenus inappropriés sur Internet;
- Expliquez que tout ce qu'ils trouvent en ligne n'est pas nécessairement vrai ou bon;
- Apprenez aux enfants comment utiliser les moteurs de recherche en utilisant des compétences de réflexion critique;
- Sensibilisez les enfants aux impacts du fait de cliquer sur les bannières publicitaires;
- Donnez à vos enfants les moyens de réagir lorsqu'une image inappropriée apparaît à l'écran, au lieu de semer la culpabilité et la honte;
- Encouragez les enfants à demander de l'aide lorsqu'ils ne savent pas quoi faire;
- Demandez-leur d'éviter de partager des informations personnelles (âge, lieu de résidence, nom de l'école) avec d'autres personnes en ligne;
- Soyez ferme sur le fait de ne pas faire confiance aux gens rencontrés en ligne, car ils ne savent pas vraiment qui ils sont;
- Apprenez aux enfants à créer des noms d'utilisateur virtuels non identifiables afin de protéger leur vie privée;
- Expliquez-leur ce que sont les courriels indésirables. Prévenez-les de l'existence de messages inappropriés envoyés comme pourriel et instruisez-les de ne pas les ouvrir;
- Invitez-les à rejeter les demandes d'amitié de personnes qu'ils ne connaissent pas;
- Discutez des ramifications de la publication de photos ou de

commentaires sur des forums en ligne;

- Expliquez ce que sont les « empreintes numériques » et comment elles peuvent avoir un impact sur la vie future.

En tant que parent au 21ᵉ siècle, tenez-vous au courant des tendances en matière d'applications pour téléphone intelligent, de réseaux sociaux et de sites Internet. Ce que les enfants aiment ou n'aiment pas en termes de jeux informatiques, d'applications, de sites Web, de musique et de films évolue à mesure qu'ils vieillissent. Quel que soit le média que vos enfants trouvent intéressant, c'est l'occasion pour vous d'apprendre, d'enseigner et d'interagir avec eux. Établir une connexion avec les enfants à leur niveau, discuter de ce qu'ils vivent et les conseiller en cours de route permettra aux parents de connaître leurs activités en ligne.

Ayez des conversations sur vos valeurs, sur ce qui est approprié selon leur âge et sur la raison pour laquelle vous limitez leur exposition aux médias violents et/ou ayant un contenu sexuel, par exemple. Les enfants doivent comprendre ce que leurs parents valorisent et pourquoi. Cela leur permettra de se responsabiliser et de faire des choix sains lorsqu'ils sont loin de leurs parents et lorsqu'ils seront plus âgés et qu'ils auront accès à plus de technologie. Les familles peuvent avoir des discussions régulières sur les messages tirés des médias. Cela crée une intentionnalité et un état de conscience concernant les divertissements consommés et cela renforce les valeurs familiales.

Luttes à l'école

Comme ils passent en moyenne six heures par jour à l'école, il est normal que l'identité et les aptitudes des enfants soient affectées par leurs expériences académiques et sociales. Un partenariat solide entre les parents et les enseignants devient vital pour la réussite à l'école, car des études (Olsen et Fuller, 2011) démontrent que les enfants s'améliorent à l'école lorsque leurs parents sont impliqués dans leur expérience scolaire. Les difficultés scolaires peuvent être mineures ou majeures et s'échelonner sur le court ou le long terme.

Défis courants liés à la vie scolaire :

- Mauvaises performances académiques;
- Manque de motivation;
- Comportement perturbateur;
- Mauvaises relations avec les camarades de classe ou les enseignants.

Il peut y avoir divers facteurs, tant personnels que scolaires, qui contribuent aux difficultés d'un enfant à l'école.

Exemples de facteurs personnels :

- Difficultés de développement (syndrome de Down, infirmité motrice cérébrale, etc.);
- Difficultés cognitives (dyslexie, déficit de l'attention, autisme, etc.);
- Difficultés psychosociales (pauvreté, immigration, divorce conflictuel, consommation de drogues, etc.);
- Maladie chronique (cancer, fièvre rhumatismale, diabète, etc.);
- Traumatisme (guerres, catastrophes naturelles, décès dans la famille, abus, etc.).

Exemples de facteurs scolaires :

- Intimidation;
- Déconnexion vis-à-vis des pairs, des enseignants ou de la culture scolaire;

- Disparité entre la capacité de l'étudiant et la norme académique – trop ou pas assez de défis;
- Manque de soutien académique;
- Exigences concurrentes en matière d'activités parascolaires.

Les parents et les enseignants doivent s'occuper de ces problèmes dès que possible. L'expérience des enfants à l'école a un impact majeur sur leur bien-être général. Les problèmes qui ne sont pas traités rapidement entraînent une mauvaise estime de soi, une méfiance envers les autres et un manque d'intérêt pour l'apprentissage. Malheureusement, lorsque les parents et les enseignants considèrent les élèves comme des « éléments perturbateurs » ou comme étant « facilement distraits », les enfants succombent à des sentiments profonds d'inadéquation et de tristesse. Les difficultés académiques et comportementales sont un signe que les enfants ont besoin d'aide, pas d'être étiquetés ni blâmés. La situation de chaque enfant sera différente. Cependant, il est essentiel de se concentrer sur la résolution des problèmes, la découverte des forces cachées de l'enfant et de demander de l'aide aux enseignants, administrateurs et psychologues.

Conflits autour des devoirs

Terminer ses travaux et projets à la maison peut transformer les heures d'après-école en un moment difficile pour les parents. Penser aux devoirs comme une activité positive qui relève de la responsabilité de l'enfant peut modifier la dynamique de la famille. Le devoir est pour l'enfant et non pour le parent. La responsabilité d'un parent consiste à créer un environnement à domicile qui encourage l'indépendance et le sens des responsabilités.

La plupart des problèmes liés aux devoirs peuvent être gérés grâce aux Routines. Développez une routine en définissant par écrit le temps accordé aux devoirs et aux autres activités. Certains enfants ont besoin de temps pour décompresser et prendre une collation avant d'étudier. D'autres peuvent s'y mettre directement en rentrant à la maison sans avoir besoin d'autre chose. Quelle que soit la routine, créez-en une qui satisfasse à la fois l'enfant et le parent. La responsabilité d'un parent est de prioriser ce temps, en le faisant passer avant les courses ou les activités par exemple.

Conseils pour une routine de travail productive :

- Créez un espace de travail calme où toutes les fournitures sont prêtes et disponibles pour que l'enfant puisse travailler de manière autonome;
- Utilisez les Minuteries pour les jeunes enfants pour leur apprendre à gérer leur temps et à prendre des pauses aux moments appropriés;
- Créez des règles claires et applicables concernant l'utilisation des appareils électroniques. Certains parents choisissent d'avoir un espace de rangement désigné pour les téléphones pendant que les enfants font leurs devoirs. D'autres permettent aux enfants d'accéder à leur téléphone pendant une durée limitée toutes les heures;
- Soyez cohérent avec les routines du coucher *même* lorsque les devoirs ne sont pas terminés. Un message encourageant l'autonomie serait : « Il semble que tes choix aujourd'hui n'ont pas très bien fonctionné pour toi. *Insha Allah* (si Dieu le veut) demain, tu pourras faire de meilleurs choix concernant ta période de devoirs. Si tu le souhaites, tu peux te réveiller plus tôt afin de les terminer. Maintenant, c'est l'heure de dormir »;
- Ne corrigez pas le devoir pour l'enfant et ne lui demandez pas de le refaire. Si le parent n'est pas satisfait de la qualité du

travail, demandez à l'enfant : « Es-tu satisfait du travail que tu as effectué? » Cela permet aux enfants de réfléchir à leurs propres normes de travail et de prendre des décisions en fonction des valeurs qu'ils développent;

• Évitez absolument de rappeler aux enfants de faire leurs devoirs.

Certains enfants demandent de l'aide à leurs parents pour leurs devoirs. D'autres demandent à leurs parents de s'asseoir avec eux pendant qu'ils font leurs devoirs. Cela met un frein à l'indépendance et au sens de responsabilisation des enfants. Les parents peuvent passer en revue les instructions avec l'enfant et clarifier toute question. Ils peuvent ensuite démontrer à l'enfant qu'ils ont confiance en la capacité de l'enfant à travailler de manière autonome, en le laissant terminer ses devoirs seul. Si un enfant rencontre des difficultés avec un concept et ne comprend pas les directives, un parent peut choisir de lui enseigner de nouveau la notion problématique ou de laisser une note à l'enseignant, en expliquant que l'enfant a besoin d'aide supplémentaire pour maîtriser la matière. En outre, encourager l'enfant à demander directement à l'enseignant d'expliquer le concept permettra de créer une communication plus ouverte entre l'enseignant, l'élève et le parent. Passez en revue les outils Comprendre la croyance cachée derrière le comportement et Autonomie par opposition à la déresponsabilisation.

Les oublis fréquents

Les enfants développent de nombreuses compétences de vie en apprenant à se préparer pour l'école, à faire leurs devoirs, à retourner les feuilles d'autorisation et à emporter leur repas du midi. Avec chaque année scolaire, les exigences, les expériences, les responsabilités et les attentes sont plus nombreuses.

Inévitablement, un jour, ils oublieront quelque chose et cela sera probablement important. De nombreux parents se précipitent pour résoudre le problème en rentrant rapidement à la maison pour récupérer l'article ou en parlant à l'enseignant pour justifier l'erreur. Cependant, lorsque les oublis deviennent un problème récurrent, les parents deviennent frustrés par l'irresponsabilité de leurs enfants. Faire face aux oublis fréquents est une excellente occasion d'enseigner le sens des responsabilités à l'enfant.

Décider ce que vous ferez est l'outil de choix pour faire face à ce défi. La première fois que les enfants oublient quelque chose, les parents peuvent réfléchir avec eux à la manière d'empêcher la situation de se répéter et aux Conséquences naturelles qui se produiraient si cela arrivait à nouveau. Les objets oubliés étaient une problématique récurrente avec mes (Munira) enfants, à un point tel où l'un de mes fils est déjà entré dans la voiture sans chaussures, ne s'en rendant compte qu'une fois arrivé à l'école. À ce moment-là, ne sachant pas si je devais hurler, rire ou pleurer, j'ai fait demi-tour pour récupérer ses chaussures et nous avons discuté de ce que nous devions mettre en place comme solution afin qu'il se souvienne d'amener ses souliers. Il n'a plus jamais oublié ses chaussures, mais mes fils ont souvent oublié leur repas du midi, des devoirs, des feuilles d'autorisation, des projets, des vestes, etc. L'accord que j'ai conclu avec eux était le suivant : la première fois qu'ils oublient quelque chose, je vais le chercher pour eux. Si ça se reproduit, ils doivent se débrouiller par eux-mêmes pour trouver une solution. Je leur ai dit que j'avais confiance en leur capacité à trouver un moyen de régler le problème et d'être responsables.

Tenir parole sera important dans ces situations. Il est facile de conclure l'accord avec l'enfant, mais pas si facile de Tenir parole. Lorsque vous arriverez au travail et que vous trouverez le repas du midi de votre fils sur le siège arrière, que ferez-vous? Lorsque votre fille vous appellera pour vous dire qu'elle a oublié son projet à la maison, que ferez-vous? Vous rappellerez à vos enfants l'accord que vous avez passé, vous ferez preuve d'empathie devant leur épreuve, vous témoignerez de votre confiance en eux et ne ferez rien. Ils peuvent être un peu mal à l'aise à l'école ce jour-là ou cela peut affecter leur note, mais les conséquences naturelles seront bien retenues. Après de nombreuses expériences comme celles-ci, mes enfants ont appris à être responsables. Si bien qu'une fois, alors que mon fils était à l'école secondaire et avait oublié quelque chose à la maison, son enseignant lui avait dit d'appeler sa mère pour le lui apporter. Mon fils a répondu : « Non, elle ne viendra pas. C'était ma responsabilité. »

Amitiés

Avoir de bons amis est un aspect important de la vie. Aider votre enfant à valoriser les amitiés positives peut être un grand atout pour son futur. Des chercheurs (Berndt, 2002) ont constaté que les amitiés d'école avaient un impact significatif sur le bien-être, ce qui à son tour avait un impact sur l'adaptation à l'école et le développement psychosocial. Les amitiés dépassent le stade des simples rencontres organisées par les parents afin que les enfants jouent ensemble. Ces derniers commencent à choisir leurs amis. Leur personnalité s'épanouit à l'école. L'enfant extraverti rassemble des amis pour s'amuser sur le terrain de jeu tandis que l'enfant introverti joue sur les balançoires avec un autre ami. Le nombre d'amis et les types d'amis seront différents pour chaque enfant. Les amis choisis reflètent généralement où en sont les enfants à un moment donné de leur vie.

Une fois que les parents ont conscience que le cercle social de leurs enfants peut avoir une influence positive et négative, ils peuvent chercher à le contrôler. Lorsque les parents tentent de contrôler ou de critiquer le choix des amis, ils envoient comme message que les enfants ont un mauvais jugement et ne sont pas capables de prendre de bonnes décisions en toute indépendance. Ce manque de confiance envers l'enfant provient généralement de l'anxiété que ressentent les parents à l'idée que leurs enfants fassent de mauvais choix. Les amitiés, même lorsqu'elles ne sont pas approuvées par les parents, peuvent être l'occasion d'enseigner aux enfants des leçons précieuses en ce qui a trait aux relations humaines. Au cours du processus, la relation parent-enfant se renforcera. Si le lien parent-enfant est fort, les parents exerceront une plus grande influence sur le développement de leurs enfants que le groupe de pair avec lequel ces derniers interagissent.

Les parents ne peuvent pas contrôler avec qui leurs enfants choisissent de se lier d'amitié, mais ils ont beaucoup d'influence en adoptant eux-mêmes des amitiés saines, en enseignant comment choisir des amis, en partageant des observations qu'ils remarquent sur la dynamique de l'amitié et en établissant de bonnes relations avec les amis de leurs enfants. Même lorsqu'un enfant est très jeune, les parents peuvent avoir des conversations générales sur les amitiés en demandant à l'enfant : « Qu'est-ce qui fait qu'une personne est un bon ami? »; « Es-tu un bon ami? » Les parents peuvent également faire une introspection concernant leurs propres amitiés et partager avec leurs enfants comment ils ont rencontré leurs amis et pourquoi ils sont restés amis. Cela donne l'occasion de partager des valeurs familiales concernant des amitiés et des traits de caractère sains. Par exemple, les discussions peuvent inclure ce que les amis ont en commun, la façon dont ils se traitent avec respect les uns les autres, qu'ils sont fiables, le plaisir d'être en leur compagnie, qu'ils sont dignes de confiance, etc. De plus, les enfants sont encouragés à être de bons amis et à être des exemples de bon caractère dans leurs interactions avec les autres. « Associez-vous aux gens nobles, vous deviendrez l'un d'entre eux et éloignez-vous des gens mauvais pour vous protéger de leurs méfaits » (Hadith, Bukhâri, Muslim).

Conseils pour aider les enfants avec les amitiés :

- Montrez-leur que vous avez confiance. Les parents peuvent faire preuve de confiance en la capacité et le caractère de leur enfant en disant :
  - « Je sais que tu es ami avec des personnes qui partagent tes valeurs »,
  - « Vous avez beaucoup de choses en commun. Je comprends pourquoi vous êtes amis »,
  - « Vous pouvez avoir une bonne influence l'un pour l'autre »;
- Communiquez. Demandez à vos enfants ce qu'ils apprécient chez leurs amis, afin que vous compreniez mieux ce que la relation leur apporte. Une communication claire, ouverte et sans jugement avec votre enfant renforcera le respect et la confiance entre vous;
- Responsabilisez. Manifestez un intérêt pour les amis de vos enfants et encouragez-les à inviter leurs amis afin que vous puissiez également établir une relation positive avec ces derniers. Créez un environnement où votre enfant se sent à l'aise d'inviter des amis à la maison;
- Écoutez. Lorsque les enfants sont en conflit avec des amis, utilisez les compétences d'Écoute pour entendre leurs plaintes, leurs inquiétudes et leurs expériences. N'intervenez pas et ne réglez pas leurs problèmes pour eux. Ayez la confiance qu'ils peuvent gérer eux-mêmes les désaccords et qu'ils solliciteront vos conseils s'ils en ont besoin. Reflétez

leurs inquiétudes et leurs plaintes en disant :

- « Tu es vraiment contrarié qu'Ahmad t'ait dit ça »,
- « Tu as peur qu'Aisha ne soit plus ton amie »,
- « Tu es blessé que Bilal t'ait traité de cette manière »,
- « Selon toi, que se passera-t-il ensuite? »,
- « Que feras-tu demain? »

Les expériences sociales aident les enfants à se développer, à découvrir ce qu'ils valorisent et à construire des relations saines avec les autres.

Intimidation

D'après le National Center for Education Statistics (2013), 22 % des élèves âgés de 12 à 18 ans ont déclaré avoir été victimes d'intimidation à l'école. L'intimidation est une tourmente intentionnelle infligée à une personne physiquement (pousser et frapper), verbalement (insulter) ou psychologiquement (moquer, menacer). L'intimidation peut également être réalisée de manière subversive en rejetant l'autre, en se moquant de lui ou en répandant des rumeurs à son sujet par l'entremise des réseaux sociaux et de la messagerie texte. Toutes les formes d'intimidation sont préjudiciables au bien-être, à la sécurité et à l'estime de soi d'un enfant. Les parents ne savent peut-être pas qu'un enfant est intimidé à moins qu'il n'y ait des blessures physiques ou que l'enfant ne partage l'incident. Toutefois, n'importe lequel des symptômes suivants peut indiquer qu'un enfant est la cible d'intimidation : anxiété accrue, mauvaises habitudes de sommeil et d'alimentation, abandon d'activités ou évitement de personnes et de situations.

Comme l'intimidation prend de nombreuses formes et varie en gravité, il n'existe pas de solution universelle. Des facteurs tels que l'âge de l'enfant, les compétences linguistiques, le type de comportement intimidant et la gravité de la situation détermineront la meilleure marche à suivre. Les responsables à l'école et les autorités policières prennent l'intimidation au sérieux, car tous les élèves doivent se sentir en sécurité pour aller à l'école.

Conseils pour répondre à l'intimidation :

- Questions de curiosité. Trouvez des occasions de soulever le problème de l'intimidation. Par exemple, si vous voyez une situation dans une émission télévisée ou dans un livre, utilisez-la comme prétexte pour ouvrir la discussion. Demandez à votre enfant :
    - « Qu'en penses-tu? »,
    - « As-tu déjà vu quelqu'un se faire intimider à l'école? »,
    - « Comment te sentais-tu? »,
    - « Selon toi, que peut faire la personne visée? »;
- Enseignez aux enfants ce qu'il faut faire. Demandez-leur comment ils pourraient répondre s'ils sont intimidés ou si cela se produit à quelqu'un d'autre. Encouragez les enfants à dire à un adulte s'ils sont témoins d'intimidation ou s'ils en sont victimes;
- Écoute. Si votre enfant vous dit qu'il est intimidé, écoutez-le calmement et offrez confort et soutien. Un enfant peut se sentir embarrassé, honteux et inquiet que vous soyez contrarié, déçu ou en colère. Vous devez rester calme et pratiquer une écoute active;
- Refléter les sentiments. Les enfants qui racontent qu'ils sont victimes d'intimidation sont vulnérables et ont besoin de réconfort et de compréhension de la part de leurs parents. Les enfants peuvent croire que l'intimidation est de leur faute et avoir peur d'aggraver la situation si l'intimidateur apprend

qu'ils en ont parlé. Ils peuvent aussi craindre que vous ne les croyiez pas, que vous ne fassiez rien ou que vous leur demandiez de se battre contre l'agresseur;

- Encouragement. Félicitez les enfants pour leur ouverture et pour avoir partagé cette information avec vous. Rappelez-leur que le comportement intimidant en dit plus sur l'agresseur que sur la victime. Évitez de dire « Sois fort ». Dites : « C'est normal d'avoir peur. Le courage, c'est de faire face à tes peurs »;

- Résoudre les problèmes. Discutez avec vos enfants de la façon dont vous pouvez les aider à se sentir en sécurité à l'école. Demandez à vos enfants de décider s'ils veulent parler de la situation à un enseignant eux-mêmes ou s'ils préfèrent que vous les accompagniez à l'école pour les aider. Encourager les enfants à parler à leur professeur ou à la direction leur permet de prendre le contrôle de la situation et de se sentir plus forts;

- Responsabiliser. Donner aux enfants des outils pour gérer l'intimidation redirigera le locus de contrôle vers eux-mêmes et leur donnera des réponses solides. Par exemple : éviter l'agresseur et utiliser le système de surveillance mutuel à l'école; s'éloigner et pratiquer des stratégies d'autoapaisement lorsqu'ils sont en colère; agir avec courage et ignorer l'intimidateur; bloquer l'intimidateur sur les réseaux sociaux et la messagerie texte; et chercher l'aide d'un adulte;

- Décider ce que vous ferez. Continuez à discuter avec vos enfants de l'effet de l'intimidation sur leur environnement académique et social à l'école. Évaluez et décidez quelle sera la solution à long terme si le problème n'est pas résolu efficacement. Parfois, changer d'environnement est le seul moyen d'éliminer l'intimidation.

L'islam comme habitude

Dans la tradition islamique, les enfants ont des dossiers vierges jusqu'à ce qu'ils atteignent la puberté, après quoi leurs actes, tant bons que mauvais, commencent à avoir un poids. Plus important encore, au moment de la puberté, ils deviennent responsables de leur pratique religieuse. Cependant, la puberté n'arrive pas du jour au lendemain. La puberté est un moment décisif sur le parcours de formation des enfants vers l'islam comme habitude. C'est le moment où un parent dit à un enfant : « Ta pratique religieuse est désormais une véritable responsabilité. Ce que tu fais de cette responsabilité est important aux yeux d'Allah, sois donc conscient de la manière dont tu avances avec ta foi. Je t'aime. Je suis là pour t'aider et te soutenir, mais le pouvoir est entre tes mains. »

Les parents sont les messagers d'Allah pour leurs enfants. Même si les humains sont créés dans un état de *fitra* (un état pur capable de connaître Allah s'il n'est pas entravé), la vie peut grandement distraire de la connaissance d'Allah. Par conséquent, la façon dont les parents mènent leur vie améliore ou entrave le lien avec Allah. L'enseignement et les conseils initiaux établissent l'islam comme habitude, tandis que le passage à l'islam par choix et comme mode de vie se développe à partir de l'adolescence et se poursuit à l'âge adulte. Personne ne peut prédire quand un enfant passe de l'islam comme habitude à l'islam par choix (voir plus loin dans la section sur l'adolescence). La seule responsabilité d'un parent est de transmettre le message et il n'est pas lié aux résultats.

La prière et le jeûne sont des obligations religieuses au moment de la puberté. Avant cet âge, les savants suggèrent aux parents d'inviter les enfants à prier et à jeûner entre 7 et 10 ans. Encourager les enfants à jeûner et prier ne veut pas dire forcer, contraindre ou, pire encore, punir (voir La fessée dans le contexte islamique). Dans les premières années, l'apprentissage de la prière ainsi que l'importance du ramadan devraient plutôt se faire dans l'esprit du partage de valeurs islamiques, avec amour et respect. La section suivante aborde des étapes concrètes pour la formation des enfants dans l'Islam comme habitude pendant la phase intermédiaire de l'enfance.

Prières.

Les rituels dans l'Islam sont l'occasion de nourrir la spiritualité d'un enfant. Les actions d'un parent parlent beaucoup plus fort que ses sermons et ses demandes. Les enfants qui voient leurs parents prier imiteront naturellement ces rituels. Remarquez que les tout-petits élevés dans des maisons pratiquantes imiteront les actes de prière en entendant simplement l'*adhan* (l'appel à la prière). Allah a créé les humains avec cette aptitude innée à apprendre de manière indirecte. Toutefois, pour que les rituels aient un sens pour les enfants, les parents doivent partager le sens spirituel plus profond derrière ces actes de culte : Pourquoi la prière est-elle importante pour eux? Pour quoi prient-ils? Comment la prière les connecte-t-ils à Allah? À mesure que les enfants mûrissent et que le temps de prière devient une habitude valorisée à la maison, ils assumeront la responsabilité personnelle de leurs prières sans trop de rappels. Dans le cadre de leur développement spirituel, j'ai (Munira) offert à mes enfants le choix de prier ou de s'asseoir discrètement pendant le temps de la prière. Lorsqu'ils choisissaient de ne pas prier, notre règle familiale était qu'ils devaient s'asseoir discrètement et réfléchir à ce pour quoi ils étaient reconnaissants. Ce moment de méditation et de gratitude avait donc lieu pendant que le reste de la famille complétait sa prière de groupe. Je leur rappelais qu'ils ne priaient pas pour moi. Leur prière était plutôt le moment de parler à Allah et de communiquer avec leur créateur pour qu'ils puissent être enracinés spirituellement et avoir une vie centrée sur des objectifs réfléchis. (Voir Cultiver la spiritualité).

Manières d'établir l'habitude de la prière :

- Évaluez ce que vous modélisez. Vos enfants seront encouragés par ce qu'ils vous voient faire et pratiquer régulièrement. Leur demander de faire ce que vous ne faites pas vous-même n'est pas efficace;
- Apprenez à votre enfant comment prier. Enseignez les composantes des prières : *wudu* (ablutions), *Al-Fatiha* (le chapitre d'ouverture du coran), *tahiyat* (salutations), *tasbeeh* (glorification de Dieu), comment prier, nombre de prières, nombre *de rakats* (cycles de prières). Laissez-les modéliser les étapes à voix haute ou diriger la prière de groupe avec la fratrie;
- Créez votre « mosquée à la maison ». Il n'est pas nécessaire de disposer d'une pièce entière, ni même d'un grand espace. Il s'agit simplement de créer un bel endroit propre à la maison, qui peut être dédié à la prière et où se trouveront tous les tapis et les habits de prière. *Alhamdu Lillah* (toutes les louanges à Dieu), j'ai (Noha) créé un tel espace dans ma maison. Ma nièce, qui vivait avec nous, a fait remarquer que la prière dans cet espace était différente de la prière dans sa chambre. J'ai personnellement ressenti la différence d'ambiance entre les espaces utilisés régulièrement pour les actes cultuels et les espaces communs;
- Faites entendre l'*adhan* (appel à la prière) à la maison. Avec l'évolution de la technologie, les possibilités sont de plus en plus nombreuses. Choisissez celle qui convient pour votre foyer;
- Revenez aux sources. Les prières obligatoires sont les cinq

prières quotidiennes. Concentrez vos efforts sur celles-là. Enseignez à votre enfant le principe des prières *sunnah* (surérogatoires) et transmettez-leur le mérite qu'elles ont pour se connecter avec Allah, mais nous vous encourageons à ne pas exercer de pression sur votre enfant pour qu'il les prie. Concentrez-vous à établir l'habitude des cinq prières obligatoires. Nous avons observé des enfants qui se sentaient submergés en raison de toutes les prières *sunnah* qui leur étaient imposées émotionnellement au point que certains ont choisi de délaisser toutes les prières, y compris les cinq prières obligatoires;

- Priez ensemble en famille. Organisez un Temps d'échanges en famille où vous discuterez des détails de la prière : Quand allez-vous prier? Qui fera l'appel à la prière? Où allez-vous prier? Nous vous invitons à établir la règle de la mosquée dans votre maison. À la mosquée, la prière n'attend pas les gens. La prière est ce qui pousse les gens à venir. Appliquez la même règle chez vous. Une fois que la famille s'est entendue sur le moment et sur la manière de faire l'appel à la prière, commencez la prière même si certains membres de la famille manquent à l'appel. Il est surprenant de constater que cette règle simple entraîne les personnes à se diriger vers la prière avec empressement, bien plus que ne le font les rappels et l'enjôlement;
- Connectez-vous à la mosquée. Dans la mesure du possible, assistez aux prières congrégationnelles, afin de connecter les enfants à la communauté musulmane;
- Assurez-vous de prier quand vous êtes en déplacement. Soyez un modèle en maintenant la prière lors de vos sorties, par exemple lorsque vous passez la journée dans un parc d'attractions, dans un centre commercial, lorsque vous êtes en

voyage, etc.

Encourager un enfant dans les premières années de vie peut être fait de plusieurs façons. Quelques exemples : donner des bisous et des câlins après les prières, en disant : « Qu'Allah soit satisfait de toi comme je suis satisfait de toi! » S'exclamer lorsque les enfants se rappellent de la prière par eux-mêmes et leur dire : « Mon cœur se remplit de joie lorsque je vois que vous êtes responsables de vos prières. Qu'Allah vous bénisse dans cette vie et dans celle d'après. »

Évitez de critiquer la façon dont votre enfant prie. Votre rôle est d'aider votre enfant à prendre l'habitude tôt dans la vie. Le peaufinage de la prière elle-même est une mission personnelle qui prendra certainement du temps et qui sera différente d'un enfant à l'autre. Certains parents exigent la répétition des prières, car ils n'aiment pas la façon dont un enfant a prié. S'il vous plaît, évitez de le faire. Dans les situations où l'enfant prie incorrectement, nous vous invitons à adopter l'approche suivante : « Es-tu ouvert à entendre une observation que j'ai concernant ta prière? » Si l'enfant dit « non », respectez-le. Si l'enfant est ouvert à entendre vos commentaires, continuez. « J'ai remarqué que tu touches le sol lors de la prostration (sujood) avant l'imam. Comme nous suivons l'imam, je voulais te faire savoir qu'il faut attendre que l'imam soit le premier à toucher le sol. As-tu des questions à ce sujet, sur la prière ou sur autre chose? »

Nous vous invitons à laisser tomber toutes les récompenses matérielles comme mesures incitatives aux prières. Évitez d'établir des systèmes de récompense pour motiver un enfant à prier. Certains parents associent chaque prière à une récompense monétaire. Certains ont un tableau des prières; lorsque l'enfant fait un certain nombre de prières par semaine, l'enfant reçoit un cadeau. Ces parents agissent ainsi par amour. Toutefois, il existe un danger que les enfants viennent à associer leurs actions et leurs performances à une gratification immédiate. Les récompenses peuvent facilement devenir la priorité au lieu des prières elles-mêmes. Lorsqu'un enfant travaille sur ses prières pour la récompense matérielle, il est plus susceptible de ne pas maintenir la prière lorsqu'il n'aime pas la récompense. Dès le début, associez les prières à la recherche d'une connexion avec Allah, rien d'autre. À son tour, reliez la connexion avec Allah à la gratification retardée de vivre une bonne vie dans cette vie et dans celle d'après. « Quiconque, homme ou femme, aura fait le bien tout en étant croyant, Nous lui assurerons une vie heureuse. Et Nous les récompenserons en fonction des meilleures de leurs œuvres » (Coran, 16:97).

S'il y a un besoin, il est correct de tenir un tableau pour suivre les progrès de l'enfant tant que ce n'est pas associé à une récompense. Certains enfants ont besoin d'un outil visuel pour voir s'ils sont assidus à leurs prières quotidiennes. D'autres n'auront pas besoin d'un tel tableau. Collaborez à créer un tableau de suivi uniquement si l'enfant est intéressé par cet outil et qu'il est responsable de remplir le tableau lui-même, au lieu de le faire faire par le parent.

Si vous remarquez que certains membres de la famille ne sont pas constants dans leurs prières, entamez un dialogue visant à comprendre, et non à blâmer ou culpabiliser. Par exemple, dites : « J'ai remarqué que tu as du mal à faire certaines prières avec constance. Je ne suis pas certain de ce qui se passe. La prière est un élément important de notre relation avec Allah et il faut s'efforcer de la maintenir. Je sais que ce n'est pas toujours facile. Qu'est-ce qui pourrait t'aider? Comment peux-tu relever ce défi? Comment souhaiterais-tu que je te soutienne? » Pour certains enfants, la pratique des prières sera simple et fluide. Pour d'autres, ce sera la lutte d'une vie. N'oubliez pas que votre rôle n'est pas de contraindre; votre rôle est plutôt d'enseigner, de guider et de soutenir.

Si un parent prie et que l'autre ne le fait pas, nous invitons le parent qui prie à être le parent responsable de la tâche des prières. Dans ma pratique, j'ai (Noha) observé des familles dans lesquelles le parent priant exerce une pression sur le parent non priant pour assumer cette responsabilité, avec ce que cela implique de tension et de rancune. Ce n'est pas spécifique à un sexe ou l'autre. J'ai vu des pères mettant de la pression sur des mères qui ne prient pas et vice versa. Les enfants observeront en fin de compte l'écart dans la pratique entre les deux parents. Les parents peuvent éviter les étiquettes et le jugement, et utiliser des explications qui touchent à la lutte interne. Au lieu de dire : « Ton papa/maman n'est pas un bon musulman parce qu'il ne prie pas », dites : « Ta maman/papa travaille à faire de la prière une priorité dans sa vie. Nous prierons pour lui, afin qu'Allah puisse lui rendre le chemin plus facile. » Au final, n'oubliez pas que la prière est une responsabilité individuelle. Votre rôle est d'enseigner, de soutenir et d'encourager.

Jeûne.

Une autre obligation religieuse que les parents cherchent à cultiver est le jeûne. Le jeûne peut être un exercice très difficile pour les enfants, car la plupart ne peuvent pas s'imaginer être sans nourriture ni eau pendant de longues périodes. Dans la culture arabe, le processus consistant à former un enfant au jeûne en petites étapes est appelé « marches du minaret ». Tout comme l'on monte jusqu'au sommet d'un minaret une marche à la fois, arriver à jeûner une journée entière se réalise à petits pas. Les enfants âgés de sept à dix ans sont invités à jeûner quelques journées ou demi-journées. J'ai (Munira) constaté que d'encourager mes enfants à commencer à jeûner après le repas du midi (plutôt que le matin) jusqu'au *iftar* (repas brisant le jeûne) était gratifiant pour eux puisqu'ils avaient alors l'occasion de manger en même temps que le reste de la famille. Certains enfants peuvent choisir de jeûner uniquement les fins de semaine pendant le ramadan, tandis que d'autres choisissent de ne pas manger, mais de boire de l'eau. À mesure que les enfants vieillissent, laissez-leur l'espace pour décider quand ils sont prêts à essayer de jeûner des journées entières au ramadan. Lorsque les enfants se sentent faibles pendant une période de la journée, reconnaissez la difficulté du jeûne et invitez-les à trouver des moyens qui les aideraient à persévérer jusqu'à la fin de la journée. Toutes les formes de jeûne des enfants doivent être célébrées et encouragées, car il s'agit de tremplins pour renforcer leur endurance au mois de Ramadan.

Comme pour les prières, évitez d'associer des récompenses au jeûne. La joie durable des réalisations dépasse largement l'excitation transitoire des récompenses. L'un de mes (Noha) enfants est jusqu'à ce jour très fier du fait qu'il a jeûné tout le mois de ramadan à l'âge de sept ans. C'était son choix, et il se sentait capable et accompli à la fin du mois.

N'oubliez pas que les obligations religieuses sont des responsabilités individuelles. Évitez de culpabiliser les enfants s'ils choisissent de faire une pause de quelques jours. Encouragez-les plutôt en leur disant : « Il semble que tu as eu de la difficulté à finir ta journée. Je me demande ce qui s'est passé? Qu'est-ce qui est différent aujourd'hui? Que pourrais-tu faire pour réussir à compléter la journée de demain? » Si un enfant dit : « Je ne veux pas jeûner », engagez le dialogue pour essayer de comprendre, en disant : « Dis-moi ce qui se passe. Qu'est-ce que tu trouves difficile à propos du jeûne? Comment peux-tu contourner ce problème? Qu'est-ce qui pourrait t'aider? Comment puis-je t'aider? » Validez les sentiments de l'enfant. Évitez de rejeter ou de minimiser ces sentiments en disant : « Oh! Ce n'est pas grand-chose! Je sais que tu peux le faire! » Dites plutôt : « Le jeûne est donc très dur pour toi. Tu te sens fatigué et affamé toute la journée. Je vois à quel point c'est difficile pour toi. » Assurez-vous d'envoyer comme message principal que « le jeûne est un acte entre toi et Allah. Il aime ceux qui jeûnent et leur a promis des récompenses infinies. »

Dans les pays à majorité musulmane, le mois de ramadan transforme tout le pays : les horaires de travail et d'école changent, les mosquées se remplissent de prieurs de *taraweeh* (prières nocturnes), des plats spéciaux sont préparés, les heures d'ouverture des boutiques sont modifiées, et les médias créent des programmes télévisés spéciaux pour ces 30 jours. Les enfants élevés dans ces pays intègrent sans effort l'importance de ce mois sacré. Toutefois, dans les pays à majorité non musulmane, les familles doivent individuellement créer l'atmosphère du ramadan. Aux États-Unis, le ramadan est devenu un mois de festivités associées à la décoration de la maison, aux *iftars* (repas brisant le jeûne) communautaires, à la visite nocturne de la mosquée, aux rencontres entre amis et avec la famille, et à la préparation de repas pour les sans-abri et aux autres œuvres charitables. Les familles peuvent créer activement des traditions mémorables uniques qui rendent le mois vraiment spécial pour les enfants vivant dans des pays non musulmans.

Idées pour des traditions mémorables :

- Préparez des hors-d'œuvre spéciaux pour le mois;
- Fabriquez une chaîne de papier pour faire un décompte vers

le début du ramadan ou de la fête de l'Aïd;
- Utilisez des plats de service spéciaux pour les repas;
- Accrochez un calendrier de ramadan pour suivre les jours;
- Consignez un journal de bonnes actions;
- Créez un pot pour les œuvres de bienfaisance;
- Profitez d'un repas de *souhour* (avant l'aube) dans un restaurant ouvert 24 heures sur 24;
- Préparez des biscuits pour les voisins;
- Préparez des biscuits d'Aïd avec les membres de votre famille;
- Lisez et discutez en famille de la signification du coran;
- Écoutez le coran dans la voiture et à la maison;
- Partagez un repas *d'iftar* (repas de rupture du jeûne) avec des amis non musulmans;
- Visitez les villes sacrées de La Mecque et de Médine.

Responsabilisez vos enfants avec le souhour (repas avant l'aube).

Le souhour est un acte volontaire (*sunnah*) et non obligatoire (*fard*) et la façon de l'aborder diffère d'un adulte à un autre. Certaines personnes mangent avant de dormir et d'autres se réveillent pour le repas avant l'aube. Garder ces faits à l'esprit permet aux parents d'accorder aux enfants l'espace nécessaire pour prendre leurs propres décisions quant à la manière dont ils veulent gérer leur *souhour*. Il est regrettable que le *souhour* devienne une cause de lutte majeure dans certaines familles. En invoquant la tradition du prophète (pbsl), organisez un Temps d'échanges en famille pour transformer le *souhour* en une expérience marquante :

- Partagez la recommandation du prophète (pbsl) : « Prenez le repas du *souhour,* car il y a certes des bénédictions dans le *souhour.* » Aucun sermon n'est nécessaire. Il suffit de réciter ce hadith;
- Expliquez qu'il s'agit d'un acte volontaire (*sunnah*) et non

244 | LA PARENTALITÉ POSITIVE DANS LA FAMILLE MUSULMANE

d'une obligation (*fard*). Le but du *souhour* est de renforcer l'aptitude à jeûner, en particulier pendant les longues journées d'été. Aucun sermon n'est nécessaire. Une Déclaration de fait fera l'affaire;

- Expliquez les deux principaux moyens de gérer *le souhour* mentionnés ci-dessus (avant le sommeil ou le réveil avant *le fajr,* la prière de l'aube). Invitez vos enfants à choisir quelle option ils veulent suivre (Choix limités);

- Invitez les personnes qui choisissent de se réveiller avant le *fajr* à réfléchir à la manière dont elles se réveilleront. Invitez les enfants à se réveiller seuls. Si nécessaire, achetez un réveil;

- Si les enfants veulent que vous les réveilliez, établissez la règle selon laquelle vous ne vous rendrez dans leur chambre qu'une seule fois. Soyez ferme en ce qui concerne le principe de ne pas revenir plus tard pour les réveiller;

- Posez la question suivante : « Que va-t-il se passer si vous ne vous réveillez pas pour le *souhour*? » Laissez-les réfléchir;

- Si vos enfants ratent le *souhour*, ne paniquez pas. Ils iront bien. Ils auront peut-être faim et se sentiront fatigués, mais c'est l'essence même du jeûne. Ils survivront à la journée et découvriront l'impact de la faim sur le corps et la Psychée;

- Invitez les enfants à vous dire ce qu'ils aimeraient manger au *souhour*. Cependant, vous avez le droit de veto. Si vous ne voulez pas passer votre temps à préparer ce repas, dites-le doucement : « Je sais que vous aimez beaucoup ce plat. Toutefois, il demande beaucoup d'efforts et de temps et il sera difficile de le préparer pour *souhour*. » Ou encore proposez de le faire une fois pendant le ramadan;

- Attendez-vous à ce que les enfants soient actifs dans la préparation de leur propre *souhour*;

- Demandez quels éléments les membres de la famille

souhaiteraient toujours avoir à disposition pendant le mois et rendez-les disponibles;

- Évitez de nourrir vos enfants dans leur lit lorsqu'ils sont à moitié endormis. Laissez-les prendre en charge leur jeûne et leur *souhour*.

Modestie.

Les parents apprennent aux enfants la valeur de la modestie dans tous les aspects de leur vie, de la manière dont ils parlent et se comportent aux vêtements qu'ils portent. Dans l'islam, la modestie est un sujet qui s'applique *aussi bien* aux garçons qu'aux filles. La modestie est un mode de vie qui commence dès la petite enfance. Les valeurs parentales modélisées et enseignées deviennent la boussole pour les enfants à l'âge adulte.

J'ai (Munira) été élevée dans une maison où la modestie était attendue dans mes actions et mes paroles. Même si la question du *hijab* (voile) n'était pas abordée à la maison, que ce soit pour en parler comme une nécessité ou comme une non-nécessité, on s'attendait tout de même à ce que je m'habille avec dignité et respect. Plus important encore, j'étais invitée à interagir avec les autres en ayant une attitude éthique. Les attentes de mes parents étaient basées sur un comportement modeste : ne pas flirter, parler avec respect, ne pas jurer, etc. En bref, mes parents ont choisi leurs combats et ce que je portais n'en faisait tout simplement pas partie. Rendue à l'université, j'ai été intriguée et influencée par les formes de modestie que j'ai vues chez mes amies musulmanes, et j'ai progressivement décidé de porter des vêtements plus longs jusqu'à ce que je décide de porter le *hijab* moi-même.

De même, en élevant mes propres fils, je leur ai transmis la valeur de la modestie en me concentrant sur leur comportement et leur manière d'interagir avec les autres. Je me suis concentrée sur la modestie en tant que dimension de leur personnalité. Rabaisser autrui n'était jamais acceptable, et le respect des aînés était attendu. La bienveillance et les bonnes manières lorsqu'ils interagissaient avec leurs amis, leurs frères et sœurs et leurs enseignants étaient des manifestations de leur modestie. Je les ai également élevés dès un jeune âge à être conscients de leur corps et le protéger. Par exemple, lorsqu'ils se baignaient, j'insistais pour qu'ils portent des shorts longs et des hauts de protection anti-UV. Cela les protégeait du soleil, mais avait également pour but de leur inculquer un sens personnel de modestie. L'un de mes fils aimait porter des shorts en permanence. J'ai respecté ses préférences tout en mettant l'accent sur la nécessité d'avoir des shorts qui couvrent ses genoux pour les prières. Il s'agit là de quelques petits moyens utilisés pour les encourager à maintenir une apparence modeste tout en misant sur une certaine humilité dans leur comportement et leur discours. Je leur ai enseigné que la modestie commence par le cœur et se termine par les vêtements.

La question du *hijab* est une source de débats et d'opinions variées. Le point de vue des femmes sur le *hijab* se divise en quatre catégories générales (Shabbas, 2006) :

1. Celles qui pensent qu'il s'agit d'une *fard* (pratique obligatoire) pour chaque femme et mettent en pratique cette obligation;

2. Celles qui pensent qu'il s'agit d'une *fard* pour chaque femme, mais choisissent de ne pas la mettre en pratique pour diverses raisons;

3. Celles qui le portent parce qu'il s'agit d'une norme culturelle et n'ont pas fait le choix conscient de le porter comme une pratique religieuse;

4. Celles qui ne pensent pas qu'il s'agit d'une *fard* et qui s'opposent à le porter pour des raisons culturelles et religieuses.

Les réflexions suivantes sont destinées aux parents de la première catégorie qui croit au port du *hijab* et qui cherche à encourager leurs filles à le porter. Je (Noha) crois au port du *hijab*. *Alhamdu Lillah* (toutes les louanges à Dieu), j'ai pris la décision de le porter à l'âge de 12 ans. Cependant, les normes sociales de ma famille et de ma culture arabe à l'époque ne considéraient pas le *hijab* comme une obligation religieuse. Il était considéré comme une pratique culturelle. En conséquence, ma décision de le porter a été accueillie par une certaine résistance de la part de ma famille. Il m'a fallu deux ans pour que ma mère accepte mon choix. Ma mère (qu'Allah la bénisse dans cette vie et celle d'après) s'inquiétait que ce choix vienne restreindre ma vie. Elle voulait que je profite de la vie sans les limites du *hijab*. Je suis reconnaissante envers Allah d'avoir été ferme dans ma résolution et d'avoir finalement commencé à le porter à l'âge de 14 ans. *Alhamdu Lillah* (toutes les louanges à Dieu), je n'ai jamais regretté cette décision de ma vie. Au contraire, je crois personnellement que le port de ce vêtement m'a protégé dès un jeune âge de l'obsession de l'apparence et des qu'en-dira-t-on. J'ai réussi à diriger mon énergie de la recherche de l'attention des autres à la culture de ma paix intérieure.

C'était mon cheminement personnel. Quand Allah m'a offert deux adorables filles, j'ai dû réfléchir à la manière dont je traiterais la question du *hijab* avec elles. Il était important pour moi d'établir l'habitude avec elles, mais je ne voulais pas forcer cette pratique. Dans mes conversations avec mes filles, je disais de manière décontractée qu'elles porteraient le *hijab* à l'adolescence. De cette manière, elles ont commencé à s'imaginer portant un *hijab* et elles étaient au courant de mes attentes. Nous avons été bénies par un groupe d'amies qui portaient toutes le *hijab*. Mes filles avaient d'autres modèles portant le *hijab* dans notre cercle social. Lorsque la question des femmes ne portant pas de *hijab* a été soulevée, j'ai indiqué que certaines femmes ont de la difficulté avec le *hijab* et que cela ne diminue pas leur valeur, car Allah est au fait des difficultés de chaque personne. J'ai choisi de ne pas encourager une « période d'entraînement » pour le *hijab* pendant laquelle elles le porteraient avant que cela ne devienne obligatoire.

Alors que mes filles approchaient en âge de l'époque prévue de la puberté, je leur ai suggéré de commencer la nouvelle année scolaire en portant le *hijab*, uniquement à l'école, de sorte que si leur puberté commençait en cours d'années, les gens à l'école seraient déjà habitués à leur *hijab*. Cependant, de nombreuses filles dans notre cercle social ont choisi de commencer à porter le *hijab* uniquement lorsqu'elles ont atteint la puberté, même si cela s'est produit en milieu d'année, et cela s'est bien passé.

J'ai concentré mon attention sur les principes du *hijab*, ce qui m'a permis de ne pas insister sur un style particulier de *hijab*; j'ai plutôt donné à mes filles la liberté de choisir comment elles le porteraient dans des limites très larges. Alors que j'ai tendance à porter des robes et des jupes, mes filles ont choisi de porter des pantalons et des chemises. J'ai bien entendu mis un veto sur certains articles de vêtements. Toutefois, de manière générale, je partais du principe qu'il s'agissait d'une formation et que je devais leur donner l'espace nécessaire pour qu'elles puissent découvrir elles-mêmes la façon dont elles souhaitaient effectuer leur cheminement en compagnie d'Allah.

Un jour alors que nous nous rendions en classe, Munira se demandait comment les mères de filles gèrent le problème du *hijab*, en particulier en tenant compte du climat actuel où l'islam est mal vu de toute part. Je lui ai expliqué ce que j'avais fait avec mes filles. En réponse, elle se demandait si ce que j'avais fait ne revenait pas à les forcer, car elles n'avaient pas pris par elles-mêmes la décision de le porter, et que je n'avais pas abordé la question du *hijab* comme étant un choix. Je n'avais jamais envisagé ma stratégie sous cet angle et, après un temps de réflexion, j'ai réalisé que ce que j'avais fait avait été de créer une attente que mes filles n'avaient pas remise en question en raison de notre propre mode de vie. Je ne considère pas les avoir forcées vers le *hijab*, mais plutôt de les avoir encouragées dans cette direction. Forcer une fille à porter le *hijab* serait de la contraindre à le faire alors qu'elle ne veut clairement pas le porter. Cela ne signifie pas que mes filles aimaient porter le *hijab* à l'époque. Il s'agissait d'une difficulté, mais une difficulté qu'elles n'ont pas rejetée. Je me souviens avoir dit à Munira qu'établir cette attente pour mes filles a rempli mon devoir en tant que parent, en les guidant vers le processus d'entraînement et en le lançant. Ce que les filles décident de faire avec leur *hijab* plus tard dans la vie est leur décision. Je ne me rendais pas compte que ces mots me hanteraient plus tard. Au cours de sa première année d'université, ma plus jeune a décidé d'enlever son *hijab*. Ce fut un moment difficile pour moi. Toutefois, étant donné que j'arrivais à différencier ce qui faisait partie de mes responsabilités (enseigner et encourager) et de ses responsabilités (choisir ses actions), j'ai pu accepter le fait que j'avais fait ce que j'avais à faire, et que c'était à elle de parcourir son propre cheminement spirituel.

Je partage avec vous ma stratégie personnelle pour le *hijab* avec mes filles, car il est difficile de prédire ce qui fonctionnera dans une famille sans connaître la dynamique ou le contexte familial. Chaque famille est différente. Chaque famille devra décider ce qui fonctionne pour elle. Entre le moment où nous avons commencé à écrire le livre (2013) et le moment de sa publication (2016), j'ai remarqué 2 changements majeurs dans l'attitude de la communauté musulmane américaine envers le *hijab*. Actuellement, il y a une vague de jeunes femmes qui choisissent d'enlever leur *hijab*, car il n'a pas de signification spirituelle pour elles. En outre, parmi les parents pratiquants, certains présentent le *hijab* à leurs jeunes filles comme étant un choix personnel au lieu de s'attendre à ce qu'elles le portent.

Directives générales :

- Réfléchissez à vos convictions personnelles et à votre pratique concernant le *hijab*;
- Réfléchissez au message que vous souhaitez transmettre à votre fille;
- Observez les normes sociales actuelles concernant le *hijab* dans votre communauté. Qu'aimez-vous? Qu'est-ce qui vous déplaît?;
- Demandez à vos amies et aux autres personnes que vous respectez la façon dont ils choisissent de gérer le *hijab* dans leur famille;
- Préparez-vous à l'avance. N'attendez pas que votre fille ait atteint la puberté pour commencer à y réfléchir.

Faites la différence entre encourager et forcer. Encourager revient à définir les attentes et à répondre aux préoccupations de votre fille étape par étape. Encourager c'est écouter et valider ses sentiments avant de trouver des solutions possibles. Forcer revient à refuser d'avoir toute discussion ou d'envisager tout compromis. Forcer c'est utiliser des menaces lorsque la jeune fille a clairement indiqué qu'elle ne veut pas porter le *hijab*. Forcer c'est dire et se comporter d'une manière qui envoie le message : « C'est comme ça et pas autrement! »

Certains parents hésitent à encourager leur fille vers le *hijab*, car ils craignent qu'elle ne le retire plus tard dans la vie. Certaines personnes pensent qu'il est pire de porter le *hijab* et de le retirer que de ne pas le porter en premier lieu. Je ne suis pas d'accord avec cette position. Ma mère m'a récemment rappelé la promesse qu'elle m'avait imposée avant d'accepter ma demande de porter le hijab : je ne devais jamais hésiter à le retirer si je le décidais plus tard dans la vie. Mon incroyable mère m'a libéré du boulet que peut devenir l'inquiétude de ce que les gens pourraient dire et m'a invité à être authentique et sincère. Dans la vie, nous rencontrons aléatoirement des fenêtres de spiritualité qui se referment devant nous si nous n'en profitons pas. Le *hijab* est une pratique qui nécessite de la patience et du temps avant de devenir une pratique spirituelle. Si votre fille souhaite le porter, évitez de lui dire qu'elle doit être certaine qu'elle le portera pour le reste de sa vie. Célébrez son élan de spiritualité, encouragez-la, puis priez que cela devienne une pratique qu'elle conservera toute sa vie. Aucun d'entre nous ne peut garantir cela, mais si nous ne commençons pas à un moment donné, malgré l'incertitude, nous nous privons de la chance de le faire. *Bil tawfiq* (avec le succès divin).

Islam pour la vie.

De nombreux parents musulmans se concentrent sur l'aspect ritualiste de l'islam et perdent de vue l'instauration d'une base solide d'*aqīdah* (articles de la foi). Qu'est-ce que la prière, la charité, le jeûne, le port du *hijab* si ce ne sont des actions émanant d'une connexion avec Allah? C'est pourquoi nous vous invitons à consacrer de l'énergie et des efforts à enseigner aux enfants les principes islamiques qui se rapportent au sens de la vie : l'islam pour vivre une vie spirituellement satisfaisante. Il existe de nombreuses façons de transmettre ces messages : écoles islamiques, écoles de fin de semaine, enseignants privés, cercles d'études, groupes de jeunes, conférences, baladodiffusions, vidéos YouTube, etc. Toutefois, les enseignants les plus influents sont vous-mêmes, les parents, par la manière dont vous vivez l'islam au quotidien. D'après nos observations sur la façon dont les enfants se lient à l'islam, nous vous invitons à couvrir les domaines suivants de l'islam avec une connaissance et une compréhension approfondies :

- L'amour envers Allah;
- L'objectif de la création et de la vie;
- La vue islamique de l'identité d'Allah et de ses attributs;
- Le caractère, l'éthique et la moralité islamiques;
- Le prophète Mohammed (pbsl) : son histoire et son caractère;
- L'amour et les responsabilités envers les autres : famille, amis, voisins, communauté, humanité;
- L'égalité entre les races, les genres et les classes sociales;
- L'estime de soi définie par une connexion avec Allah;
- La *qadar* (prédestination divine des événements qu'ils soient bon ou mauvais);
- Les histoires des autres prophètes;
- Les histoires des premiers musulmans;
- Les anges;
- Le coran et les livres sains;
- La mort et la vie future;
- Les épreuves comme faisant partie intégrante de la vie;
- L'intentionnalité dans toutes les actions;
- La générosité sous différentes formes;
- La compassion envers les créations d'Allah;
- L'attitude mentale positive;
- La vie équilibrée;
- La gratitude pour tout ce qui est perçu comme bon et mauvais.

Alors que la phase intermédiaire de l'enfance est considérée comme les « années d'or » de la parentalité, la prochaine étape est appelée les « années de turbulence » ou les « années d'équipe familiale » en fonction de la dynamique familiale. Au cours de leurs années d'adolescence, les enfants commencent à se séparer de leurs parents et à s'individualiser. Ce processus naturel peut s'avérer tendu et plein de résistances dans certaines familles. Pour d'autres, ces années mettent en avant une collaboration et un travail d'équipe puissants. Dans le chapitre suivant, nous allons aborder les principaux domaines de conflit, des invitations à changer les perceptions et des idées spécifiques sur la manière de naviguer dans ces années importantes.

CHAPITRE HUIT

LES ANNÉES D'ADOLESCENCE

(13 À 18 ANS)

L'adolescence est la période de transition entre l'enfance et le début de l'âge adulte. Les adolescents subissent de profonds changements biologiques et émotionnels. Au fur et à mesure que leurs voies neurales se développent et se restructurent rapidement, les adolescents expérimentent des changements d'humeur et de comportement aléatoires. Ils commencent le processus de séparation et d'individualisation nécessaire tout en s'efforçant de mieux comprendre qui ils sont et ce qu'est le monde.

Dans les familles connectées, le rôle du parent change à ce stade pour passer à celui d'un mentor. La solide relation établie avec l'enfant au cours des années précédentes devient la base à partir de laquelle l'adolescent peut s'élancer pour naviguer entre les différents cercles sociaux et prendre des décisions indépendantes. L'adolescent s'appuie sur le soutien et l'encouragement de ses parents tout en cherchant son autonomie afin d'explorer et apprendre. Alors qu'ils restent présents et disponibles, les parents commencent le processus du lâcher-prise et laissent de l'espace aux adolescents afin qu'ils puissent tracer leur propre voie vers l'âge adulte.

Au cours de l'adolescence, les parents découvriront pleinement l'impact de leur style parental précédent. Les effets négatifs des dynamiques dysfonctionnelles (telles que les styles parentaux permissif et autoritaire) sont très importants, ce qui entraîne de nombreuses familles à rechercher de l'aide et du counseling. Dans les foyers où la parentalité démocratique a été utilisée, il y aura une forte connexion familiale qui permettra de surmonter avec succès les difficultés courantes de l'adolescence.

Il n'existe aucun moyen de prédire où vous vous trouvez dans votre relation avec votre adolescent. Par conséquent, certains des éléments de cette section pourraient sembler impossibles, ridicules, triviaux ou absurdes. Les suggestions présentées dans cette section seront plus faciles pour les parents qui ont intégré le style démocratique (parentalité de discipline positive) dès le plus jeune âge de leurs enfants. Cela ne signifie pas que les parents ayant d'autres styles parentaux doivent abandonner. Il n'est jamais trop tard pour changer de cap et utiliser un style parental différent. En réalité, il s'agit de la seule option disponible si un parent souhaite changer la dynamique familiale.

Être parent d'un adolescent

D'ici à ce que leur enfant devienne un adolescent, un parent utilisant le style démocratique a appris que l'enfant est une personne indépendante et pas seulement une extension du parent. Bien que les premières années aient permis de consolider le lien parent-enfant, elles ont également permis au parent de commencer le processus du lâcher-prise doucement et lentement. Les parents utilisant le style démocratique savent qu'il s'agit des dernières années avant que ne se produise le réel « lâcher-prise » au début de l'âge adulte. Contrairement à la description stéréotypée des années d'adolescence comme étant une période de trouble et de misère, de nombreux parents utilisant le style démocratique nous ont partagé que les années d'adolescence sont belles. Ces parents se sentent en contact avec leurs adolescents. Ils se sentent également fiers et heureux lorsque leurs adolescents font preuve d'indépendance, de responsabilité, d'imputabilité, d'intégrité, etc. Les familles connectées apprécient généralement ces « années d'équipe familiale » en raison de tous les efforts déployés dans les premières années pour établir un solide esprit de collaboration et de respect. Cela ne suggère pas que les adolescents de parents utilisant le style démocratique sont « parfaits » ou ne sont pas confrontés à des défis. Ce sont des adolescents, après tout! Toutefois, la connexion, le respect mutuel et le fait de Se concentrer sur les solutions permettent à ces familles de surmonter les difficultés de l'adolescence.

Les parents autoritaires, de leur côté, aborderont les années d'adolescence en s'attendant à ce que leurs enfants soient des copies d'eux en plus jeunes. Ils pensent que le comportement et la manière de pensée de leurs adolescents doivent être en adéquation exacte avec les leurs. Lorsque les parents et les adolescents partagent la même vision du monde, les parents pensent qu'ils ont des adolescents « parfaits ». Toutefois, des problèmes surviennent dans les foyers autoritaires lorsque la vision du monde de l'adolescent non seulement ne s'aligne pas sur celle des parents, mais entre directement en conflit avec elle. Ces parents font l'expérience de ce qui est communément appelé les « années turbulentes d'adolescence ».

Les parents permissifs peuvent ne pas s'attendre à ce que leurs adolescents soient une réplique d'eux, mais ils s'attendent à ce que leurs enfants suivent leurs conseils simplement par amour. Il s'agit d'un choc pour eux lorsque leurs adolescents continuent à forger leurs propres voies, même à leurs propres dépens et sans tenir compte des conseils parentaux. Les parents permissifs croient par erreur qu'aimer leurs enfants sans établir de limites lorsqu'ils sont jeunes sera suffisant pour obtenir leur obéissance une fois qu'ils sont devenus adolescents. Il est vrai que, dans ces familles, le lien d'amour peut être fort pendant l'adolescence, mais l'influence parentale est faible. Les foyers permissifs sont confrontés à des défis avec les adolescents qui pourraient inclure des comportements autodestructifs, de l'impulsivité et de mauvaises compétences sociales.

Dans mon rôle professionnel de thérapeute familiale, j'ai (Noha) constaté que les parents autoritaires ou permissifs ont tendance à lutter plus intensément avec les adolescents. En plus du tumultueux processus social, émotionnel et de développement de l'adolescence, les attitudes et attentes parentales inefficaces décrites ci-dessus contribuent à amplifier le chaos de l'adolescence. D'autre part, les parents utilisant le style démocratique ont généralement appris et adopté des compétences et des outils positifs lors de leur voyage de parentalité, ce qui les aide à naviguer plus efficacement lors de cette période. Par exemple, les parents qui ont appris à autoréguler leurs émotions et qui ont transmis cette aptitude à leurs enfants réussiront à surmonter les humeurs changeantes de l'adolescent moyen.

Priorités lorsqu'on est parent d'un adolescent

D'après nos observations sur les familles avec des adolescents, nous avons remarqué que les parents qui concentrent leur énergie et leur temps sur les trois priorités suivantes étaient mieux à même de relever les défis émergents. Qu'il s'agisse d'un défi mineur (un enfant qui réplique) ou plus sérieux (consommation de drogues), ces priorités sont essentielles.

1. Connectez-vous à votre adolescent.

La pratique la plus essentielle pour les parents est de se concentrer sur la connexion pendant les bons et les mauvais moments. Si un parent souhaite avoir même une petite influence, cela doit prendre racine sur le principe de la connexion. C'est ce qui adoucira le cœur d'un adolescent pour qu'il puisse prendre conscience de ce qui est important. La connexion est le moment où les adolescents savent que l'amour de leurs parents n'est pas conditionnel à ce qu'ils soient « parfaits » et que leurs parents les aiment pour qui ils sont avec leurs idiosyncrasies et leurs traits uniques. La connexion est en place lorsque les parents font la distinction entre corriger le comportement et la valeur intrinsèque de l'adolescent. La connexion est exprimée en disant : « Je n'aime pas personnellement ce vêtement, mais étant donné qu'il est correct dans un contexte islamique et que tu l'aimes, je suis d'accord que tu le portes »; « Je m'inquiète pour toi. Tes notes ne reflètent pas tes aptitudes »; « Je t'aime, mais je ne suis pas d'accord avec ce que tu fais »; « Je t'aime. Je suis triste de ta décision concernant... » La connexion, c'est aimer inconditionnellement, en maintenant ses limites : « Je comprends combien il est important pour toi d'acheter ce jeu. Tu devras donc épargner ton argent de poche pour te le permettre. Tu connais la règle concernant les prêts d'argent », tout en aimant sans condition : « Je t'aime, même si je n'aime pas ce que tu fais. »

2. Choisissez vos batailles.

Alors que les adolescents tentent de définir leur identité, ils peuvent se comporter de manière étrangère à la culture familiale. Chaque adolescent est différent. Au sein de la même famille, certains auront plus de difficultés que leurs frères et sœurs à rechercher qui ils sont. Lorsque les parents rencontrent plusieurs problèmes en même temps, il est essentiel de choisir ceux sur lesquels se concentrer.

Nous vous invitons à rédiger une liste de tous les défis auxquels vous êtes confrontés actuellement avec votre adolescent. Organisez-les par ordre de gravité. Par exemple, si un adolescent utilise des drogues, ce défi passe devant les performances académiques médiocres. Après avoir répertorié tous les défis, commencez à résoudre un ou deux problèmes à la fois, et non pas tous les problèmes de la liste. Lorsque vous pensez qu'un problème a été réglé, passez à un autre et continuez de cette manière. S'attaquer à plusieurs problèmes en même temps peut être accablant pour les parents et les adolescents, créant ainsi un sentiment d'impuissance et une certaine distance. Le choix de résoudre le problème le plus grave consiste à canaliser l'énergie émotionnelle disponible et à réparer la déconnexion dans la famille.

3. Travaillez avec ce qui est sous votre contrôle.

Les parents finissent par perdre l'emprise sur ce qu'ils contrôlent sans s'en rendre compte en essayant de contrôler en vain ce qu'ils ne peuvent contrôler. Par exemple, une famille a de la difficulté avec leur fils qui utilise son téléphone intelligent de manière excessive. Les parents ont remarqué qu'il restait éveillé tard la nuit et qu'il avait du mal à se réveiller le matin. Au cours des 3 dernières semaines, il a été en retard 7 fois en raison de son horaire de sommeil. Ses parents lui en ont parlé, le menaçant de lui reprendre son téléphone intelligent pour toujours, et lui offrant 10 $ pour chaque nuit où il dormirait à l'heure. Rien ne fonctionne parce qu'ils ne se concentrent pas sur ce qu'ils contrôlent directement.

Par exemple, après avoir déclaré (et pas sermonné!) à quel point l'importance une bonne nuit de sommeil est importante et établi des limites sur le nombre de retards qu'ils excuseront tous les semestres, ils travaillent avec lui pour fixer un couvre-feu concernant l'utilisation du téléphone. Ils établissent qu'ils s'attendent à ce que le téléphone soit déposé dans la chambre des parents pendant la nuit. Les parents devront Tenir parole en allant voir leur fils à l'heure convenue et en tendant leur main d'un geste silencieux pour obtenir le téléphone. Dans les situations où l'adolescent ne collabore toujours pas, les parents peuvent limiter l'accès à Internet à l'aide du contrôle parental du routeur. Ces interventions sont directement mises en œuvre par les parents. Avec les adolescents, il est essentiel de diriger l'énergie vers ce que les parents peuvent faire plutôt que d'attendre que l'adolescent le fasse de lui-même.

Changements au niveau de l'indépendance et de la responsabilité

Lorsque l'enfant était un nourrisson, le parent portait une grande responsabilité dans la vie de l'enfant. Au fur et à mesure que celui-ci grandit, le parent continue à former l'enfant, dont les responsabilités s'étendent. Durant les années d'adolescence, le transfert de responsabilités devient encore plus important. L'objectif étant qu'à la fin de l'adolescence, les jeunes adultes assument l'entière responsabilité de leur vie. La Figure 8.1 illustre le transfert progressif idéal des responsabilités du parent à l'enfant tout au long du voyage parental.

Les parents qui ne sont pas conscients de ce transfert naturel sont pris de court pendant l'adolescence lorsque leurs jeunes exigent plus d'autonomie. Les parents qui rejettent l'indépendance et le transfert de responsabilité seront confrontés à des luttes de pouvoir et à des conflits avec leurs adolescents jusqu'à l'âge adulte. Les années d'adolescence sont des « années de pratique » pour développer, avec le soutien parental, les compétences nécessaires à la vie d'adulte.

FIGURE 8.1
Changement au niveau de l'indépendance

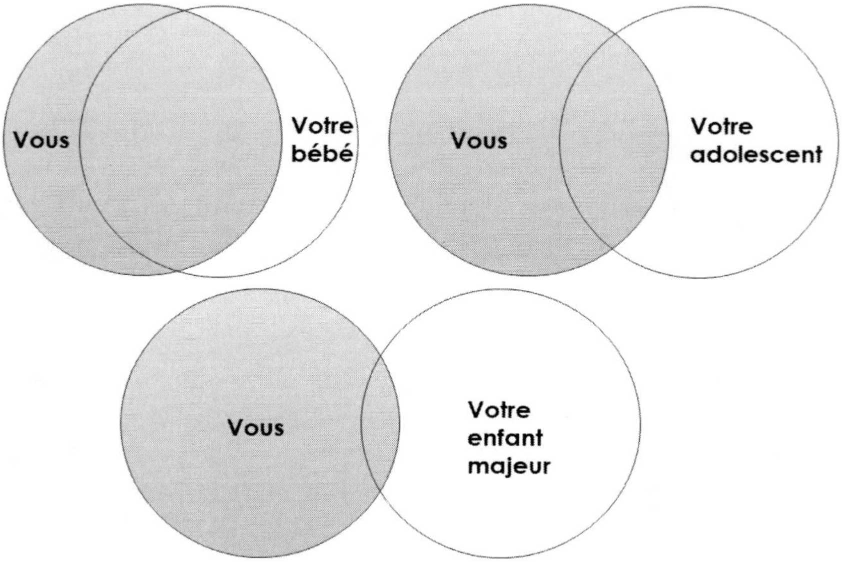

L'un de mes (Munira) fils a partagé une analogie poignante avec mon mari et moi. Nous lui avons parlé de notre rôle en tant que parents maintenant qu'il était adolescent. Il a dit : « Vous êtes comme les entraîneurs de sport qui se tiennent sur le banc. Vous pouvez me donner des conseils lorsque je me rends dans le vestiaire, mais l'encadrement depuis les lignes de touche me distrait et ne m'aide pas, surtout le fait de crier si je fais quelque chose de mal. » C'était une analogie fantastique. L'adolescence est le moment de laisser les adolescents jouer seul au jeu (la vie), alors qu'ils essaient de mettre en œuvre tout le coaching qu'ils ont reçu au fil des ans. Les parents les regardent jouer, les encouragent, les corrigent en privé lorsqu'ils commettent des erreurs et les laissent revenir sur le terrain pour essayer de nouveau. La responsabilité du coach est limitée. Les adolescents savent que les parents les supervisent et les soutiennent, mais le terrain de jeu est le leur, et à eux de décider de la façon d'y jouer.

Formation de l'identité

Le parcours profondément intime de la conscience de soi commence à cet âge, avec des questions comme : « Qui suis-je? »; « Est-ce que je suis normal, compétent, aimable? »; et « Que vais-je faire plus tard? » Ces questions continuent d'être posées à l'âge adulte alors que l'identité se confirme. L'adolescence commence par le fait pour les adolescents de penser en termes concrets pour ensuite progresser vers la compréhension de concepts et d'idées abstraits.

Erik Erikson (Newman & Newman, 2003), le père de la théorie psychosociale du développement, a normalisé le processus selon lequel les adolescents conçoivent leur image de soi. Il a mentionné qu'une partie du développement psychologique normal est la période de questionnement et de découverte aboutissant à la conception de l'identité. Une identité est une théorie du moi qui répond aux questions individuelles de chaque personne. Erikson a affirmé que le processus de formation de l'identité commence à l'adolescence, et que la majorité des adolescents arrivent à découvrir qui ils sont au début de l'âge adulte. Toutefois, il a déclaré que certains adolescents vivent de la confusion et des deuils, et qu'ils pourraient n'arriver à résoudre la question de leur identité que plus tard dans la vie. Erikson a souligné le rôle et l'impact de la famille, du groupe social, de la culture, de la biologie et des événements historiques sur le développement. Voici quelques-unes des questions universelles définissant l'identité :

- Qui suis-je?
- À quel groupe (Ethnique, social, religieux, national, genre, etc.) est-ce que j'appartiens?;
- Quelles sont mes valeurs? (Religieuses, spirituelles, économiques, sociales);

- Quel est le sens de ma vie?
- Quels sont mes objectifs et mes aspirations?
- Quel type de vie ai-je envie de mener?
- Qu'est-ce qui me procure du bonheur?

Les trois premières questions posent généralement les bases des questions restantes. Les adolescents de 12 à 18 ans posent généralement des questions concernant le sentiment d'appartenance à un groupe : qui sont mes amis? Quelle est ma nationalité? Quelle est mon origine ethnique? À quelle communauté est-ce que j'appartiens? Les jeunes adultes âgés de 19 à 25 ans ont de la difficulté à répondre aux questions des valeurs et des croyances : est-ce que je crois en Allah? L'islam répond-il à mes questions existentielles? Est-ce que je veux pratiquer l'islam comme mes parents le font?

Il est inévitable que la première étape de la formulation d'une identité individuelle consiste à comparer les identités des parents à celles des autres personnes gravitant dans le cercle social de l'adolescent. Les adolescents compareront leurs parents à leurs oncles et tantes, aux parents de leurs amis, à leurs enseignants et entraîneurs, bref à tous ceux qui sont dans leur vie. Ils comparent les valeurs, les croyances et les conceptions du monde, les comportements, les gestes et les manières. Bien que les parents constituent au départ la référence fondamentale pour leurs enfants (ce qui est normal), c'est seulement dans les familles connectées que les parents continueront à avoir un impact significatif dans la vie de leurs enfants. Ces parents ont généralement une grande influence sur leurs enfants tout au long de leur vie. D'autre part, dans les familles déconnectées, les parents perdent leur statut et leur influence, alors que les adolescents choisissent d'autres modèles issus de leurs cercles sociaux.

Au cours de ce processus de comparaison des influences, les adolescents adoptent généralement une pensée critique, acceptant et rejetant des valeurs et des idées. Ils expérimentent de nouveaux comportements, croyances, opinions, styles vestimentaires, habitudes, normes et modes. Le degré et l'intensité de l'exploration vont certainement différer d'un individu à l'autre, mais tous les adolescents se définiront comme étant distincts de leurs parents d'une manière ou d'une autre. Pour certains, la distinction et la séparation sont sérieuses et considérables. Pour d'autres, elles seront plus subtiles.

À ce stade, le travail parental le plus important est d'accepter l'idée que les adolescents auront une identité distincte et unique de celle de leurs parents. Nous vous invitons à prendre en compte le fait qu'ils puissent choisir une voie différente de la vôtre. Nous vous invitons à accepter les limites de votre influence sur leurs pensées et leur vie. Paradoxalement, plus le lien que vous avez établi avant cette phase de transformation est fort, plus vous aurez d'influence.

Dans mon (Noha) cabinet, les parents me posent constamment des questions ou me font des commentaires comme : « Pourquoi mon adolescent ne m'écoute-t-il pas? »; « Que faire avec mon fils qui veut porter un short très court à la mosquée? »; « Je ne comprends pas pourquoi ma fille veut teindre ses cheveux en mauve! »; « Ce n'était pas comme ça dans ma jeunesse! Nous écoutions ce que nos parents nous disaient. Nous prenions à cœur ce que nos parents disaient, mais nos adolescents ne le font pas! Que se passe-t-il? Pourquoi nos adolescents ne respectent-ils pas nos idéaux et nos valeurs? » J'ai réfléchi à ces questions pendant un certain temps et voici quelques-unes de mes pensées.

Pour les parents qui se sont rebellés contre les normes sociales de leur famille, ce que font leurs adolescents est compréhensible, bien que cela puisse être douloureux. Les parents qui étaient conformistes alors qu'ils étaient eux-mêmes adolescents ne peuvent pas comprendre ce besoin d'être unique et différent. Ils ont tendance à se blâmer pour la façon dont leurs adolescents se comportent et ruminent des « si seulement ». Nous invitons ces parents à comprendre que cette non-conformité à la culture familiale fait partie du processus normal de développement. Travaillez avec au lieu de la combattre.

Nous vivons dans l'ère de la « relativité », qui ébranle la pensée en noir et blanc. Cette ère promeut des idées non conventionnelles et met en évidence de nouveaux concepts qui sont valides tant qu'une personne souhaite les adopter, et que cela n'a aucun impact négatif sur les autres. Ce paradigme du « tout va » est à la base du manque de conformité répandu à l'échelle mondiale. Au cours des générations précédentes, les adolescents ont peut-être ressenti une pression sociale pour se conformer publiquement, même s'ils ne le faisaient pas en secret. Aujourd'hui, les normes culturelles mondiales émergentes envoient le message : « Questionnez tout. Rejetez ce que vous n'aimez pas. Déterminez ce que vous souhaitez faire. Vous pouvez rejeter le statu quo. Vous pouvez vous opposer aux valeurs de vos parents. » De nos jours, le conformisme n'est pas une vertu célébrée (voir la section Obéissance aveugle).

Les adolescents à travers l'histoire ont toujours choisi une identité différente de celle de leurs parents. Il ne s'agit pas d'une tendance inhabituelle et elle fait même partie de la tradition islamique. Par exemple, l'imam Ali ibn Abi Taleb, le cousin du prophète (pbsl), n'était qu'un garçon lorsqu'il a accepté l'islam. Il a certainement choisi une voie différente de celle des membres de sa tribu. C'est seulement maintenant, puisque les musulmans ont adopté l'islam et la considèrent comme une véritable religion, que nous ne pouvons pas comprendre à quel point accepter l'islam à cette époque était un choix marginal. Autre exemple : Salman Alfarisi qui, à l'adolescence, a migré de la Perse jusqu'à Médine en passant par la Syrie, rejetant les traditions locales, à la recherche de la vérité.

Les adolescents vivant dans des cultures à majorité non musulmane ont du mal à respecter les valeurs et les normes de leurs parents. Certains adolescents de confession musulmane sont les seuls musulmans de leur école ou de leur communauté. Suivre les valeurs islamiques parmi des pairs qui ne comprennent pas pourquoi ils se comportent et s'habillent d'une certaine manière devient un défi perpétuel. Chaque rituel islamique demande des explications et des demandes d'accommodement spécial. Par rapport aux adolescents vivant dans un environnement musulman où aucune explication et aucune demande spéciale n'est requise, les adolescents musulmans vivant en Occident sont confrontés à des pressions sociales et émotionnelles importantes. Dans le cadre de leurs efforts pour faire face à de telles pressions, les adolescents adoptent parfois des comportements et des styles qui suivent les normes sociales, mais qui s'opposent à la culture familiale.

Les adolescents vivant en Occident sont capables de se séparer de la famille plus tôt et plus rapidement, ce qui les rend plus aptes à résister et à rejeter les normes familiales qu'ils n'aiment pas. Par exemple, aux États-Unis, lorsque les adolescents ont 18 ans, ils sont en mesure de déménager d'un point de vue juridique et culturel. À l'inverse, les adolescents vivant au Moyen-Orient ou en Asie ne pourront se séparer de leur famille que plus tard dans la vie adulte en raison de contraintes financières et de normes sociales qui rejettent une telle pratique.

Lorsque mes (Noha) enfants traversaient leurs années d'adolescence, j'ai relevé de nombreux défis en adoptant les stratégies suivantes :

- J'ai accepté que mes enfants sont leurs propres personnes avec leurs propres idées et convictions. Je me suis rappelé que ma responsabilité était de les guider et de leur enseigner, mais pas de les forcer ou de les contrôler. Ils pouvaient choisir d'accepter ou de refuser mes conseils. Aussi, je disais quelque chose comme : « Je pense qu'il est important de déjeuner le matin, mais il semble que tu ne sois pas d'accord. J'ai confiance que tu pourras déterminer ce qui te convient »;
- Lorsqu'il s'agit de pratiques islamiques, j'ai utilisé l'étendue des opinions islamiques plutôt que de me concentrer sur une école de pensée spécifique. Je n'ai pas non plus demandé à mes enfants de pratiquer l'Islam de manière conservatrice, comme je le faisais. Tant que leurs pratiques étaient autorisées, je ne soulevais même pas la question. J'ai compris que la pratique de l'Islam se déroule sur un continuum et que tout le monde ne vivra pas sa foi de la même manière. J'ai également compris, grâce à ma propre expérience de vie, que la pratique de l'islam est un voyage qui ne se termine qu'à notre mort;
- J'ai reconnu que certaines de mes pratiques culturelles étaient obsolètes et nécessitaient un ajustement. Par exemple, j'ai grandi dans une famille où les hommes n'aidaient pas dans les tâches domestiques. J'ai rapidement eu pour principe d'impliquer mes fils dans les tâches ménagères, y compris dans la cuisine;
- Je n'ai pas pris leurs idées divergentes, leurs comportements ou leurs coutumes comme le reflet de mon échec parental. J'ai compris que mes enfants sont une *amana* divine (chose qui

nous est confiée) que je dois guider et aider à devenir meilleurs, et non forcer à entrer dans un moule rigide.

Influence des pairs

L'influence des pairs est une partie nécessaire et normale du développement psychosocial des enfants. Cette influence est généralement identifiée comme un problème lorsqu'elle mène à des comportements négatifs plutôt qu'à des comportements positifs. Le plus grand facteur de protection contre l'influence négative des pairs est une relation positive avec les parents à la maison, car cela renforce la confiance et l'estime de soi de l'enfant.

Le besoin d'intégrer un groupe est une extension de la *recherche du sentiment d'appartenance*. Il s'agit d'un besoin normal, mais qui pourrait être exacerbé chez les enfants qui ont du mal à trouver cette appartenance à la maison ou dans leur communauté. Les personnes qui cherchent ce sentiment d'appartenance peuvent répondre à ce besoin en joignant un groupe de pairs, même si celui-ci va à l'encontre de leurs valeurs familiales. Le fort désir d'être aimé et la peur d'être l'objet de moqueries peuvent conduire un adolescent à succomber à l'influence des pairs. Pour d'autres, la curiosité d'essayer quelque chose de nouveau peut les motiver à suivre le groupe de pairs et à rejeter le « bon sens ». D'autres peuvent se sentir inspirés et motivés par les réalisations d'un groupe et chercher à les imiter et à les rejoindre.

Les parents comprendront plus en détail pourquoi un enfant succombe à l'influence des pairs en posant des questions de curiosité : « Aide-moi à comprendre ce qui se passe. Qu'est-ce qui est si spécial dans ce groupe? Quand vous rencontrez-vous? Que ressens-tu lorsque tu es avec eux? Comment interprètes-tu ce qui s'est passé? » Souvent, les adolescents essaient simplement de s'intégrer. Ils ne réfléchissent pas nécessairement aux valeurs morales ni au rejet des valeurs parentales. Les parents responsabilisent les adolescents en leur donnant les moyens d'écouter leur « boussole interne » et de Prêter attention à leurs sentiments et croyances lorsqu'ils sont confrontés à l'influence des pairs. Les parents encouragent également les adolescents à prendre la meilleure décision pour eux-mêmes lorsqu'ils sont confrontés à des situations difficiles en ayant des discussions : seront-ils capables de dire non et de s'éloigner? Ont-ils des amis qui peuvent les aider? Comment peuvent-ils demander de l'aide à leurs parents?

Les parents peuvent partager leurs propres expériences sur la façon dont ils ont su faire face à l'influence des pairs en tant qu'adolescents et aujourd'hui en tant qu'adultes. Expliquer que l'influence des pairs est un problème auquel les adultes font également face peut aussi valider l'expérience d'un adolescent. Un parent peut dire : « Moi aussi j'ai ressenti cette pression quand j'étais à l'école. Il doit être très difficile pour toi de dire non lorsque tout le monde le fait. »

Dans les situations où l'influence des pairs conduit à des effets négatifs, utiliser l'outil Les erreurs sont des opportunités d'apprentissage transforme la situation en une leçon de vie utile. Les parents peuvent aider les adolescents à réfléchir, à tirer des enseignements de l'expérience et à identifier comment ils peuvent faire les choses différemment la prochaine fois. Cela peut signifier qu'ils trouvent de nouveaux amis ou qu'ils deviennent plus sûrs d'eux et plus éloquents pour exprimer leur point de vue personnel.

Comportements à risque

Les adolescents subissent des changements intellectuels et émotionnels intenses alors qu'ils commencent à découvrir leur place dans le monde. Dans cette quête de compréhension approfondie, les adolescents peuvent faire des choix risqués. La prise de risque varie en gravité, allant de risques mineurs comme essayer de nouvelles figures sur leur planche à roulettes ou teindre leurs cheveux, à des événements plus graves comme prendre de la drogue ou avoir une relation sexuelle prémaritale. Les raisons pour lesquelles ils prennent des risques varient d'un adolescent à l'autre. Certains succombent à l'influence des pairs, d'autres ont tendance à chercher des sensations extrêmes, tandis que d'autres ont encore du mal à faire face à des difficultés émotionnelles. La partie du cerveau d'un adolescent responsable du contrôle des pulsions ne se développe pas complètement avant l'âge de 25 ans, ce qui explique leur rejet rapide des conséquences et ramifications de leurs actes. Que peuvent faire les parents?

Des études (citées dans Szalavitz, 2012) ont montré que les parents qui maintiennent un lien avec leurs adolescents réduisaient les comportements à risque chez ces derniers. Les parents doivent choisir sur quoi se concentrer. Lorsque les parents se concentrent sur la Connexion avant la correction, ils auront une plus grande influence. Certaines activités que les adolescents choisissent peuvent ne pas plaire par à leurs parents, mais elles ne sont pas nécessairement dangereuses ou destructives : par exemple, porter des vêtements dépareillés, prendre un million d'égoportraits ou veiller tard. Dans ces cas, les parents doivent laisser aller et attendre que les Conséquences naturelles se produisent.

Des chercheurs (cités dans Szalavitz, 2012) ont découvert que discuter des conséquences négatives potentielles de différents types d'activités périlleuses réduit les comportements à risque. Si le risque est connu, l'adolescent participe moins fréquemment. Si le risque est inconnu, l'adolescent est susceptible de s'essayer, car les adolescents ont une tolérance plus élevée à l'incertitude que les adultes. Lorsque la relation entre parents et adolescents est positive, discuter avec les adolescents des coûts des comportements à risque tout en établissant des ententes, des limites claires et des attentes permet aux adolescents de faire de meilleurs choix. Les parents peuvent poser aux adolescents des questions telles que : « Quelles sont les chances que cela se passe bien et quelles sont les chances qu'un problème se produise? »; « Qu'est-ce qui pourrait se passer si tu choisis de le faire? »

Les parents définissent des limites après avoir écouté ce que leurs adolescents ont à dire : « Je sais à quel point il est important que tu sois avec tes amis jusqu'aux petites heures du matin. Cependant, notre couvre-feu est à 23 h et je m'attends à ce que tu le respectes », et « Tu m'as expliqué que le joint que j'ai trouvé dans ta chambre était un cas isolé. Cependant, je veux que tu saches que je vais vérifier régulièrement ta chambre, car je crains que tu fumes du cannabis. »

Confiance

Faire ou non confiance est un problème que de nombreux parents rencontrent avec leurs adolescents. Peuvent-ils ou doivent-ils faire confiance à leurs adolescents? En général, les parents qui donnent à leurs adolescents une indépendance croissante dans certains domaines de leur vie remarquent que leurs adolescents explorent sans avoir recours à la malhonnêteté et à la rébellion. Les adolescents qui ont recours à la malhonnêteté se désengagent activement de leurs parents pour protéger leur ego et préserver leur indépendance et leur liberté. Les parents doivent définir des limites et se mettre en accord avec les adolescents pour établir une relation de confiance. Alors que les adolescents répondent aux attentes et affichent un comportement responsable, ils renforcent la confiance et gagnent plus d'indépendance.

Les bases de la confiance et de l'honnêteté sont établies au début de l'enfance. Les parents modélisent l'honnêteté ou le manque d'honnêteté par le biais de leurs propres comportements. Les adolescents imitent ces premières valeurs dans leurs interactions sociales, y compris celles avec leurs parents. Les adolescents savent également s'il est sûr de partager leurs pensées et leurs sentiments avec leurs parents. Se sentiront-ils attaqués ou encouragés lorsqu'ils parleront? La réaction anticipée des parents dictera si les adolescents partageront leurs comportements avec honnêteté ou s'ils mentiront à leur sujet. Les familles où les erreurs sont considérées comme des occasions d'apprentissage vont inspirer honnêteté et confiance. Au contraire, les familles dans lesquelles les erreurs sont passibles de punitions immédiates et d'humiliation vont inspirer mensonge et tromperie. (Voir la section Croyance cachée derrière le comportement).

Les parents peuvent faire de nombreuses choses pour encourager une relation de confiance. Tout commence par un environnement respectueux, ouvert et propice à la résolution de problèmes. La confiance dépend des parents qui savent qu'ils ne peuvent pas contrôler les choix que feront leurs adolescents. Il peut s'agir d'une perspective très effrayante, car ils peuvent craindre que leurs enfants ne fassent le mauvais choix ou commettent de grosses erreurs avec des dommages irréversibles. Au lieu de cela, les parents doivent se concentrer sur la connexion, le mentorat, les discussions sur la vie réelle, l'enseignement de la réflexion critique, la foi et la création d'un espace permettant aux adolescents de se sentir en sécurité pour demander conseil ou de l'aide. L'objectif est d'apprendre aux adolescents à être responsables de leurs décisions.

Par exemple, Ahmed et ses parents ont parlé maintes fois des événements sociaux et de la consommation d'alcool. Il sait clairement que ses parents et sa foi s'opposent à la consommation d'alcool; il choisit donc de ne pas boire. Ses parents lui permettent d'assister à la fête d'un ami. Cependant, lorsqu'il arrive à la fête, il voit que ses amis ont bu. Devrait-il rester et cacher à ses parents le fait qu'il y a eu consommation d'alcool à la fête? S'il ne boit pas lui-même, quel mal y a-t-il à rester? Il est mal à l'aise de rester à la fête et décide de partir, mais il a besoin qu'on le ramène à la maison. Un ami qui buvait lui propose de le ramener. Est-ce qu'il entre dans la voiture? Pense-t-il qu'il est sans danger de boire et de conduire? Appelle-t-il ses parents pour qu'ils viennent le chercher? Est-il à l'aise d'être honnête avec ses parents? S'il les appelle, ses parents vont-ils le disputer parce qu'il est allé à une fête avec de l'alcool ou seront-ils heureux qu'il les ait appelés afin de rentrer à la maison en toute sécurité? Quelles conséquences peut-il supporter? Le choix lui appartient. Le choix qu'il fait dépendra de l'évaluation des risques de toutes les options et son honnêteté dépendra de la relation qu'il entretient avec ses parents.

Performances académiques

Il existe différents facteurs qui contribuent à la réussite ou à l'échec académique d'un adolescent. Des chercheurs (Masud, Thurasamy, Ahmad, 2014) ont découvert que le style parental démocratique était le plus efficace pour améliorer les performances académiques des enfants. D'un autre côté, plusieurs facteurs entraînent des difficultés dans les performances académiques. Ceux-ci sont de natures biologique, comportementale, émotionnelle, sociale et environnementale.

Un problème courant est le manque de sommeil. Malheureusement, de nombreux adolescents ont du mal à développer des habitudes de sommeil saines. Des chercheurs

(Asarnow et Harvey, 2013) de l'Université de Berkeley, ont découvert que le fait de se coucher tard était lié à une baisse des performances académiques et à une détresse émotionnelle accrue. Le sommeil est essentiel pour les personnes de tous les âges, mais surtout pour les adolescents qui apprennent à concilier leurs travaux scolaires, leurs activités parascolaires et leurs émotions changeantes.

Les étudiants qui n'ont pas développé de bonnes habitudes d'étude, de compétences en gestion du temps ou de compétences organisationnelles peuvent également rencontrer des difficultés académiques. Se sentir submergé par les exigences de l'école entraîne des sentiments d'échec et d'inadéquation. Certains étudiants réagissent à la pression en évitant les tâches à accomplir. D'autres se disent « je ne peux pas y arriver » et évitent d'étudier et de faire leurs travaux.

Les problèmes de santé mentale tels que la dépression et l'anxiété entravent la capacité à se concentrer et à terminer les travaux scolaires. Un étudiant qui a du mal à faire face à la pression sociale (comme l'intimidation) se sent isolé et déprimé. Un adolescent qui souffre d'un trouble d'apprentissage non diagnostiqué peut se sentir incompétent, stupide et démotivé.

Il existe également des facteurs sociaux qui ont un impact sur les performances académiques d'un adolescent. Une culture familiale où l'éducation n'est pas valorisée envoie le message selon lequel les études supérieures ne sont pas une priorité. La vision qu'a le groupe de pairs sur l'éducation aura également un impact sur l'implication d'un adolescent à l'école. Il arrive que la famille traverse une crise (parent diagnostiqué avec une maladie, difficultés financières, décès d'un être cher), qui aura également un impact sur l'adolescent.

Que peuvent faire les parents lorsque les adolescents ne réussissent pas bien à l'école? Les parents peuvent encourager leurs adolescents à établir des habitudes de sommeil saines en établissant des routines et des systèmes pour retirer les appareils électroniques le soir. Selon la National Sleep Foundation (Hirshkowitz, 2015), les adolescents ont besoin de 8 à 10 heures de sommeil chaque jour. Des chercheurs de l'UCLA (cités dans Sifferlin, 2012) ont constaté que sacrifier le sommeil au profit des études était en réalité contre-productif. Les étudiants avaient plus de difficultés lors des tests, des questionnaires et lorsqu'ils faisaient leurs devoirs. Les étudiants doivent s'exercer à gérer leur temps afin de s'assurer de dormir suffisamment, et ainsi être mieux concentrés en classe et faire mieux académiquement.

Les routines sont importantes pour les adolescents qui ont du mal à Tenir parole concernant les tâches et à rester concentrés. Les parents peuvent aider leurs enfants à adopter de bonnes habitudes d'étude, s'ils s'assurent de structurer l'environnement à la maison pour que les adolescents aient une routine pour faire leurs devoirs, planifient toutes les autres activités (sport, bénévolat, emploi, activités sociales) et aménagent dans leur demeure un endroit pour que les adolescents puissent faire leurs travaux. Les parents peuvent discuter avec leurs adolescents de l'assistance additionnelle dont ils pourraient avoir besoin, par exemple des groupes d'étude entre pairs, des tuteurs privés ou une aide supplémentaire de la part des enseignants de l'école.

Si les adolescents sont submergés, les parents peuvent apporter un soutien émotionnel et chercher du counseling. Lorsque des difficultés psychologiques sont découvertes, il est essentiel de collaborer avec les enseignants, les conseillers pédagogiques et les psychologues pour créer une équipe de soutien. Parfois, il peut être nécessaire d'envisager d'autres options d'enseignement qui pourraient être mieux adaptées aux besoins de l'adolescent.

Les parents doivent rester positifs. Bien que l'éducation soit importante et que le processus d'apprentissage soit précieux, la relation entre le parent et l'adolescent est essentielle à la réalisation de tous les progrès. Les adolescents doivent se sentir valorisés pour autres choses que leurs notes et leurs performances académiques à l'école. L'échec fait partie du processus d'apprentissage. Les adolescents qui n'ont pas peur de l'échec seront en fait plus disposés à accepter des défis académiques et moins susceptibles de saboter leurs propres efforts scolaires. Les parents qui se concentrent sur les forces innées de leurs adolescents découvrent qui sont leurs adolescents et ce qui est important pour eux.

Les parents peuvent entrer en contact avec leurs adolescents en les traitant avec respect, en faisant preuve d'authenticité dans leurs interactions et en cherchant à les connaître par le biais de relations de causalité (dans la voiture, en faisant les courses, etc.). Les conversations quotidiennes sont l'occasion de remarquer si l'adolescent démontre beaucoup d'enthousiasme et d'excitation pour un sujet ou une activité spécifique. Les parents peuvent utiliser l'outil Être présent pour avoir des conversations avec leurs adolescents qui leur enseignent et leur donnent les moyens d'atteindre leurs objectifs.

Les adolescents qui se sentent en contact étroit avec leurs parents se sentiront en sécurité pour explorer leurs centres d'intérêt et leurs objectifs dans la vie. Les conversations respectant l'autonomie des adolescents serviront de guides plutôt que de moyens de contrôler les adolescents lorsqu'ils décideront de la manière de procéder au niveau de leurs études. Les parents qui passent trop de temps à parler et à donner des leçons pousseront leurs adolescents à se distancer et à se déconnecter. En utilisant les outils d'écoute et en posant des Questions de curiosité, l'adulte renforcera la confiance et le respect afin que l'adolescent puisse explorer les objectifs pour son avenir. À travers ce processus, les parents peuvent en savoir plus sur les objectifs personnels de leurs adolescents. Si les parents voient que les actions de l'adolescent ne sont pas conséquentes avec ses objectifs, une opportunité est créée d'utiliser la Résolution de problèmes et de réévaluer.

Questions de curiosité que les parents peuvent poser :

- Quelle évaluation fais-tu de tes performances scolaires?
- Selon toi, quels sont tes points forts à l'école? Tes faiblesses?
- Quel est ton plan après avoir terminé l'école secondaire?
- Quel plan as-tu pour atteindre tes objectifs?
- Comment tes performances académiques actuelles t'ont-elles causé des problèmes?
- Quelle importance accordes-tu à l'amélioration de tes performances académiques?

Lorsque les adolescents répondent avec un « je ne sais pas! » ou un « je m'en fiche! », le parent peut dire : « Il semble que tu n'es pas prêt à avoir cette conversation. Reportons-la à un autre moment. Je pense sincèrement que nous pouvons collaborer pour comprendre ce qui se passe. Je veux t'aider. »

Études supérieures

Le parcours éducatif que les jeunes adultes choisissent est un élément essentiel de leur vie. Par conséquent, de nombreuses familles cherchent à influencer et à déterminer les champs des études supérieures de leurs adolescents. Au cours des dernières années du secondaire, les adolescents commencent à explorer les carrières afin de déterminer les domaines d'étude qui les intéressent et les voies vers l'enseignement supérieur qu'ils vont suivre. Ces années sont une période de croissance et d'exploration personnelle; puisque les adolescents sont plus conscients d'eux-mêmes et découvrent leurs identités personnelles et professionnelles. Certains conflits parents-enfants sont liés au choix du programme d'études, de l'établissement d'enseignement supérieur ainsi que la question de qui va payer les frais de scolarité.

Certains parents ont une feuille de route claire pour l'avenir de leurs adolescents et ils sont extrêmement déçus lorsque ces derniers choisissent des domaines d'études ou des carrières qu'ils n'aiment pas ou qui ne sont pas alignés sur leur vision. Les parents peuvent considérer les carrières en médecine et en ingénierie comme des professions respectables et faire pression sur leurs adolescents en ignorant leurs intérêts et aptitudes. Lorsque les adolescents choisissent des champs d'études qui ne répondent pas aux espoirs et rêves de leurs parents, des conflits peuvent survenir.

Les parents qui ont le plus de difficultés à ce stade sont ceux qui ont du mal à accepter l'indépendance de leur jeune adulte et les choix qu'ils font. Certains parents, dans le but de reprendre le « contrôle » sur leurs adolescents, peuvent limiter le choix de l'université à quelques établissements qu'ils approuvent ou qui sont proches de la maison. Ils peuvent menacer de ne payer que pour les études dans des domaines universitaires qu'ils jugent acceptables. Certains adolescents succombent à la demande parentale en raison de leurs ressources financières limitées, mais la relation se détériore au fur et à mesure que les adolescents se sentent contrôlés et emprisonnés par les rêves des parents. D'autres adolescents choisissent de suivre leurs propres chemins, rejetant ainsi les demandes parentales. Certains déménagent, prennent des prêts et travaillent pour subvenir à leurs besoins. Aider les adolescents à déterminer le chemin le plus adapté à leurs besoins et qui correspond le mieux à leurs forces et à leurs objectifs donnera de meilleurs résultats.

Les familles connectées discuteront des intérêts, des compétences et des aspirations de leurs adolescents tout au long du secondaire et au début de l'âge adulte. Ils auront une meilleure compréhension des inclinaisons et des passions de leurs adolescents. Ces jeunes adultes pourront explorer et développer leurs plans d'études supérieures et le type d'emploi qu'ils chercheront après avoir reçu leur diplôme. Certains adolescents choisissent de prendre une année sabbatique tandis que d'autres décident de commencer à travailler immédiatement. Chaque adolescent fera un choix qui est en adéquation avec qui il est et où il se trouve dans son cheminement scolaire.

Alors que les frais de scolarité continuent à augmenter, les familles devront discuter ouvertement et honnêtement de leurs finances. Les finances déterminent parfois le choix de l'établissement d'études supérieures et de la carrière. Voici quelques-uns des principaux points financiers à aborder :

- Le budget familial;
- Le plan pour payer les frais d'études supérieures;
- Les exigences en matière d'aide financière;
- Les prêts pour les études supérieures;
- La contribution de l'adolescent au plan financier.

Dans mon (Munira) cabinet, j'ai vu des familles pousser leurs adolescents à s'inscrire à une université locale spécifique ou à une université « trophée » sans tenir compte de ce qui convient le mieux à l'adolescent. Lorsque les adolescents fréquentent une université qui ne leur correspond pas, que ce soit au niveau académique, social ou culturel, ils sont confrontés à de plus grands défis à relever pour obtenir leur diplôme. Il est important que les familles discutent du type d'université qui fonctionne pour leurs adolescents : une grande université de recherche, une petite université d'arts libéraux, une université communautaire, une école professionnelle, etc. En marchant sur un campus universitaire, en s'asseyant dans une salle de conférence et en parlant à des étudiants actuels, ils pourront décider s'ils se sentent à leur place sur un campus en particulier. En fin de compte, si le choix de l'université de l'adolescent n'est pas adapté, des leçons pourront en être tirées, ce qui aidera les adolescents à clarifier leurs objectifs à long terme.

Sécurité et utilisation d'Internet

Selon le rapport « Teens, Social Media and Technology » (les adolescents, les médias sociaux et les technologies) du Pew Research Center (2015) : « 92 % des adolescents se connectent à Internet chaque jour et 24 % déclarent être en ligne presque constamment. » Cette nouvelle n'est pas surprenante, étant donné que 88 % des adolescents ont accès à un téléphone intelligent et que 91 % d'entre eux se connectent, au moins occasionnellement, à partir d'un appareil mobile. Les plateformes de médias sociaux sont les principaux sites que 76 % des adolescents visitent. Alors que les applications, les plateformes et la technologie continuent de changer et d'évoluer, les parents doivent être conscients de la présence en ligne de leurs adolescents.

Dès la petite enfance, les parents surveillent les enfants et leurs apprennent comment utiliser les médias sociaux de manière responsable afin qu'ils puissent s'autoréguler à l'adolescence. Passer du temps dans leur monde en ligne tout en respectant leur autonomie est le plus bénéfique. Les parents ne doivent pas surveiller ni tenter de contrôler ce que leurs adolescents disent ou publient. Bien que la plupart des termes d'utilisation des plateformes de médias sociaux exigent un âge minimum de 13 ans, la réalité est que de nombreux adolescents établissent une présence sur les réseaux sociaux avant cet âge. Par conséquent, les parents sont invités à donner à leurs adolescents les moyens de se protéger sur Internet et à maîtriser la littératie médiatique.

Les adolescents doivent être informés de la pérennité de leur identité en ligne et de leurs publications. Une recherche rapide sur Google de leurs noms permet de savoir qui ils sont en ligne. Il est essentiel qu'ils sachent que certains employeurs et agents d'admission à l'université peuvent en apprendre davantage sur les candidats de cette manière. Cela peut sembler drôle et inoffensif pendant l'adolescence, mais leur présence en ligne laisse un héritage qui pourrait avoir un impact sur leur avenir. Une étude réalisée par McAfee (2012) a révélé que 49 % des adolescents publiaient des commentaires à risque. Aujourd'hui, le défi pour les adolescents est que leur vie se déroule sous le regard des yeux virtuels qui documentent l'ensemble du processus, y compris toutes les erreurs et tous les regrets. Lorsque les adolescents choisissent de publier quelque chose en ligne, ils doivent s'imaginer « dire » ou « partager » cette affirmation sur un microphone au monde entier. Leur public est composé non seulement de leurs amis, mais aussi de leurs parents, de leurs proches, des parents de leurs amis, de leurs enseignants, des membres de leur communauté, de leurs futurs employeurs et d'autres personnes qui verront ce qu'ils ont à dire et qui formeront leur propre hypothèse sur qui ils sont. C'est une grande responsabilité pour les adolescents, mais c'est également la réalité de la technologie. Ils doivent choisir comment aborder la question, car c'est là pour de bon. Chaque famille doit discuter de la meilleure façon d'aborder leur utilisation en ligne et de la manière de prendre en compte les conséquences à long terme. En fin de compte, les parents peuvent uniquement modéliser, conseiller et recommander des pratiques sans dangers.

Suggestions de limites d'utilisation d'Internet :

- Utilisez les appareils électroniques dans les espaces publics de la maison. Pas d'ordinateur ni de télévision dans les chambres. Un adolescent sera moins susceptible de se rendre sur un site inapproprié si quelqu'un peut passer à côté à tout moment;
- Demandez à avoir accès au téléphone ou à l'ordinateur de vos adolescents pour leur rappeler que leur utilisation d'Internet peut être partagée à tout moment avec vous;
- « Stationnez » les appareils électroniques en soirée. Convenez d'une heure et d'un endroit où tous les appareils électroniques sont garés et branchés à leur chargeur. Une fois « stationné » pour la soirée, l'appareil devient inaccessible jusqu'au matin. Si vous découvrez que vos enfants se faufilent en silence pour prendre leurs appareils électroniques après que vous soyez couché, déplacez le « stationnement » dans votre chambre;
- Limitez l'accès au Wi-Fi. Créez des périodes de désactivation du Wi-Fi telles que le soir après 22 h;
- Discutez du temps passé sur Internet et utilisez l'outil Résolution de problèmes pour trouver des moyens d'équilibrer le temps passé en ligne et hors ligne;
- Discutez des sites Internet auxquels vous pouvez accéder en toute sécurité;
- Installez un contrôle parental qui empêche l'accès à des sites inappropriés;
- Convenez des informations pouvant être publiées en ligne en

toute sécurité;

- Établissez des heures de la journée, des jours de la semaine ou même des événements qui seront exempts d'appareils électroniques. Par exemple, aucun appareil électronique à la table du souper ou lors des temps d'échange.

Sextage et pornographie

Les directives établies pour les adolescents en matière d'utilisation électronique sont essentielles pour prévenir les problèmes tels que le sextage (aussi appelé *sexting*) et la pornographie. Des chercheurs (Martinez-Pather et Vandiver, 2014) ont estimé qu'un étudiant du secondaire sur cinq avait envoyé un message texte ou une photo sexuellement explicite (sextage) d'eux-mêmes. Ils suggèrent que le sextage est une passerelle vers le comportement sexuel chez les adolescents. Sur de nombreux campus d'école secondaire, le sextage est devenu un comportement normalisé. Il est utilisé pour attirer l'attention, gagner en popularité, draguer ou rencontrer quelqu'un. Certains adolescents le font en raison de l'influence des pairs ou pour « faire juste une blague ». Les adolescents qui pratiquent le sextage ne comprennent généralement pas pleinement les conséquences de leur comportement. Leur nature impulsive et leur difficulté à se projeter dans l'avenir leur rendent difficile de prévoir l'impact à long terme de leur « partage » immédiat. Ils ne comprennent pas non plus l'importance de la confidentialité.

Les conversations sur la responsabilité personnelle et la sécurité en ligne incitant les adolescents à s'arrêter et à réfléchir à ce qu'ils publient sont des moyens de donner à ces derniers les moyens d'être plus responsables. Insistez sur le fait que les messages, les images et les vidéos ne sont jamais véritablement privés ou anonymes. En un seul clic, un message embarrassant ou humiliant peut devenir public pour tout le monde. Il est essentiel de faire une introspection. Poser des questions telles que « Comment serai-je perçu si cela devient public? »; « Est-ce quelque chose que je voudrais que mes grands-parents voient? » L'apprentissage des graves conséquences potentielles du sextage, comme des accusations criminelles dans certaines provinces ou dans certains états, peut aider les adolescents à reconsidérer sérieusement le sextage.

Internet a rendu la pornographie facilement accessible sur les ordinateurs et les téléphones. Une étude réalisée par McAfee (2012) a révélé que seuls 12 % des parents pensent que leurs adolescents ont accès à la pornographie en ligne, alors que 32 % des adolescents ont volontairement accédé à de la pornographie en ligne et que 43 % de ce nombre le font sur une base hebdomadaire. Ces statistiques mettent en évidence l'écart entre ce que les parents savent et ce que les adolescents font. Les parents doivent aller plus loin que de dire : « La pornographie est *haram* (illicite)! » Fin de la conversation. Il est plus efficace de discuter des points de vue personnels et des valeurs familiales sur la pornographie en plus d'expliquer les effets négatifs de la pornographie sur les dimensions physiques, sociales, émotionnelles et spirituelles des individus.

Comment parler de la pornographie :

- Commencez par expliquer que les corps peuvent être séduits par des choses que l'esprit ne trouve peut-être pas attrayantes. Dites : « Lorsque les gens regardent la pornographie, ils peuvent se sentir excités par des choses qu'ils ne se sentent pas bien de regarder. Je ne veux pas que tu te retrouves dans une position où ton corps réagit à quelque chose que ta tête sait être mal »;

- Expliquez que leur cerveau en pleine expansion réalise des millions de connexions et que le câblage neuronal sera fortement affecté par des images pornographiques. Marquez-les par le fait qu'il devient très difficile de briser les connexions neurales associant la pornographie au plaisir une fois qu'elles sont réalisées dans leur cerveau. Précisez que ces réseaux neuronaux établis sont la base de la dépendance. Faites-leur savoir que lorsque ces circuits neuronaux sont maintenus, ils ont un impact négatif sur les relations sexuelles entre époux plus tard dans la vie;

- Discutez de la différence entre la sexualité et la pornographie. Dites : « La sexualité est censée être belle et affectueuse. La pornographie montre la sexualité sous une facette offensante et sombre. La pornographie est une activité où les gens gagnent de l'argent au détriment d'une autre personne. Dans notre famille, nous ne participons pas à des activités qui exploitent d'autres personnes »;

- Reliez l'impact négatif de la pornographie à leur spiritualité. Dites : « Tes yeux sont sacrés et les choses que tu vois et intègres affectent ton cœur et ton âme. Les images sexuelles négatives peuvent peser sur ta propre image et sur la manière avec laquelle tu vas considérer le sexe opposé. Il transforme la sexualité en un acte vulgaire au lieu d'un acte beau qu'Allah encourage entre mari et femme. »

Tout comme pour d'autres sujets inconfortables, les parents doivent continuer à discuter avec leurs adolescents. L'objectif est que les adolescents disposent d'informations correctes et d'un espace de dialogue sans danger, qu'ils développent leur conscience de soi ainsi qu'une sécurité personnelle au fur et à mesure qu'ils grandissent. Si votre adolescent développe une dépendance à la pornographie, guidez le vers du counseling.

Sexualité et relations

Les valeurs que possèdent les familles au sujet des relations entre les sexes varient beaucoup. Alors que certaines familles s'attendent à une séparation complète entre garçons et filles, d'autres familles peuvent être à l'aise avec des groupes mixtes de jeunes. D'autres familles peuvent être à l'aise avec les relations de couple. Les valeurs familiales seront déterminées par une combinaison entre les croyances religieuses, les attentes culturelles et le contexte social. Par conséquent, ce à quoi une famille musulmane peut s'attendre peut ne pas être similaire aux attentes d'une autre famille musulmane. En conséquence, le sujet des relations entre les sexes doit être abordé spécifiquement au sein de chaque unité familiale afin que les valeurs soient clairement communiquées sur la manière de se comporter et d'interagir avec les personnes de tous âges et de tous genres.

Points importants à aborder avec les adolescents :

- Les limites de l'intimité entre les hommes et les femmes;
- Les valeurs familiales concernant les câlins, les bises, les poignées de main, etc.;
- Les valeurs familiales sur le bal de fin d'année et les danses scolaires;
- Les activités sociales à l'école et la responsabilité personnelle;
- Les valeurs familiales relatives aux sorties avec une personne du sexe opposé;
- Discuter de l'objectif et de la raison pour lesquels les personnes décident de sortir ensemble;
- Les moyens sains d'interagir avec le sexe opposé;
- L'estime de soi en rapport au sexe opposé;
- Les relations de groupe par opposition à la relation de couple;
- Les ramifications de l'intimité physique et émotionnelle entre

deux personnes;

- La valeur de l'abstinence avant le mariage;
- Les valeurs familiales sur la masturbation;
- Les valeurs familiales sur le moment et la façon de chercher un époux ou une épouse;
- Les valeurs familiales sur l'identité religieuse;
- Les valeurs familiales sur l'identité culturelle.

Certains parents musulmans pensent que les adolescents musulmans ne vont jamais avoir de relations sexuelles prémaritales. Malheureusement, le Family and Youth Institute (2014) a constaté que près de la moitié des étudiants musulmans (hommes et femmes) interrogés avaient eu une relation sexuelle prémaritale. Une étude menée par l'organisme Heart Women and Girls (2014) a révélé que les ressources d'éducation sexuelle pour les adolescents les plus fréquemment utilisées étaient les médias sociaux et les amis; les parents étant la ressource d'informations la moins utilisée. Par conséquent, il est primordial que les parents parlent ouvertement de la sexualité pour avoir une meilleure chance d'influencer les choix sexuels de leurs adolescents (voir la section sur les Conversations difficiles).

Les parents qui ignorent la sexualité de leur adolescent et retardent les conversations sur le sexe jusqu'au mariage ne rendent pas service à leur adolescent, bien au contraire. Les conversations sur l'activité sexuelle, l'éducation à la santé sexuelle, la conscience corporelle, la spiritualité et la valeur du mariage doivent avoir lieu de manière cohérente et avec empathie. Les jeunes adultes feront des choix concernant leurs activités sexuelles et les parents doivent leur fournir toutes les informations nécessaires pour qu'ils soient informés des conséquences de leur choix et qu'ils soient habilités à prendre les meilleures décisions. Les familles qui ont développé une communication ouverte, qui ont éduqué leurs adolescents sur la santé sexuelle et qui ont discuté de leurs attentes pourront mieux comprendre leurs adolescents et les influencer à faire des choix sains au fur et à mesure qu'ils grandissent.

Bien que la position des parents puisse varier sur ces sujets, les messages suivants sont des valeurs clairement définies dans le contexte islamique. Nous vous invitons à les partager avec vos adolescents :

- Le désir sexuel est une sensation naturelle et normale qu'Allah nous a donnée. Ce n'est pas quelque chose de honteux ou dont on doit avoir peur;
- Lorsque le désir sexuel est satisfait dans le cadre du mariage, il fait partie du culte divin;
- Le désir sexuel est fort, surtout chez les jeunes. Toutefois, ce laisser aller à ce désir aussi fort soit il en dehors des limites du mariage peut avoir pour conséquence une grossesse non désirée, de contracter des maladies transmissibles sexuellement, le mal-être et des douleurs émotionnelles;
- Répondez aux suppositions que les adolescents peuvent entretenir au sujet de leur invincibilité : « Ça ne pourrait jamais m'arriver »;
- Lorsque le désir est fort et qu'une personne n'est pas encore prête à se marier, le jeûne aidera à apaiser la pression;
- Personne ne devrait jamais être contraint d'avoir des rapports sexuels. Dire non veut dire non.

L'un des problèmes courants rencontrés dans la communauté musulmane est un « double standard » établi entre ce que l'on attend des garçons et ce que l'on attend des filles. Penser que « les garçons seront des garçons » et qu'ils peuvent explorer tout en prônant que les filles doivent maintenir leur réputation et leur chasteté est un double standard injuste. Ce message détruit la crédibilité parentale auprès des adolescents, car la valeur que ce message détient est basée sur un contexte culturel que les adolescents peuvent trouver non pertinent. Apprendre aux adolescents à exercer un contrôle de soi et à se respecter soi-même et les autres en tout temps est ce qu'il y a de plus bénéfique autant pour les garçons que pour les filles. Avoir des attentes différentes en fonction du sexe peut conduire à un sexisme qui peut aliéner davantage les adolescents lorsqu'ils décident de leurs croyances et de leurs valeurs personnelles. (Voir la section Briser les cycles de la misogynie).

Malheureusement, certains enfants subissent des abus sexuels. Dans ces situations, il est essentiel que les parents réagissent avec empathie et compréhension. Les parents doivent Écouter calmement et offrir confort et soutien. Les enfants peuvent penser que l'abus est de leur faute, être effrayés par l'abuseur, être honteux ou encore inquiets que les parents ne les croient pas. L'amour et le soutien parentaux sont nécessaires pour la guérison. En outre, lorsque les parents prennent les mesures appropriées contre l'agresseur, ils affirment que ce qui s'est produit est absolument inacceptable. Pour limiter les cicatrices psychologiques causées par l'abus sexuel, il est conseillé aux familles de demander de l'aide d'un professionnel du counseling.

Orientation sexuelle

L'une des facettes du développement qui est traité au cours des années d'adolescence est l'orientation sexuelle. Alors que la majorité des adolescents commenceront à ressentir des désirs principalement hétérosexuels, certains auront des désirs sexuels pour les personnes du même sexe : lesbianisme, homosexualité, bisexualité, transgenrisme et jeunes en questionnement (LGBTQ).

Diverses études (citées dans Centers for Disease Control and Prevention, 2014) mettent en évidence la vulnérabilité des jeunes de la population LGBTQ. Ils présentent un risque plus élevé que les jeunes hétérosexuels de subir de la violence, d'être victime de dépression, de s'automutiler, d'avoir des idées suicidaires et de faire des tentatives de suicide. Plus important encore, le lien avec la famille et autrui est considéré comme un facteur de protection majeur contre les problèmes de santé mentale.

Notre intention ici n'est pas d'expliquer les causes d'une attirance sexuelle pour les personnes de même sexe ni d'argumenter sur la position islamique au sujet des comportements sexuels entre personnes de même sexe. Notre objectif est ici de permettre aux parents de donner la réponse la plus appropriée si les adolescents expriment qu'ils ont une attirance sexuelle pour les personnes du même sexe. La réponse initiale des parents, et qui est également celle qui aura le plus de poids, doit être de réaffirmer leur amour. En général, les adolescents LGBTQ craignent le rejet de leurs parents. Un adolescent de mon (Noha) cabinet a demandé à sa mère si elle le détestait après qu'il ait raconté qu'il était bisexuel. *Alhamdu Lillah* (toutes les louanges à Dieu), la mère qui était consciente à la fois de la position islamique et des pressions sociales actuelles a rapidement affirmé son amour. Elle a pu contenir son choc et sa confusion et valider la valeur inhérente de son fils, quelle que soit son orientation sexuelle.

Le deuxième point à souligner est la clarification de la différence entre le comportement et l'orientation. J'ai (Noha) observé que lorsque cette distinction n'est pas clairement établie, certains jeunes se sentent aliénés de leur religion en pensant à tort que l'islam les condamne simplement pour leur orientation. C'est une bataille perdue d'avance pour ces adolescents : ils savent ce qu'ils ressentent et se font dire (de manière incorrecte) que ces *sentiments* sont des péchés. Pour certains, le seul moyen de réconcilier les deux éléments est de rejeter l'islam. Sinon, ces adolescents passent leur vie avec un profond sentiment de honte et de dégoût de soi. Par conséquent, il est essentiel que les parents assurent à leurs adolescents LGBTQ que, conformément aux principes islamiques, leur orientation en elle-même n'est pas déshonorable ou condamnable.

La façon la plus appropriée de répondre à ce sujet serait que les parents partagent l'étiquette islamique concernant le comportement sexuel, soulignant la différence entre la position de l'islam et les normes culturelles actuelles. Les points suivants sont les plus importants :

- Tous les êtres humains méritent d'être traités avec dignité et respect, quelle que soit leur orientation sexuelle. L'islam interdit de dénigrer et de discriminer les gens;
- L'islam protège fortement la vie privée des individus. Les activités sexuelles d'une personne sont d'ordre privé, quelle que soit l'orientation de la personne. Personne n'a le droit de questionner l'orientation sexuelle ou la pratique d'une autre personne;
- La sexualité ne définit pas un individu. Cela fait partie intégrante de la personne, mais n'est pas un critère pour en définir la valeur;
- Le mariage dans l'islam est un contrat entre un homme et une femme;
- Dans l'islam, les contacts sexuels autorisés se limitent aux frontières du mariage;
- Le respect des règles islamiques concernant le comportement sexuel est une soumission à Allah.

Plusieurs discussions seront nécessaires concernant cette question. Toutefois, pour être efficace, il est conseillé aux parents d'éviter de forcer leurs adolescents à parler lorsqu'ils sont réticents. Au lieu de cela, une invitation comme celle ci-dessous est plus efficace : « Je suis ici pour toi. Je sais qu'il s'agit d'un grand défi et j'aimerais t'aider dans la mesure de mes compétences. Alors, si tu souhaites m'en parler à n'importe quel moment, n'hésite pas à me venir me voir. »

De nombreux parents d'adolescents LGBTQ ont du mal à répondre à la question : « Pourquoi cela arrive-t-il? » Certains reviennent en arrière et évaluent tous les événements de l'enfance en tentant de trouver des réponses. Certains se reprochent d'avoir fait quelque chose ou de ne pas avoir réussi à faire quelque chose d'essentiel. Même si nous n'avons pas une connaissance approfondie des origines de l'attirance sexuelle pour les personnes de même sexe, mon (Noha) expérience en pratique privée a confirmé qu'elle n'est pas associée à quelque chose que les parents ont fait ou n'ont pas fait. Jusqu'à ce que nous en sachions plus, nous vous invitons à consacrer votre énergie à soutenir votre adolescent plutôt qu'à ruminer et à vous autorécriminer inutilement.

Alors que les parents guident et enseignent, la décision de vivre sa vie d'une façon ou d'une autre est une décision individuelle. Par conséquent, les parents sont invités à se concentrer sur ce qu'ils peuvent contrôler si jamais leurs adolescents choisissent de suivre leurs désirs sexuels pour les personnes de même sexe (de la même manière qu'ils le feraient s'il s'agissait d'une relation hétérosexuelle hors des limites du mariage). Dans mon (Noha) cabinet, j'ai observé différentes positions en ce qui concerne ce problème. D'un côté, des parents décident de chasser l'adolescent hors de la maison, alors qu'à l'opposé du spectre, d'autres parents acceptent pleinement l'orientation sexuelle. La décision sur la manière de réagir dans cette situation est personnelle. Ce défi particulier reste l'un des plus difficiles à relever pour les parents. Nous vous invitons à demander l'aide d'un thérapeute musulman.

À une époque où les modes de vie séculaires gagnent du terrain, il est difficile de respecter un style de vie sexuelle qui répond aux valeurs de l'islam. C'est une lutte à long terme. En fin de compte, seul un lien fort avec Allah permettra aux individus de s'exercer à faire preuve de patience et de retenue dans l'établissement de leur propre style de vie islamique. Faites toujours des supplications (*duaa*) pour que vos adolescents aient un lien fort avec Allah. *Ô, Allah, accompagne-les toujours.*

La question de foi

Au cours de cette phase, certains adolescents commencent à évaluer leur foi. Pour nombre d'entre eux, la question de l'idéologie sera abordée au cours des années d'études supérieures. Cependant, les adolescents en pleine réflexion vont commencer à critiquer la foi de leur famille plus tôt que les autres. En général, les adolescents répondent à la question de foi de l'une des quatre manières suivantes :

1. Ils suivent les pratiques de leurs parents. La pratique de l'islam ne devient pas un sujet de dispute dans la famille;
2. Ils continuent à suivre les principales obligations de l'islam (prières et jeûne), mais se comportent d'une manière qui ne plaît pas aux parents;
3. Ils montrent des signes d'une foi chancelante comme manquer des prières, repousser la lecture de Coran, refuser d'assister aux cours islamiques, éviter la mosquée ou, dans des cas extrêmes, rejeter complètement l'islam;

4. Ils pratiquent une forme plus stricte de l'islam que leurs parents.

Les parents du premier groupe sont généralement contents de voir leurs enfants suivre leur exemple. Il s'agit d'une bénédiction qu'il ne faut pas tenir pour acquise. Être reconnaissant envers Allah pour ces bienfaits est de mise. Les parents du deuxième groupe donnent trop d'attention aux petites choses et oublier que la foi est un voyage. Pour ces parents, nous vous invitons à être reconnaissants que votre enfant accomplissent les obligations principales de l'islam. Nous vous invitons à ne pas houspiller votre adolescent à propos des « petites choses ». Définissez clairement votre position, mais de manière respectueuse et affectueuse. Évitez de les humilier et d'utiliser votre colère comme arme pour manipuler son comportement. Prenons l'exemple d'un adolescent qui prie et jeûne, mais qui aime écouter de la musique alors que les parents croient que la musique est illicite. Dans de telles situations, nous invitons les parents à exprimer leur position en disant : « Je suis personnellement l'école de pensée selon laquelle la musique est *haram* (illicite). J'ai remarqué que tu écoutais de la musique qui, de ce que je comprends, est autorisée dans d'autres écoles de pensée. Je te demanderais de respecter ma position en portant des écouteurs. »

Pour les parents du troisième groupe, nous vous invitons à conserver les deux principes islamiques suivants au cœur de vos interactions avec vos adolescents :

- « Point de contrainte en religion maintenant que la Vérité se distingue nettement de l'erreur » (Coran, 2:256).
- « Nul n'aura à assumer les péchés d'autrui » (Coran 6:164; 17:15; 35:18; 39:7; 53:38).

Il s'agit d'une phase d'invitation uniquement. Votre influence sera plus efficace et plus puissante si vous passez de la coercition et de la surveillance à l'observation et à l'invitation. Au cours des années précédentes, vous avez peut-être été plus impliqué dans la façon dont l'enfant pratiquait sa religion. Pendant les années d'adolescence, il est conseillé de continuer à renforcer les habitudes que vous avez mises en place plus tôt tout en évitant les confrontations et les batailles : « J'ai remarqué que tu manques de plus en plus de nos prières en groupe. Que se passe-t-il? Les prières sont importantes pour moi personnellement, mais elles sont de ta responsabilité. Comment puis-je t'aider pendant que tu détermines ce que tu dois faire pour maintenir tes prières? »

Continuez à inviter doucement votre adolescent à apprendre et à pratiquer. Toutefois, arrêtez ces invitations lorsqu'elles sont accueillies par de la résistance et que le fossé qui vous sépare de votre adolescent s'élargit. Choisissez vos combats. Concentrez votre énergie sur les plus cruciaux et lorsque vous décidez de ce qui est important, utilisez l'échelle de l'islam plutôt que l'échelle de la honte sociale. Par exemple, prier les cinq prières obligatoires a plus d'importance que le port du *hijab* (voile). Si votre fille a du mal avec ses prières, se concentrer à l'aider à maintenir sa connexion avec Allah à travers les prières a priorité sur lui demander de porter le *hijab* uniquement pour éviter les critiques sociales.

Si votre adolescent refuse expressément de suivre les pratiques religieuses qu'il suivait auparavant et que discuter du problème n'aide pas non plus, nous vous invitons à expliquer clairement comment ces obligations sont des responsabilités personnelles en disant : « Tes prières sont de ta responsabilité. Je continuerai à t'appeler à la prière, mais il est de ta responsabilité de décider si tu te joins à nous ou non. J'aimerais que tu aies une relation solide avec

Allah, et je prierai pour que ça se produise, mais tu dois décider comment tu souhaites développer cette relation. » Concentrez-vous à maintenir votre relation d'amour avec vos adolescents en dépit de la douleur que vous ressentez devant leur foi chancelante. Cette attitude les aidera grandement à revenir à l'islam lorsqu'ils seront prêts. Demandez l'aide d'Allah le Tout-Puissant et faites des supplications *(duaa)* pour vous et votre adolescent afin que vous trouviez guidance.

Le dernier groupe d'adolescents est celui qui exerce une forme plus stricte de l'islam que leurs parents. Dans cette catégorie, le terme plus strict est toujours relatif à l'endroit où les parents se trouvent dans leur parcours spirituel. Ce spectre englobe autant les parents qui ne suivent pas les pratiques religieuses et ceux qui le font assidûment. Je (Noha) faisais partie de ce dernier groupe lorsque j'étais moi-même adolescente, puis en tant que parent d'un adolescent dont la pratique était encore plus stricte que la mienne. Voici mes réflexions sur la façon de gérer la situation :

En tant qu'adolescente, j'appréciais vraiment le respect que ma famille avait pour ma dévotion à l'islam. Je n'étais pas moquée, ridiculisée ou dénigrée pour mes pratiques. Je vous invite à faire de même. Lorsque des situations survenaient, mes parents partageaient leur opinion avec moi, mais ils me donnaient la liberté de décider de la manière dont je souhaitais continuer. Par exemple, lorsque nous voyagions en Europe, il pouvait arriver que je détecte la présence d'alcool dans la nourriture et refuse de la manger. Mon père, plutôt que de rejeter mes craintes du revers de la main, demandait au serveur s'il y avait en effet de l'alcool dans la nourriture. Et lorsque ma crainte était fondée, il m'encourageait à commander quelque chose d'autre.

Chaque famille aura sa propre dynamique. Mon mari et moi

n'avions pas le même avis que notre fils en ce qui concerne quelle viande peut être mangée. Mon mari et moi suivions l'avis selon lequel la viande des Gens du Livre est permise alors que mon fils choisissait de suivre l'avis exigeant l'abattage selon les préceptes de l'islam. J'ai expliqué avec douceur notre position à mon fils avec tout le raisonnement des savants, mais j'ai respecté sa position lorsqu'il a choisi de suivre l'autre opinion. En collaboration avec lui, j'ai commencé à cuisiner avec de la viande abattue selon la tradition islamique. Étant donné que la plus grande religiosité de mon fils avait lieu dans un monde post-11 septembre, je me faisais un point d'honneur de discuter souvent avec lui afin de vérifier sa compréhension de l'islam.

L'expérience que j'ai vécue avec mes parents était validante, valorisante et respectueuse. Par conséquent, lorsque mon fils est devenu plus strict dans sa pratique, je l'ai approché de la même manière que mes parents l'avaient fait avec moi; en le respectant, en communiquant avec lui et en lui donnant de l'espace. Je vous invite à faire de même.

Radicalisation des jeunes

La radicalisation politique ou religieuse des adolescents, par le biais de pairs ou de groupes en ligne, est devenue une préoccupation majeure pour les parents. La radicalisation est un processus de manipulation psychologique par lequel des gens sont endoctrinés dans un « club spécial » avec des idées extrêmes. Des chercheurs (Lyons-Padila, Gelfand, Mirahmadi, Farooq et Egmond, 2015) ont découvert que les jeunes radicalisés souffraient de sentiments d'aliénation liés à une intense crise existentielle relative à l'identité et au sentiment d'appartenance. Les enfants d'immigrants qui ne s'identifiaient pas à leur héritage culturel ou à la culture de leur nouveau pays d'adoption étaient des proies faciles pour les groupes radicaux. Il ne fait aucun doute que la discrimination et les préjugés auxquels ils font face dans leur pays d'adoption alimentent davantage le feu de la déconnexion et de la marginalisation. Les jeunes qui sont attirés par des groupes tels que les gangs, les sectes ou les groupes terroristes ont tous en commun le besoin d'assouvir leur soif d'appartenance.

Le plus important facteur de protection contre la radicalisation est un lien familial solide. Même si vous pensez que les premières années de vie de votre enfant n'ont pas favorisé un tel lien, il n'est jamais trop tard pour commencer. Avec les adolescents, concentrez-vous à passer du temps de qualité sans sermons ni critiques. Suivez les recommandations de vos adolescents au sujet des idées de sortie et profitez de leur compagnie. Les adolescents qui ont le sentiment d'appartenir à leur famille, à leur groupe d'amis et à leur communauté se sentent en contact avec les autres, ce qui va les retenir de chercher des groupes externes pour se sentir validés.

Un autre facteur de protection est l'ouverture parentale aux conversations ce qui encourage les espaces sûrs pour partager toutes les idées. Les occasions de dialogue, au sein d'une famille où les visions sont divergentes sur les sujets islamiques sont vitales lorsque les adolescents recherchent des connaissances islamiques. Certains parents tentent d'approcher leurs adolescents à travers des discours magistraux, en espérant changer leurs convictions et attitudes. Or, semer une graine de réflexion à propos d'une pratique plus équilibrée de la religion est une méthode plus efficace. Offrez de petites perles de sagesse et attendez. Les parents peuvent croire que leurs idées tombent dans les oreilles d'un sourd, mais nous vous assurons qu'elles germent sous la surface et qu'elles porteront fruit plus tard. Comme pour tout le reste, si un parent est confus ou incertain face à une question islamique, il peut utiliser la situation comme une occasion de rechercher des connaissances en compagnie de l'enfant, encourageant ainsi une pensée critique et un dialogue intellectuel.

Un troisième facteur de protection contre la radicalisation est le fait d'avoir un sentiment d'appartenance à une communauté à la mosquée. Une étude de Gallup (2012) a démontré que la fréquentation régulière d'une mosquée est corrélée à une plus grande tolérance à la diversité et à un engagement civique plus important. Les parents peuvent encourager les jeunes à participer à des regroupements à la mosquée pour établir des liens communautaires solides. Ils peuvent également encourager les adolescents à rejoindre des équipes sportives, à participer à des projets communautaires et à prendre des initiatives de dialogues interculturels. Entrer en contact avec des personnes fondamentalement différentes est un élément essentiel pour briser l'isolement et les préjugés.

Le point commun entourant les jeunes radicalisés est que leurs actions étaient souvent inconnues de leurs familles. Bien qu'il soit difficile de percer à jour les secrets des adolescents, il existe des stratégies que les parents peuvent mettre en place pour les détourner du chemin de la radicalisation :

- Commencez par évaluer honnêtement vos propres points de vue au sujet d'autres groupes (autres musulmans, non-musulmans, autres groupes raciaux, ethniques, culturels, etc.). La radicalisation des jeunes est basée sur une vision du monde pleine de préjugés du « nous » en opposition à « eux ». Lorsque vous parlez à vos adolescents, quels termes et étiquettes utilisez-vous personnellement pour faire référence à des personnes différentes de vous? Si votre propre vision des autres est basée sur un paradigme du « nous » en opposition au « eux », vous devez vous efforcer d'ajuster cette base de préjugés et de discrimination. N'oubliez pas que nous ne sommes pas des juges;

- Donnez-vous les moyens d'acquérir des connaissances islamiques. Cherchez et apprenez à avoir une base solide pour pouvoir entretenir des conversations avec vos adolescents. Cela conduit également à une discussion sur les endroits où les adolescents acquièrent leurs connaissances religieuses, en étant particulièrement prudents quant à ce qu'ils trouvent sur Internet. Il existe une prolifération d'informations inexactes en ligne et les adolescents peuvent être mal guidés s'ils n'ont pas des conversations sur ce qu'ils apprennent;

- Écoutez attentivement ce que votre adolescent dit et fait. Partagez vos connaissances et votre compréhension concernant les concepts et les pratiques qui se trouvent en marge de la société. Si vous ne connaissez pas l'idéologie des mentors de votre adolescent, découvrez-la. Lorsque mon (Noha) aîné était à l'université, j'ai assisté à certains des cercles d'étude islamique auxquels il participait pour m'assurer du bien-fondé des idées auxquelles il était exposé;

- Faites part de vos préoccupations ouvertement. Dites : « Je m'inquiète pour toi. Je te vois... Et j'ai peur que tu ne sois amené à une mauvaise compréhension de l'islam. Je m'inquiète que tu deviennes l'un des jeunes dont nous entendons parler et qui ont rejoint... »;

- Reconnaissez que certains de ces éléments font partie du processus de croissance psychologique. Les adolescents ont du mal à voir les nuances dans les idées. Ils ont tendance à tout voir en noir et blanc; Par conséquent, soyez doux et respectueux lors de vos discussions;

- Lors de l'évaluation des comportements de votre adolescent, faites la différence entre ceux qui posent problème et ceux qui sont des pratiques islamiques réelles. Par exemple, un adolescent se rendant à la mosquée n'est pas un signe de danger, alors qu'un adolescent devenu plus pratiquant, qui soudainement s'absente pendant des jours et dont les activités sont gardées secrètes est une cause d'inquiétude;

- Responsabilisez les adolescents en reflétant leurs forces (Forces innées, Encouragements par opposition aux éloges, Autonomie par opposition à la déresponsabilisation). La radicalisation des jeunes est une réalité terrifiante, mais il existe de nombreuses façons pour les familles de les détourner du chemin de l'extrémisme.

Problèmes de santé mentale

Bien que les progrès en neurosciences en ont révélé davantage sur les troubles de la santé mentale, l'incertitude est toujours aussi grande quant à leurs causes et à leur progression. Néanmoins, les changements biologiques intenses durant les années d'adolescence sont considérés comme des déclencheurs possibles pour certaines maladies. Les changements sévères, spectaculaires ou soudains dans le comportement d'un adolescent sont des signes sérieux nécessitant une intervention. Toutefois, les symptômes des problèmes de santé mentale sont parfois graduels et subtils. Il peut être difficile pour plusieurs parents de faire la différence entre un comportement jugé normal pour un adolescent et un comportement qui est une sérieuse cause d'inquiétude. Voici quelques signaux d'alarme :

- Difficulté constante à dormir ou insomnie régulière;
- Sommeil excessif (au-delà de la fatigue typique des

adolescents);

- Très faible estime de soi/mauvaise image de soi;
- Baisse considérable des performances académiques;
- Colère excessive qui n'est pas caractéristique;
- Retrait soudain ou intensité des interactions sociales;
- Perte de poids significative;
- Refus obstiné de manger;
- Port de vêtements extrêmement amples (pour masquer les marques de mutilation ou de perte de poids extrême);
- Marques de mutilation;
- Tristesse qui dure des jours;
- Signes d'intoxication (difficultés d'élocution, yeux injectés de sang, etc.);
- Passivité et perte d'énergie inhabituelles;
- Manque d'hygiène personnelle constant.

La National Alliance on Mental Illness (2013) cite que 4 millions d'enfants et d'adolescents aux États-Unis souffrent d'un trouble mental grave, et que 20 % des enfants âgés de 8 à 15 ans souffrent d'un trouble mental ou d'une dépendance qui peut être diagnostiquée. Un adolescent sur cinq souffre de dépression clinique. Les adolescents peuvent expérimenter les drogues ou l'alcool ou devenir sexuellement actifs pour éviter les sentiments de dépression. Ils peuvent également exprimer leur dépression par un comportement hostile, agressif ou risqué. Les adolescents peuvent essayer de contrôler les sentiments d'impuissance, d'anxiété ou de pression à travers des actes tels que l'automutilation, l'anorexie ou la boulimie. (Voir la section Quand la dépendance règne).

La maladie mentale est répandue à des taux similaires dans le monde entier, dans toutes les cultures et dans tous les groupes socio-économiques. La maladie mentale n'est pas un choix, un défaut de caractère ou un échec moral. Il s'agit plutôt d'une pathologie déclenchée par la confluence de la génétique et de l'environnement. Plutôt que de nier le problème, la recherche d'une aide professionnelle est essentielle pour l'adolescent et la famille.

Symptômes problématiques

Les parents à la recherche d'une aide professionnelle pendant les années d'adolescence ont souvent du mal à relever l'un des défis suivants :

L'adolescent parfait.

Les parents de ces adolescents peuvent ignorer qu'il se passe quelque chose avec leur adolescent, tant que celui-ci n'est pas surmené émotionnellement. Ce phénomène se manifeste généralement vers la fin de l'école secondaire, lorsque la pression pour les choix universitaires augmente. Le perfectionnisme se manifeste généralement par l'anxiété de performance, le stress face au futur et une mauvaise estime de soi. Ce problème est l'un des défis les plus difficiles à détecter chez l'adolescent, car ce dernier semble « bien aller » et un parent suppose que l'anxiété fait partie du stress normal que l'on doit vivre pour réussir à l'école.

Vérifier si l'adolescent définit son identité indépendamment d'une « performance parfaite » aidera les parents à faire la différence entre l'anxiété normale et une estime de soi dysfonctionnelle. Les adolescents qui se focalisent à *être* parfaits plutôt qu'à *faire* de leur mieux sont à risque. Ces adolescents expriment généralement des messages tels que : « Je suis un échec »; « Je ne suis pas un bon... »; « Je ne vaux rien ». Bien qu'il soit tout à fait normal que chaque adolescent exprime ces sentiments de temps en temps, c'est le sentiment omniprésent d'inutilité et de honte qui est problématique.

Pour contrer ces tendances, il est essentiel que les parents réalisent quels messages ils envoient dans leur foyer : « Fais de ton mieux » plutôt que « Tu dois être l'étudiant parfait »; « Tu es un échec parce que tu as fait une erreur » plutôt que « Oups! Tu as fait une erreur. Comment vas-tu la régler? » Tragiquement, le syndrome de l'adolescent « parfait » est souvent le déclencheur derrière la tentative de suicide d'un adolescent qui n'a pas de problème de drogue ou de santé mentale.

Adolescent rebelle.

Il s'agit du stéréotype commun d'un adolescent en difficulté. La rébellion prend des formes différentes d'une famille à l'autre. Par exemple : un manque de respect excessif, l'utilisation de drogues, la désobéissance ouverte et dangereuse aux règles de la maison, des relations illicites, la fugue, la violence physique envers un membre de la famille, etc. Un adolescent rebelle est un adolescent découragé. Les rébellions sont généralement des cris de désespoir pour de l'amour, de l'aide et du soutien. Il existe de nombreuses raisons pour lesquelles les adolescents se rebellent. Toutefois, en nous basant sur nos observations auprès des familles, nous pensons que les principales raisons sont les suivantes :

- Stratégies de régulation émotionnelle inefficaces;
- Déconnexion de la famille;
- Manque de conscience de soi.

Établir des priorités dans l'éducation des adolescents permettra de constituer un cadre de gestion des situations problématiques, mais ce n'est pas suffisant. Lorsque les adolescents se rebellent, nous encourageons vivement la famille à entreprendre une thérapie individuelle pour l'enfant tout en prenant part à une thérapie familiale avec un autre thérapeute. Plus une thérapie est commencée tôt et maintenue, plus les adolescents ont des chances de guérir et de surmonter leur rébellion.

Adolescent dépressif.

Comme indiqué précédemment, plusieurs symptômes de maladie mentale peuvent être observés à cet âge. La dépression est particulièrement d'intérêt, bien qu'il existe de nombreuses raisons pour lesquelles un adolescent devient dépressif, puisqu'un déclencheur silencieux est une intense lutte psychologique entre ce que l'adolescent veut devenir et les attentes du parent. Dans certaines maisons autoritaires, les attentes parentales sont si élevées et irréalistes qu'elles ne correspondent pas aux talents innés ou à la personnalité de l'adolescent. Les adolescents qui aiment leurs parents et qui s'efforcent de les satisfaire peuvent gérer leur lutte intérieure en devenant dépressifs. Lorsque les adolescents ne se sentent pas écoutés, la dépression détourne l'attention des attentes parentales et devient une expression passive et silencieuse de l'adolescent qui dit « non ».

Un autre déclencheur courant de la dépression chez les adolescents est l'angoisse existentielle quant au sens de la vie. Quelle que soit la manière dont les parents ont enseigné et guidé, la réponse à ces questionnements ne se trouve qu'à travers un cheminement individuel. Pour certains adolescents, ce voyage est intense et écrasant, aboutissant à un état de dépression qui n'est pas soulagé tant qu'ils n'ont pas trouvé de réponse. Enfin, la dépression chez l'adolescent pourrait être un symptôme de maladie mentale, comme un trouble bipolaire ou une schizophrénie.

Adolescent à double personnalité.

Si les adolescents ne se sentent pas à l'aise de s'exprimer ou de se comporter comme ils le souhaitent en présence de leurs parents, ils vont se mettre en retrait. L'enfant pourra même adopter une personnalité à la maison et une autre à l'extérieur. Dans une certaine mesure, tous les adolescents se comportent différemment en compagnie de leurs parents et de leurs amis, quelle que soit la qualité de la relation entre les parents et les adolescents. Cependant, une double personnalité devient une préoccupation lorsque la différence entre leurs agissements à la maison et à l'extérieur est flagrante. Un tel écart génère des problèmes émotionnels et psychologiques majeurs qui peuvent se manifester par des comportements comme l'automutilation, les idées suicidaires, la consommation de drogues, la fugue, les relations instables fréquentes, etc.

Pourquoi mon adolescent est-il en crise?

Quelqu'un peut-il prévoir comment un enfant va évoluer au cours des années d'adolescence? Seul Allah, dans Son savoir infini, le sait. Les humains ne sont pas des robots qui suivent un programme; chaque individu est unique, idiosyncrasique et imprévisible. C'est ainsi qu'Allah a créé l'humanité. Dans nos observations sur les familles, nous en sommes arrivées à reconnaître qu'une confluence des cinq facteurs suivants explique inévitablement pourquoi les adolescents se comportent comme ils le font.

1. La prédestination divine (qadar).

Dans une culture où les gens croient inconsciemment que tout est sous leur contrôle, il est facile de perdre de vue le sixième pilier de la foi : la croyance en la prédestination divine. Les six piliers de la foi dans l'islam portent sur les croyances du cœur : croire en Allah, Ses anges, Ses livres divins, Ses prophètes, au jour du Jugement et à la *qadar* (prédestination divine) qu'elle soit favorable ou défavorable. Ces six piliers de la foi constituent un cadre pour rappeler aux musulmans leurs limites. Malheureusement, la croyance en la *qadar* qu'elle soit favorable ou défavorable est souvent négligée dans la vie quotidienne.

La voie que les adolescents décident de suivre fait partie de la *qadar*. Les parents peuvent mettre en œuvre les meilleures pratiques d'éducation parentale et avoir la meilleure vie possible, mais leurs enfants peuvent faire partie des difficultés qu'Allah a prédestiné pour eux. Cela peut prendre la forme d'adolescents pris avec des problèmes de toxicomanie, qui ont de mauvaises fréquentations, qui enfreignent la loi ou qui deviennent aliénés de l'islam. Lorsque les adolescents adoptent de tels comportements, les parents souffrent de douleurs émotionnelles intenses et profondes. Néanmoins, le fait reste que peu importe ce qu'un parent fait – le meilleur, le pire ou quelque chose entre les deux – cela fait partie de sa *qadar*.

Invoquer la *qadar* d'Allah n'est pas une excuse pour renoncer à ses responsabilités parentales de guider et d'enseigner. Allah tient les parents responsables de l'éducation consciente qu'ils ont pratiquée et non de ce que leurs enfants deviennent. La croyance en la *qadar* permet de soulager les cœurs blessés des parents qui ont des enfants en difficulté. Dans les moments les plus sombres de l'agonie devant la voie choisie par un enfant, rien n'apporte plus de paix et de réconfort que de se soumettre à Allah et de chercher son support.

2. Tempérament de l'adolescent et style parental.

Une étude récente (Panetta, et coll., 2014) a analysé l'impact des tempéraments et des styles parentaux sur la régulation émotionnelle et comportementale des adolescents. Il a été découvert que les tempéraments des adolescents expliquaient presque la moitié de leur manière de fonctionner. Le style parental jouait un rôle significatif, mais moins important que celui du tempérament de l'enfant. Cette étude en particulier permet d'expliquer pourquoi les enfants d'une même famille avec les mêmes parents évoluent différemment. La combinaison du tempérament de l'adolescent, de sa disposition génétique et du style de ses parents est unique pour chaque enfant.

La littérature scientifique abonde avec des études qui relient les styles parentaux aux résultats chez les enfants. Bien que des études spécifiques obtiennent des détails qui varient, un thème commun émerge des recherches : la parentalité démocratique, surtout lorsqu'elle est pratiquée par les deux parents, est associée aux meilleurs résultats chez les enfants (Panetta, et coll., 2014; Fite, 2009). Nos observations lors de notre travail avec les familles soutiennent ce point de vue. Bien que le style parental ne soit pas le seul facteur influençant l'efficacité avec laquelle un adolescent parcourt les aléas de la vie, il joue un rôle important. Certaines leçons de vie sont apprises plus rapidement et plus efficacement par les enfants dont les parents utilisant le style démocratique. Les enfants de parents autoritaires et permissifs prendront plus de temps et auront plus de difficultés à apprendre les mêmes leçons de vie. Parfois, ces leçons de vie ne sont jamais apprises et la vie devient un barrage constant de difficultés et de défis.

3. La perception unique de l'adolescent.

Les enfants créent leurs propres croyances pour s'expliquer le monde. Ces théories deviennent le cadre par lequel ils se perçoivent eux-mêmes, perçoivent les autres ainsi que le monde dans son ensemble. Selon la philosophie adlérienne, cette théorie du monde est en place au moment où l'enfant a cinq ans. L'enfant n'est certainement pas conscient de la théorie qu'il a intégrée. Néanmoins, cette théorie de la vie développée en bas âge devient un facteur motivant fortement les comportements appropriés et inappropriés. Bien qu'elle soit basée sur les événements et les réactions des autres, elle est entièrement issue de la perception de l'enfant. Par exemple, un enfant mignon et adorable qui fait l'objet de beaucoup d'attention peut penser qu'il doit être au centre de l'attention pour prospérer dans la vie. Un autre enfant peut avoir été félicité de bien aider et, par conséquent, internalise la croyance qu'une personne doit rendre service pour prospérer. Les possibilités sont infinies. Toutefois, certaines théories plus que d'autres (les gens doivent prendre soin de moi; si les gens ne disent pas que je suis bon, je dois être mauvais; si je ne suis pas aimé par tout le monde, quelque chose ne va pas; le but de la vie est tout simplement de s'amuser, etc.) peuvent apporter des ennuis pendant les années d'adolescence.

4. Problèmes de santé mentale.

Comme nous l'avons mentionné précédemment, les défis rencontrés peuvent parfois être liés à de graves troubles de santé mentale (par exemple, la bipolarité, la schizophrénie, la dépression). Si un parent soupçonne une maladie mentale, il est essentiel que l'adolescent soit évalué. N'attendez pas. Plus l'adolescent qui souffre d'une maladie est évalué et traité tôt, plus le pronostic est favorable.

5. Normes sociales.

Les normes sociales à l'adolescence jouent un rôle majeur dans la formation des identités. Le contexte culturel peut être différent d'une communauté à une autre, même dans la même zone géographique. Les normes sociales changent d'une génération à l'autre et sont généralement des réactions et des contre-réactions aux normes antérieures. Voici quelques exemples de tendances que la communauté musulmane a connues ces dernières décennies :

augmentation du port du *hijab* (voile), retrait du *hijab*, concentration sur la religiosité, diminution de la présence dans les mosquées, concentration sur le service communautaire, augmentation des sorties avec une personne du sexe opposé et de la consommation de drogue. Les adolescents qui sont déconnectés de leur famille suivront les tendances culturelles de leur époque.

Participer à du counseling

En général, les parents ressentent de nombreuses émotions lorsque leur adolescent passe au travers de l'un des défis ci-dessus. Pendant un certain temps, les parents vivent des montagnes russes d'impuissance, de confusion, de colère et de peur. Il est courant qu'ils réagissent en essayant d'exercer du contrôle sur leurs adolescents et sur la situation. Malheureusement, cette stratégie a, chaque fois, l'effet inverse que celui prévu. Les adolescents ne répondent pas bien aux contraintes et à la manipulation. Ils répondent mieux lorsqu'ils sont tenus responsables de leur vie et qu'ils sont invités à être des collaborateurs. Lorsque le lien parent adolescent est fort, les parents sont en mesure de gérer par eux-mêmes les défis plus simples des années d'adolescence. Cependant, lorsque les parents sont perdus, ils cherchent l'aide et les conseils de leur famille, de leurs amis et de professionnels.

Dès les premiers signes de problèmes, la thérapie aidera les adolescents à s'adapter plus rapidement et plus efficacement. Avec toutes les difficultés décrites ci-dessus, des stratégies d'adaptation importantes sont manquantes. Il est fortement recommandé de demander du counseling, même sur une courte période. Un cadre thérapeutique aide les adolescents en difficulté à changer leur perception, à apprendre des moyens efficaces de faire face aux difficultés de la vie et à commencer à reconnaître leurs talents innés. La thérapie aide également les parents à mieux comprendre ce qui trouble leurs adolescents et à adopter de nouvelles façons de leur répondre qui permettent de les rendre plus autonomes plutôt que de les déresponsabiliser. Nous vous invitons à surmonter toute stigmatisation dans la communauté musulmane associée à la recherche d'une thérapie et à vous concentrer sur ce qui est le mieux pour vos adolescents. Nous souhaitons également souligner que la thérapie est un processus qui prend du temps. Les défis ne seront pas surmontés en seulement quelques sessions. Parfois, des années sont nécessaires pour surmonter des difficultés. N'abandonnez jamais. La patience et la recherche du support d'Allah sont essentielles. *Bil tawfiq* (avec le succès divin).

Les années d'adolescence sont la préparation à la future séparation parent-enfant dans les années de lâcher-prise à venir. Toutes les stratégies utilisées au cours des années d'adolescence seront nécessaires pour la prochaine étape de la vie : élever de jeunes adultes. Toutefois, un changement important dans les attitudes parentales doit avoir lieu pour que les jeunes adultes puissent mener leur vie de manière indépendante. Dans le chapitre suivant, nous allons aborder la façon dont les parents de jeunes adultes peuvent continuer à exercer leur influence tout en lâchant prise.

CHAPITRE NEUF

LES ENFANTS MAJEURS

La plupart des familles vivent le début de l'âge adulte de leurs enfants avec un peu de tension et de chaos. Cependant, certaines familles vont vivre une véritable lutte. Dans ce chapitre, nous mettons en évidence les zones de conflit potentiel et proposons des réflexions et des invitations visant à favoriser la connexion et la compréhension.

Lâcher-prise

L'un des processus naturels de la vie est le transfert progressif et continu de la responsabilité des parents vers les enfants. Lorsque les enfants deviennent adultes, ils prennent plus de responsabilités dans leur vie tandis que leurs parents deviennent observateurs et mentors. Dans de nombreuses cultures islamiques traditionnelles, les parents transfèrent la responsabilité qu'ils ont envers leurs enfants majeurs lorsque ces derniers sont mariés. Toutefois, il arrive parfois que le lâcher-prise n'ait pas lieu même en cas de mariage. Dans certaines sociétés traditionnelles, le nouveau couple devient simplement un sous-ensemble de la famille elle-même, et les membres plus âgés de la famille continuent à assumer leur rôle de leader. Bien qu'il existe encore certaines communautés où le lâcher-prise se produit au moment du mariage, les changements radicaux dans la culture mondiale (sociaux, économiques, technologiques, politiques) forcent la séparation parent-enfant à se produire plus tôt. Les normes culturelles mondiales actuelles influencent les enfants majeurs qui vivent encore chez leurs parents à mener leur vie comme ils le souhaitent malgré la désapprobation parentale.

Le lâcher-prise le plus difficile se produit lorsque l'enfant majeur a choisi de mener une vie qui ne correspond pas à la vision du monde du parent. J'ai (Noha) rencontré de nombreuses familles qui sont déchirées par ces différends. En général, la tension est liée aux choix de l'enfant majeur concernant son ou sa partenaire conjugal(e), ses amis, son éducation, sa carrière, son orientation sexuelle ou, dans les situations les plus difficiles, sa religion.

Le lâcher-prise est un état d'esprit. Il s'agit en fait d'un principe basé sur l'islam. Le principe islamique en question est qu'« au Jour du Jugement dernier, chacun d'eux se présentera seul devant Lui » (Coran, 19:95) et que « nul n'aura à assumer les péchés d'autrui » (Coran 6:164; 17:15; 35:18; 39:7; 53:38). Il s'agit de principes divins que les parents oublient parfois dans leur zèle à vouloir protéger leurs enfants de tout « mal ». Les parents adorent leurs enfants et veulent ce qui est le mieux pour eux. Toutefois, cet amour est généralement ancré dans l'attente que les enfants vivront conformément à la façon de vivre de leurs parents.

Lâcher-prise ne consiste pas à abandonner un enfant. Lâcher-prise, c'est reconnaître que l'enfant majeur n'est pas vous et qu'il peut prendre des décisions qui sont contraires à vos opinions ou idées. Lâcher-prise, c'est parler à votre enfant majeur, en partageant vos préoccupations et vos opinions, tout en reconnaissant qu'il peut prendre et qu'il prendra ses propres décisions. Lâcher-prise, c'est simplement prendre du recul afin de laisser vos enfants mener leur vie tout en leur assurant votre soutien et votre amour continus.

Argent, temps et amis

Certains parents de jeunes adultes ont du mal à faire face aux problèmes liés à l'argent, au temps et aux amis. Le soutien financier offert par les parents à leurs jeunes adultes variera d'une famille à l'autre. Les parents devront clarifier les limites financières. Couvriront-ils les frais de scolarité et de subsistance? Les dépenses de loisirs? Les voyages estivaux? Les paiements de voiture? Donner aux jeunes adultes de l'argent de poche pour les frais de subsistance pendant leurs études supérieures les aidera à passer progressivement à l'indépendance financière puisqu'ils géreront efficacement leur argent et chercheront un emploi. En définissant des limites en matière d'emprunt d'argent, les jeunes adultes ne s'attendent pas à ce que les parents « les sortent des impasses ». S'attendre à ce que les enfants majeurs économisent et payent leurs propres dépenses de manière indépendante inculque la responsabilité et aide à retarder les gratifications. Enfin, le fait de s'abstenir de porter des jugements sur les achats effectués par les jeunes adultes avec l'argent qu'ils ont gagné permet à ces derniers d'apprendre de leurs erreurs.

Lorsque les jeunes adultes quittent la maison, la joie et l'énergie de les avoir près de soi manquent à de nombreux parents. Les jeunes adultes passent progressivement plus de temps au travail et avec leurs amis qu'à la maison. Ils peuvent appeler ou rendre visite à leurs parents à un rythme qui peut convenir ou pas à ces derniers, et cela peut être difficile pour certains. Toutefois, une relation parent-enfant solide restera connectée, car la relation est ancrée dans l'amitié et le respect. Les parents et leurs enfants majeurs peuvent prévoir du temps pour parler et se rendre visite régulièrement en fonction de leur situation (emplacement et obligations). Le respect mutuel et la compréhension des priorités changeantes des enfants majeurs faciliteront cette transition (Avoir une vie).

Enfin, certains parents doivent relever un défi : les amitiés de leurs enfants majeurs. Ils ne connaissent peut-être pas les nouveaux amis d'école et de travail de leur enfant majeur comme c'était le cas quand leur enfant était encore au secondaire. Les parents n'ont plus d'influence directe sur leur choix d'amis. La vie sociale des enfants majeurs est en pleine croissance et en plein changement loin des yeux de leurs parents. Cependant, ces relations jouent un rôle essentiel dans le développement émotionnel des jeunes adultes. Il est utile aux parents qui n'aiment pas les amis de leurs enfants majeurs de reconnaître que ces choix ne sont pas sous leur contrôle. Bien sûr, les parents peuvent exprimer leurs inquiétudes et leurs réserves, mais ils doivent faire confiance à leurs jeunes adultes afin qu'ils découvrent les choses par eux-mêmes. Les parents peuvent définir des limites s'ils ne souhaitent pas accueillir les amis de leurs enfants dans la maison familiale.

La question de foi

Que la vision du monde du jeune adulte corresponde ou non à celle du parent est une *qadar* (prédestination divine) du parent. Dans la *sourate Al-Ahqâf* (chapitre sur les collines de sable courbées par le vent, Coran, 46:15-19; voir l'Annexe A), Allah décrit deux foyers de fidèles. Dans une des familles, l'enfant suit les traces de ses parents. Dans l'autre, l'enfant rejette la foi des parents. La foi d'un enfant n'est qu'un des nombreux domaines où la *qadar* d'Allah aura préséance.

La plupart des jeunes adultes remettront en question leur système de croyances au début de la vingtaine. Pour certains, être exposés à de nouvelles valeurs lors de leurs études supérieures solidifie leur foi islamique ou encore sème des graines de doute. Il y a également de jeunes adultes qui ne tiennent pas compte de la Question de foi au cours de leur vingtaine, en orientant plutôt leur énergie vers leurs études et leur carrière. Comme pour les adolescents, les jeunes adultes se répartissent dans un de quatre groupes en fonction de leur pratique de l'islam (voir Question de foi et Islam par choix).

La religiosité dans les sociétés vient par vagues (Coran, 7:169; 19:59; voir l'Annexe A). Au moment de la rédaction, il y a une forte marée d'« aucunes » aux États-Unis (Lipka, 2015). Il s'agit de personnes qui ne s'identifient à aucune tradition religieuse. Selon le Pew Research Center, le nombre d'« aucunes » aux États-Unis a considérablement augmenté entre 2007 et 2014. Il est intéressant de noter que cette attitude est plus concentrée chez les jeunes adultes nés entre 1981 et 1996. En même temps, bien que ce ne soit pas évident d'établir un lien entre les deux tendances, il y a une recrudescence de recherche spirituelle par le biais de pratiques séculaires telles que le yoga et la méditation. Une autre tendance actuelle est l'augmentation du nombre d'humanistes religieux. Il s'agit de personnes qui croient dans les enseignements d'une tradition religieuse, mais sans s'engager dans les pratiques rituelles prescrites par cette foi. De nombreuses personnes qui entrent dans ces catégories citent des instances d'intolérance religieuse et, de leur point de vue, des croyances et des pratiques insensées comme la racine de leur mécontentement face à la religion organisée. Bien que ces tendances ne soient pas majoritaires, il y a certainement une forte vague d'effritement de la religion. Malheureusement, certains jeunes adultes musulmans ont été emportés par cette marée. Tout aussi rapidement que cette vague a pris de l'ampleur, une contre-vague se lèvera bientôt; tel a toujours été la manière d'agir des êtres humains selon la volonté d'Allah.

Si vous êtes un parent qui a été béni d'avoir de jeunes adultes pratiquants, soyez grandement reconnaissants envers Allah. Bien que vous ayez sans aucun doute fait des efforts pour leur enseigner et pour les guider, leur pratique de la foi est un *tawfiq* (succès) et une *rizq* (provision) d'Allah. Soyez reconnaissants et humbles. Nous vous demandons également de vous abstenir de juger d'autres familles dont les enfants ont du mal avec leur foi. De nombreux parents ont bien enseigné et bien guidé, mais leurs enfants majeurs ont choisi un autre chemin.

Pour les parents dont les jeunes adultes ont choisi une autre pratique de l'islam ou ont même décidé de ne pas suivre l'islam du tout, nous vous invitons à adopter une approche d'« attente et observation ». Nous sommes conscients que cette position est l'une des plus difficiles pour les parents. Cependant, à moins que votre jeune adulte ne devienne un fervent adversaire de l'islam (Coran, 58:22; voir l'Annexe A), nous vous implorons de ne pas couper les liens. La principale raison est le décret d'Allah selon lequel il n'y a « point de contrainte en religion » (Coran, 2:256). Toute imposition de foi est contraire au libre arbitre qui est à la base de la pensée islamique. La foi est un choix, et non une pratique imposée. Ce principe fondamental de l'islam est encore plus critique dans l'ère actuelle des renonciations publiques de la foi et des traditions. Avant l'avènement d'Internet et de la mondialisation, les personnes qui avaient des problèmes avec l'Islam ou la pratique de l'islam masquaient leurs réticences en raison de la conformité dictée par les normes sociales. Les normes sociales modernes célèbrent la non-conformité. C'est grâce à cette compréhension que nous vous invitons à ne pas couper les ponts ou abandonner votre enfant majeur.

Au-delà de l'acceptation du libre arbitre d'un enfant majeur à choisir un style de vie, il y a toujours de l'espoir. Les narratives coraniques dans les histoires des prophètes Noé, Abraham et Lot (que la paix soit sur eux tous) sont des invitations à espérer la transformation d'un être cher jusqu'à la fin. L'exemple le plus clair est l'histoire de Noé et de son fils. Jusqu'à la dernière minute, Noé a continué d'inviter son fils à rejoindre les croyants. À un âge où la conformité des époques précédentes n'est plus la norme, la pratique de Noé, d'Abraham et de Lot sert de guide et de réconfort.

Le docteur Mustafa Mahmud, médecin, philosophe et écrivain égyptien prolifique (1921 à 2009), est l'inspiration pour le concept d'« attente et observation ». Selon ses écrits, le Dr Mahmud a commencé à s'interroger sur l'existence d'Allah au jeune âge de 13 ans. Il lui aura fallu 30 ans pour boucler la boucle et croire de nouveau en Allah. Il a décrit les années de perte de foi comme des années où il a vénéré son propre intellect et rejeté toutes les idées en dehors du domaine tangible des sciences laboratoires. Les mêmes types d'arguments sont répétés aujourd'hui par les jeunes adultes qui s'interrogent sur leur foi.

Suite à son retour vers l'islam, le Dr Mahmud s'est lancé dans un projet d'éducation et de travail caritatif en Égypte qui s'épanouit jusqu'à ce jour. La même science qu'il avait utilisée pour réfuter la création divine est devenue la base de sa foi en Allah. L'héritage du Dr Mahmud inspire l'admiration en Allah en mettant en valeur les merveilles de Sa création. Il a réussi à combler le fossé entre la science et l'islam au 20e siècle et, dans le cadre de ce processus, rassure d'innombrables jeunes musulmans de la pertinence continue de leur foi. Cet héritage provient d'un homme dont le début de vie a suivi un chemin différent. Son histoire est l'une des raisons pour lesquelles, lorsque les parents sollicitent des conseils à propos de leurs jeunes adultes perdus, nous leur disons :

« Attendez pour voir; peut-être votre jeune adulte sera-t-il un autre Mustafa Mahmud. »

Il est clair que donner de l'espace et du temps n'est pas synonyme de franchir les importantes limites personnelles et familiales. Ce n'est pas parce que les jeunes adultes choisissent de vivre d'une certaine manière que cela leur donne le droit de forcer leur style de vie non islamique (boire de l'alcool, se moquer de l'islam, avoir des relations sexuelles illicites, etc.) dans votre propre maison. Soyez ferme quant à ce que vous pouvez accepter dans les limites de votre domicile. C'est votre droit. Votre enfant majeur peut ne pas respecter ces limites en se basant sur la foi, mais qu'il accepte ces limites par respect pour vous et vos valeurs est quelque chose que vous pouvez certainement communiquer et à laquelle vous êtes en droit de vous attendre.

Orientation sexuelle

Dans mon (Noha) cabinet, j'ai travaillé avec de nombreuses familles de jeunes adultes LGBTQ musulmans. La communauté musulmane n'ayant pas encore discuté ouvertement et clairement de ce problème, de nombreuses familles sont perdues et confuses. Le 21e siècle est marqué par un mouvement mondial visant à parler ouvertement des problèmes LGBTQ. Au cours de ce processus, il y a de la pression pour questionner et contester les décisions religieuses concernant l'activité sexuelle entre personnes de même sexe. Il y a des appels pour afficher sa fierté en proclamant publiquement son orientation et en ayant des relations avec des personnes de même sexe. Les jeunes adultes LGBTQ musulmans subissent beaucoup de pression. Qui doivent-ils suivre? Le système de valeur avec lequel ils ont été élevés ou les nouvelles normes culturelles?

Les parents musulmans répondent de différentes façons à leurs jeunes adultes LGBTQ. Lorsque les parents sont incertains, mais entretiennent des soupçons, certains ignorent le problème jusqu'à ce qu'ils soient forcés de le confronter, tandis que d'autres ont des discussions ouvertes avec leurs enfants. Lorsque les jeunes adultes partagent leur orientation sexuelle, les familles de mon (Noha) cabinet répondent de l'une façons suivantes :

- Amour et compassion. Certains parents comprennent les opinions islamiques traditionnelles ainsi que les pressions sociales actuelles. Ce groupe est en mesure de participer à des discussions ouvertes sur le problème. Ils dissocient l'orientation sexuelle de la valeur spirituelle. Ils invitent leurs jeunes adultes à se concentrer sur leur relation avec Allah et leur donnent la possibilité de le faire afin qu'ils puissent trouver une guidance sur la meilleure façon d'approcher leur orientation dans le contexte d'une vie musulmane vertueuse;
- Choc et peur avec une compréhension graduelle. Certains parents n'ont jamais pensé que ce problème allait se produire dans leur demeure. Après la phase initiale de choc et de déni, ce groupe cherche à obtenir de l'aide et du soutien de la part d'*imams* (leaders religieux) et de thérapeutes musulmans. Ils acceptent progressivement l'orientation sexuelle de leurs jeunes adultes tout en exprimant clairement leur position sur les relations entre personnes de même sexe;
- Choc et peur sans une compréhension totale. Ce groupe s'efforce de prendre des mesures coercitives, en espérant changer l'orientation sexuelle de leurs jeunes adultes. Certains forcent leurs enfants à participer à une thérapie de conversion; thérapie qui a été prouvée être inefficace. D'autres forcent leurs jeunes adultes à se marier avec un partenaire hétérosexuel afin d'éviter la stigmatisation sociale tout en espérant que ces jeunes adultes seront convaincus

qu'ils sont en fait hétérosexuels. Il s'agit d'une autre bataille perdue.

Les situations les plus difficiles sont celles où les jeunes adultes LGBTQ ont choisi de rejeter les recommandations islamiques et de s'engager ouvertement dans des relations sexuelles avec des personnes de même sexe. Les parents se retrouvent ensuite devant un dilemme. Qu'est-ce qui est prioritaire? L'amour envers Allah en suivant son interdiction des relations sexuelles entre personnes de même sexe ou aimer leurs enfants et accepter leur choix? Quelles sont les limites de la responsabilité d'un parent? Il est vrai que « nul n'aura à assumer les péchés d'autrui » (Coran, 53:38), mais qu'en est-il de la responsabilité d'un parent de guider et d'enseigner? Pour ces familles, nous vous invitons à prendre en compte les éléments suivants :

- Les musulmans ne sont pas des juges de la moralité. Allah est Le seul Juge puisque « Dieu le sait; mais vous, vous ne le savez pas » (Coran, 2:216). De plus, les parents ne sont pas responsables des choix pris par leurs jeunes adultes. Traitez vos jeunes adultes avec amour et compassion. Évitez de les humilier, de les dénigrer, de les moquer ou de les ridiculiser. Démontrez vos valeurs à travers vos limites et non à travers votre jugement;
- Soyez très clair sur les limites. Certains parents, après une conversation majeure exprimant leur position, limitent les conversations concernant cet aspect de la vie de leur jeune adulte. D'autres fixent la limite quand vient le temps d'accueillir les partenaires sexuels dans leur demeure. « Nous aimerions te voir dès que tu le souhaites. Cependant, nous ne sommes pas d'accord de rencontrer ton partenaire. » Chaque

famille déterminera sa position en fonction de sa situation et de ses valeurs uniques;

- La déconnexion doit être un dernier recours et seulement lorsque les parents ne peuvent pas réconcilier leurs propres valeurs avec des comportements qui les affectent directement dans leur maison. Dans cette façon drastique de lâcher-prise, les parents décident que de rester conséquents avec leurs propres convictions est incompatible avec le maintien des relations avec leur enfant majeur. Ces familles profiteraient grandement de counseling pour trouver la paix devant cette situation tout en continuant à envoyer un message d'amour à leurs jeunes adultes déconnectés.

Mon (Noha) expérience en pratique privée ne couvre pas toutes les réactions parentales de la communauté musulmane. Avec un sujet aussi complexe, il est difficile de traiter toutes les situations dans cet ouvrage. Il ne s'agira pas d'un problème pour les parents musulmans qui rejettent les avis islamiques traditionnels au sujet des comportements sexuels entre personnes de même sexe. Ils seront à l'aise d'ouvrir leur maison à leur enfant et à son partenaire de même sexe. Cependant, pour les parents musulmans qui croient aux avis traditionnels régissant les relations sexuelles, ce défi est formidable et apporte beaucoup de confusion. Trouver un thérapeute musulman pour travailler sur les spécificités de la situation d'une famille serait le meilleur plan d'action.

Cependant, une chose est sûre : la pratique consistant à forcer sciemment les jeunes adultes qui ont une attirance sexuelle pour les personnes de même sexe dans des mariages hétérosexuels sans qu'ils ne le souhaitent amène douleur et souffrance. Ces mariages présentent généralement des problèmes majeurs au niveau de l'intimité, car le partenaire LGBTQ affiche un désintérêt vis-à-vis de la sexualité ou éprouve de la difficulté. J'ai conseillé de nombreux couples qui viennent en thérapie pour de tels problèmes. Généralement, le partenaire hétérosexuel n'est pas conscient de l'orientation sexuelle de l'autre partenaire. Les problèmes surviennent tôt dans le mariage alors que le conjoint qui est inconscient de la situation se fait blâmer pour les difficultés sexuelles. Dans certains cas, les mariages se terminent en divorces sans que la disparité sexuelle soit exposée, et le conjoint hétérosexuel se retrouve à gérer des sentiments de culpabilité et de honte. La honte indue d'une famille conduit à la honte non méritée d'une autre famille. Il ne s'agit pas de dire que les personnes LGBTQ ne peuvent pas se marier avec des partenaires hétérosexuels; ils le peuvent, mais uniquement s'ils le souhaitent et pour éviter toute douleur inutile, je recommande vivement de faire preuve de transparence dès le début avec le futur conjoint. La majorité des érudits musulmans affirment que les problèmes qui ont été volontairement gardés secrets avant la consommation du mariage et qui auront certainement un impact sur la dynamique maritale sont de solides raisons pour expliquer la dissolution d'un mariage (Sabiq, 1983, v. 3).

Un dernier point concernant l'orientation sexuelle : nous invitons la communauté dans son ensemble à abandonner les jugements vis-à-vis des personnes LGBTQ. Nous invitons la communauté à faire la distinction entre l'orientation sexuelle et les actions liées à ces désirs. Nous invitons la communauté à invoquer la tradition prophétique sur la manière de traiter les personnes : les péchés sont entre un individu et Allah. Nous ne sommes pas des juges de la moralité. Nous traitons toutes les personnes avec respect, amour et compassion malgré ce que nous pouvons supposer à leur sujet ou malgré nos valeurs personnelles. « "À nous notre manière d'agir, et à vous la vôtre! Que la paix soit avec vous!

Nous ne voulons pas engager de discussion avec des ignorants!" Prophète! Tu ne peux remettre dans le droit chemin un être que tu aimes. Mais seul Dieu dirige qui Il veut, car Il est le mieux à même de connaître ceux qui sont les biens guidés » (Coran, 28:5-56).

Mariage

Les humains recherchent des liens sociaux et des relations intimes au début de l'âge adulte. Cette recherche de compagnie et de lien est un cheminement significatif de la croissance personnelle. À ce stade, les jeunes adultes clarifient leurs objectifs personnels dans leur vie professionnelle et recherchent des partenaires avec qui partager leurs expériences et leurs rêves. Des conflits se produisent à ce stade lorsque de jeunes adultes envisagent un mariage, et que les parents doutent de leur capacité à s'engager. Un conflit se produit également si les jeunes adultes manifestent un intérêt pour des partenaires jugés incompatibles ou inacceptables par les parents. Avoir des conversations tôt qui rendent les valeurs et les attentes des parents claires réduiront les conflits et guideront l'enfant majeur lorsqu'il sera à la recherche d'un conjoint. (Voir Vie sexuelle et amoureuse).

Dans mon (Munira) travail de conseillère prémaritale avec les jeunes adultes, j'ai découvert que 75 % des couples musulmans dans ma pratique peinent à gérer les interférences parentales. Pour de nombreuses familles musulmanes, le mariage est un moment où l'« enfant » devient un adulte, et cette transition peut être très déroutante en cas de mauvaise communication et de résistance à la dynamique familiale en évolution. Il se peut que les parents perçoivent toujours leur progéniture comme des enfants qui doivent suivre leurs conseils et recommandations concernant les personnes à épouser (voir Obéissance aveugle). Malheureusement, certaines familles continuent d'avoir des critères de mariage basés sur des principes non islamiques. Les désaccords sur des critères liés à l'origine ethnique, à la culture et à la pratique religieuse sont des problèmes courants dans ces familles.

De nombreux jeunes adultes trouvent difficile d'équilibrer leurs propres besoins et les attentes de leurs parents tout en entretenant une relation de couple saine. Ils se sentent déchirés entre la volonté de respecter leurs parents et le désir de faire leurs propres choix de vie. Plusieurs se sentent étouffés par des préjugés culturels et religieux et se trouvent bloqués et incapables de progresser avec les partenaires de vie qu'ils ont choisis.

Ultimement, les parents veulent voir leurs enfants majeurs heureux et accomplis. Cela requiert de laisser tomber les attentes irréalistes et d'encourager les enfants majeurs à former des liens sains avec leurs conjoints. Les parents qui reconnaissent qu'ils ne « jouent plus un rôle de premier plan » dans la vie de leurs enfants majeurs auront plus de facilité avec cette transition. Les parents qui s'accrochent à leur ancienne position et qui considèrent les conjoints comme une menace, ou encore ceux qui ressentent des sentiments de deuil ou d'abandon risquent d'entraîner d'autres conflits. Les parents qui ont appris à considérer le mariage de leurs enfants majeurs comme une extension naturelle de leur croissance vont accepter leur choix et se concentrer à établir une relation positive avec le couple. Leurs enfants majeurs ne sont plus à « eux » en tant qu'individus. Le couple est plutôt une nouvelle famille avec laquelle ils ont la possibilité de partager des souvenirs et de passer du temps de qualité en vieillissant.

Les parents qui encouragent et soutiennent la cohésion du couple et qui la considèrent comme prioritaire comparativement aux autres relations vont encourager leurs enfants majeurs à former une relation maritale saine. L'engagement envers un conjoint est la fondation d'une nouvelle famille qui nécessite d'équilibrer les perspectives des parents avec les objectifs du couple. Les parents peuvent encourager le nouveau couple à suivre du counseling prémarital s'ils s'inquiètent de leurs compétences relationnelles. Les parents doivent choisir activement de ne pas interférer en établissant des limites saines avec le couple, par exemple en encourageant les conjoints à régler leurs conflits ensemble plutôt que de se plaindre aux parents. Il sera important de construire une nouvelle relation avec le couple en tenant compte de sa dynamique et de la personnalité des individus. Le respect des choix effectués par le couple et l'absence de conseils non sollicités sont essentiels au maintien de l'harmonie. Les parents qui lâchent prise à ce stade et se concentrent sur leur propre relation de couple auront davantage de bonheur et de succès.

Carrière

En fonction de leur relation, les enfants majeurs peuvent demander conseil à leurs parents à propos de leur parcours professionnel ou des emplois potentiels qu'ils envisagent. La carrière qu'un enfant majeur choisit d'entreprendre peut ou non correspondre aux rêves d'un parent, mais les encouragements et les conseils offerts par ce dernier sont précieux. Si les parents pensent que leurs enfants majeurs sont confus ou peu déterminés, ils peuvent avoir une conversation cœur-à-cœur pour partager leurs préoccupations et comprendre ce que les jeunes adultes traversent. À ce stade, les parents agissent plus efficacement en tant que mentors et en tant qu'observateurs.

En raison de la crise économique des dernières années, de nombreux millénariaux reviennent à la maison après l'université, alors qu'ils recherchent des opportunités d'emploi. L'« effet boomerang » a modifié les normes familiales. Le jeune adulte est

« indépendant », mais vit avec les parents, ce qui ajoute une nouvelle couche de complexité à la relation. Il est essentiel d'établir des limites et des attentes claires pour que cette dynamique fonctionne. Un enfant majeur doit se comporter comme un adulte (et non comme un adolescent). Par exemple : contribuer aux frais de subsistance, s'occuper de sa propre lessive, aider à la préparation des repas, s'occuper de la maison, etc. Il sera également nécessaire de discuter des plans de carrière à court et long termes, qui les mèneront à une vie indépendante. En outre, les parents doivent établir des limites et des attentes claires concernant le soutien qu'ils peuvent offrir à leurs enfants majeurs.

Dans ce chapitre, nous avons abordé les zones de conflit potentiel entre les parents et les enfants majeurs. Lorsque des désaccords sérieux se produisent, le conseil « laissez-les mener leur vie » résume le rôle des parents pendant cette période. Il s'agit sans aucun doute de l'une des choses les plus difficiles qu'un parent puisse faire. Cependant, il s'agit parfois de la seule solution possible. Avec ce chapitre, nous arrivons à la fin de notre exploration du voyage parental tout au long de la vie de l'enfant. Nous espérons vous avoir offert de nouvelles perspectives, des outils pratiques et des informations pertinentes. Dans la section suivante, nous partageons avec vous des essais approfondis portant sur divers sujets relatifs à la parentalité.

PARTIE IV

SAGESSES
DE
PARENT

DIEU DISPENSE

Par Ahmed Younis

Je ne me suis jamais senti aussi proche de Dieu qu'au moment où ma femme donnait naissance à notre fille.

J'ai passé tout mon temps en prière pour sa bonne santé, pour le soulagement de sa douleur, pour l'accouchement dont elle rêvait. J'ai prié et prié et prié. J'ai prié sur le sol comme un musulman, avec mes mains croisées comme un chrétien à l'église, comme un rastafari, comme un hindou, comme un sikh et de toutes les autres manières auxquelles j'ai pu penser. J'ai prié Dieu, le Dieu des Juifs, des noirs, des femmes et des opprimés. J'ai prié le début avant tous les débuts et la fin après toutes les fins, à la source de la beauté, de l'amour et de la miséricorde. Même si je commençais toujours mes conférences publiques par cette phrase, et en ce nom, j'ai enfin compris ce que cela signifiait de reconnaître un Dieu de Miséricorde et de Grâce.

Il y a des moments où l'on se sent si impuissant, des moments pendant lesquels rien ne peut être fait. Je veux dire, oui, certaines choses peuvent être faites, mais dans l'ordre des choses, elles ne sont que de bien peu d'aide. La position d'un père pendant une naissance est le miroir correctif des approches normatives de la société en matière de relations entre les genres, et, à mon avis, c'est parfait comme ça.

Un père est inhibé pendant la naissance. Pour la première fois dans sa vie, l'homme n'a pas l'attention, mais on lui demande plutôt poliment de se taire, de s'asseoir sur le côté, de reconnaître les limites de ses connaissances et de s'imprégner de la grandeur du moment. Il s'agit d'une correction mineure face à la misogynie de cette vie, aux réalités extrêmement négatives auxquelles les filles et les femmes sont confrontées chaque jour, partout dans le monde.

L'accouchement est la première fois qu'un homme est invité à céder, à s'arrêter, à prendre des précautions. S'il est intelligent, il commence à comprendre qu'il est impuissant.

Soyons clairs : ce n'est ni mon épouse ni une autre personne qui m'a dit ces choses. C'est la singularité de l'expérience, à la fois socialement construite et naturellement ordonnée. Nous avons tous un rôle. Notre coopération s'est déroulée sans effort.

Au cours de la naissance de notre fille (que Dieu la bénisse), j'ai trouvé que la frontière entre l'esprit et l'intellect devenait floue. J'ai été intimement impliqué dans l'expérience physique, des premières contractions à la naissance de notre fille. J'ai bercé, dansé, poussé, et effectué toutes les autres actions que vous pouvez imaginer afin de soutenir ma femme. Elle a mené l'expérience à tous les niveaux, non pas grâce à ses nombreuses lectures sur l'accouchement ni à cause de nos cours prénataux, mais parce qu'elle est tout simplement une personne extraordinaire. Elle nous a guidés en puisant dans sa force spirituelle, qui ne peut que susciter l'admiration et l'émerveillement. Ses connaissances étaient capitales de tant de manières. C'était un pouvoir viscéral qu'aucun humain ne peut canaliser par choix, en dehors de ce contexte particulier. C'est qu'il ne s'agit pas d'être à la hauteur d'un événement. Le contexte est l'événement. Nous ne sommes pas l'événement. Nous ne nous élevons pas à la hauteur de celui-ci. Au contraire, nous nous retrouvons prosternés, pleins d'humilité envers le Créateur de toutes choses. C'est un retour aux sources, calme, fort et plein d'espoir que mon épouse a su maîtriser, à l'instar des grands sages de ce monde.

Je n'ai jamais eu d'expérience qui puisse même être comparée à celle-ci. Elle n'est comparable d'aucune manière à la banalité et la normalité de la vie.

Ce jour-là, j'ai eu l'impression que notre sage-femme était une philosophe qui comprenait profondément la nature éphémère du moment. Nous étions ensemble dans un monde « parallèle ». Nous étions entre le matériel et le spirituel, cette vie et la prochaine, le bonheur extrême et la peur brute. Les personnes présentes dans la salle étaient toutes dans un entre-deux. Nous étions tous connectés à une source d'énergie de différentes manières. Cette source me semblait puiser à même l'âme de ma femme et jaillissait dans le monde comme un acte de dévotion et de sacrifice suprêmes.

Dieu guide et protège dans de tels moments ceux qui nécessitent le plus de notre énergie. J'ai eu l'impression que notre équipe, dirigée par la sage-femme, comprenait qu'elle jouait un rôle dans ce soutien. Bien que nous ne partagions pas la même religion, nous partagions, ce jour-là, dans ces moments-là, la même foi. Nous étions tous croyants! Nous avons cru ensemble en une puissance intangible qui anime toutes nos actions et chacune d'elle était pure, destinée à un seul but, et livrée avec une abondance de soins et d'amour.

J'ai toujours essayé de vivre avec intention et j'ai choisi de me préoccuper de réalités sociales complexes à la base d'oppressions individuelles et systémiques, sous ses différentes formes. L'une des problématiques rencontrées et étudiées avec désolation est la situation des filles et des femmes dans le monde. La sécurité des femmes, leur santé, leur éducation et leur emploi ont toujours été au cœur de mes préoccupations. Alors que j'explorais ces idées et que j'avançais dans l'âge adulte, j'étais convaincu que le mariage et les enfants ne m'étaient pas destinés. Je pensais que ma vie serait dédiée au travail, aux voyages, à l'écriture, à l'entrepreneuriat social et aux relations humaines.

Puis j'ai rencontré une femme prénommée Yasmine. Elle m'a complètement déboussolé et a volé mon cœur. Dieu nous fait le don d'une fille qui a quatre mois (au moment d'écrire ces lignes). En passant à travers ces événements, ma vision et ma compréhension du monde ont complètement changé. Comme pour la naissance, le mariage est une étape de la vie qui crée de la vie, et comme à la naissance, Dieu est là.

Le Dr Ahmed Younis est marié à son extraordinaire épouse, Yasmine Abdel-Aal, experte en droit du divertissement et de la propriété intellectuelle. Ensemble, ils ont une belle petite fille. Ahmed est chef des opérations du Global Engagement Center au département d'État. Avant de rejoindre l'administration Obama, il a été professeur adjoint et ambassadeur international pour l'éthique mondiale et la justice sociale au Paulo Freire Democratic Project de l'Université Chapman. Ahmed est titulaire d'un doctorat en philosophie de l'éducation (pédagogie critique) de l'Université Chapman et d'un doctorat en droit de la faculté de droit Washington & Lee

UNE ATTITUDE DE GRATITUDE

Par Tarek Shawky

Lorsque mon fils avait environ deux ans, ma femme et moi avons participé à un cours sur la discipline positive, mené par Noha. Nous traversions alors les défis habituels liés à l'éducation d'un tout-petit et devions apprendre rapidement quelques compétences de base en matière d'éducation parentale. Je me sentais anxieux et très mal préparé à la parentalité. C'est une angoisse unique que les futurs parents ressentent, sachant qu'ils n'ont que neuf mois pour se préparer à une tâche qui ne s'arrêtera jamais. Notre cours sur la discipline positive comprenait des discussions avec d'autres parents qui partagent notre réalité; ce qui s'est avéré aussi thérapeutique qu'instructif. Ce fut un moment décisif dans la transformation de ma vision parentale, me concentrant désormais sur des objectifs à long terme pour ma famille. Je veux être ce que je souhaite voir mes enfants devenir donc je dois être le modèle des comportements que je veux encourager.

L'une des leçons les plus précieuses que j'ai retenues du cours est l'importance de la pratique de la gratitude et l'importance d'en être un modèle. Je sais à présent qu'une grande partie de l'éducation des enfants consiste à adopter l'attitude et la vision que l'on souhaite transmettre. En d'autres termes, il s'agit de se concentrer sur les aspects positifs et d'être reconnaissants pour ce que nous avons au lieu de nous plaindre de ce que nous n'avons pas. La pratique de la gratitude m'aide à ajuster ma perspective pendant les moments difficiles et à me donner une vision positive sur la vie, une vision que je veux cultiver chez mes enfants.

Je le reconnais : faire preuve de gratitude est plus facile à dire qu'à faire. Tout exercice du genre semble intéressant en théorie, mais la mise en œuvre peut s'avérer difficile. Muhammad Ali a déjà dit : « Profitez de vos enfants, même lorsqu'ils n'agissent pas comme vous le souhaitez. » Je suis mis au défi quotidiennement dans mes interactions avec mes enfants. Je reconnais que la ligne est mince entre la gratitude et la rancune. Dans les situations difficiles, il est plus facile d'adopter un état d'esprit négatif. Lorsque mon fils ou ma fille réalise un chef-d'œuvre sur le mur du salon (à l'aide d'un marqueur permanent), se souvenir d'être reconnaissant pour l'enfant et tout ce qui accompagne l'enfance est la dernière chose qui nous vient à l'esprit.

Ma femme et moi sommes des parents qui travaillent. Nous nous soutenons activement dans l'éducation de nos enfants. En fait, une grande partie de mon énergie est consacrée à l'éducation de nos deux enfants. Si vous avez des enfants, je n'ai pas besoin de vous expliquer pourquoi. Si ce n'est pas le cas, imaginez-vous simplement devoir travailler 24 heures sur 24, 7 jours sur 7, 365 jours par an, année après année. Il s'agit d'un travail pour au moins deux personnes, mais je vous recommande le soutien d'un village, surtout lorsque votre conjoint(e) n'est pas disponible et que vous êtes seul(e). Les moments les plus difficiles peuvent souvent déclencher des réactions négatives comme des hurlements ou la fessée. Il est facile de perdre votre calme lorsque vous trouvez votre aîné qui pousse sa petite sœur après que vous l'ayez averti à ce sujet... à deux reprises. J'essaie de ne jamais donner la fessée à mes enfants, mais ça arrive, et je sais que c'est un outil de discipline que certains parents utilisent encore. Enfant, j'ai moi-même été frappé, mais je préfère ne pas transmettre cet héritage. Je pense qu'il s'agit d'une réponse paresseuse qui ignore la cause du comportement qui a déclenché la fessée. Lorsque les parents perdent leur patience et atteignent leur limite, la fessée est la réponse émotionnelle, la solution temporaire et rapide. J'admets que cela m'est arrivé.

De nombreux parents se retrouvent parfois seuls, car avoir deux parents actifs sur le marché du travail n'est plus l'exception, mais la norme. Ma femme est une professionnelle incroyable, et il lui arrive de voyager pour le travail. J'ai donc vécu ma part d'expériences comme père monoparental, bien qu'à petites doses. Lorsque ma femme me laisse seul avec les enfants pour aller réaliser ses rêves, je suis mis à l'épreuve. Je marche sur cette ligne mince entre la gratitude et la rancune, et bien que j'essaie de ne pas tomber sur le côté du ressentiment, cela se produit quand même parfois. Une fin de semaine difficile avec deux enfants fait inévitablement ressortir la rancune de devoir passer ses journées à changer des couches, à nourrir, laver et gérer les conflits des enfants. Mais quand je suis dans ma zone de gratitude, je peux voir les bénédictions cachées même à travers les moments les plus difficiles. Soyons clairs : je n'éprouve pas de rancune envers ma famille, mais je ressens parfois le poids de la responsabilité de devoir prendre soin de deux jeunes enfants seul, du lever au coucher du soleil. C'est difficile, mais j'accepte toujours de le faire parce que j'adore ma femme et mes enfants.

Ce petit aperçu de la vie de père monoparental m'a permis de développer une immense estime pour toutes les mères qui, traditionnellement, ont pris en charge ce rôle. Je suis également émerveillé par tous les parents uniques qui sacrifient tout pour élever leurs enfants tout en conservant leur santé mentale. Je suis certainement plus conscient de ce qu'il faut pour élever les enfants et reconnaissant de ne pas être seul dans cette aventure.

Mon épouse est une femme brillante. Les gens qui la connaissent s'arrêtent souvent pour me dire combien ils l'aiment et se sentent inspirés par elle. Je partage cette admiration. Je l'apprécie encore plus, car, malgré les exigences de son travail, elle s'investit pleinement dans l'éducation de nos deux enfants. Bien qu'elle soit une mère exceptionnelle, ce n'est pas la raison pour laquelle j'ai décidé de faire ma vie avec elle. J'ai été attiré par son esprit, sa ténacité et son engagement envers la lutte pour la justice sociale. Lorsque je l'entends parler à des communautés du monde entier, je suis extrêmement fier et j'apprécie l'exemple qu'elle offre d'une femme musulmane intelligente, confiante et extravertie. La meilleure façon que j'ai trouvée de la soutenir est de lui donner l'espace nécessaire pour réaliser ses rêves. Bien que je sache qu'il s'agit de la bonne chose à faire, c'est tout de même très difficile. Chaque fois qu'elle voyage, je suis un peu nerveux, car je sais que je suis la première et seule ressource pour mes enfants pendant toute la durée de son voyage. Je n'ai pas de pause ni de remplaçant. C'est certainement un test, et je peux choisir d'être rancunier et plein de stress ou de me concentrer sur le positif.

Je considère qu'il s'agit de ma responsabilité de jouer un rôle de soutien, afin que mes enfants apprennent la valeur d'un père qui soutient le travail de maman. Ce qui m'aide dans les situations difficiles, c'est de savoir que je soutiens le rêve de ma femme, qui elle-même inspire d'autres personnes. Être conscient du fait qu'elle représente un excellent modèle pour nos enfants, qui apprennent le rôle des femmes à travers son exemple, facilite également mes épreuves. Mais je suis surtout reconnaissant qu'elle soit le modèle et l'inspiration de ma fille. Ma fille voit le monde à travers les yeux de sa mère. Ses expériences incluent d'avoir observé sa mère à l'avant-scène, derrière un micro et interagissant avec un public, avec confiance et compassion. Je sais qu'il y a une corrélation positive entre une mère confiante et accomplie et sa fille. Lorsque je me sens frustré d'être seul avec deux enfants, je me souviens que ce temps est un investissement pour mes enfants autant que pour ma femme. Une mère qui est une leader éduquée et confiante transmettra ces valeurs à sa fille, et c'est le genre de fille que je veux élever. Ce sont les types de femmes avec lesquelles j'ai grandi, et je reconnais leur valeur dans la société. Mon travail consiste à confirmer la réalité que ma fille voit dans sa mère et à lui envoyer un message cohérent en soutenant sa mère à chaque étape. Je dois renforcer l'égalité des sexes pour que ma fille ne se sente jamais inférieure ou découragée par son genre. Je dois également m'assurer que mon fils perçoive l'importance de soutenir et de respecter sa mère et sa sœur afin qu'il ne soit jamais complice de la discrimination et de la misogynie qui confèrent à ces dernières 78 cents pour chacun de ses dollars.

Pour être clair, ma femme passe tout de même beaucoup plus de temps à la maison avec nos enfants que moi. Je participe à l'éducation de la famille, mais elle passe plus de temps dans les tranchées. Nous accordons tous deux une grande importance à l'engagement civique, et nos vies et nos horaires reflètent cela. Nous avons choisi de faire profiter à nos enfants de l'expérience de l'engagement communautaire, en espérant que cela devienne naturel pour eux à long terme. Nous sommes en mesure de faire tout ce que nous faisons parce que nos enfants nous accompagnent partout.

L'une des stratégies pour que les parents restent positifs et reconnaissants est de trouver quelqu'un qui aide à soulager le stress et la responsabilité de l'éducation des enfants. Certains d'entre nous ont la chance d'avoir des grands-parents en bonne santé qui vivent à proximité. Ils sont souvent les meilleurs parents de substitution, car personne ne se soucie plus des enfants que les grands-parents. Les tantes, les oncles et les cousins sont également excellents. Ils représentent une bénédiction pour des parents avec de jeunes enfants. Nous faisons souvent appel à la famille et je leur en suis très reconnaissant. Nous avons également de grands amis et des gardiennes qui nous aident à tenir nos engagements et à préserver notre santé mentale en tant que parents actifs.

Une autre façon d'éviter la rancune est de trouver un équilibre dans lequel les deux parents contribuent selon leurs capacités. Si je ne suis pas disponible pendant une semaine en raison de mon travail ou de mes réunions, ma femme est toujours là, ne se plaint jamais, prenant le contrôle de la situation. Je me sens soutenu dans ma vie et mon travail, et ma réaction naturelle est donc de la soutenir et de donner le meilleur de moi-même en retour. Cet équilibre est comme une solution à une équation mathématique. Si vous obtenez les bons chiffres, vous résoudrez l'équation, mais si les chiffres ne concordent pas, il en sera de même avec votre vie. En plus de nous soutenir mutuellement dans nos efforts, nous prenons également le temps de nous occuper de nous-mêmes. Cela inclut de faire de l'exercice, de rencontrer des amis, de relaxer avec des loisirs ou simplement de se changer les idées pendant quelques heures. Nous reconnaissons que le temps personnel nous donne l'élan physique et émotionnel nécessaire pour continuer à être des parents reconnaissants et actifs, et donc, nous priorisons ce temps à l'horaire.

Nous marchons tous sur un fil. En tant que parents, il y a tellement de choses pour lesquelles nous sommes reconnaissants, malgré quelques défis à gérer. Il est important que nous nous concentrions toujours sur la gratitude, même dans les moments difficiles. Nous le devons à nos enfants d'être l'exemple que nous voulons qu'ils deviennent, pour qu'ils puissent à leur tour contribuer à créer un monde plus positif, plein de bénédictions et plein de gratitude.

Tarek Shawky est un avocat criminaliste en Caroline du Sud, passionné par la justice et l'égalité des droits. Son incroyable épouse, Edina Lekovic, et lui élèvent ensemble leurs jeunes enfants afin qu'ils deviennent des individus avec une conscience sociale et politique.

BRISER LES CYCLES DE LA MISOGYNIE

Par Saleh Kholaki

Je suis un homme extrêmement privilégié. Je suis marié depuis 35 ans et j'ai reçu le cadeau d'une grande famille : une incroyable épouse, deux magnifiques filles et deux superbes garçons.

Originaires du Moyen-Orient, ma femme et moi sommes arrivés aux États-Unis en 1983. Nous avions alors plusieurs idées contradictoires sur la vie en occident. Nous avions la conviction que notre vrai foyer était là où nos pères étaient enterrés et nous pensions que nous rentrerions un jour « à la maison ». Nous avions peur d'élever nos enfants dans une société très différente de la nôtre, avec une langue et un ensemble de valeurs différents. Nous nous sommes penchés sur la manière d'inculquer à nos enfants nos propres traditions et valeurs tout en évitant la pression sociale de notre nouveau pays d'adoption.

Heureusement, nous avons rapidement réalisé que notre chez-nous serait là où nous élèverions nos enfants et nos petits-enfants. Cependant, une chose n'avait pas changé : les différentes normes mises en place pour élever les garçons et les filles. Le couvre-feu des garçons était différent de celui des filles. Les voyages scolaires étaient généralement autorisés uniquement pour les garçons. Les restrictions sur qui est reconduit en voiture étaient réservées aux filles seulement.

La domination masculine dans la culture moyenne orientale est palpable. Elle tient sa source d'un sentiment de responsabilité pour la famille. Les pères et les fils sont tenus de nourrir et de protéger. Les filles sont surprotégées parce qu'elles doivent bien paraître devant la communauté comme des fiancées éventuelles aux bonnes manières et à la bonne éducation. C'est l'erreur que nous avons commise ou, du moins, celle que j'ai commise, parce que ma femme était plus visionnaire que moi.

Dieu merci, nous avons maturé dans notre trentaine et notre quarantaine, et nous avons constaté qu'il était impossible de simplement transposer notre ancienne culture et nos traditions – l'ensemble complet si vous voulez – sur nos enfants « américains ». Dieu merci, au fil du temps, nous avons appris à apprécier notre nouvelle culture et nous nous sommes adaptés à notre nouvelle vie. Les enfants ont grandi, et leurs besoins ont changé. En interagissant avec la communauté élargie à l'école et au travail, un changement de paradigme culturel s'est opéré. Inconsciemment, nous avons modifié la façon dont nous élevions nos enfants. L'intégration sociale dans la communauté et le sentiment d'appartenance au Centre islamique de Californie du Sud ont allégé nos inquiétudes. Nous avons compris que, quoi qu'il arrive, les enfants s'en sortiraient. Ils ne seraient pas des répliques de ma femme et moi, mais ils seraient leur propre variété de musulmans à la croisée de l'orient et de l'occident.

Ce changement nous a forcés à repenser la façon dont nous essayions de traiter différemment nos fils et nos filles. Nous sentions que nous devions nous améliorer, en sortant de notre zone de confort. Nous avons été habilités à remettre en question toutes les idées traditionnelles obsolètes qui nous retenaient; nous avons même dû les extraire complètement de nos esprits. Apprendre à connaître l'islam sans les chaînes de la culture moyenne orientale nous a permis de réaliser que les filles devaient jouir des mêmes droits que les garçons dans chaque facette de notre vie de famille.

Un jour, ma fille a eu besoin qu'on aille la chercher au centre islamique après un voyage. Personne n'était disponible. Elle m'a alors demandé si un ami du groupe de jeunes (que nous connaissions très bien, ainsi que sa famille) pouvait la reconduire à la maison. J'ai dû prendre une décision rapidement. La faire attendre ou non? En tant que parents, nous devons parfois prendre des décisions intelligentes et sensées sur ces sujets. Pourquoi une amie pourrait-elle reconduire mon fils à la maison tandis qu'un ami ne pourrait pas en faire de même pour ma fille adolescente? À ce moment, j'ai pris une décision basée sur la confiance. Je savais comment j'avais élevé mes enfants. Je savais que je pouvais avoir confiance en ma fille qui suivrait les valeurs que nous lui avions inculquées.

En tant que parents, nous devons enseigner à nos enfants cette précieuse leçon : « L'honneur des hommes ne doit pas se fonder sur le dénigrement des femmes. » Dieu a demandé autant aux hommes qu'aux femmes d'être responsables de leur vie, de leurs actions et de leurs décisions. « Les croyants et les croyantes sont solidaires les uns des autres. Ils incitent à la pratique du bien, déconseillent la pratique du mal, accomplissent la salât, s'acquittent de la zakât et obéissent à Dieu et à Son Prophète. À ceux-là, Dieu fera miséricorde, car Il est Omnipotent et Sage » (Coran, 9:71).

Le fait que nous soyons responsables de l'éducation de nos enfants ne signifie pas qu'ils nous appartiennent. Les enfants sont un cadeau de Dieu Tout-Puissant ainsi qu'une responsabilité qu'Il a mise entre nos mains afin de les faire grandir selon les valeurs islamiques et morales. Nous ne pouvons pas les surprotéger au point de les étouffer. En fait, nous pourrions les perdre de cette manière. Ils finiront par quitter le nid familial et voler de leurs propres ailes, en s'appuyant sur les valeurs que nous avons plantées au début de l'enfance.

Voici notre formule pour réussir :

1. Nous avons travaillé dur pour faire partie intégrante de la vie de nos enfants dès le premier jour. Nous avons priorisé leurs besoins par rapport aux nôtres. Nous avons investi dans nos enfants. C'est comme une équation chimique : ce qui entre d'un côté sort de l'autre, et rien ne se perd;

2. Nous avons transmis nos valeurs morales islamiques et familiales au cours des sept premières années. Nous étions convaincus qu'il s'agissait des années fondamentales pour le développement de leur identité;

3. Nous savions qui étaient leurs amis;

4. Nous avons permis à nos enfants de participer à des activités sportives et artistiques sous notre supervision;

5. Nous leur avons permis de grandir, en leur faisant confiance et en nous assurant que nous étions là pour eux au besoin;

6. Nous avons réalisé qu'ils ne grandissaient pas à la même époque que la nôtre et nous avons travaillé à établir une relation de confiance avec eux;

7. Nous avons compris que les influences culturelles (influence des pairs, Internet, école, industrie du divertissement, etc.) sont inévitables. Nous avons fait confiance à leur capacité à prendre des décisions éclairées en notre absence, car nous les avons bien élevés;

8. Nous avons prié fort, de jour comme de nuit, en faisant confiance à Dieu pour les guider vers la bonne voie;

9. Nous les avons encouragés à voler avec les ailes de l'amour, du respect et des valeurs islamiques.

Dieu nous a donné la responsabilité d'élever des enfants de

manière égale, sans différence entre les sexes. Ils doivent tous deux se protéger et se comporter de manière responsable. Le message unique de l'Islam pour tous les membres de la famille est de prendre la responsabilité de ses actions et de reconnaître ses erreurs le cas échéant. Aucune culture n'a préséance sur la parole de Dieu.

Le Dr Saleh Kholaki est né à Damas, en Syrie, et a immigré aux États-Unis il y a 33 ans. Il a obtenu son diplôme de l'école dentaire de Damas et a reçu son doctorat en chirurgie dentaire de l'UCLA. Le Dr Kholaki dirige actuellement une pratique privée dans le sud de la Californie et siège au conseil d'administration de la California Dental Association. Il est le père de 4 enfants et est marié à son aimable épouse, Lina, depuis 35 ans. Il a été vice-président du Centre islamique de la Californie du Sud et président du comité interconfessionnel.

PARENTS UNIQUES

Par Munira Lekovic Ezzeldine

L'éducation parentale est un travail difficile, mais le faire seul est un défi plus grand encore étant donné qu'un seul parent doit essayer de remplir à la fois les rôles de mère et de père auprès de son enfant. Élever un enfant seul est très exigeant physiquement, émotionnellement et financièrement. De nombreuses raisons et circonstances peuvent être à l'origine d'une famille avec un parent unique, comme un divorce, un conjoint travaillant à l'étranger, un enfant né hors des liens du mariage, ou encore la maladie ou le décès d'un des deux parents. Malheureusement, la communauté musulmane tend souvent à aliéner et ostraciser les parents uniques et elle est souvent sélective quand vient le temps de décider quelles familles avec un parent unique « méritent » la compassion souvent en fonction des raisons pour lesquelles le parent est seul. Une telle attitude critique n'encourage pas les parents uniques à être les meilleurs parents possible pour leurs enfants. La compassion et le soutien de la communauté sont nécessaires pour aider les parents uniques dans leur parcours difficile. Ce texte vise à offrir un soutien constructif aux parents uniques alors qu'ils cherchent à élever leurs enfants.

De nombreux exemples existent dans la tradition islamique de parents uniques qui ont réussi à élever leurs enfants pour devenir des individus forts. Ces personnes ont ensuite laissé un héritage pour l'humanité qui brille plus fort. Hajar, la mère du prophète Ismail (pbsl), Maryam, la mère du prophète 'Isa (pbsl) et Amina, la mère du prophète Mohammed (pbsl), ont toutes élevé seules leur fils en raison de circonstances différentes. Elles ont mis leur confiance en Allah et ont travaillé dur pour être les meilleurs parents possible pour leurs enfants. De plus, les mères des imams al-Shafi, Ahmed et Bukhari ont élevé leurs fils seules, et ces derniers sont devenus des personnages renommés qui ont eu un impact majeur sur le monde. En réalité, les parents musulmans uniques existent toujours de nos jours. Ils ont besoin d'aide, car ils s'efforcent d'élever des enfants musulmans résilients pour l'avenir.

Les enfants élevés par des parents uniques s'épanouissent dans des foyers où la stabilité, la sécurité, l'amour et la cohérence existent. Un parent unique qui s'engage à fournir une discipline affectueuse crée un environnement dans lequel l'enfant peut vraiment s'épanouir. Pour élever des enfants en toute sécurité et avec succès, les parents uniques doivent mettre en œuvre en toute confiance les compétences d'éducation parentale suivantes.

La discipline

Parfois, les parents uniques peuvent se sentir coupables ou submergés par leurs obligations de parent; ils se tournent donc vers des règles faibles pour satisfaire leur enfant et diminuer les conflits. Certains parents peuvent compenser l'absence de l'autre parent en faisant preuve de permissivité dans leur style parental. Les parents uniques doivent veiller à ce que les enfants ne rejettent pas leurs règles ou ne deviennent pas leurs amis. La définition des limites pour les enfants crée une structure très nécessaire dans tous les foyers (avec un ou deux parents), car les enfants veulent savoir que le parent a des règles et a défini des limites et des attentes. Les limites créent également un sentiment de sécurité, car les rôles du parent et de l'enfant ont été clairement définis. Les limites parentales permettent à l'enfant de respecter le parent et de solidifier son rôle dans la famille.

La cohérence

Les enfants devant affronter un divorce ou un décès chercheront de la stabilité alors qu'ils s'adaptent à leur nouvelle vie avec un parent. Il est important d'établir des routines, des horaires et des traditions lors de l'adaptation à une nouvelle dynamique familiale. Un enfant veut savoir à quoi s'attendre et quoi espérer sur une base quotidienne. La cohérence des routines quotidiennes donne à l'enfant un sentiment de sécurité et de stabilité. La création de routines matinales, d'horaires hebdomadaires et le fait de manger ensemble sont de petits moyens qui permettent de créer une certaine cohérence pour les enfants. La disponibilité par le parent en termes d'attention et de présence physique garantit à l'enfant un sentiment d'appartenance. En outre, la création de nouvelles traditions et de nouveaux souvenirs pendant les vacances et les occasions spéciales réaffirme la nouvelle identité de la famille.

Le soutien émotionnel

Les parents uniques et leurs enfants peuvent éprouver des difficultés avec divers sentiments et diverses émotions relativement à leur nouvelle structure familiale. Les parents et les enfants peuvent avoir des difficultés à faire face aux changements et aux bouleversements dans leur vie, et peuvent partager les uns avec les autres les défis de la nouvelle structure familiale. Les parents ont besoin de réellement écouter et entendre leur enfant lorsque celui-ci partage ses pensées et ses sentiments. Les parents ne doivent pas faire de commentaires dénigrants sur l'autre parent afin d'obtenir la sympathie de l'enfant. Malgré le stress partagé, les parents ne doivent pas se tourner vers leur enfant pour obtenir un soutien émotionnel ni les encombrer du fardeau des problèmes personnels qu'ils rencontrent. Les parents doivent se tourner vers leurs cercles sociaux et se confier uniquement à d'autres adultes et amis. Confier à son enfant ses peurs et ses doutes ou se lamenter auprès de lui est inapproprié, quel que soit le niveau de maturité de l'enfant. Il est extrêmement préjudiciable pour les enfants d'absorber les pensées et les sentiments de leurs parents. Les enfants doivent rester des enfants et ne doivent pas devenir les amis ou les thérapeutes du parent. Les parents qui sont stressés, déprimés, anxieux ou qui se sentent isolés alors qu'ils s'adaptent à la réalité d'élever leurs enfants seuls doivent demander conseil ou du soutien à d'autres adultes.

Il faut un village

Les parents uniques auront besoin d'aide et de soutien pour venir à bout des tâches et responsabilités sans fin qui sont nécessaires pour élever un enfant. Pour ce faire, il faut que le parent soit à l'aise de demander de l'aide à la famille et aux amis. La recherche de soutien pour aider à s'occuper des soins de l'enfant (covoiturage, aide en cas d'urgence ou de conflits d'horaires au travail) sera bénéfique pour les parents uniques lorsqu'ils sont éparpillés dans toutes les directions. La création d'un environnement de travail d'équipe à la maison où l'enfant a des tâches ménagères et des responsabilités est également importante pour que l'enfant comprenne son rôle dans la famille et qu'il sente qu'il contribue de manière active.

Prenez soin de vous

Les parents uniques travaillent dur pour s'occuper de leurs enfants et pour subvenir à leurs besoins. Ils se négligent souvent ou se sentent coupables de prendre du temps loin de leurs enfants. Cependant, les parents doivent s'occuper d'eux-mêmes physiquement, émotionnellement et spirituellement. Donner sans se ressourcer limitera l'aptitude d'un parent d'être à son meilleur.

Se réserver du temps pour les passe-temps et les activités agréables tel que lire, regarder un film ou boire un café avec un ami permet aux parents de trouver leur propre satisfaction. Le fait de consacrer du temps à faire de l'exercice, à manger correctement et à se concentrer sur la prière et sur son lien avec Dieu réduira le stress. Le développement d'un réseau social composé d'amis proches ou d'autres parents uniques permettra également aux parents de se sentir soutenus dans leur voyage. Des systèmes de soutien solides permettent aux parents uniques de partager leur expérience et de se sentir acceptés par d'autres adultes qui comprennent leur réalité. En fin de compte, le bien-être émotionnel de l'enfant est affecté par le mode de vie sain et équilibré du parent.

Les parents musulmans uniques qui ont une attitude positive et qui font preuve de résilience vont être un modèle de caractère fort pour leurs enfants. Les parents uniques doivent être bienveillants envers eux-mêmes et se concentrer à faire de leur mieux. Ils ne seront pas « parfaits » et ne pourront pas remplir la place laissée vacante par le deuxième parent. Être le meilleur parent, c'est être présent et connecté avec votre enfant d'une manière qui soit affectueuse et encourageante au quotidien. Ce sont les choses les plus importantes que vous pouvez faire en tant que parent, que vous soyez seul ou non.

NOTRE CHEMINEMENT AVEC L'AUTISME

Par Dina Eletreby

Je ne sais pas exactement quand j'ai senti pour la première fois que mon magnifique fils, Kareem, était différent. Une chose est sûre, je le ressentais instinctivement bien avant son premier anniversaire. Je me souviens avoir lu religieusement le livre *What to Expect When You Are Expecting* et tout autre article qui pouvait me préparer, non seulement pour ma grossesse, mais aussi pour la vie de parent. Ma formation en éducation m'a permis d'être aussi préparée que possible pour la grossesse et la parentalité; deux nouvelles expériences pour moi puisque Kareem était mon premier enfant. Avec le recul, voici les signes qui m'ont inquiétée :

- Il ne m'a jamais regardé dans les yeux pendant qu'il allaitait;
- Il était plus hypnotisé par le mobile au-dessus de son lit que par les visages;
- Il était trop indépendant, ne cherchait pas notre approbation, réconfort ou connexion. Aussi, il ne démontrait aucun intérêt pour les autres enfants;
- Il ne parlait pas, même pour dire des mots très simples : pas de « maman », « papa », « wawa ». Il n'utilisait même pas son doigt pour pointer ce qu'il voulait;
- Il aimait voir des choses se verser ou se renverser : de l'eau, du jus, du riz non cuit, une boîte de cuillères en plastique, et ce, sans tenir compte de notre réaction;
- Il utilisait notre doigt comme « outil » pour ouvrir quelque

chose ou allumer quelque chose : nos mains étaient des instruments pour lui.

Au deuxième anniversaire de Kareem, j'étais assez inquiète de son retard de langage et de son comportement idiosyncrasique pour commencer à rechercher des réponses en ligne. J'ai découvert une grille de diagnostic de l'autisme et j'ai réalisé que Kareem présentait nombre de ces caractéristiques. Lors de la visite de routine de mon fils chez le pédiatre à l'âge de deux ans, j'ai demandé à celui-ci s'il pensait que Kareem était autiste. Il m'a regardé, perplexe, et a déclaré : « Il ne peut pas être autiste puisqu'il est assis calmement sur vos genoux. » Je me suis dit que le pédiatre le saurait et, dans un cas comme ça, une mère veut se tromper. J'ai fait part de mes inquiétudes quant à son retard de langage, ce qui nous a menés à nous assurer que l'audition de Kareem était intacte. Je me souviens que le pédiatre m'avait également encouragée à l'inscrire dans un service de garde, croyant qu'il ne profitait peut-être pas d'un environnement suffisamment stimulant au niveau de la langue puisqu'il n'y avait que nous à la maison. J'ai pris les conseils du médecin à la lettre. J'ai vérifié qu'il n'y avait pas de problème avec l'audition de Kareem. Un jour, son éducatrice, Tina, m'a offert un cadeau lorsqu'elle m'a dit : « Kareem est différent des autres enfants. » Lorsque je lui ai demandé si elle pensait qu'il était autiste, elle m'a dit qu'elle n'était pas sûre, car Kareem était également différent d'un autre garçon qu'elle connaissait avec ce diagnostic. Ce n'était pas vraiment important, car ce que Tina avait fait était de confirmer que je n'étais pas en train d'imaginer les différences de mon fils. Elles étaient réelles, et je faisais confiance à ses observations, car elle était habituée à travailler avec les bambins de deux et trois ans.

Le diagnostic a finalement été établi suite à une visite chez un neurologue pédiatrique, qui nous a également fait remplir un questionnaire. Quinze minutes seulement après que nous ayons commencé à lui parler mon mari et moi, le médecin nous a demandé alors qu'il observait Kareem : « Avez-vous déjà entendu parler de l'autisme? » La confirmation du diagnostic a fait naître en moi un mélange d'émotions, entre le soulagement et la douleur. À cette époque, je venais également de donner naissance à notre fille, Kenzie. Ses premières années de vie ont consisté à nous accompagner chez le médecin, l'orthophoniste et les autres services spécialisés pour Kareem. Ces services étaient d'abord offerts par le centre régional, puis par la commission scolaire.

C'était la fin des années 1990 et tous les services étaient basés sur la psychologie comportementale (béhavioriste). La psychologie comportementale est la théorie selon laquelle le comportement humain et animal peut être expliqué en termes de conditionnement physique sans faire appel à des pensées ou à des sentiments, et que les troubles psychologiques sont mieux traités en modifiant les schémas comportementaux. La psychologie comportementale est la base du dressage des animaux. Vous faites rouler un chien en lui offrant une friandise parce qu'il a suivi votre commande. L'accent est mis sur la « correction » de l'autisme en modifiant le comportement de l'enfant sans tenir compte de ce qui se cache derrière le comportement. Malheureusement, l'AAC (analyse appliquée du comportement) était la seule approche que les professionnels de la côte ouest prescrivaient, à l'époque, pour « traiter » l'autisme. Sa technique est axée sur l'adulte et centrée sur la récompense. Les tâches sont divisées en petites étapes et enseignées de manière répétitive. Par exemple, si Kareem était en train d'aligner des jouets, on le redirigeait pour l'asseoir à une table et effectuer d'autres tâches. Si Kareem refusait, on le contraignait à le faire, en l'accompagnant, puis on le félicitait en lui donnant un bonbon. Cette approche a été catastrophique pour Kareem. Il n'aimait pas être obligé de faire des tâches qui n'avaient aucune signification pour lui, et il se concentrait uniquement sur l'obtention de la gâterie. J'ai vu Kareem faire des crises de colère et se blesser pour la première fois de sa vie, après quelques séances seulement. Je me sentais au plus bas à cette époque. J'étais en colère contre le monde entier et je ressentais un fort sentiment d'injustice. Pourquoi moi? Pourquoi mon fils? Pourquoi ma famille?

On était en 1999 et une amie organisait une collecte de fonds pour l'ouverture d'une nouvelle école islamique à Orange County. Je socialisais rarement à cette époque, parce que je cachais encore le diagnostic de mon fils, en espérant qu'il « guérisse » avant d'avoir à l'annoncer. Au cours de cette collecte de fonds, l'animateur a demandé au public ce que nous souhaitions pour nos enfants et le public répondait : le bonheur, une bonne carrière, la sécurité financière, un partenaire de vie fidèle, etc. Il a alors déclaré : « Oui, tous ces éléments sont bons et, bien sûr, nous les souhaitons tous pour nos enfants. Mais un croyant sincère sait que cette vie est éphémère et que l'au-delà est éternel. La première chose qu'un parent doit souhaiter pour son enfant est qu'il atteigne le paradis. » En entendant ces mots, mon chagrin a disparu. Les enfants handicapés ne sont pas responsables de leur comportement. Ils ne seront donc pas jugés. Par conséquent, Kareem est garanti d'entrer au paradis. Aucun autre parent dans cette salle ne pouvait garantir la place de son enfant au paradis. Au lieu de considérer son handicap comme un fardeau, j'ai vu Kareem comme un ange que Dieu m'a offert, et ma seule responsabilité était de le prendre en charge jusqu'à ce que l'un de nous deux retourne à Dieu. J'ai commencé à chercher une approche plus naturelle pour travailler avec mon fils et je suis ainsi tombée sur l'approche *Floortime*.

Il s'agit d'une technique développée par le Dr Stanley Greenspan et utilisée principalement sur la côte est des États-Unis. Contrairement à l'AAC, l'approche *Floortime* est beaucoup plus humaniste, entièrement centrée sur l'enfant et intègre les aspects sociaux, émotionnels et cognitifs de celui-ci. Dans ce modèle, si Kareem était en train d'aligner des voitures, le thérapeute ou moi-même allions sur le sol pour aligner les voitures avec lui jusqu'à ce qu'il le remarque. S'il ne le remarquait pas, nous perturbions son alignement en prenant une voiture ou en la renversant afin d'établir un contact avec lui et d'inciter une réponse de sa part. L'objectif du *Floortime* était la connexion et les interactions significatives. Cela rappelle la discipline positive, n'est-ce pas? J'étais emballée! Je me suis de nouveau embarquée dans une frénésie, en essayant d'en apprendre le plus possible sur l'approche *Floortime*, allant même jusqu'à voyager jusqu'à la côte est pour apprendre directement auprès du Dr Greenspan et de ses associés.

Kareem a 21 ans au moment d'écrire ces lignes et il est l'une des personnes les plus heureuses que je connaisse! Il souffre encore d'un retard de langage important et aura probablement besoin de prise en charge toute sa vie, mais personne ne rencontre Kareem sans tomber en amour avec lui. Il est doux, possède un sens de l'humour et il sourit sans arrêt. Lorsque les gens apprennent que j'ai un fils autiste, j'ai droit à des sourcils froncés et à des « Oh, je suis vraiment désolé... » Mais je leur réponds rapidement qu'au contraire nous avons de la chance, qu'il est incroyable et qu'il a été une bénédiction dans nos vies. Kareem signifie « généreux » en arabe, et il a été digne de son nom. Il a apporté beaucoup de patience, d'acceptation, d'amour et de compréhension dans notre famille. Je me sens véritablement honorée d'être sa mère!

Cette collecte de fonds qui a changé la vie de ma famille était destinée à une école musulmane nommée New Horizon, à Irvine. Je suis désormais directrice de l'école depuis douze ans, non seulement parce que je me sens reconnaissante et que j'ai envie de redonner au suivant, mais aussi parce que je veux partager la sagesse et l'expérience que j'ai acquises avec d'autres familles dans notre communauté. L'école New Horizon a adopté la discipline positive à l'échelle de l'école entière et a promu la discipline positive parmi des centaines de familles musulmanes américaines dans le sud de la Californie.

Pour les parents qui éprouvent des difficultés à élever un enfant handicapé, voici quelques points à garder à l'esprit :

- Faites confiance à votre instinct et développez votre empathie. Votre enfant n'est peut-être pas en mesure d'exprimer son ressenti. Il est donc important de vous mettre à sa place, d'observer comment il perçoit les stimuli (les sons sont trop forts, les lumières trop lumineuses, les textures alimentaires trop douces ou fortes) et de voir le monde à travers ses yeux. Réfléchissez à la manière dont le jeu de rôle dans la discipline positive vous aide à comprendre le point de vue d'une autre personne. Tentez d'y jouer avec votre enfant pour cerner ses besoins;
- Définissez des attentes réalistes et célébrez même les plus petites réalisations. Si vos attentes vis-à-vis du comportement de votre enfant sont trop élevées par rapport à son âge ou ses capacités, vous risquez de vivre des déceptions et de placer votre enfant dans une situation de stress et d'anxiété; Pensez au plus petit gain que pourrait faire votre enfant à partir du niveau ou il est rendu et travaillez progressivement à partir de là. Lorsque Kareem ne parlait pas, j'ai travaillé avec lui pour choisir ce qu'il voulait en pointant une image illustrant

deux choix, l'un que je savais qu'il voulait et l'autre qu'il ne voulait pas. Au début, j'ai accepté qu'il regarde simplement la photo qu'il voulait en guise de réponse à ma question. Je pointais alors ladite photo en disant : « Oh! Tu veux les frites! » Au fil du temps, après des mois et des mois, Kareem a finalement pointé son image de choix, et des mois après, il a dit « fa-fa » pour désigner les frites. Ce fut son premier mot communicatif volontaire! Honnêtement, cela a pris près d'un an, mais le jour où il a dit « fa-fa » était l'un des jours les plus heureux dont je puisse me souvenir;

• Choisissez judicieusement vos amis et trouvez d'autres parents ou fratrie vivant des circonstances similaires pour obtenir du soutien. Personne ne peut vraiment comprendre ce que vous vivez, sauf un autre parent qui est confronté à des défis similaires. J'avais de plus en plus de difficulté à m'asseoir parmi des amis qui ne réalisaient pas qu'il était un peu insensible de se plaindre que leur enfant ne lisait pas au-dessus de son niveau ou n'avait pas joué assez longtemps dans une équipe sportive, alors que le mien avait du mal à dire « maman ». Mon cercle d'amitié a changé après le diagnostic de Kareem en fonction du degré de confort/malaise des personnes qui l'entouraient ou de la manière dont elles le traitaient. Kenzie choisissait également ses amis en fonction des mêmes critères. Elle a accueilli dans notre maison ceux qui étaient les plus à l'aise autour de Kareem, et se distanciait de ceux qui ne l'étaient pas;

• Ayez un sens de l'humour! Certaines des choses les plus terrifiantes que Kareem a faites se sont transformées en anecdotes mémorables à partager avec des amis : Kareem qui saute tout habillé dans une piscine lors de la fête d'anniversaire d'un ami; Kareem versant la bouteille de bain moussant dans l'évier pour créer une montagne de bulles; Kareem qui se rend chez un voisin, sans y être invité, pour prendre la glace à la menthe dans son congélateur. Toutes ces histoires auraient pu se terminer avec nous criant sur Kareem ou en le punissant pour son manque de contrôle des pulsions. Au lieu de cela, elles se sont terminées en nous excusant auprès de toute autre partie impliquée, en expliquant à Kareem qu'il ne s'agissait pas d'un bon choix. Et, à l'intérieur, en appréciant l'aspect cocasse du moment.

Mon dernier conseil serait de rester optimiste et réaliste en même temps. Essayez de voir toutes les circonstances comme étant « le verre à moitié plein, pas à moitié vide », afin de ne jamais voir votre enfant à travers ce qu'il lui manque. N'essayez pas de « réparer » votre enfant, mais plutôt de reconnaître la perfection et la sagesse de Dieu dans Son choix de vous confier cet enfant. Il doit y avoir quelque chose d'extraordinaire en vous pour que Dieu vous choisisse pour ce rôle important!

La D^re Dina Eletreby est éducatrice depuis la fin des années 80. Elle est directrice à l'école New Horizon, à Irvine, en Californie, et a présenté des articles lors de nombreuses conférences régionales et nationales sur des sujets tels que l'autodétermination, la pédagogie critique et la méthodologie de recherche culturellement adaptée. Elle est musulmane américaine d'origine égyptienne et a été élevée dans deux mondes religieux et culturels différents, à la maison et à l'école. Elle apporte un point de vue unique qui lui permet de mieux comprendre l'enseignement et la recherche en ce qui concerne la jeunesse musulmane dans le contexte étasunien

QUAND LA DÉPENDANCE RÈGNE

Par Metra Azar-Salem

« *Le monde a brutalement cessé de bouger. Tout ce que j'avais pu ressentir s'était soudainement arrêté. Non seulement ma douleur avait disparu, mais je me sentais calme. Je pouvais dormir. Je pouvais arrêter de penser et la vie ralentissait un peu. Rien n'avait jamais arrêté le chaos que je ressentais comme la première pilule que j'ai prise. J'ai tout de suite su que j'en aurais besoin de plus dès que la première aurait cessé de faire son effet.* »

C'est ainsi que Zack (nom fictif) décrit son entrée dans le monde de la dépendance. Il avait abandonné ses études dans une université communautaire, habitait avec sa mère, et vivait des journées de haute et de basse énergie et de sommeil. La mère de Zack s'est organisée pour me rencontrer (je suis une thérapeute musulmane) parce qu'elle avait l'impression que je comprendrais mieux ce que sa famille traversait.

Le cheminement trop commun de Zack et de sa mère met en évidence les difficultés auxquelles les parents sont confrontés lorsqu'ils aident les jeunes qui luttent contre la dépendance. Le contexte culturel et religieux de la vie de mon client a eu un impact sur la façon dont sa dépendance était étiquetée, sur la lentille à travers laquelle la famille tentait de comprendre le problème et sur la façon dont cette dernière a répondu au défi. Au départ, Zack et sa mère se sentaient profondément honteux et gênés par l'idée que Zack commettait un péché. Sa dépendance choquait sa mère parce qu'elle croyait que de tels comportements ne se produisaient que dans les « mauvaises familles ». Son fils était un « bon garçon ». Il était toujours respectueux, sensible aux autres et disposé à aider. Il est vrai qu'il avait des difficultés académiques et vivait de l'isolement social, mais il était un « bon garçon! » Elle déplorait également son destin : « Comment cela peut-il nous arriver? Pourquoi? Qu'ai-je fait de mal? Allah me punit-il pour quelque chose que j'ai fait? Je ne mérite pas ça! » Comme c'est fréquent dans de nombreuses familles, la mère et le fils ont blâmé la dépendance sur autrui et sur les circonstances de la vie. Dans le cas de Zack, son père a été absent pendant la majeure partie de sa vie, et leur famille immigrée essayait de s'adapter dans un nouveau pays tout en maintenant leur identité culturelle. L'énorme pression sociale et culturelle qu'ils ressentaient tous les deux pour cacher sa dépendance compliquait davantage la situation. Dans leur culture, la protection du « bon nom » de la famille était primordiale. La mère de Zack était, en fait, un parent unique. Elle se sentait seule et ne se sentait pas en sécurité de partager son problème avec les autres membres de sa communauté. Elle se sentait déprimée, en colère et impuissante.

Traditionnellement, les dépendances étaient considérées comme des actes moralement mauvais menés par un individu. La conceptualisation actuelle a changé pour reconnaître que la dépendance est un processus qui se produit à la suite de nombreux facteurs de risque. Elle n'est plus attribuée uniquement aux « mauvais » choix qu'un individu fait. La dépendance devrait être traitée comme une maladie. De nombreuses familles joueraient un rôle de soutien plus important si leurs enfants souffraient d'une maladie. Conceptualiser la dépendance de cette façon aidera les parents à trouver du soutien plutôt que de blâmer et d'humilier l'adolescent alors qu'ils passent par le processus de rétablissement.

Selon le National Institute of Drug Abuse

(www.drugabuse.gov), des chercheurs ont identifié les facteurs de risque de dépendance suivants chez les jeunes. Il est essentiel de noter que ces facteurs ne déterminent pas les dépendances. Elles ne contribuent qu'à une vulnérabilité accrue qui, lorsqu'elle est associée à des choix de mode de vie, peut conduire à la dépendance.

- *Biologie.* Les gènes avec lesquels les individus naissent comptent pour environ la moitié de la vulnérabilité aux dépendances. Par exemple, le sexe de la personne joue un rôle; les hommes étant plus vulnérables aux dépendances. Les antécédents familiaux de dépendance sont également considérés comme un facteur de risque en raison de la vulnérabilité héritée.

- *Troubles mentaux et problèmes d'apprentissage.* Les personnes qui luttent avec un trouble mental ou un problème d'apprentissage sont plus à risque de développer une dépendance : TDAH, bipolarité, dépression, troubles de l'humeur, anxiété, troubles du traitement de l'information, troubles du traitement auditif et troubles du langage/de la lecture. Les enfants ayant des problèmes d'apprentissage non diagnostiqués ont tendance à quitter l'école plus tôt, ce qui est un autre facteur de risque de dépendance.

- *Environnement.* L'environnement d'un individu comprend de nombreuses influences différentes : la famille, les amis, le statut socio-économique et la qualité de vie. Les situations familiales difficiles (problèmes matrimoniaux, dépendance parentale, abus, violence domestique, placement d'un enfant hors de la maison) entraînent la déconnexion du groupe de soutien principal et peuvent augmenter le risque de dépendance. D'autres facteurs, comme le manque de supervision parentale, l'influence des pairs, l'isolement social et l'inefficacité des stratégies de réponse au stress, peuvent grandement influencer l'apparition de l'abus de drogues et l'escalade de la dépendance.

Conseils pour les parents :

- Si votre adolescent possède un ou plusieurs des facteurs de risque énumérés ci-dessus, concentrez-vous sur l'établissement d'une connexion forte et sur le développement de compétences saines en matière de gestion du stress. Même si votre enfant ne présente pas de comportement de dépendance, la recherche de counseling préventif compte pour beaucoup dans l'atténuation de l'impact des facteurs de risque;
- Si vous soupçonnez des problèmes académiques, d'humeur ou de comportement, vous pouvez utiliser les ressources gratuites offertes par la commission scolaire de votre enfant;
- Commencez tôt. Évitez d'attendre que le problème se règle de lui-même;
- Si vous vivez de la tension à la maison, cherchez rapidement une thérapie de famille ou de couple.

Le National Institute of Drug Abuse invite les familles à se poser les questions suivantes pour évaluer la dynamique familiale. Toute question qui reçoit une réponse négative est un appel à l'action pour changer les stratégies parentales.

- Êtes-vous capable de communiquer calmement et clairement avec votre adolescent au sujet des problèmes relationnels?
- Encouragez-vous quotidiennement vos adolescents à adopter des comportements positifs?
- Êtes-vous capable de gérer des conflits émotionnels avec votre adolescent et de travailler vers une solution?
- Êtes-vous en mesure de fixer calmement des limites lorsque

votre adolescent est défiant ou irrespectueux?

• Surveillez-vous votre adolescent pour vous assurer qu'il ne passe pas trop de temps non supervisé avec ses pairs?

Zack avait non seulement d'autres membres de sa famille qui luttaient avec la dépendance, mais son environnement, sa vie familiale et des problèmes de santé mentale compliquaient davantage le problème. Zack était un enfant impulsif qui avait eu de nombreux problèmes de comportement en grandissant. Il provenait d'un milieu socio-économique défavorisé. Il avait une relation difficile avec son père qui était rarement présent alors que Zack était en pleine croissance. Il a franchi des étapes de développement plus tard que ses frères et sœurs. Sa mère rapportait avoir eu des inquiétudes quant à la fluctuation de ses humeurs qui n'a jamais été évaluée. Elle soupçonnait qu'il luttait contre certains problèmes de santé mentale, surtout pendant ses années d'adolescence.

Zack : Elle ne me comprendra jamais… J'ai 23 ans et elle me traite encore comme si j'en avais 4.

Maman : Ce n'est pas vrai, je t'aime et tu ne sais pas ce que ça fait à notre famille.

Zack : Tout ce qui vous préoccupe est votre nom de famille, pas les membres de votre famille. Allez-y, dites à tout le monde que votre fils est un toxicomane. Un fils est marié avec 3 enfants et l'autre est un toxicomane… Tout comme ton mari était alcoolique en cachette. Laisse-moi tranquille. SORS ou c'est moi qui vais partir!!!

Maman : Je vais partir, mais sachez (en s'adressant à la thérapeute) qu'il ment. Je suis une bonne mère, nous sommes une bonne famille. Il avait juste mal et a pris quelques médicaments et ça le mélange de l'intérieur. Et sa petite amie… Elle le rend fou.

Thérapeute : Laissez-moi vous guider vers la sortie. Je comprends votre dilemme. Je sais que vous êtes une bonne mère. Laissez-moi essayer de démêler la situation. Merci d'attendre ici (ramène la mère au couloir.)

Maman : Je sens que je suis un échec. Que Dieu aide à me ramener Zack. Je suis morte à l'intérieur, mais je sais que tout ça est de la faute de sa petite amie. Mon fils est un bon garçon…

Thérapeute : Merci, je vous appellerai plus tard.

Zack : Est-ce qu'elle est partie?

Thérapeute : Oui.

Zack : Vous savez, elle a raison : elle est une bonne mère, c'est ma faute, pas la sienne. Elle ne mérite pas la honte et les maux de tête que je lui donne. Je ne sais pas comment arrêter. Pouvez-vous m'aider? (Zack commence à pleurer).

Grâce au counseling, la mère de Zack a appris ce qu'elle pouvait faire pour aider son fils de manière plus productive. Elle en est venue à réaliser que la santé de son fils et sa propre santé mentale dépendaient de sa capacité à laisser aller de sa culpabilité, la nécessité de plaire aux autres ainsi que la pression de cacher la dépendance. Elle a pu construire un système de soutien. Elle a également travaillé sur le développement d'une relation adulte avec son fils, ce qui l'a aidé à reconnaître que c'était finalement son choix d'obtenir de l'aide. Plus important encore, elle a accepté que la dépendance de son fils reposait largement sur son soutien financier à elle et a pris des mesures pour y mettre fin.

Conseils pour les parents :

• Maintenez votre enfant engagé dans une relation. C'est la clé du rétablissement. Même les conversations brèves sont meilleures que l'absence de conversations. Si votre enfant ne vous répond pas, trouvez un ami ou un membre de la famille avec qui il se sent plus proche et aidez-le à rester connecté avec lui ou elle. Un parent n'a pas besoin d'être la seule source de soutien émotionnel pour un enfant dépendant;

- Pardonnez-vous à vous-même ainsi qu'à la personne dépendante parce que se concentrer sur le blâme n'aide pas la situation. Blâmer, humilier et utiliser la culpabilité ne fait que pousser les personnes souffrant de dépendance dans un état plus stressant qui peut les conduire à consommer davantage comme stratégie d'adaptation;

- Prenez les déclarations d'une personne dépendante avec un grain de sel. N'oubliez pas que vous traitez maintenant avec une personne sous l'influence d'une substance. Ne prenez pas ce qu'ils disent personnellement;

- Établissez un système de soutien pour vous-même. Un groupe d'amis et de membres de la famille qui peuvent vous aider à faire face est essentiel dans ce processus;

- Soutenir financièrement un toxicomane sans imputabilité vous rend complice du comportement. Il est essentiel de rencontrer un thérapeute en dépendance et de mettre en place un plan financier qui établit la responsabilité. Il est fortement recommandé que les parents achètent les articles essentiels pour leurs enfants qui sont dépendants plutôt que de leur donner de l'argent;

- Occupez-vous des autres membres de la famille : frères et sœurs, conjoint, autres personnes vivant à la maison;

- Essayer de comprendre ce qui aurait pu être fait différemment ne vous aidera pas à résoudre le problème, car aucune raison ne sera suffisante pour justifier pourquoi votre fils ou votre fille vit cela. Soyez d'accord avec le fait de ne pas être en mesure de résoudre ce problème, et cherchez l'aide d'un professionnel.

La famille de Zack a joué un rôle de la plus haute importance dans son processus de rétablissement. Zack et sa mère ont pu développer une relation positive. La mère de Zack a appris à compter sur la force de leur relation et à permettre à Zack de faire des choix avec lesquels il devrait vivre. Lui donner cette autonomie et jouer son rôle de parent à travers cette connexion ont permis de reconstruire la confiance dans leur relation. Nos quatre mois de thérapie ont culminé avec la décision de Zack de s'inscrire dans un centre de réadaptation. Toutefois, comme c'est souvent le cas avec les personnes souffrant d'une dépendance, Zack est sorti du centre et y est retourné à plusieurs reprises avant de finalement décider d'y rester. Deux ans plus tard, j'ai vu Zack à un événement auquel j'assistais, et il avait l'air en meilleure santé. Je ne me suis pas approché de lui et il ne s'est pas approché de moi. Nous avons échangé un regard et un sourire seulement et cela m'a suffi pour réaliser qu'il était au moins sur la route du rétablissement.

La D^re Metra Azar-Salam est professeure auxiliaire au Bayan Claremont College où ses enseignements se concentrent sur les problèmes de santé mentale chez les minorités, la formation d'identité, la spiritualité dans la thérapie, l'abus de substances, les problèmes parentaux, le TSPT, le TDAH et les enfants issus de minorités qui souffrent d'un trouble du spectre de l'autisme. Elle est thérapeute matrimoniale et familiale et a travaillé avec des enfants et des familles dans des écoles et en pratique privé

CONVERSATIONS DIFFICILES

Par Munira Lekovic Ezzeldine

Avoir des conversations avec des enfants sur des sujets difficiles tels que le sexe, la drogue, la mort, le terrorisme, les catastrophes naturelles, le racisme et le divorce sont souvent des moments qui causent de l'anxiété aux parents. De nombreux parents ne savent pas comment aborder ces sujets ou sont mal à l'aise eux-mêmes ce qui fait qu'ils sont réticents de parler de ces thèmes à leurs enfants. Dumas (1997) a découvert que 90 % des enfants, en particulier ceux âgés de 8 à 12 ans, souhaitaient que leurs parents leur parlent des enjeux modernes les plus complexes. Parallèlement, près de la moitié des 10 à 12 ans « évitent de parler de ces sujets avec leurs parents » et « se sentent mal à l'aise lorsqu'un parent aborde l'un de ces sujets ». Il s'agit de la nature des sujets sensibles : les enfants veulent savoir et les parents veulent éduquer, mais cela reste difficile et inconfortable pour la plupart.

Les enfants qui ont des conversations avec leurs parents dès leur jeune âge sont plus susceptibles de continuer à se tourner vers ceux-ci lorsqu'ils arrivent à l'adolescence. Lorsque les enfants ne sentent pas que leurs parents sont accessibles, ils se tournent vers leurs amis, leurs proches, leurs enseignants ou Internet. La relation connectée entre le parent et l'enfant sera fondamentale pour aborder les conversations difficiles. Jafar al-Sadiq, un savant du 8e siècle, rappelait aux musulmans le conseil suivant : « Faites l'effort de converser avec vos enfants, au cas où ceux qui transgressent et désobéissent y parviennent avant vous. » Les adolescents veulent qu'un adulte de confiance leur permette de poser des questions et d'explorer des sujets difficiles. Les parents ont la responsabilité d'éduquer leurs enfants en partageant des informations précises et pertinentes. L'objectif d'un parent est d'éduquer et de se renseigner, et non d'effrayer ou de faire la morale aux enfants. Tout au long de l'enfance, les parents transmettent de l'information grâce à plusieurs conversations sur divers sujets délicats. Il ne devrait jamais s'agir d'une seule GROSSE discussion.

Les parents doivent d'abord analyser leur propre attitude concernant un sujet difficile. D'où viennent vos connaissances sur un sujet en particulier? À quoi ressemblait votre relation avec vos parents? Que ressentez-vous maintenant en tant que parent? C'est tout à fait correct d'admettre à votre enfant que vous n'êtes pas à l'aise. Vous pourriez dire : « Tu sais, je ne suis pas à l'aise de parler de... parce que mes parents ne m'en ont jamais parlé, mais je veux que nous puissions parler de tous les sujets, alors n'hésite pas à venir me voir si tu as des questions. Si je ne connais pas la réponse, je vais la trouver. » Réfléchissez à votre réponse émotionnelle face à ces conversations difficiles. Êtes-vous anxieux? Embarrassé? Confus? En colère? Votre tempérament émotionnel aura un impact sur la manière dont votre enfant recevra les informations que vous lui communiquez. Il n'est pas rare pour les parents de signaler qu'ils se sentent pris de court lorsqu'un enfant aborde un sujet difficile. Respirez et gardez votre sang-froid. Un parent peut dire : « C'est une question importante et je veux t'en parler. Laisse-moi terminer ce que je fais et on en discutera dans quelques minutes. »

Comment un parent peut-il aborder un sujet difficile? Commencez tôt à entamer des conversations avec votre enfant afin de créer un environnement familial où celui-ci est à l'aise de poser des questions et de discuter de tous les sujets. Il est important que le parent soit honnête dans ses réponses dès le début, afin de bâtir une relation de confiance. Les conversations difficiles impliquent en grande partie d'écouter les questions, les curiosités et les craintes d'un enfant sans créer une atmosphère de honte ou de culpabilité. Les parents ont ainsi l'occasion de communiquer leurs valeurs et leurs points de vue sur un sujet tout en étant ouverts à entendre d'autres points de vue et opinions. Les conversations qui se déroulent dans des environnements informels où l'enfant se sent à l'aise sont les plus efficaces. Le parent ne sera peut-être pas en mesure d'éliminer tous les malaises, mais en tirant profit d'opportunités quotidiennes, comme le transport en voiture ou des marches, il créera un espace naturel pour ouvrir le dialogue. De plus, il est conseillé aux parents d'avoir une conversation privée avec un enfant à la fois plutôt que dans un cadre de groupe avec des frères et sœurs, afin que chaque enfant soit à l'aise de poser des questions personnelles.

Afin d'avoir plus de ressources lorsque vous avez des conversations difficiles, reportez-vous aux outils de discipline positive suivants : Comprendre l'étape de développement, Communication efficace, Être présent et Connexion avant correction.

Sexualité

Le prophète Mohammed (pbsl) a dit : « Il n'y a pas de gêne en matière de religion. » Sa femme, Aisha, a partagé : « Bienheureuses sont les femmes des Ansars; la gêne ne s'est pas mise en travers de leur quête du savoir religieux. » Ces enseignements prophétiques soulignent que la connaissance dans tous les sujets de la foi, y compris les relations sexuelles, est un devoir pour tous les musulmans. Les parents doivent être la principale source d'éducation sexuelle pour les enfants. Selon le

Family and Youth Institute (2014), 76 % des jeunes musulmans ont reçu leur éducation sexuelle à l'école publique et 4 % à la mosquée. Les adolescents étaient principalement exposés à des renseignements sur la sexualité provenant des médias et des amis. Toutefois, l'étude a révélé que l'éducation sexuelle qui impliquait un parent et son enfant réduisait les chances pour un adolescent d'adopter un comportement sexuel à risque.

Discuter de ce sujet exige que les parents considèrent le niveau de maturité de leur enfant et partagent plus de détails à mesure que celui-ci vieillit. Étant donné que chaque enfant est différent et qu'il est exposé à des enjeux différents, il est important que les parents répondent aux questions de chaque enfant à mesure qu'elles se présentent et continuent d'en discuter de manière informelle à mesure que l'enfant grandit. Vous trouverez ci-dessous des directives générales sur les sujets avec lesquels les enfants doivent être familiers à différents âges.

2 à 5 ans :

Les jeunes enfants devraient comprendre que leur corps leur appartient, et qu'il y a des zones privées que personne n'est autorisé à toucher ou voir à l'exception de leurs parents ou d'un médecin. Le parent aide l'enfant à se laver et à s'habiller et le médecin, en présence du parent, vérifie le corps pour s'assurer qu'il est en bonne santé. Donnez aux enfants les moyens de se sentir aux commandes de leur corps et de se défendre si quelqu'un les met mal à l'aise. Enseignez aux enfants que « non signifie non » et que cette déclaration doit être respectée par tout le monde. Encouragez les enfants à partager leurs pensées et leurs sentiments par rapport à leur corps.

6 à 8 ans :

À cet âge, il est important que les enfants comprennent les termes corrects et les fonctions des parties du corps. De nombreuses familles aiment utiliser des surnoms pour les parties intimes, mais il est important qu'un enfant connaisse également les noms anatomiques. Les parents peuvent expliquer à un enfant qu'il est inapproprié d'avoir des conversations sur les parties du corps avec des amis ou des frères et sœurs plus jeunes, car chaque enfant devrait parler de ces sujets intimes avec leurs parents. Il est important de répondre honnêtement aux questions d'un enfant et d'écouter clairement ce qui est demandé. À cet âge, il est également important que les parents établissent les normes de la sécurité sur Internet, activent le contrôle parental sur l'ordinateur et mettent en garde leurs enfants contre les images inappropriées sur le Web. Rappelez aux enfants que s'ils ont des questions, il est préférable de les poser à leurs parents plutôt que de chercher sur Internet pour trouver des réponses.

9 à 12 ans :

À ce stade, il est important que les enfants soient conscients des changements à venir dans leur corps (p. ex. : éjaculation nocturne, menstruations). Expliquer ces changements naturels du corps est un moment opportun pour discuter de la reproduction humaine et du processus naturel que toutes les créations de Dieu traversent. Un parent peut dire : « Toutes les créatures de Dieu se reproduisent et ont des bébés. C'est une partie naturelle de la vie. Lorsque deux adultes se marient, ils peuvent avoir un bébé et c'est ainsi que les gens se reproduisent. » L'utilisation de termes biologiques lors de l'explication de la reproduction aidera un enfant à comprendre la science du fonctionnement du corps et la façon dont les bébés naissent. Les livres peuvent aider un parent à expliquer les aspects biologiques du développement humain. Les parents peuvent commencer à expliquer l'aspect social du mariage comme voie de construction d'une famille. De nombreux enfants seront encore confus à cet âge quant à la raison pour laquelle la sexualité est importante. Les parents peuvent expliquer que l'un des buts du mariage est la reproduction, qui se produit à travers la relation sexuelle. Un parent peut dire : « Alors que votre corps continue de grandir et de passer à l'âge adulte, vous développerez des sentiments naturels d'attraction et, un jour, vous voudrez avoir des relations intimes. »

13 à 18 ans :

À ce stade, un enfant doit avoir une compréhension claire de la sexualité du point de vue biologique, social et émotionnel. Il est vital que les parents fournissent l'éducation sexuelle à leurs enfants avant le deuxième cycle du secondaire. La American Academy of Pediatrics recommande que les adolescents connaissent les aspects suivants de la sexualité :

- Attentes et valeurs;
- Noms corrects des organes sexuels;
- Comment se déroule une relation sexuelle et comment les femmes deviennent enceintes;
- Pratiques sexuelles;
- MTS et VIH/SIDA;
- Menstruations;
- Masturbation;
- Orientation sexuelle.

Discutez des pressions sociales dans les relations, considérant qu'elles sont une préoccupation majeure pour les adolescents. Discutez des images médiatiques de la sexualité, de l'image corporelle, des standards de beauté, etc. Ceci permettra de mieux comprendre la sexualité dans une perspective globale. Les parents doivent partager leurs attentes en matière de mariage, la valeur qu'ils placent dans l'abstinence et la façon dont ils s'attendent à ce que leur adolescent socialise avec leurs pairs. Beaucoup de parents qui ne sont pas à l'aise de parler de sexualité s'attendent à ce que l'école ou la mosquée éduque leurs enfants sur ces sujets. La principale source d'information des enfants sur la sexualité, la contraception, la masturbation, la pornographie, l'orientation sexuelle, les pratiques sexuelles, la grossesse et les relations amoureuses devrait venir de leurs parents. L'école et la mosquée peuvent servir à renforcer le message transmis par les parents, car les connaissances de l'enfant seront inévitablement complétées par des sources secondaires comme leurs pairs, leurs enseignants et leurs modèles religieux. Le plus important est que les enfants, en apprenant de l'information d'une source secondaire, ne soient pas surpris par ce qu'ils entendent. S'ils entendent quelque chose qu'ils ne sont pas certains de comprendre sur le terrain de football ou dans un groupe de jeunes, ils sauront qu'ils peuvent en parler à leurs parents, car ces derniers ont toujours été honnêtes et ouverts face au sujet.

Drogues

Les chercheurs du National Council on Alcoholism and Drug Dependence ont constaté que la raison principale pour laquelle les enfants ne consomment pas de drogues est leurs parents. Une relation parent-enfant solide devient un facteur de protection contre la consommation de drogues, puisque l'enfant ne veut pas décevoir ses parents. Les parents qui ont régulièrement des discussions avec leurs enfants au sujet de la drogue seront conscients de leur évolution à travers les nouvelles expériences à l'école et la rencontre de différentes personnes.

2 à 5 ans :

Commencer la conversation tôt au sujet des drogues est important parce que c'est à ce moment-là que le parent a la plus grande influence. Les jeunes enfants peuvent voir des membres de la famille ou des étrangers qui fument ou consomment de l'alcool. Les enfants peuvent poser des questions comme : « Que fait cette personne? Pourquoi y a-t-il de la fumée? Quelle est cette odeur? » Les déclarations courtes et simples d'un parent qui sont répétées souvent communiqueront clairement les valeurs parentales au sujet des drogues. Un parent peut dire : « Dans notre famille, nous ne fumons pas et ne buvons pas d'alcool. » Le partage des attentes et des valeurs familiales aidera les enfants à intégrer le message sur les drogues à mesure qu'ils vieillissent. Il est également important pour les parents d'expliquer à un enfant que l'ingestion ou l'inhalation de produits comme de la colle ou des produits de nettoyage est très dangereuse. Enseigner aux enfants à respecter leur corps et ce qu'ils y mettent est un objectif de vie. Établir un jeu de rôle avec les enfants afin qu'ils s'entraînent à réagir s'ils se voient offrir des drogues leur permettront de les responsabiliser dans leurs expériences sociales.

6 à 8 ans :

À ce stade, les parents peuvent expliquer ce que sont les drogues et comment ils modifient le comportement et les pensées d'une personne. Commencez par expliquer qu'il existe deux types de drogues. Le premier type est celui que les médecins prescrivent, qui aident le corps à récupérer suite à une maladie. De nombreux enfants associent ces médicaments d'ordonnance à des saveurs sucrées. Rappelez aux enfants que prendre un médicament prescrit lorsqu'un corps n'a pas besoin de ce médicament peut être dangereux et reste une très mauvaise décision. Un autre type de drogue que les gens prennent et qui n'est pas prescrit par un médecin, mais que les gens peuvent acheter dans un magasin (comme l'alcool, le tabac, et les pilules). Ces médicaments nuisent au corps d'une personne et un musulman ne respecte pas son corps en ingérant ces substances. Par exemple, fumer fait mal aux poumons d'une personne et l'alcool fait mal au foie. Ces médicaments n'aident pas les gens à vivre en meilleure santé.

Les enfants sont généralement curieux de comprendre ce qui mène les gens à consommer des drogues, et il est important pour eux de comprendre les principales raisons. Un parent peut dire : « Les drogues font ressentir et penser différemment, et les gens prennent des drogues parce qu'ils aiment le sentiment qu'ils obtiennent. Lorsque les gens prennent des drogues, ils se sentent mieux dans leur peau. Or, ce sentiment est temporaire, c'est pourquoi les gens doivent continuer à prendre ces drogues parce qu'ils veulent obtenir le sentiment à nouveau. Compter sur une substance pour se sentir bien peut mener à la dépendance, et les gens peuvent sentir qu'ils ne peuvent plus vivre sans elle. » Il est important d'utiliser des Questions de curiosité, en demandant : « Pourquoi penses-tu que Dieu interdit aux musulmans d'utiliser des drogues? Que ferais-tu si tu voyais un ami proche prendre de la drogue? » Ayez des conversations régulières et ouvertes sur les effets des drogues, ainsi que sur vos valeurs quant à leur consommation.

9 à 12 ans :

À ce stade, un enfant doit savoir que les gens achètent des drogues dans les magasins légalement, mais aussi chez des vendeurs de manière illégale. Les enfants devraient connaître les noms des drogues les plus communes comme la marijuana ou le pot, l'héroïne, la cocaïne, les produits à inhaler et les médicaments sur ordonnance. Les parents doivent rester au fait des tendances en termes de consommation de drogues dans leur communauté puisque le nom des drogues et les méthodes d'utilisation évoluent. Les préadolescents peuvent aussi être confrontés à des informations erronées comme : « Le pot n'est pas dangereux comme l'alcool » ou « On n'en devient pas dépendant ». Les parents peuvent discuter avec leurs préadolescents des mythes entourant la consommation de drogues et discuter des effets de leur consommation sur le cerveau et le corps. Il est vital d'encourager le partage d'opinions sur la consommation de drogues et la réalité qui l'entoure.

13 à 18 ans :

À ce stade, certains adolescents expérimentent avec des drogues tandis que d'autres s'abstiennent. Abu-Ras, Ahmed, Arfke (2010) ont découvert, dans un sondage mené auprès de collégiens musulmans américains, que 47 % d'entre eux consommaient de l'alcool et que 70 % d'entre eux avaient commencé à boire avant même de commencer leurs études supérieures. Les principales motivations données par ces adolescents étaient la curiosité, l'influence des pairs, le fait de vouloir passer du bon temps et la diminution du stress. Les parents peuvent donner aux adolescents les moyens de résister à la pression externe, en parlant de ce qu'ils pourraient dire et faire s'ils se sentent obligés de consommer des drogues à l'école, dans des fêtes ou dans une équipe sportive : « Bof non, ce n'est pas pour moi. »; « Ce n'est pas *cool* »; « Ma mère me tuerait si j'essayais ça! » Encourager les adolescents à aller vers leurs parents, même s'ils ont commis une erreur, est important.

Les parents peuvent guider un adolescent loin des drogues en l'aidant à identifier leurs objectifs à court terme et à long terme. Discuter de la façon dont les drogues peuvent interférer avec ses plans peut persuader un adolescent de s'abstenir d'en consommer. Les parents peuvent dire : « Il me semble que tu as beaucoup de grands projets devant toi. Consommer de la drogue peut ruiner de belles occasions. J'espère que tu choisiras de te concentrer sur la réalisation de tes ambitions. » Une relation positive et connectée entre les parents et les adolescents est la plus grande mesure de prévention contre la consommation de drogues. Si un parent est inquiet de la consommation de drogue de son enfant, il devrait aller chercher une aide professionnelle.

Événements d'actualité troublants

Discuter de la question du terrorisme et de la violence au niveau local et mondial est une triste réalité que les parents souhaiteraient ne pas avoir à affronter. Les événements liés au terrorisme et à la violence dans l'actualité suscitent des sentiments de peur chez les parents et les enfants. Le choc initial des événements d'actualité troublants peut être terrifiant pour les enfants, qui se tourneront vers leurs parents pour mieux comprendre les événements. Les enfants ont surtout besoin d'être rassurés quant à leur sécurité puisqu'ils sont encore à un stade où ils sont préoccupés par l'impact des nouvelles sur leur famille et leur personne.

Éteindre la télévision et réduire l'exposition répétée à un événement est une étape importante dans la limitation des effets traumatisants de la violence et du terrorisme. Les enfants plus jeunes ne devraient pas être exposés à ces images violentes puisque ces dernières peuvent être accablantes pour eux. Avant un certain stade de leur développement, ils ne sauraient même pas traiter ces informations. Exposer les enfants à une violence excessive et à des images troublantes peut être psychologiquement dommageable, car les enfants ont plus de difficulté à comprendre et à traiter les images qu'ils voient. Pour les enfants plus âgés qui peuvent regarder les actualités avec leurs parents, il est important de discuter des images et des histoires qu'ils voient et/ou lisent afin qu'ils puissent analyser les nouvelles et poser des questions. Les enfants pourraient ne pas être capables de passer à autre chose aussi rapidement que les adultes. Il peut donc être nécessaire d'avoir plusieurs conversations pour aborder leurs sentiments et leurs pensées.

Lorsqu'ils discutent de la violence et du terrorisme, les parents peuvent suivre le rythme de leur enfant et poursuivre la discussion sur la base de ce que l'enfant connaît ou a entendu. Les parents devront alors écouter ce que demandent les enfants et voir plus loin que les questions qu'ils posent afin de comprendre comment ils se sentent face à ces nouveaux apprentissages. Un parent peut se concentrer sur les sentiments d'un enfant à l'égard des nouvelles pour l'aider à comprendre les événements et à réduire ses craintes et son anxiété. Les parents doivent privilégier un vocabulaire simple et utiliser des concepts que l'enfant peut comprendre. Ils doivent également faire attention en partageant leurs propres théories ou idées sur les événements. La manière dont un parent interprète des événements violents peut semer des graines de peur, de blâme et de pessimisme ou, à l'inverse, des graines d'espoir, de foi et de la résilience envers l'humanité. Un enfant verra le monde à travers les yeux de ses parents. Ainsi, les lunettes politiques et spirituelles que le parent porte doivent être ajustées et clarifiées avec sagesse.

Discuter des catastrophes naturelles et des accidents est une occasion pour les enfants de comprendre des questions plus profondes comme la mondialisation, la charité, et le fait de s'en remettre à Dieu. Partager les faits sur une catastrophe naturelle ou un accident, tout en rassurant les enfants qu'ils sont en sécurité, leur permettra de partager leurs préoccupations et leurs craintes par rapport à l'incident. Encore une fois, il est essentiel de limiter l'exposition répétée aux événements troublants par le biais de la télévision et de l'Internet. En cas de catastrophe naturelle ou d'accident, les parents peuvent donner à leurs enfants les moyens de les aider en élaborant un plan d'action sur la manière de réagir si un incident touche leur région. Ils peuvent discuter de la manière de réagir pour assurer la sécurité. Les parents peuvent également utiliser l'incident pour enseigner à faire preuve d'empathie et de compassion envers ceux qui ont souffert et encourager les enfants à aider les autres par du bénévolat ou donner à la charité. La perte de contrôle qui frappe les gens lorsque des catastrophes et de la violence se produisent peut aussi être une occasion d'enseigner aux enfants l'importance de s'en remettre à Dieu dans les situations difficiles. Dans ces moments, se concentrer en particulier sur leur lien avec Dieu sera vital pour les aider à gérer le côté émotionnel et se remettre d'un potentiel traumatisme.

Racisme

Les enfants comprennent et subissent le racisme différemment selon leur contexte particulier : où ils vivent, avec qui ils vont à l'école et leur propre identité ethnique. Les États-Unis font partie des sociétés les plus diversifiées au monde et la discrimination est répandue contre les groupes minoritaires. Aux États-Unis, être membre d'un groupe minoritaire marginalisé est un défi, car l'impact émotionnel de l'hostilité pèse lourd sur un enfant ou une famille.

Si aborder la question du racisme peut être difficile, certains parents évitent d'en parler avec leurs enfants parce qu'ils croient que ces derniers ne sont pas conscients des différences. Ces parents craignent qu'une discussion ouverte sur le racisme puisse les amener à envisager tout à coup la question raciale d'une tout autre façon. Le fait est que les enfants remarquent inévitablement les différences entre les personnes, et ils en font une analyse qui cadre avec leur vision personnelle du monde. Les enfants développent des attitudes envers les autres qui sont influencées (directement ou indirectement) par ceux qui les entourent. D'ici à ce qu'il commence le premier cycle du secondaire, un enfant a déjà intégré un éventail complet de stéréotypes sur chaque groupe racial, ethnique et religieux.

Le racisme découle de la peur et de l'ignorance. Discuter des similitudes entre les gens réduira la peur et enseignera l'empathie et la compassion envers tous les êtres humains. Avant de parler de racisme aux enfants, les parents doivent réfléchir à leurs propres préjugés, stéréotypes et croyances. Comment vous sentez-vous par rapport au sujet du racisme? Avez-vous des préjugés sur les autres? Avez-vous été vous-même victime de racisme? Comprendre vos propres opinions et croyances vous aidera à aborder le sujet du racisme avec vos enfants de manière pertinente. Il est important que les parents qui ont vécu du racisme ne perpétuent pas les préjugés à l'égard d'autres groupes, mais plutôt qu'ils enseignent la responsabilisation et la paix.

Les parents qui modélisent des relations inclusives avec des personnes de tous horizons aideront leurs enfants à développer la tolérance et l'empathie envers toutes les personnes. Les enfants apprennent la compassion, la justice et le respect par les messages implicites et explicites qu'ils reçoivent de leurs parents, de leurs enseignants, de leurs pairs et de leur communauté. Ces points de vue façonneront les croyances des enfants et la façon dont ils choisissent d'interagir avec les autres. Les enfants issus de groupes minoritaires peuvent avoir eux-mêmes vécu des expériences de discrimination qu'ils peuvent gérer en parlant à leurs parents pour recevoir du soutien. Dans les situations où les enfants ont été témoins d'insultes raciales ou en ont été victimes, les parents peuvent les aider à apprendre comment se protéger et comment mieux réagir.

Comme pour toutes les conversations difficiles, les discussions informelles sur la question du racisme montrent à un enfant que tous les sujets sont ouverts à discussion. Les parents peuvent saisir des occasions comme des semaines de sensibilisation culturelle, des jours fériés et des nouvelles d'actualité pour discuter de sujets liés à la diversité, au racisme et aux inégalités sociales. Les enfants peuvent faire des commentaires inappropriés sur des personnes sans comprendre que de tels commentaires sont racistes ou parce qu'ils ont entendu quelqu'un d'autre les dire. Un parent peut utiliser ces occasions pour transmettre des valeurs en disant : « Nous n'utilisons pas l'identité de quelqu'un comme une insulte. » Le racisme est une partie regrettable de l'histoire humaine commençant par Iblis (Satan) qui ne voulait pas s'incliner devant Adam. Comme Dieu l'a mentionné dans le Coran : « "Pourquoi, lui dit le Seigneur, ne t'es-tu pas prosterné, comme Je te l'ai ordonné?" – "Je suis meilleur que lui, répondit Satan. Tu m'as tiré du feu, alors que Tu l'as créé d'argile!" » (Coran 7:12). Par conséquent, les conversations sur le racisme et l'égalité sont de merveilleuses opportunités pour les parents de transmettre un sens de la moralité. Encourager les enfants à résister aux sentiments d'arrogance et de supériorité les aidera à incarner un caractère prophétique qui traite tous les êtres humains avec respect et compassion.

Divorce

Discuter de la dissolution d'un mariage peut être un sujet très difficile pour les enfants. Les jeunes enfants peuvent avoir au départ de nombreuses questions et, en fin de compte, simplement vouloir savoir comment la situation les affectera personnellement. La nouvelle d'un divorce entre des proches ou des amis de la famille peut être difficile à comprendre pour les enfants, car elles ont un impact sur les interactions et les rassemblements familiaux. Les parents peuvent généralement expliquer l'évolution de la dynamique familiale lorsque les proches divorcent et comment cela peut les affecter directement. Les parents peuvent dire : « Tante Mona et oncle Faris ont divorcé, ils ne vivent donc plus ensemble. Lorsque nous visiterons votre cousin cette fin de semaine, nous irons à la maison de sa mère. Vous et votre cousin aurez beaucoup de temps pour jouer ensemble. »

Évidemment, le divorce le plus difficile à gérer pour les enfants est celui de leurs propres parents. Souvent, la fin d'un mariage vient après de nombreuses années de fonctionnement malsain dans la famille auquel l'enfant s'est habitué. Pourtant, la finalité peut tout de même constituer un choc pour l'enfant. Un enfant a besoin d'une compréhension de base des raisons pour lesquelles les parents divorcent, car ils ont tendance à traiter le divorce à travers leur lentille égocentrique. En conséquence, ils peuvent supposer qu'ils sont la raison du divorce de leurs parents. Il est important que les enfants aient une compréhension claire des raisons pour lesquelles les parents divorcent afin qu'ils puissent s'adapter à l'évolution de leur dynamique familiale et accepter qu'ils ne sont pas la raison pour laquelle les parents ont divorcé. Les parents peuvent dire : « Maman et papa tentent depuis longtemps de résoudre leurs problèmes. Nous nous rendons compte maintenant que nous ne pouvons pas le faire et avons décidé de divorcer. Nos problèmes nous concernent nous et n'ont aucun rapport avec toi ou tes frères et sœurs. Cette décision a été très difficile à prendre et nous en sommes tristes. Nous vous aimons beaucoup et nous continuerons à prendre soin de vous, mais ce sera à partir de deux maisons séparées. Nous ne vous demanderons pas de prendre parti ni de jouer aux messagers. Nous voulons que vous ayez toujours une bonne relation avec nous. »

Les enfants auront beaucoup de pensées et de sentiments vis-à-vis du divorce de leurs parents, et le processus affectera chaque enfant différemment. Offrir un espace sans danger pour les enfants afin qu'ils puissent partager leurs sentiments les aidera à guérir et à faire face au divorce. Assister à une thérapie en famille pour aider à comprendre l'évolution de la dynamique familiale aidera les enfants et leurs parents à résoudre les problèmes et à faire la paix avec cette décision.

La mort

Discuter de la mort peut être une expérience très difficile pour les parents, surtout s'ils vivent la mort d'un être cher et se battent avec leur propre douleur. Alors que les parents vivent le deuil à leur façon, leurs enfants peuvent expérimenter la nouvelle de la mort différemment. Les parents doivent être honnêtes avec leurs enfants au sujet de la triste nouvelle. Permettez aux enfants de partager leurs propres pensées et sentiments sur la mort et répondez à leurs questions honnêtement. Un parent peut expliquer que les sentiments de douleur sont normaux et qu'une personne qui se sent triste doit profiter de cette situation pour rechercher du réconfort auprès de Dieu. Cela aidera les enfants à comprendre les aspects physiques et spirituels de la mort.

En tenant compte de l'âge et de la maturité de l'enfant, les parents peuvent expliquer la mort par des expériences de vie comme la perte d'un animal de compagnie ou la mort d'un ami ou d'un membre de la famille élargie. Ces premières expériences qui témoignent de la façon dont la famille vit l'épreuve contribuent à façonner la vision de la mort chez un enfant. L'approche la plus simple pour expliquer la mort à un enfant consiste à décrire les faits biologiques : le corps cesse de travailler; la personne arrête de respirer, de bouger et de parler. Cette explication de base aide les jeunes enfants à comprendre ce que signifie le fait de mourir et de nombreux enfants demanderont ce qui se passe après la mort. Dieu rappelle dans le Coran : « Nous sommes à Dieu et c'est à Lui que nous ferons retour! » (Coran 2:156). Les parents peuvent dire : « Quand quelqu'un meurt, son âme retourne à Dieu et *insha Allah* (si Dieu le veut), nous serons réunis au paradis. » Beaucoup d'enfants trouvent du réconfort et de l'acceptation quand ils comprennent l'existence de l'âme et de l'après-vie. Il est normal que les enfants posent des questions et parlent plus souvent de la mort qu'un adulte. C'est ainsi que les enfants arrivent à comprendre la mort et comment ils découvrent leurs pensées et leurs sentiments à propos de la mort d'un être aimé et à propos de leur propre existence.

Certaines familles veulent protéger leurs enfants de la « vérité » et ne veulent pas parler franchement de la mort. Cependant, les enfants doivent apprendre la nouvelle de leurs parents pour trouver du réconfort. Savoir comment et pourquoi quelqu'un est mort aide un enfant à ressentir la tristesse et à commencer à vivre sans l'être aimé. Un parent peut dire : « Son corps a été tellement blessé/était tellement plein de maladie qu'il a cessé de fonctionner. Les médecins ont fait de leur mieux pour l'aider, mais elle est décédée aujourd'hui. » La participation aux funérailles et la compréhension du processus de la mort rendent celle-ci moins obscure et aident les enfants à passer à la phase d'acceptation. Les jeunes enfants qui vivent la mort d'une personne proche d'eux, comme un parent, un frère ou une sœur, auront certainement de la difficulté à digérer la mort. La recherche d'un soutien professionnel de la part d'un conseiller sera bénéfique pour les familles qui luttent avec le deuil. Au fur et à mesure que les enfants grandissent et atteignent de nouvelles étapes dans leur vie, ils peuvent revivre le deuil et réfléchir à leur perte. Il s'agit d'un processus normal. Enseigner aux enfants des compétences d'adaptation saines comme prier, lire du Coran, pleurer, parler ou tenir un journal de ses sentiments est une manière de les aider à passer au travers de l'épreuve de la mort

CONSTRUIRE LA RÉSILIENCE

Par Munira Lekovic Ezzeldine

La résilience est l'aptitude de rebondir devant l'adversité. Lorsqu'une personne est résiliente, elle se dit : « Je suis capable de passer au travers. » La résilience est une compétence qui aide une personne à traverser la vie lorsque les choses ne vont pas bien. Souvent, on parle de courage, de persévérance ou d'apprentissage incrémental. La résilience se développe et évolue au fil du temps avec les expériences de vie. Dans les cas où les enfants souffrent d'un traumatisme, la résilience joue un rôle important dans leur processus de guérison, car elle contribue à leur croissance personnelle. La résilience repose sur des comportements appris et des pensées. Dieu rappelle dans le Coran : « Ô croyants! Cherchez du réconfort dans la patience et la salât! Dieu est, en vérité, avec ceux qui savent s'armer de patience. » (2:153) et « Certes, à côté de la difficulté, il y a la facilité. » (94:5). Encourager l'optimisme et la gratitude par le biais d'expériences de vie enseigne aux enfants les compétences d'adaptation et la positivité en temps d'adversité et de calme. Le processus de construction de la résilience implique à la fois des facteurs internes, comme l'aptitude cognitive et la personnalité d'une personne, et des facteurs externes comme les parents et les adultes responsables.

Le principal facteur qui influence la résilience est d'avoir des relations de bienveillance et de soutien au sein de la famille. Des relations solides créent l'amour, la confiance, l'encouragement et l'assurance, ainsi que des modèles positifs, qui peuvent tous renforcer la résilience d'un enfant. Les parents doivent examiner comment ils modélisent la résilience devant leurs enfants par leurs propres mots et comportements. Les parents qui luttent eux-mêmes avec la résilience devront réfléchir à des moyens de changer leur propre état d'esprit afin d'élever des enfants qui sont résilients. La résilience est comme un muscle qui doit être exercé afin de se développer correctement.

Selon Edith Grotberg de l'organisation The International Résilience Project (1995), il existe trois sources de résilience pour un enfant : l'environnement, l'estime de soi et les compétences sociales. Les parents ont un impact grâce à leur pratique d'éducation parentale sur les trois domaines qui aident à exercer la résilience de l'enfant. Un environnement de relations de confiance, une structure à la maison, des modèles positifs, et des encouragements à l'autonomie et à l'indépendance aident un enfant à développer la résilience parce que l'enfant sait à quoi s'attendre des parents et il se sent encouragé à se développer en un adulte mature. Un enfant qui se sent aimé et qui a un tempérament agréable se sentira également fier de devenir plus autonome et indépendant. Enfin, un enfant ayant de solides compétences sociales et qui est capable de communiquer, de résoudre des problèmes et de gérer ses sentiments et ses impulsions aura de meilleures relations personnelles et cherchera à être dans des relations de confiance.

Les auteurs de *Raising Resilient Children* (2002) ont constaté que les parents peuvent prendre six mesures spécifiques pour aider les enfants à manifester leur résilience :

- Faire preuve d'empathie et l'enseigner;
- Écouter activement et communiquer efficacement;
- Enseigner la prise de décision et la résolution de problèmes;
- Reconnaître les forces et se concentrer sur elles;

• Se connecter à son enfant et l'aimer pour qui il est;
• Utiliser les erreurs comme des occasions d'apprendre.

Ces six comportements sont en totale adéquation avec les outils de discipline positive décrits dans ce livre. Malheureusement, de nombreux parents sapent le développement de la résilience de leur enfant en adoptant des comportements comme la surprotection ou en s'attendant à la perfection. Les parents bien intentionnés qui sont trop protecteurs cherchent à empêcher que quoi que ce soit de mauvais n'arrive à leurs enfants et, involontairement, encouragent leurs enfants à devenir fragiles. Lorsque les enfants ne sont pas autorisés à éprouver des émotions négatives comme la déception, la peur et la tristesse, ils n'apprennent pas les compétences nécessaires pour tolérer l'adversité dans la vie et comment faire face à celle-ci. Lorsque les enfants sont protégés de l'expérience des conséquences de leurs actions, ils n'apprennent pas la responsabilité personnelle de leur comportement. Les enfants qui sont constamment protégés peuvent devenir des adultes qui croient que tout leur est dû et qui sont enclins à blâmer les autres pour leurs erreurs.

Lorsque les enfants reçoivent le message qu'ils doivent être parfaits dans tout ce qu'ils font, ils craignent de faire des erreurs et se sentent comme des échecs. Cette peur paralyse les enfants et peut les amener à procrastiner lorsqu'ils ne se sentent pas confiants, à renoncer ou même à ne pas essayer de nouvelles choses parce qu'ils ne veulent pas échouer. La crainte de ce que vont penser leurs parents s'ils font une erreur ou s'ils échouent limitera leur motivation et leurs capacités personnelles. Les enfants qui cherchent à plaire à leurs parents en étant parfaits peuvent également considérer leur performance comme une mesure de leur estime de soi. Ils ne se sentent contents d'eux-mêmes que lorsqu'ils sont parfaits et ils se sentent extrêmement découragés quand ils ne le sont pas. Les enfants qui ne connaissent pas de moments d'échec peuvent devenir des adultes qui s'effondrent émotionnellement lorsqu'ils connaissent un échec dans la vie (ce qui se produira inévitablement) et qui se sentent incapables de se remettre debout et d'aller de l'avant.

Encourager la résilience est un cadeau que les parents donnent à leurs enfants tout au long du processus d'éducation parentale. À mesure que les enfants deviennent résilients, ils verront la vie comme un défi et qu'elle est en changement perpétuel, mais ils seront en même temps convaincus qu'ils peuvent faire face à ces défis. Les enfants pourront considérer les erreurs et les faiblesses comme des occasions d'apprendre. Ils vont croire qu'ils peuvent influencer et même contrôler les résultats dans leur vie par l'effort et la compétence. Les enfants résilients se concentreront sur ce qu'ils peuvent faire plutôt que sur ce qui est hors de leur contrôle; ils trouveront donc dans la vie et dans leurs relations une grande importance et une grande signification.

FAMILLES PAISIBLES

Par Munira Lekovic Ezzeldine

La paix commence par l'individu. Avoir un sentiment de paix et de satisfaction personnelle transcende l'environnement de la maison. Une famille paisible commence par la relation matrimoniale entre le mari et la femme, puisque c'est le couple qui donne le ton à leur culture familiale. Les familles fortes sont capables de créer et de promouvoir une maison familiale paisible et heureuse pour tous les membres.

En 2000, le projet de recherche Family Strengths Research Project of Australia a identifié les huit caractéristiques suivantes que possèdent les familles solides : la communication, le partage des activités, le vivre ensemble, le soutien, l'affection, l'acceptation, l'engagement et la résilience.

Communication

Les familles paisibles bénéficient d'une communication ouverte qui est affectueuse, compréhensive et patiente. Voici quelques moyens pour permettre à votre famille de développer une communication ouverte :

- Soyez honnête les uns envers les autres;
- Écoutez-vous les uns les autres avec toute votre attention;
- Restez en contact les uns avec les autres;
- Rassurez les autres de votre amour par des paroles, des câlins et en vous réservant du temps pour eux;
- Partagez vos pensées et vos sentiments sans vous censurer et

sans vous critiquer les uns les autres;

- Encouragez un comportement positif;
- Permettez l'expression appropriée d'émotions négatives et positives;
- Travaillez ensemble pour résoudre les problèmes et les conflits;
- Riez ensemble.

Partage des activités

Les familles paisibles partagent leurs activités. Votre famille peut créer des expériences partagées des façons suivantes :

- Faites du repas une occasion de discuter en famille;
- Jouez ensemble;
- Faites régulièrement des sorties en famille;
- Créez des traditions familiales en décidant ensemble comment célébrer les anniversaires, les événements importants et les fêtes religieuses;
- Organisez des vacances que toute la famille appréciera.

Vivre ensemble

Les enfants doivent être impliqués dans certaines des prises de décision s'ils veulent sentir qu'ils sont des membres de la famille à part entière. Les familles paisibles partagent un sentiment de vivre ensemble et cela se produit lorsque vous :

- partagez un sentiment d'appartenance commun;
- partagez vos croyances et vos valeurs;
- profitez de l'endroit que vous appelez maison;
- célébrez ensemble;
- partagez des souvenirs.

Soutien

Les familles paisibles ressentent un sentiment de soutien et d'encouragement pour leurs buts et leurs rêves. Les membres de votre famille peuvent faire preuve de soutien les uns envers les autres de plusieurs manières :

- Occupez-vous les uns des autres;
- Partagez les responsabilités des tâches ménagères;
- Soyez présent les uns pour les autres lors des bons moments et dans les temps de difficulté;
- Encouragez-vous les uns les autres à essayer de nouvelles choses;
- Intéressez-vous activement aux passe-temps de chacun.

Affection

Les membres des familles paisibles s'aiment les uns les autres sans condition et montrent leur affection. Les membres de votre famille peuvent exprimer leur affection des façons suivantes :

- Dites aux autres membres de votre famille que vous les aimez;
- Démontrez votre amour pour les autres en vous faisant des câlins et en vous collant;
- Prenez en compte les sentiments des autres;
- Souciez-vous du bien-être des autres;
- Faites des choses pour les autres.

Acceptation

Les familles sont composées de différentes personnes ayant des besoins et, parfois, des valeurs et des croyances différents. Les familles fortes sont en mesure de faire preuve d'acceptation de ces différences individuelles lorsque vous :

- acceptez les différences;
- vous donnez de l'espace;
- respectez les points de vue de chacun;
- êtes en mesure de vous pardonner les uns les autres;
- assumez la responsabilité personnelle de vos actions.

Engagement

Les membres des familles paisibles ont un véritable engagement les uns envers les autres et se concentrent sur le maintien de relations positives. Les membres de votre famille peuvent réaffirmer leur engagement des manières suivantes :

- Faites-vous confiance mutuellement;
- Tenez vos promesses;
- Faites des choses pour la communauté;
- Ayez des règles;
- Sentez-vous en sécurité en compagnie des autres.

Résilience

Les familles paisibles sont résilientes et flexibles dans leur approche de la vie. Voici quelques exemples de façons dont votre famille peut développer sa résilience :

- Parlez des choses importantes;
- Modifiez les plans si nécessaire;
- Apprenez lors d'épreuves;
- Gardez l'espoir vivant chez les autres;
- Entraidez-vous en situation de crise;
- Discutez des problèmes.

Les chercheurs ont également découvert que les familles malheureuses qui ne fonctionnent pas bien ont certains traits communs. Ces traits comprennent :

- Une distribution injuste de l'autorité, comme un parent qui dirige le domicile;
- Des problèmes à maintenir en place une négociation pacifique des conflits;
- Un manque de respect les uns envers les autres;
- Un manque de communication ou d'écoute;
- Le refus de reconnaître ou d'accepter d'autres points de vue;
- Une tendance à compter sur des formes négatives de communication comme crier, critiquer ou bouder;
- L'utilisation de punitions physiques telles que la fessée ou frapper.

Toutes les familles sont différentes et elles ont chacune des forces et des domaines de croissance. Une façon de déterminer les forces de votre famille est de passer l'Évaluation des forces de la famille (2001) disponible sur notre site Web www.positivedisciplinemuslimhome.com (en anglais seulement).

Grâce à cette liste, vous et votre famille pouvez évaluer vos domaines de performance et discuter des domaines sur lesquels vous aimeriez vous améliorer. Cet outil peut mener à des conversations sur les points de vue et les croyances que chaque membre de la famille détient au sujet de la dynamique et de la culture de votre famille.

CULTIVER LA SPIRITUALITÉ

Par Hina Khan-Mukhtar

J'étais récemment la mentore d'un jeune homme découragé à cause d'une crise majeure dans sa vie et je lui ai donné ce conseil : « Tu dois te tourner complètement vers Allah et Le supplier pour obtenir de l'aide. » Il m'a regardé avec les yeux rougis, une expression vide sur le visage et m'a demandé : « Comment puis-je faire ça? »

Sa question m'a brisé le cœur et m'a rappelé ce qu'un érudit respecté nous avait dit durant le mois de ramadan passé : « L'orphelin n'est pas celui qui n'a pas de mère ou de père; le *véritable* orphelin est celui qui *a* une mère et un père, mais qui ne sait rien sur Allah, sa religion, ou qui ne sait pas comment faire face aux aléas de la vie. »

En tant que musulman, vous pouvez croire qu'il y a de nombreuses raisons d'enseigner l'islam à vos enfants : ils devraient connaître leur Créateur; ils devraient comprendre le véritable but de la vie; ils devraient connaître la Vérité (avec un « V » majuscule). Cependant, en tant que mère et conseillère de nombreux jeunes, j'en suis venue à réaliser un autre avantage important et pratique de l'apprentissage de la religion et de la spiritualité : cela donne à chacun les outils pour gérer correctement les aléas de la vie, surtout lors des moments les plus difficiles.

Ce jeune homme dans la vingtaine en particulier était perdu. Il avait besoin d'aide, mais ne savait pas vers où ni vers qui se tourner. Lorsque les autres hommes se levaient pour la prière de groupe, il se promenait sans but autour de la pièce, en attendant de pouvoir retourner s'asseoir avec eux, sa dépression comme un nuage sombre au-dessus de sa tête.

Dans une conversation séparée, il faisait allusion à certains « péchés majeurs » qu'il avait commis lors de son adolescence. « J'ai vraiment fait de grosses erreurs », m'a-t-il dit, sans donner plus de détails sur ces événements. Je ne lui ai pas non plus demandé d'élaborer. Lorsqu'il a continué en affirmant fièrement qu'il était reconnaissant des choix qu'il avait faits, même les mauvais, parce qu'ils lui avaient permis d'apprendre des leçons de vie cruciales, je n'ai pas pu m'empêcher de lui demander : « Mais, qu'en est-il d'éviter certains comportements simplement parce qu'ils déplaisent à Allah ? » Il avait l'air surpris. « Je n'y ai jamais vraiment pensé de cette façon », m'a-t-il avoué.

Nous savons tous comment enseigner à nos enfants la façon de faire la prière, mais comment pouvons-nous inculquer aux enfants le désir d'avoir réellement une relation personnelle et à long terme avec leur Créateur ? Comment leur enseigner non seulement la religion, mais la spiritualité ?

Rappelez-vous de Lui et parlez de Lui souvent

Cela profite à nos fils et à nos filles quand ils nous entendent parler souvent et avec déférence, amour et respect d'Allah et de son Messager (que la Paix soit sur lui). Cela devient leur « normalité ». Après tout, Allah nous dit lui-même dans un hadith qudsi (sacré) : « Je suis avec Mon serviteur quand il pense à Moi, et Je suis avec lui quand il parle de Moi. » Quand nos enfants nous confient qu'ils veulent quelque chose de spécial ou qu'ils ont peur de quelque chose d'effrayant, nous pouvons les encourager à prier pour ce qu'ils convoitent et à demander à Allah de les protéger de ce qu'ils craignent. Nous devrions souligner les bénédictions cachées dans leur vie quotidienne et leur rappeler d'être reconnaissants chaque fois qu'ils réalisent qu'une de leur prière a été réalisée ou que la source de leurs craintes est prouvée sans fondement. Quand ils ressentent des remords et des regrets pour l'une de leurs erreurs, on peut leur enseigner à ce moment-là les différentes étapes du *tawba* (repentir). Les enfants prospèrent également quand on leur enseigne les supplications prophétiques (*sunnah duaas*) et les litanies quotidiennes (*awrad*) à réciter dans le cadre de leurs routines de tous les jours. Nous devons aider nos enfants à prendre l'habitude d'avoir des conversations régulières avec Allah.

Enseigner la conscience d'Allah (Taqwa)

Quand votre fils ou votre fille vous demande : « Où est Allah? », répondez-leur : « Il est avec toi. » Après tout, c'est bien ce qu'Allah nous dit : Il est avec nous aussi longtemps que nous nous souvenons de Lui et que nous Le mentionnons. Les enfants ont besoin de savoir qu'Allah voit et entend tout et qu'Il est avec eux en tout temps. Ils devraient apprendre tôt les nuances de ce qui Lui plaît et de ce qui Lui déplaît. Si votre fils vous sert un verre d'eau, il vous incombe de le remercier et de lui rappeler qu'Allah aime les enfants qui servent leurs parents et qui étanchent la soif des autres. Si votre fille laisse sa chambre dans un état désordonné, vous pouvez lui rappeler ce hadith : « Allah est Beau et Il aime la beauté ». Les jeunes musulmans grandissent spirituellement quand ils apprennent à se souvenir d'Allah dans tout ce qu'ils font, y compris lors des tâches les moins importantes.

Donnez-leur les outils pour réussir

Tous les enfants doivent apprendre la *fiqh* (jurisprudence islamique) de leur religion. Ils ne sauront pas comment vivre une vie qui plaît à Allah s'ils ne sont même pas conscients des bases de ce qui est interdit, acceptable, encouragé et découragé.

En plus des choses à faire et à ne pas faire, les enfants peuvent être mis sur le chemin du succès si on leur enseigne les nombreuses étapes qu'une personne peut prendre pour se rapprocher de Dieu. Ces étapes comprennent l'*adab* des *duaas* (étiquette des supplications) et le recours quotidien aux prières supplémentaires comme la prière de guidage (*salât al-istikhara*), la prière de besoin (*salât al-hâjah*), la prière de gratitude (*salât al-shukr*), et la prière de repentir (*salât al-tawba*). Il est crucial que tous les enfants apprennent l'*aqîda* (foi) afin qu'ils ne grandissent pas avec une perception erronée d'Allah. Un enfant qui connaît sa aqîda sera mieux équipé pour gérer les hauts et les bas de la vie. Et c'est notre espoir que les enfants à qui on aura enseigné la connaissance d'Allah, des anges, de *Shaytan* (Satan) et de l'ego (*nafs*), seront en mesure d'avoir une meilleure maîtrise de leurs pensées impulsives une fois qu'ils seront en mesure de reconnaître et d'identifier les différentes sources de ces pensées.

Fournir des modèles

La fille d'une amie a déjà dit à sa mère qu'elle était profondément impressionnée par la manière tranquille et attentive avec laquelle son enseignante passait d'une étape de la prière à une autre. « Elle semble vraiment apprécier sa *salât* (prière) », lui a-t-elle murmuré avec admiration. « Elle n'est jamais pressée de la terminer ».

L'une de mes propres enseignantes nous dit régulièrement : « Bien faire est meilleur que de bien dire. » Les enfants apprennent plus de ce dont ils sont témoins que de ce qu'ils entendent. Il est donc très important d'être l'exemple que nous voulons qu'ils suivent. Nous espérons que le fait d'avoir nos enfants autour d'adultes et d'amis plus âgés qui ne sont pas honteux de parler souvent de Dieu leur donnera la confiance de vraiment

« embrasser » leur propre relation avec le Créateur, *insha Allah* (si Dieu le veut).

Soyez à l'aise avec la sîra et la sunnah

Le modèle ultime pour nos enfants est le prophète Mohammed (pbsl). Ce guide béni a été envoyé à l'humanité pour nous enseigner à propos de nos âmes et comment gagner le salut, à la fois dans cette vie et dans la suivante. Bien qu'il était accompli dans le monde terrestre, son cœur et son esprit résidaient dans le monde spirituel. Il n'y a personne de meilleur de qui nos enfants peuvent apprendre leur spiritualité que le dernier messager d'Allah (pbsl) lui-même. Afin d'atteindre cette objectif, nos enfants devraient être encouragés à étudier sa *sîra* (biographie) où ils peuvent en apprendre plus sur ses conseils et ses admonitions.

Les enfants qui mettent en pratique la *sunnah* (tradition) du prophète (pbsl) (par exemple, savoir quelle main utiliser lorsqu'on mange ou quel pied poser en premier lorsqu'on rentre à la maison) avec une véritable intention, attention et détermination sont des enfants qui sont plus susceptibles de pratiquer leur foi avec spiritualité. Ces enfants sont moins susceptibles de devenir des êtres indifférents qui errent dans la vie alors que les jours défilent.

Un des plus grands cadeaux qu'un parent peut essayer de donner à son enfant est un lien avec le Divin. Bien que ce désir de connaître son Seigneur fasse partie de notre *fitra* (nature primordiale), nous avons tous besoin d'aide pour comprendre comment développer au mieux notre relation avec Dieu. Si nous voulons réussir dans cette relation la plus importante, nous devrons y apporter ce que nous apportons dans *toutes* nos relations bénéfiques, à savoir le temps, l'attention, la priorité, la pleine conscience et les outils nécessaires à la réussite. Mais le plus important de tout, nous devons apporter nos *duaas* pour la *tawfiq* (supplications pour le succès). Comme Allah lui-même nous l'a promis dans un hadith qudsi (sacré) : « Faites un pas vers Moi et Je ferai dix pas vers vous. Marchez vers Moi et Je courrai vers vous. » Faites que nous accourions tous joyeusement vers notre Seigneur et que nous nous joignions à Lui dans la plus belle des unions, et faites que nos enfants nous mènent dans cette course. *Amin* (amen).

Hina Khan-Mukhtar est mère de trois garçons et elle est une des fondatrices de la coopérative d'éducation à domicile connue sous le nom d'ILM Tree à Lafayette, en Californie, qui dessert maintenant plus de 35 familles faisant l'école à la maison dans la région d'East Bay. En plus d'enseigner les arts du langage aux élèves du primaire et du secondaire, elle a écrit des articles sur la parentalité et les traditions spirituelles pour les enfants et elle participe au dialogue interconfessionnel.

ENSEIGNER L'AMOUR D'ALLAH AUX ENFANTS

Par Ohood Alomar

Dans son livre *Madarij as-Salikeen*, Ibn al-Qayyim, le célèbre théologien du 14e siècle, a déclaré :

> « *Le cœur, dans son voyage vers Allah Le Très Haut, est comme un oiseau. L'amour est sa tête, et la peur et l'espoir sont ses deux ailes. Lorsque la tête est saine, les deux ailes volent bien. Si la tête est coupée, l'oiseau mourra. Lorsque l'une des deux ailes est endommagée, l'oiseau devient vulnérable aux chasseurs et prédateurs.* »

Qu'aurait-il dit en voyant comment les parents connectent leurs enfants à Allah aujourd'hui? Un jour, alors que j'étais assise dans la mosquée en attendant que mon fils termine son cours de Coran, j'ai remarqué un jeune garçon assis dans un coin, comme terrifié. Sa mère lui avait dit qu'Allah allait le punir parce qu'il avait refusé de ramasser des papiers qu'il avait jetés dans la mosquée. Ses mots étaient : « Je ne vais pas te punir. Je vais laisser le soin à Allah de s'occuper de ta punition. » Cette terrible scène a suscité des réflexions sur la façon dont de nombreux musulmans choisissent d'élever leurs enfants aujourd'hui. Il est malheureux que certains parents infligent involontairement de sérieux dommages à la relation d'un enfant avec Allah le Très Haut, par le biais de leurs paroles et de leurs actions irresponsables.

De nombreux enfants musulmans sont élevés avec un « facteur de peur ». Certains parents croient que s'ils font peur à leurs enfants en se concentrant sur la punition d'Allah tôt dans leur vie, ils grandiront pour devenir de bons musulmans obéissants. Bien que le fait de faire peur à l'enfant puisse temporairement inhiber tout acte répréhensible, il a un énorme effet négatif sur lui émotionnellement et spirituellement. Selon la professeure Suhaylah Zain, membre de la National Society for Human Rights : « La discipline fondée sur la peur d'Allah finira par produire de la haine envers la religion dans le cœur des enfants, en plus d'autres graves dommages psychologiques. »

Quelle est donc la solution?

Le prophète (pbsl) a éduqué une génération grandiose en inculquant d'abord l'amour d'Allah – le Très Haut – dans le cœur des gens, y compris les enfants. Il l'a fait avec amour, patience, compassion et bienveillance. Il a été aimé par les compagnons qui étaient impatients d'apprendre de lui au sujet d'Allah et de Sa guidance. C'est avec amour qu'a commencé l'histoire de la création comme nous en avons lu le récit dans le Coran, 2: 30-38. Allah – Le Très Haut – a honoré et aimé Adam (pbsl) de la manière suivante :

- Il l'a créé de Ses propres mains;
- Il lui a donné un esprit critique et le libre arbitre;
- Il lui a enseigné des connaissances utiles et essentielles pour sa survie dans cette vie;
- Il a ordonné aux anges de se prosterner devant lui;
- Il l'a créé dans la forme idéale pour lui permettre d'exercer son rôle dans la vie efficacement;
- Il a soumis les cieux, la terre, et tout ce qu'ils contiennent à Adam et à sa progéniture, tout en leur fournissant les pouvoirs et les aptitudes dont ils auront besoin dans cette vie;
- Il lui a confié l'*amaanah* de la création (obéissance à Allah – le Très Haut – en suivant ses ordres et en s'abstenant de ce qu'il

avait interdit) que toutes les autres créations d'Allah ont refusé de porter.

Allah – le Très Haut – a également enseigné à Adam comment L'aimer en retour et comment se soumettre totalement à Sa volonté en faisant ce qui suit :

- Il a montré à Adam la véritable manifestation de Ses noms magnifiques et de Ses attributs suprêmes;
- Il a décrété qu'Adam et sa femme vivent au *Jannah* (le jardin);
- Il a fourni à Adam une guidance complète pour le protéger lui et sa progéniture de leur plus grand ennemi, Satan;
- Il a promis Son pardon à ceux qui se repentent sincèrement.

Alors comment les parents appliquent-ils les directives ci-dessus lorsqu'ils enseignent aux enfants à aimer Allah – le Très Haut? Voici quelques recommandations importantes pour garder les enfants connectés à Allah.

1. Entretenir une relation positive.

Le parent est la connexion entre l'enfant et Allah. Puisque le parent est le principal connecteur, si l'enfant a des sentiments négatifs envers le parent, il aura également des sentiments négatifs envers Allah. Pour que les parents maintiennent une relation positive avec l'enfant, ils doivent se concentrer sur les points suivants :

- Maintenir la dignité de l'enfant. Les parents doivent abandonner les pratiques qui détruisent la dignité de l'enfant, ce qui peut l'éloigner d'Allah. Par exemple : crier, critiquer, punir, ridiculiser, comparer aux frères et sœurs, prêcher excessivement et menacer. Les enfants qui grandissent dans des foyers qui utilisent ces pratiques peuvent devenir des adultes qui n'ont pas d'amour authentique pour Allah même s'ils semblent suivre Ses ordres;

- Donner la liberté à l'enfant. Donner aux enfants de la place pour réfléchir, dire ou faire ce qu'ils veulent dans des limites raisonnables favorisera une relation très forte entre l'enfant et le parent. Lorsque les enfants n'ont pas peur des représailles et des critiques, ils seront habilités à dire la vérité et à défendre leurs croyances et leurs valeurs;

- Aligner les actions avec les paroles. Les enfants émulent les comportements, pas les mots. Si un parent incarne son amour pour Allah dans ses actions, l'enfant intégrera ces comportements. Par exemple, si un père prie chaque fois qu'il entend l'appel à la prière, ses enfants seront encouragés à prier régulièrement et à temps.

2. Enseigner la manifestation d'Allah dans le monde et à l'intérieur de soi.

La meilleure façon de le faire est de profiter de moments qui orientent leur attention vers la grande sagesse, la miséricorde et le pouvoir d'Allah. Laissez-les explorer la nature et rencontrer les créations d'Allah afin qu'ils puissent voir par eux-mêmes comment Allah est celui qui les a guidés aux meilleures façons de survivre dans ce monde.

3. Enseigner des compétences en matière de réflexion critique.

La meilleure façon de le faire est d'entamer des dialogues simples avec les enfants sur Allah, les belles choses qu'il nous a données dans la vie, et comment il a tout créé pour notre bénéfice. Demandez-leur : « Qui vous a donné des yeux, des oreilles et un nez? Pourquoi pensez-vous qu'Allah a donné à chacun de nous deux yeux, mais ne nous a donné qu'une seule bouche? Que se passerait-il si nous marchions sur quatre pieds au lieu de deux? » Demandez-leur de fermer les yeux et d'imaginer ce qui se passerait si tout le monde se ressemblait ou si le soleil était un peu plus près de la terre.

4. Enseigner l'amour du prophète (pbsl).

« Dis-leur : "Si vous aimez Dieu réellement, suivez-moi et Dieu vous aimera et vous pardonnera vos péchés. Dieu est Indulgent et Miséricordieux" » (Coran, 3:31).

5. Commencer tôt la mémorisation du Coran.

Le prophète (pbsl) a informé les musulmans que la mémorisation du Coran à un âge précoce solidifiera sa présence dans le corps et l'esprit de l'enfant. Abu Hurayrah (puisse Allah être satisfait de lui) rapporte que le prophète (pbsl) a dit : « Quiconque apprend le Coran à un âge précoce, alors Allah le mélange à sa chair et à son sang. »

6. Enseigner les vertus de la charité.

Créez une caisse de charité à la maison et enseignez aux enfants à y verser un montant à partir de leur propre argent de poche. Vous pouvez aussi enseigner à votre enfant à récupérer ses vieux jouets et vêtements en bon état et à les donner en charité. Vous pouvez également emmener votre enfant dans un refuge pour sans-abri, pour qu'il puisse aider à nourrir les pauvres et les nécessiteux.

7. Enseigner l'arabe, la langue du Coran.

L'enseignement de l'arabe à la jeune génération musulmane accorde un accès direct au Coran. Cela leur permet à leur tour de comprendre les décrets et les conseils d'Allah et de rester en contact avec Lui.

8. Enseigner à s'en remettre à Allah, en cherchant Son aide et Sa protection.

La meilleure façon de le faire est d'enseigner aux enfants des supplications simples. Raconter des histoires, en particulier de jeunes musulmans qui ont fait confiance à Allah, est une source d'inspiration. Abdullah ibn Abbas (puisse Allah être satisfait de lui) a déclaré : « Un jour, j'étais derrière le prophète (pbsl), quand il a dit : "Jeune homme, je vais t'apprendre quelques mots. Sois conscient d'Allah, et Il prendra soin de toi. Sois conscient de Lui, et tu Le trouveras à tes côtés. Si tu demandes, demande à Allah. Si tu as besoin d'aide, cherche-la auprès d'Allah. Sache que si le monde entier devait se rassembler pour t'aider, il ne serait pas en mesure de le faire, sauf si Allah l'avait prédestiné. Et si le monde entier devait se rassembler pour te nuire, ils ne seraient pas en mesure de le faire, sauf si Dieu l'avait prédestiné. Les plumes sont levées, et les pages sont sèches." » (Hadith, Tirmidhî).

Nous devons d'abord enseigner à nos enfants à aimer Allah parce que c'est la force motrice du succès dans cette vie et dans celle d'après. Il est important d'équilibrer l'amour d'Allah avec la peur de Sa colère. Toutefois, au lieu de commencer par la peur, commençons par l'amour, comme l'a déclaré Ibn al-Qayyim. Qu'Allah vous accorde *la qurat ain* (sérénité et satisfaction) à travers tous vos enfants.

Ohood Alomar est la directrice de l'Al Kawthar Learning Center en Californie, qui offre aux élèves des programmes d'immersion en arabe, d'immersion double (anglais/arabe) et de mémorisation et d'interprétation du Coran. Elle est passionnée par l'enseignement de l'arabe afin que les étudiants puissent comprendre le Coran et appliquer les enseignements qu'il contient dans leur vie quotidienne. Elle a plus de 25 ans d'expérience dans l'enseignement de l'arabe, des études islamiques et du Coran aux enfants et aux adultes. Elle est titulaire d'une maîtrise en éducation islamique de l'American Open University à Washington D.C.

LA FESSÉE DANS LE CONTEXTE ISLAMIQUE

Par Noha Alshugairi

Un hadith souvent cité pour enseigner aux enfants à prier est : « Ordonnez la prière à vos enfants à l'âge de 7 ans, donnez-leur la fessée s'ils la négligent à l'âge de 10 ans et séparez-les dans les lits. » Ce hadith a suscité beaucoup de débats et de discussions au cours des dernières décennies, alors que les styles parentaux mondiaux passent de la punition physique à une méthode de discipline plus collaborative. Ce qui suit est un aperçu simplifié et succinct de la position du hadith dans la tradition islamique ainsi que quelques recommandations pour réconcilier son message avec l'aversion actuelle pour les punitions physiques.

Du point de vue de l'authenticité, ce hadith est raconté par quatre grandes chaînes de narrations. Deux d'entre elles sont acceptées et deux sont rejetées. Les deux chaînes de narrations acceptées sont présentes dans trois des sept ouvrages principaux portant sur les hadiths : Masnad Ahmad ibn Hanbal, Sunan Abu Daoud et Sunan Al-Tirmidhî. De manière significative, ce hadith n'est pas inclus dans Sahih al-Bukhari ou Sahih Muslim, les deux collections authentiques de hadiths les plus vénérées selon les érudits. En outre, les savants du hadith sont partagés dans leur évaluation de ce hadith alors que certains le considèrent comme *daeef* (faible authenticité) tandis que d'autres le considèrent comme *hasan* (authenticité modérée), qui est le deuxième niveau d'authenticité le plus élevé après *sahih* (haute authenticité). Par conséquent, le hadith ne peut pas être rejeté sur la base de son authenticité.

Ce hadith n'était pas une cause de préoccupation par le passé. L'utilisation de la punition physique comme moyen de discipline était une pratique commune dans toutes les religions et cultures. Aujourd'hui, les gens ont de la difficulté avec ce hadith en raison des changements qui s'opèrent dans les normes sociales et culturelles. Elle a déclenché un dilemme moral et intellectuel pour les musulmans qui vénèrent à la fois l'autorité de la tradition du hadith et détestent l'utilisation de la punition physique. Les efforts visant à réconcilier le hadith avec des normes changeantes ont conduit certains à le rejeter purement et simplement, citant sa faible authenticité par certains érudits comme cela a été mentionné ci-dessus. D'autres ont recours à l'interprétation que le mot fessée (ضرب) signifie dans ce contexte l'orientation ou la séparation plutôt qu'une punition physique réelle. Les musulmans qui ne trouvent pas de réconfort dans le rejet du hadith ou dans la réinterprétation de la signification du mot (ضرب) peuvent trouver utiles les réflexions suivantes.

Il est malheureux que les personnes laïques citent et appliquent littéralement le hadith sans pleine connaissance des traditions savantes associées au hadith. Ce qui est même plus grave est la propagation de ce hadith par des *imams* (leaders religieux) sans divulguer entièrement les limites islamiques sur l'utilisation de la fessée. Après une recherche approfondie sur l'ensemble des commentaires d'érudits concernant ce hadith, on ne peut que s'émerveiller de la sagesse des savants du passé.

Alors que certains érudits ont extrapolé que ce hadith signifie que les parents sont obligés de donner la fessée à leurs enfants à l'âge de 10 ans s'ils négligent leurs prières, d'autres se positionnent sur l'avis que le hadith permet simplement de le faire, si nécessaire.

Une position l'oblige, l'autre la permet tout simplement. Ce dernier point de vue est appuyé par d'autres traditions islamiques : « Point de contrainte en religion » (Coran, 2:256); « Le Prophète (pbsl) n'a jamais levé la main sur personne, sur aucune femme ni aucun serviteur » (hadith, Muslim); de plus, il a déclaré qu'« Il ne fait pas partie des nôtres, celui qui n'est pas miséricordieux avec les enfants » (hadith, Tirmidhî).

Un autre point critique est que la *charia* (loi islamique) s'articule autour des objectifs (مقاصد). Si un objectif spécifique n'est pas accessible au moyen d'une méthode spécifique, alors cette méthode n'est plus utilisée. Dans le cas présent, l'objectif est de former les enfants à suivre leurs prières. Si la discipline physique comme moyen pour former les enfants à la prière produit des résultats négatifs (comme vu dans beaucoup de familles aujourd'hui) alors la méthode (la discipline physique) est interdite. Les méthodes ne remplacent en aucun cas les objectifs dans la tradition islamique.

Pour ceux qui sont réticents à abandonner la discipline physique comme option, il faut comprendre que la *charia* en a limité son usage. Si vous insistez pour utiliser la discipline physique, vous devez alors observer les règles islamiques régissant la discipline physique. Ces règles établies par les érudits musulmans il y a des siècles ne sont pas des règles contemporaines; pourtant, en tant que thérapeute, j'ai eu l'impression, en lisant ces règles islamiques, de lire les lois et les lignes directrices actuelles encadrant l'utilisation de la fessée en Californie. Il est malheureux que les limites comprises par les érudits musulmans au sujet de l'utilisation de la discipline physique n'aient pas été enseignées en même temps que ce hadith. De telles pratiques ont conduit à une application littérale du hadith au-delà des limites autorisées par la *charia*.

Règles islamiques régissant l'utilisation de la discipline physique :

- Les savants conviennent que si la fessée entraîne, à tout moment, des conséquences plus graves, elle doit être abandonnée;
- Elle doit être de faible intensité. Il est interdit de frapper, taper ou battre. Il est interdit de provoquer des blessures ou des maladies. Il est également interdit de meurtrir la peau lors de la discipline physique;
- Elle doit être utilisée en dernier recours, uniquement si les rappels, l'enjôlement et les avertissements ne fonctionnent pas;
- Il faut épargner le visage ainsi que toute autre zone sensible du corps : « Si vous donnez la fessée, évitez le visage » (Hadith, Abu Daoud). Elle est autorisée uniquement sur les zones qui peuvent endurer la fessée sans causer de blessures;
- La fessée doit être faite dans le calme avec l'intention de discipliner, et non dans la colère pour se venger;
- Les savants conviennent que si une personne utilise excessivement la fessée comme moyen de discipline, cette personne est passible d'une peine légale par les autorités;
- De nombreux érudits limitent la fessée à un maximum de trois coups. Ils limitent également le moyen pour donner la fessée à la main ou à des objets légers tels que le *miswak* (fin bâton flexible qui est utilisé pour le brossage des dents). Les objets susceptibles de provoquer des blessures sont interdits (ceintures, bâtons épais, chaussures lourdes, etc.).

Combien de parents peuvent honnêtement dire qu'ils ont donné la fessée à leurs enfants avec calme et sans colère? Je n'ai pas encore rencontré un parent qui peut prétendre qu'il a donné la fessée alors qu'il était en plein contrôle de lui-même. Je reconnais moi-même que, lorsque j'ai donné la fessée à mes enfants, je l'ai fait lorsque j'étais en colère. Je n'ai jamais été calme. Je n'ai pas suivi la ligne directrice n° 5 de la *charia* concernant la fessée!

En tant que thérapeute, je vous assure que l'utilisation de la punition physique pour former les enfants à prier (ou à toute autre fin) va se retourner contre vous pour de nombreuses raisons. Premièrement, la tendance mondiale se dirige vers l'abolition de ces méthodes de discipline. Par conséquent, dans de nombreux pays, des sanctions physiques excessives peuvent être des motifs d'enquête et même de perte des droits parentaux. Deuxièmement, alors que les enfants croyaient auparavant que la punition physique était un droit parental, les enfants d'aujourd'hui croient qu'il est de leur droit de ne pas être punis physiquement. Troisièmement, la plupart des enfants savaient auparavant d'instinct qu'un amour profond se cachait derrière la fessée. De nos jours, la fessée est à l'origine d'une déconnexion entre les parents et les enfants. Quatrièmement, dans une culture mondiale qui met l'accent sur l'individualité et l'unicité, donner la fessée à des enfants afin qu'ils se conforment les pousse hors de l'unité familiale et hors de la communauté. Je vous implore de ne pas donner la fessée!

En fin de compte, accepter ce hadith dans le cadre de notre riche tradition ne nous oblige pas à utiliser les punitions physiques comme un moyen de discipline. Nos normes sociales ont réduit l'efficacité de ces méthodes. Par conséquent, selon notre *charia*, nous devons trouver des alternatives disciplinaires qui correspondent mieux à nos objectifs pour nos enfants. C'est là qu'intervient la discipline positive.

OBÉISSANCE AVEUGLE

Par Noha Alshugairi

Tout au long de l'histoire humaine, les normes sociales et culturelles ont défini quand les enfants prennent en charge leur vie. C'est certainement un processus qui se produit progressivement au fil du temps. De manière générale, les parents avaient tendance à accorder leur indépendance à leurs enfants plus tôt dans les périodes historiques précédentes simplement parce que la vie exigeait la participation des enfants à un âge plus précoce. Un bon exemple est l'histoire d'Anas ibn Malik, qui est devenu, à l'âge de 10 ans, le domestique du prophète Mohammed (pbsl) qu'il aurait servi pendant une décennie. À cette époque, c'était la norme pour un enfant de prendre part aux activités adultes de la vie. Ce n'était pas perçu comme du travail d'enfants, mais comme une occasion pour ceux-ci de contribuer à la vie selon leurs aptitudes et talents. Aujourd'hui, cette pratique consistant à faire travailler des enfants avant l'âge de 15 ans est considérée comme inacceptable.

À partir du 19ᵉ siècle, la révolution industrielle a modifié les dynamiques sociales. Progressivement, au cours du siècle suivant, les enfants ont été protégés des activités professionnelles et il était attendu d'eux qu'ils se concentrent sur leur éducation comme préparation à l'âge adulte. La démarcation entre l'enfance et l'âge adulte n'était plus biologique (puberté), mais se distinguait par des limites de temps sociales et culturelles qui restreignaient les activités et les aptitudes des enfants. Actuellement, dans les pays développés, l'âge de 18 ans est devenu celui de l'entrée officielle dans la majorité, en parallèle de certains acquis académiques perçus comme nécessaires pour la vie adulte.

En plus des normes sociales, l'accent mis sur la révérence envers les parents dans les communautés musulmanes a également eu un impact sur le processus du lâcher-prise. Les devoirs des enfants envers leurs parents, appelés *ihsan* (excellence), sont mentionnés sept fois dans le Coran (2:83; 4:36; 6:151; 17:23-24; 29:8; 31:14-15; 46:15, voir Annexe B). Dans cinq de ces versets, l'ordre de traiter ses parents avec *ihsan* vient immédiatement après l'ordre de n'adorer aucun autre qu'Allah. Par conséquent, les savants ont placé les devoirs envers les parents immédiatement après le fait d'adorer Allah. Malheureusement, ce noble engagement a été gravement mal compris et mal appliqué. Dans certaines situations, elle a amené les parents à s'attendre à une obéissance aveugle de la part de leurs enfants.

L'*ihsan* est un état de poursuite de l'excellence, ou le fait de faire un effort supplémentaire. Il ne s'agit pas de couvrir les bases. C'est un état qui consiste à faire de son mieux avec effort, mais sans difficulté extrême. Dans la tradition islamique, l'*ihsan* est la plus haute forme d'adoration; le fait d'être conscient de la présence d'Allah en tout temps : « Adorez Allah comme si vous Le voyez, car si vous ne Le voyez pas, Lui vous voit. » (Hadith, Muslim) Lorsque le Coran utilise le mot « *ihsan* », il transmet une invitation à un univers entièrement régi par des principes divins, mais souscrit dans un cadre prenant en compte les aptitudes réelles d'une personne ainsi que la situation. L'*ihsan* n'est pas un état angélique exempt d'erreurs. L'*ihsan* est un effort complet et intentionnel pour Allah malgré les lacunes, les limitations et les bévues. C'est pourquoi Allah utilise le mot « *ihsan* » pour décrire les devoirs d'un enfant envers ses parents. C'est une invitation à traiter les parents de la meilleure des manières, tout en étant conscient du fait qu'il n'y a pas une formule pour tous. Les circonstances d'une situation donnée détermineront ce que représente l'*ihsan* pour une famille en particulier.

Alors que le Coran utilise « *ihsan* » pour décrire le devoir envers les parents, les érudits musulmans utilisent le terme *birr al-walidain* (respecter et prendre soin des deux parents) pour désigner le même concept. « *Al-walidain* » désigne les deux parents, tandis que « *birr* » – terme qui est également mentionné dans le Coran (2:44; 2:177; 2:189; 3:92; 5:2; 58:9, voir Annexe B) – englobe les actes d'adoration (comme les prières et le jeûne) ainsi que toutes les bonnes actions liées aux interactions sociales. « *Birr* » est un terme riche et vaste tout comme « *ihsan* » et il exprime aussi un don de soi qui va au-delà de la moyenne ou du strict minimum.

Il est clair à la lecture des versets coraniques concernant les obligations filiales qu'Allah ordonne l'*ihsan* : donner le meilleur de soi-même dans les interactions avec ses parents. Nulle part dans ces versets n'est-il mentionné que les enfants doivent obéir aveuglément à leurs parents. Cependant, certains érudits ont interprété les versets (Coran, 29:8; 31:15, voir Annexe B) qui traitent de renoncer à obéir aux parents lorsque ces derniers ordonnent ce qui va à l'encontre des arrêts d'Allah, comme une indication qu'il faut obéir aux parents dans tous les autres cas de figure. D'autres savants ont avancé que la douleur émotionnelle ressentie par les parents et qui est causée par les choix de vie de leurs enfants est contraire à l'*ihsan* et, donc, qu'il faut interdire ces choix. Par conséquent, la tradition et la culture au fil des siècles ont déformé la signification de l'*ihsan* envers les parents, ou *birr al-walidain*, pour refléter l'obéissance aveugle et absolue. C'est ce que j'appelle le phénomène de *birr* (ou obéissance) *aveugle*.

Dans de nombreuses communautés musulmanes, on s'attend à

l'obéissance aveugle des enfants envers leurs parents. Cette obéissance totale est inoculée par un lourd fardeau de culpabilité lorsque l'enfant s'écarte des choix et des souhaits des parents. J'ai rencontré de nombreux clients dont les parents ont lancé le fatidique : « La bénédiction d'Allah dépend de ma satisfaction envers toi! Tu es mieux de faire ce que je te dis! » Ces clients, qui luttent dans leur cheminement spirituel vers Allah, se retrouvent bloqués lorsque leurs souhaits entrent en conflit avec ceux de leurs parents. Il en est ainsi parce qu'on leur a enseigné – à tort – à ne jamais désobéir.

L'*ihsan* envers les parents ou le *birr al-walidain* n'est pas une obéissance totale aveugle. Alors, comment les enfants musulmans devraient-ils traiter leurs parents? Les versets coraniques (17:23-24, voir Annexe B) sont très clairs sur deux composantes clés : le respect et la miséricorde. Les deux sont essentiels dans le cadre des interactions avec les parents en général, mais ils deviennent encore plus critiques quand les parents atteignent un âge avancé. Observer les personnes âgées met en lumière le besoin de ces deux éléments significatifs. Avec le vieillissement, il y a une diminution progressive de l'acuité des sens, de la dextérité physique et de l'agilité mentale. En outre, l'énergie psychologique des personnes âgées, qui est nécessaire pour faire face aux événements de la vie, diminue rapidement. Cela se traduit par l'entêtement et l'impatience parfois incompréhensibles de la vieillesse. La capacité des jeunes à réagir et à agir est un facteur aggravant. Le résultat final est que les jeunes ont du mal à se connecter à leurs aînés, car l'écart entre les aptitudes et les facultés des deux groupes s'élargit.

En gardant cela à l'esprit, on comprend pourquoi Allah interdit le simple fait de soupirer – aussi insignifiant que cela puisse paraître – parce qu'il est facile de se sentir irrité par les changements marqués de la vieillesse. Traiter avec les personnes âgées exige de la patience et de la compassion, et la belle description coranique de l'humilité dans la miséricorde et du respect envers ses parents fait allusion à cet état d'esprit. Il est difficile de traduire les versets arabes tout en conservant leur beauté poétique originale. Les mots utilisés en arabe évoquent l'image d'un oiseau jeune et fort s'agenouillant devant son parent plus âgé et plus faible, tout en maintenant ses ailes sur le côté, dans un signe d'humilité et de respect. L'image prescrit un renversement des rôles confirmé par la *duaa* (prière) de la fin : « Seigneur! Sois miséricordieux envers eux comme ils l'ont été envers moi, quand ils m'ont élevé tout petit! » (Coran, 17: 23-24). Si le simple fait de soupirer est dénoncé, alors toute parole ou toute action plus forte est définitivement interdite. Encore une fois, cela ne doit pas être confondu avec l'état d'obéissance aveugle. On peut être en désaccord avec le plus grand respect, avec humilité et avec miséricorde. Ce qui est interdit, c'est le manque de respect, l'humiliation et la négligence. Comme indiqué dans l'invitation coranique suivante : « Adresse-leur des paroles affectueuses » (Coran, 17:23).

L'*Ihsan* est la bonté dans les actions et les mots, pas l'obéissance aveugle comme certains parents le croient. En conséquence, j'invite les parents à se défaire de cette mauvaise compréhension lors de l'éducation de leurs enfants. Si vous vous attendez à ce que vos enfants vous obéissent aveuglément, vous ressentirez certainement de la douleur profonde et de l'angoisse lorsque les enfants majeurs traceront progressivement leur propre voie. Si, au contraire, vous reconnaissez que votre rôle est celui de formateur et de guide qui, au bout du compte, laissera ses enfants voler de leurs propres ailes, vous aurez un lien plus fort avec vos enfants majeurs. De plus, ce lien vous permettra de maintenir votre influence dans leur vie.

Omar ibn al-Khatab, le deuxième calife, a sagement dit : « Aidez vos enfants dans leurs efforts pour faire preuve d'excellence (*birr*) envers vous. » Sa formule pour cela est simple : bien traiter les enfants, forger des liens forts et, enfin, leur permettre de prendre leurs propres décisions une fois adultes. Le fait de suivre sa formule garantira certainement leur *birr* sincère qui remplit le cœur d'un parent de satisfaction et de sérénité. *Bil tawfiq* (avec le succès divin).

SYNDROME DE L'ADULTE FRAGILE

Par Noha Alshugairi

J'ai entendu parler de ce phénomène pour la première fois en 2010. Le regretté Dr Maher Hathout (puisse Allah avoir miséricorde sur son âme) s'adressait à un groupe de jeunes étudiants au sujet de la vie après la MSA (association musulmane étudiante). La vie dans le monde réel! Le Dr Hathout était un observateur attentif du développement de la communauté musulmane américaine. Son expérience de vie dans l'activisme islamique, associée à sa sagesse et à sa profonde compréhension de l'islam, lui a permis d'appeler la communauté musulmane américaine à aspirer à une vision avant-gardiste. Ce jour-là, le Dr Hathout a fait part de ses espoirs et de ses préoccupations. Son objectif était toujours d'élargir les horizons de ses auditeurs au-delà des visions du monde rigides et restrictives.

Parmi les beaux messages qu'il a partagés, j'ai été frappée par sa description de la génération actuelle de jeunes musulmans américains comme étant « molle ». Il a ensuite donné des exemples de la façon dont les jeunes adultes, aussi enthousiastes et sincères soient-ils, avaient de la difficulté à faire face aux critiques et aux échecs. De simples commentaires sur la manière d'améliorer les procédures se transformaient en « traumatismes émotionnels » avec des effets dramatiques. Des critiques constructives devenaient des rejets personnels aux proportions épiques. Le Dr Hathout déplorait la perte d'un espace sans danger où les aînés pouvaient donner des rétroactions honnêtes et pertinentes aux jeunes adultes. Il remarquait que seuls les commentaires positifs étaient accueillis et que tout ce qui était considéré comme négatif était repoussé.

Les commentaires du Dr Hathout trouvaient écho dans mes propres observations en tant que thérapeute dans la communauté. Ses mots cristallisaient ce que je ressentais, mais que je n'arrivais pas encore à verbaliser. Ses réflexions étaient en fait documentées par des chercheurs en sciences sociales. Il s'avère que cette « mollesse » ou ce que j'appelle le « syndrome de l'adulte fragile » est le produit de plusieurs changements culturels aux États-Unis

Au cours des dernières décennies du 20e siècle, il y a eu une augmentation progressive de plusieurs tendances sociales : individualisme, matérialisme et narcissisme (Twenge et al., 2008). Ces trois tendances ont conduit à une vision du monde égocentrique qui tourne autour de l'autosatisfaction par le biais de réalisations, de possessions et de l'image de soi. Avec une telle vision « égocentrique » du monde, il est facile de comprendre comment des échanges sociaux mineurs et inoffensifs deviennent des blessures traumatiques majeures.

Les spécialistes en sciences sociales attribuent une partie de l'augmentation des tendances narcissiques des jeunes à ce qu'on appelle le mouvement d'estime de soi des années 1980 (Twenge et al., 2008). Cette campagne s'est concentrée sur le renforcement de l'estime de soi par des louanges creuses. Il s'agit d'une mode parmi d'autres qui est apparue avant de disparaître. Il ne fait aucun doute que ce mouvement avait l'air crédible lorsqu'il a été introduit à la fin des années 1980 parce que la prémisse était simple : se concentrer sur le fait de *dire* aux enfants qu'ils sont spéciaux et uniques; célébrer chaque petite chose qu'ils font avec des encouragements et des trophées; valider leurs sentiments et ils deviendront certainement confiants. Les partisans de ce mouvement croyaient à tort que l'estime de soi peut être octroyée.

Cependant, il est rapidement devenu évident que ces manières de faire avaient des résultats variés, mais ne donnaient pas des enfants qui ont confiance en eux-mêmes. Ce mouvement bien intentionné a mené vers des jeunes gens avec des ego gonflés par des perceptions grandioses et imaginaires d'eux-mêmes. En une décennie, il y a eu des appels à dénoncer le mouvement d'estime de soi (Colvin, 1999). Malheureusement, alors que les scientifiques ont passé depuis un bon moment à d'autres stratégies que celle vide de l'estime de soi, les parents et les enseignants sont lents à suivre.

L'estime de soi consiste simplement à se percevoir comme étant capable et en pleine maîtrise de la vie. Une vie simplement remplie de succès et d'échecs est le fondement de riches leçons de vie qui sont à l'origine d'une image de soi positive Les échecs et les réussites sont tous deux déterminants. Sans faire face à la douleur de l'échec et des erreurs afin de les transformer en leçons de vie, les individus ne cultiveront pas la résilience nécessaire pour gérer les difficultés. Sans réussir dans certaines entreprises, les individus ne croiront pas en leurs aptitudes à contribuer et à être significatifs. L'estime de soi ne consiste pas à être parfait, bien au contraire. Il s'agit plutôt de connaître ses propres faiblesses et d'apprendre à les surmonter afin de soutenir ses forces. L'estime de soi est à la fois le jour et la nuit, le positif et le négatif, le bon et le mauvais qui se réunissent en un beau mélange unique qui est valorisant et productif.

En conséquence, le mouvement d'estime de soi vide des années 1980 a échoué parce qu'il s'est concentré sur l'« infusion » plutôt que sur le fait de fournir de l'espace afin que les enfants apprennent à travers la vie. En protégeant les enfants de toute situation de vie négative — sentiment de colère et de tristesse, rejets, erreurs, critiques constructives, etc. — les enfants ont été handicapés. Ils ne pouvaient pas développer leurs muscles émotionnels afin d'affronter les difficultés de la vie. Ils sont devenus une génération souffrant du syndrome de l'adulte fragile.

Symptômes du syndrome de l'adulte fragile :

- Être impulsif;
- Avoir de la difficulté à prendre des décisions;
- Éprouver de la colère si les besoins et les souhaits ne sont pas satisfaits;
- Baser sa vie autour de la gratification instantanée;
- Avoir de la difficulté à travailler dur pour atteindre un objectif;
- Être très sensible dans les interactions sociales;
- Blâmer les autres plutôt que de se concentrer sur ce qui peut être fait;
- Dépendre des autres pour résoudre les problèmes;
- Croire que tout nous est dû;
- Être dépendant;
- Souffrir d'anxiété et de dépression.

Les antidotes à ce phénomène sont trois des principaux outils de discipline positive :

- L'encouragement;
- Les erreurs comme des occasions d'apprendre;
- La responsabilisation.

Un autre antidote est de former les enfants à prendre la responsabilité de leurs émotions. En effet, un aspect débilitant du mouvement d'estime de soi était axé sur la réflexion des sentiments d'un enfant sans enseigner à l'enfant comment exprimer et contenir efficacement ses émotions. Le résultat final était des enfants qui se sentaient impuissants, qui prenaient des attitudes de victimisation et qui attendaient que d'autres les sortent des impasses. La validation des sentiments ne suffit pas. Un suivi est toujours nécessaire : « Comment voudrais-tu t'occuper de toi-même? »; « Qu'est-ce qui t'aiderait à te calmer? »

En fin de compte, le syndrome de l'adulte fragile est évitable. Les familles qui commencent à mettre en œuvre une discipline positive tôt dans leur foyer élèveront des adultes responsables, indépendants, capables, empathiques, collaboratifs, imputables, honnêtes, capables de réflexion critique, et de bien plus encore.

ISLAM PAR CHOIX

Par Noha Alshugairi

Le sheikh Jamaal Diwan, co-fondateur du Safa Center (www.safacenter.org), décrit le processus d'être né dans l'islam pour ensuite l'adopter intentionnellement comme la transition de *l'islam comme habitude* à l'*islam par choix*. Les parents sont tenus de former les enfants dans les pratiques de l'islam. C'est ce que les parents font, peu importe la tradition spirituelle qu'ils suivent. Le prophète Mohammed (pbsl) a dit : « Chaque être humain sort de sa mère à la naissance dans un état de *fitra* (état originel pur), et ce sont ses parents qui lui enseignent le judaïsme, le christianisme ou le zoroastrianisme. Et si ses parents sont musulmans, alors ils lui enseignent l'islam » (Hadith, Muslim). Cependant, le simple fait d'enseigner à un enfant ou de le former dans la tradition des parents ne garantit pas l'engagement de l'enfant à l'égard de cette foi tout au long de sa vie. Alors que les parents ont le contrôle de l'islam comme habitude dans la petite enfance, tout ce qui touche l'islam par choix ne l'est pas. Les parents enseignent. Allah guide.

Si l'islam comme habitude suit le processus normal d'enseignement qu'Allah a instauré dans la création, l'islam par choix est la manifestation du libre arbitre qu'Allah a conféré aux humains et aux *djinns* (êtres invisibles) : « Point de contrainte en religion » (Coran, 2:256). L'islam par choix est un voyage individuel – quand il se produit, comment il se produit et sous quelle forme. Toute l'humanité est soumise à la loi du libre arbitre. Personne n'est exclu, peu importe qui est cette personne dans la vie. S'il y avait des exceptions, le fils du prophète Noé (pbsl) en aurait sûrement fait partie. Son histoire est décrite avec des détails émouvants dans la sourate Hûd (Coran, 11:42-47, voir Annexe C). Les passages peignent une scène déchirante pour les cœurs et les esprits des parents. Le fils de Noé n'a pas suivi le chemin de foi adopté par son père, et leur histoire est un rappel poignant que le décret d'Allah sur le libre arbitre a préséance sur toutes les autres considérations.

Certains versets coraniques me donnent des pincements au cœur chaque fois que je les lis. Ceux décrivant l'histoire du prophète Noé (pbsl) en font partie. Ces versets me font toujours pleurer parce qu'ils me plongent au milieu de l'humanité de Noé et de la divinité d'Allah. Noé (pbsl) le prophète est également Noé (pbsl) le père. Noé (pbsl), le prophète, a travaillé avec diligence pendant 950 ans pour diffuser le message d'Allah, l'Unique. Noé (pbsl), le père, n'a pas pu s'empêcher de se demander comment son fils pouvait ne pas être du nombre des personnes destinées à être sauvées du Déluge. Cette histoire exquise, mais douloureuse est un baume pour tout parent qui a été et qui est testé de la même façon que Noé (pbsl). C'est un rappel que notre vie oscille constamment entre notre humanité et notre aspiration vers le divin, une lutte qui ne cesse jamais jusqu'au moment de notre mort.

Cette histoire est l'archétype de l'éternel tourbillon entre parents et enfants dans le voyage vers la foi. Le principe divin du libre arbitre se manifeste dans les disparités entre les voyages vers la foi des différents humains. Néanmoins, quand la dissonance se produit entre parent et enfant, la lutte est personnelle, agonisante, et, pour certains, une puissante soumission à Allah. Pour certains, la dissonance conduit à des montagnes russes émotionnelles et spirituelles.

J'ai passé de longues heures à méditer sur ces versets. Ils ont un sens personnel pour moi. En tant que jeune mère, j'ai cru naïvement que le voyage de mes enfants vers la foi dépendait de mon enseignement et de mes conseils. Je croyais à cette logique : « Je leur enseigne, je les forme et, bien sûr, ils seront des musulmans pratiquants! » C'était mon objectif de *tarbiyah* (éducation des enfants). J'ai consacré ma personne et ma vie à ce noble objectif. Après avoir partagé avec vous combien cet objectif était important pour moi, vous pouvez imaginer mon choc quand ma plus jeune a décidé de retirer son *hijab* (voile) au moment où elle commençait l'université. Bien que le fait de retirer le *hijab* n'ait pas la même gravité que de renier l'islam, ma douleur était néanmoins profonde. Il n'y a pas de mots pour décrire mes sentiments de désarroi et de tristesse. Pendant une semaine, je vivais dans un état d'engourdissement où je ne ressentais rien d'autre que cette agonie profondément ancrée. Une vague de sentiments et de pensées a continué à tourbillonner à travers mon esprit et mon cœur alors que j'essayais d'accepter mon rêve brisé. Je continuais ma routine quotidienne, faisant tout ce que j'avais l'habitude de faire, mais j'étais traumatisée. C'était la fin d'une attente et d'un objectif de toute une vie.

J'ai réagi de la façon dont nous réagissons tous lorsque notre conception du monde s'effondre : choc, agitation, chagrin, puis, lentement, résolution. Mon rêve de toute une vie de voir mes enfants être des musulmans pratiquant l'islam de la façon dont je le leur avais enseigné ne me soutenait plus. J'avais besoin de modifier mon rêve afin de refléter ma réalité. Et puisque l'islam est ma lumière directrice, j'ai cherché des réponses dans notre belle tradition. Avec un cœur lourd, je me suis tournée vers l'histoire de Noé (pbsl) et de son fils. Croyez-moi quand je vous dis que ces versets prennent vie d'une manière indescriptible quand vous êtes testé de la même manière que le prophète Noé (pbsl) l'a été.

Dans les conversations que Noé (pbsl) a avec Allah, j'ai trouvé une consolation. J'ai entendu les échos de ce que j'ai ressenti et vécu lorsque ma fille a renoncé à son *hijab*. Tout d'abord, il y a le choc : après une vie de dévouement à la cause divine, le propre fils de Noé a choisi avec désinvolture une voie différente. La foi se manifeste à travers des choix à des moments critiques de la vie. Avec des vagues gigantesques les entourant, décider d'embarquer dans l'Arche ou de rester à terre est une démonstration de foi de deux crédos divergents. Pour Noé (pbsl), la décision de monter à bord de l'Arche était une soumission catégorique à Allah tandis que la décision de son fils était arrogante : « Je vais me retirer, dit-il, sur une montagne qui me mettra à l'abri des eaux! » (Coran, 11: 43). C'est l'incarnation même du pseudo-sentiment de contrôle qu'un être humain ressent lorsque son cœur n'est pas soumis à Allah.

Après le choc vient le questionnement. L'interrogation emplie de souffrance de Noé (pbsl) sur les raisons pour lesquelles son propre fils n'était pas parmi ceux qui ont été sauvés a résonné avec moi. C'est la même question que se posent tous les parents qui avaient l'intention de guider leurs enfants vers l'islam, et qui sont choqués lorsque leur progéniture choisit une autre voie ou choisit de vivre l'islam différemment. C'est une prise de conscience comme aucune autre concernant le contrôle humain. Notre progéniture que nous avons passé des années à éduquer, protéger, aimer, guider et former n'est pas un reflet de nous-mêmes. Ils ne sont pas une extension de nous non plus. Dans les mots du poète Gibran : « Vous pouvez accueillir leurs corps, mais pas leurs âmes, car leurs âmes habitent la maison de demain. »

Angoissé, Noé (pbsl) a invoqué Allah en disant : « Seigneur, dit-il, mon fils fait partie des miens. Ta promesse est la Vérité et Tu es le plus Équitable des juges! » (Coran, 11:45). Il se demandait comment cela pouvait-il être possible que la promesse passée d'Allah de sauver sa famille n'incluait pas son fils. Mais les lois d'Allah s'appliquent à tous, quelle que soit la position privilégiée de certains. Son fils devait gagner sa place parmi ceux qui allaient être sauvés ce jour-là et son père, le prophète, ne pouvait pas intercéder pour lui, un rappel éloquent pour tous les parents.

Allah a répondu à l'interrogation de Noé (pbsl) de cette façon : « Ô Noé!, répondit le Seigneur, celui-là ne fait point partie des tiens, car il a commis un acte impie. Ne Me parle donc pas de ce que tu ne sais pas! » (Coran, 11:46) La plupart des chercheurs interprètent que ce verset fait référence aux actes du fils de Noé (pbsl). Ces chercheurs concluent que, dans ce verset, Allah a rappelé à Noé (pbsl) que son fils ne s'était pas soumis et qu'il ne faisait donc pas partie de la famille de croyants de Noé. Je vois une autre leçon dans cet échange. Au moment de la décision de ma fille, je sais que je me suis demandé : Pourquoi Allah me teste-t-Il de cette façon? Où me suis-je trompée? Qu'est-ce que j'ai fait lorsque je l'ai élevée pour que nous en arrivions là? J'entends la même chose d'une multitude de parents : « Nous avons fait tout ce qui est en notre pouvoir pour vivre, enseigner et guider vers l'islam! Comment nos propres enfants peuvent-ils choisir un chemin différent ou une pratique différente? » Peut-être que l'« acte impie » est aussi ce questionnement inévitable que nous, parents, faisons lorsque nos propres enfants ne suivent pas nos pas. Si l'« acte impie » est le fait de questionner Allah, le verset suivant nous apprend ce qu'il faut faire. Noé (pbsl) nous amène à faire l'*istighfar* (demander pardon) et à nous soumettre à Allah puisqu'Il sait mieux et que notre connaissance est en fin de compte minuscule : « Seigneur, dit Noé, je cherche refuge auprès de Toi contre toute demande de ma part au sujet de choses qui me dépassent. Si Tu ne me pardonnes pas et ne m'accordes pas Ta miséricorde, je serai du nombre des perdants » (Coran, 11:47).

Mes lectures de cet échange magnifique et personnel entre Allah et Noé (pbsl) m'ont finalement apporté la paix. Et c'est là que j'ai senti l'amour d'Allah au milieu de l'angoisse. On nous dit que dans chaque histoire du Coran il y a une leçon à apprendre pour toute l'humanité. Avec Noé (pbsl), l'un des premiers prophètes, Allah enseigne aux humains de Lui laisser à Lui seul la question de foi, mais seulement après que nous y ayons mis du nôtre pour éduquer et guider nos enfants. Nous enseignons, Il guide. Comment aurais-je retrouvé ma sérénité si Allah n'avait pas partagé avec nous les détails de cette histoire dans la sourate Hûd?

Enfin, Noé (pbsl) m'a appris qu'avec l'acceptation vient également l'espoir. Jusqu'à la dernière minute, Noé (pbsl) a continué d'inviter son fils à monter à bord de l'Arche. Je le vois comme une métaphore pour nous, parents, nous disant de ne jamais renoncer à nos enfants qui luttent avec leur foi et qui ont peut-être perdu leur chemin. Et, tout comme Noé a invité et non pas forcé, nous devons inviter et laisser le reste à Allah, en nous rappelant que parfois les meilleures invitations sont silencieuses.

L'histoire de Noé (pbsl) et de son fils est universelle pour tous les parents qui considèrent la foi comme prioritaire dans leur vie. Elle apporte du réconfort pour ceux dont le test est le même que celui de Noé (pbsl). En fin de compte, le Coran contient ce rappel : « Tu ne peux remettre dans le droit chemin un être que tu aimes. Mais seul Dieu dirige qui Il veut, car Il est le mieux à même de connaître ceux qui sont les bien-guidés. » (Coran, 28:56) Nous enseignons l'islam comme habitude et nous prions avec ferveur afin que nos enfants se dirigent vers l'islam par choix. Puisse Allah vous accorder la *qurat ain* (sérénité) dans tout ce qui touche votre famille, votre époux(se) et vos enfants.

TOUT RASSEMBLER

La parentalité est un travail. Cependant, nous pensons que le voyage sera plus doux et plus joyeux si la façon avec laquelle vous interagissez avec vos enfants est intentionnelle. Ce qui suit est un résumé simplifié du livre qui aidera, nous l'espérons, à rassembler toutes les informations présentées dans cet ouvrage. Un parent n'atteindra jamais la perfection pendant le voyage de la parentalité, même s'il met en œuvre tous les outils d'éducation parentale décrits dans ce livre. Placer sa confiance en Allah et faire des supplications (*duaa*) sur une base régulière est fondamental pour élever des enfants. Rappelez-vous que votre but est de donner des cadeaux à vos enfants pour la vie. Rappelez-vous que les erreurs sont de merveilleuses occasions pour vous et votre enfant d'apprendre.

Vous devez vous connaître vous-même pour savoir comment interagir de la meilleure des manières avec votre enfant. Prenez soin de votre santé physique, émotionnelle et spirituelle afin d'être présent et affectueux avec votre enfant. La croissance est un processus de toute une vie. Il n'est jamais trop tard pour changer, apprendre et mettre en œuvre de meilleures façons d'interagir avec votre enfant. Réfléchissez à votre style parental et comprenez les principaux moyens d'être plus efficace.

Parent autoritaire : écoutez plus. Donnez de l'espace à l'enfant pour lui permettre de prendre des décisions et donner son avis. Comprenez que vous ne pouvez pas les façonner afin qu'ils deviennent ce que vous souhaitez. Ils sont différents de vous.

Parents permissifs : soyez ferme dans les structures, les routines et les règles. Sachez que vous ne les blesserez pas en étant ferme dans des situations critiques. Vous pouvez en fait leur causer du mal en cédant à leurs demandes.

Parents utilisant le style démocratique : restez fidèle à vos valeurs. Ce n'est pas parce que votre enfant ne comprend pas votre point de vue que vous devez faire les choses à leur façon. Choisissez vos confrontations avec sagesse.

Continuez à découvrir qui votre enfant est en train de devenir et cherchez à en apprendre davantage sur ses forces innées et ses domaines de croissance. Cultivez-vous leurs points forts ou vous concentrez-vous sur leurs lacunes? Observez ce qu'ils aiment et ce qu'ils n'aiment pas, et travaillez avec eux. Découvrez le tempérament de votre enfant et continuez à apprendre et à vous adapter à l'étape de développement de votre enfant :

- Quelle est la crise de l'étape où il se trouve?
- Aidez-vous votre enfant à résoudre la crise avec succès?
- Quelle est la stratégie de l'enfant pour acquérir la maîtrise sur sa vie?
- Que pouvez-vous faire pour aider votre enfant à utiliser des stratégies efficaces et saines?

Concentrez-vous sur la connexion avec votre enfant d'une manière bienveillante et ferme. Le bon équilibre entre bienveillance et fermeté est obtenu à travers les points suivants :

- Créez et gérez des routines et des règles de vie;
- Soyez cohérent avec les réunions familiales;
- Écoutez et reflétez ce que vous entendez votre enfant dire;
- Utilisez les Questions de curiosité pour en savoir plus sur ce qui se passe avec votre enfant. Évitez de poser des questions commençant par « pourquoi »;

- Donnez des choix limités au lieu de poser des questions « oui ou non »;
- Soyez ferme lorsque c'est nécessaire et dites « non » dans des situations importantes;
- Concentrez-vous à encourager votre enfant et évitez les louanges vides;
- Responsabilisez votre enfant. Évitez de vous occuper de leurs responsabilités à la maison et à l'école. Évitez de les sortir des impasses en cas d'erreur;
- Concentrez-vous sur les solutions aux problèmes plutôt que sur les punitions ou les récompenses;
- Concentrez-vous sur les éléments sous votre contrôle direct plutôt que d'essayer de contrôler le comportement ou les sentiments de votre enfant;
- Reportez-vous à différents outils de discipline positive lorsque vous vous sentez bloqué;
- Reportez-vous aux défis de la parentalité spécifiques à chaque groupe d'âge pour obtenir davantage d'idées de responsabilisation.

Nous sommes arrivés à la fin de notre voyage ensemble. Nous espérons que nous avons réussi à partager avec vous des idées et des concepts qui vous aideront dans votre voyage parental. Puisse Allah vous accorder le succès divin (*tawfiq*) ainsi que la sérénité et la satisfaction (*qurat ain*) avec vos enfants.

AUTRES RESSOURCES

Pour suivre Jane Nelsen, rendez-vous sur le site Web: www.positivediscipline.com Pour plus d'informations sur la philosophie de la discipline positive, consultez le site Web : http://www.disciplinepositive.fr

Si vous souhaitez rester en contact avec le mouvement mondial de la Discipline positive dans le foyer musulman, rendez-vous sur notre site Web à l'adresse : www.positivedisciplinemuslimhome.com et sur notre page Facebook : www.facebook.com/PositiveMuslimHome/

Si vous souhaitez assister à un cours d'éducation parentale complet de 7 semaines qui complète ce livre, rendez-vous sur le site Web : www.gumroad.com/sakina (anglais seulement). D'autres vidéos connexes sont disponibles sur la chaîne YouTube « Sakina Counseling » (anglais seulement).

ANNEXE A:

RÉFÉRENCES CORANIQUES POUR LES ENFANTS MAJEURS

Coran, 46:15-19 :

Nous avons recommandé à l'homme d'être bienveillant envers son père et sa mère. Sa mère le porte dans la douleur et le met au monde dans la douleur. Et pendant trente mois, elle endure les fatigues de sa gestation et de son allaitement. Quand il atteint sa maturité, à l'âge de quarante ans, il dira : « Seigneur, fais que je sois reconnaissant envers Toi pour les bienfaits dont Tu nous as comblés, moi et mes parents, et que j'accomplisse de bonnes œuvres que Tu agréeras! Fais aussi que ma postérité soit d'une bonne moralité! Je reviens repentant vers Toi et me déclare du nombre des soumis. » Voilà ceux dont Nous agréerons les œuvres les plus méritoires en passant outre sur leurs méfaits. Ils feront partie des hôtes du Paradis, selon la promesse sincère qui leur a été faite. Celui qui dit à ses parents : « Fi de vous! Allez-vous encore me promettre que je renaîtrai de mon tombeau alors que tant de générations ont passé avant moi sans revenir à la vie? » Et pendant que ses parents lui disent en implorant Dieu en sa faveur : « Malheureux! Aie foi en Dieu! La promesse de Dieu est vraie! », lui insiste : « Ce ne sont là que de vieilles fables! » Voilà ceux contre qui se réalisera Notre arrêt, comme il a été réalisé contre de précédentes communautés parmi les djinns et les hommes. Et ce seront ceux-là les perdants. Chacun d'eux sera classé selon les œuvres qu'il aura accomplies, afin que Dieu récompense leurs actes en toute justice et sans qu'aucun d'eux ne soit lésé.

Coran, 7:168-170 :

Nous les avons disséminés à travers le monde en plusieurs communautés parmi lesquelles il y avait des gens vertueux et d'autres qui l'étaient moins. Et Nous les avons éprouvés tantôt en les gratifiant de faveurs, tantôt en les soumettant à des malheurs, afin de les faire revenir de leurs erreurs. Puis vinrent après eux leurs successeurs qui héritèrent de l'Écriture et qui se mirent à profiter de tout bien qui leur tombait sous la main en disant chaque fois : « Cela nous sera pardonné! » Mais chaque fois que l'occasion se présentait, ils récidivaient, comme si l'Écriture ne leur faisait pas obligation de ne dire sur Dieu que la vérité! Ils en ont pourtant étudié le contenu et y ont appris que l'ultime demeure est bien meilleure que celle d'ici-bas, pour ceux qui craignent le Seigneur. Ne le comprenez-vous donc pas? Pour ceux qui se conforment au Livre et accomplissent la *salât*, Nous ne laisserons pas perdre la récompense due à ceux qui font le bien.

Coran, 19:58-60 :

Tels sont ceux que Dieu a gratifiés de Ses bienfaits parmi les prophètes qui descendent directement d'Adam, ou qui sont issus des rescapés de l'arche de Noé, ou de la postérité d'Abraham et d'Israël, ou de ceux que Nous avons mis sur la bonne voie et que Nous avons élus. Lorsque les enseignements du Miséricordieux étaient récités à ces hommes, ils se prosternaient face au sol en pleurant. Vinrent à leur suite d'autres générations qui délaissèrent la prière et suivirent leurs passions, se vouant ainsi au malheur et à la perdition, à l'exception de ceux qui se repentent, croient et font le bien. Ceux-là auront accès au Paradis, sans être en rien lésés.

Coran, 58:22 :

Tu ne verras jamais ceux qui ont foi en Dieu et au Jugement dernier sympathiser avec ceux qui s'insurgent contre Dieu et Son Envoyé, fussent-ils leurs pères, leurs fils, leurs frères ou de leur tribu. C'est que Dieu a imprimé la foi dans leurs cœurs et les a fortifiés par un souffle émanant de Lui. Aussi les admettra-t-Il dans des Jardins arrosés d'eaux vives, pour l'éternité, car Il sera Satisfait d'eux et eux seront satisfaits de Lui. Ce sont ceux-là qui constituent le parti de Dieu, et c'est le parti de Dieu qui connaîtra la félicité.

Annexe B:

Références coraniques pour Obéissance aveugle

Coran, 2:83 :

Nous avons fait prendre aux fils d'Israël l'engagement de n'adorer que Dieu, d'être bons envers leurs père et mère, leurs proches, les orphelins et les pauvres; de tenir des propos bienveillants aux gens, d'accomplir la salât et de faire la *zâkat*. Mais, à l'exception de quelques-uns d'entre vous, vous avez fait volte-face et vous vous êtes dérobés.

Coran, 4:36 :

Adorez Dieu, sans rien Lui associer! Soyez bons envers vos parents, vos proches, les orphelins, les pauvres, les voisins qu'ils soient de votre sang ou éloignés, ainsi que vos compagnons de tous les jours, les voyageurs de passage et les esclaves que vous possédez, car Dieu n'aime pas les arrogants vantards.

Coran, 6:151 :

Dis-leur : « Venez donc que je vous énumère ce que Dieu vous a interdit : c'est de Lui associer quoi que ce soit, de ne pas traiter vos père et mère avec bonté, de tuer vos enfants par crainte de pauvreté, car c'est Nous qui vous pourvoirons, vous et eux, de moyens de subsister; c'est de commettre des turpitudes apparentes ou cachées, d'attenter, sauf pour une juste cause, à la vie d'autrui que Dieu a déclarée sacrée. Voilà ce que votre Seigneur vous a recommandé et que vous ferez bien de méditer. »

Coran, 17:23 et 24 :

Ton Seigneur t'ordonne de n'adorer que Lui, de traiter avec bonté ton père et ta mère. Et si l'un d'eux ou tous les deux atteignent, auprès de toi, un âge avancé, ne leur dis pas : « Fi! » Ne leur manque pas de respect, mais adresse-leur des paroles affectueuses! Et par miséricorde, fais preuve à leur égard d'humilité et adresse à Dieu cette prière : « Seigneur! Sois miséricordieux envers eux comme ils l'ont été envers moi, quand ils m'ont élevé tout petit! »

Coran, 29:8 :

Nous avons recommandé à l'homme d'être bon envers son père et sa mère; mais « si ceux-ci te poussent à M'associer ce dont tu n'as aucune connaissance, ne leur obéis pas. » C'est vers Moi que vous ferez tous retour, et Je vous ferai, alors, connaître toutes vos œuvres!

Coran, 31:14 et 15 :

Nous avons recommandé à l'homme d'être bienveillant à l'égard de ses parents, car sa mère a enduré de multiples souffrances en le portant dans son sein, en le mettant au monde et en l'allaitant deux années durant jusqu'au sevrage. Sois donc reconnaissant envers Moi et envers tes parents! C'est vers Moi que se fera votre retour. Mais s'ils exercent sur toi une contrainte pour t'amener à M'associer des divinités dont tu n'as aucune connaissance, alors ne leur obéis pas, tout en continuant à te comporter envers eux en ce bas monde de façon convenable. Suis en cela la voie de celui qui revient repentant vers Moi, car c'est vers Moi que se fera ensuite votre retour, et Je mettrai alors chacun de vous en face des œuvres qu'il aura accomplies.

Coran, 46:15 :

Nous avons recommandé à l'homme d'être bienveillant envers son père et sa mère. Sa mère le porte dans la douleur et le met au monde dans la douleur. Et pendant trente mois, elle endure les fatigues de sa gestation et de son allaitement. Quand il atteint sa maturité, à l'âge de quarante ans, il dira : « Seigneur, fais que je sois reconnaissant envers Toi pour les bienfaits dont Tu nous as comblés, moi et mes parents, et que j'accomplisse de bonnes œuvres que Tu agréeras! Fais aussi que ma postérité soit d'une bonne moralité! Je reviens repentant vers Toi et me déclare du nombre des soumis. »

Coran, 2:44 :

Seriez-vous hommes à ordonner de faire le bien, tout en oubliant de le faire vous-mêmes, alors que vous récitez la Lecture? N'êtes-vous donc pas raisonnables?

Coran, 2:177 :

La piété ne consiste pas à tourner sa face du côté de l'Orient ou de l'Occident; la piété, c'est croire en Dieu, au Jugement dernier, aux anges, aux Livres et aux prophètes; la piété, c'est donner de son bien – quelque attachement qu'on lui porte – aux proches, aux orphelins, aux indigents, aux voyageurs et aux mendiants; la piété, c'est aussi racheter les captifs, accomplir la salât, s'acquitter de la zakât, demeurer fidèle à ses engagements, se montrer patient dans l'adversité, dans le malheur et face au péril. Telles sont les vertus qui caractérisent les croyants pieux et sincères!

Coran, 2:189 :

C'est donc par les portes habituelles que vous devez entrer dans vos demeures, et c'est également Dieu que vous devez craindre, si vous tenez à réussir.

Coran, 3:92 :

Vous n'atteindrez la vraie piété qu'en faisant aumône d'une part des biens que vous aimez. Et quelque aumône que vous fassiez, Dieu en est parfaitement Informé.

Coran, 5:2 :

Soyez plutôt solidaires dans la charité et la piété et non dans le péché et l'agression! Craignez Dieu, car Dieu est Redoutable quand Il sévit.

Coran, 58:9 :

Ô vous qui croyez! Évitez dans vos apartés de vous concerter pour commettre des péchés, des agressions et des révoltes contre le Prophète! Prenez plutôt comme sujet d'entretien la vertu et la piété. Craignez Dieu devant qui vous serez tous réunis!

ANNEXE C :

RÉFÉRENCES CORANIQUES POUR ISLAM PAR CHOIX

Coran, 11:40-48 :

Et lorsque Notre ordre fut donné et que le four se mit à bouillonner, Nous dîmes alors à Noé : « Charge dans l'arche un couple de chaque espèce, ainsi que ta famille, excepté ceux contre qui l'arrêt a déjà été prononcé. Embarque aussi tous ceux qui avaient cru! » Mais, en vérité, ceux-ci étaient fort peu nombreux. « Montez dans l'arche!, dit Noé. Et qu'au nom de Dieu s'accomplissent sa course et son mouillage! En vérité, mon Seigneur est Clément et Miséricordieux! » L'arche commença alors à voguer au milieu d'énormes vagues, aussi hautes que des montagnes. Noé appela son fils qui était resté à l'écart : « Mon cher fils, monte avec nous! Ne reste pas avec les impies! » « Je vais me retirer, dit-il, sur une montagne qui me mettra à l'abri des eaux! » – « Nul n'échappera aujourd'hui à l'arrêt de Dieu, excepté celui qui aura bénéficié de Sa grâce! », dit Noé. Puis les flots s'interposèrent entre eux; et le fils de Noé fut submergé. Et il fut dit : « Ô terre, absorbe tes eaux! Et toi, ciel, arrête tes pluies! » Et aussitôt les eaux baissèrent, l'ordre de Dieu fut exécuté et l'arche s'arrêta sur le mont Jûdî. Et l'on entendit dire : « Loin d'ici la gent perverse! » Noé adressa alors cette prière à son Seigneur : « Seigneur, dit-il, mon fils fait partie des miens. Ta promesse est la Vérité même et Tu es le plus Équitable des juges! » – « Ô Noé!, répondit le Seigneur, celui-là ne fait point partie des tiens, car il a commis un acte impie. Ne Me parle donc pas de ce que tu ne sais pas! Je t'exhorte afin que tu ne sois pas du nombre des ignorants. » – « Seigneur, dit Noé, je cherche refuge auprès de Toi contre toute demande de ma part au sujet de choses qui me dépassent. Si Tu ne me pardonnes pas et ne m'accordes pas Ta miséricorde, je serai du nombre des perdants. » – « Ô Noé, lui fut-il dit, débarque en paix et avec Nos bénédictions, pour toi et pour les communautés qui seront les descendants de tes compagnons. Il est cependant d'autres communautés que Nous ferons jouir des biens de ce monde et auxquelles Nous infligerons ensuite un châtiment douloureux! »

RÉFÉRENCES

Abu-Ras, W., Ahmed, S., Arfken, C. (2010) Alcohol use among U.S. Muslim college students: Risk and protective factors. *Journal of Ethnicity in Substance Abuse*, 9(3), 206-220.

Ahmed, S., Abu-Ras, W., & Arfken, C. (2014). Prevalence of risk behaviors among U.S. Muslim college students. *Journal of Muslim Mental Health*, 8(1).

Ahmed, S., & Amer, M. (2011). *Counseling Muslims: Handbook of mental health issues and interventions*. Abingdon, United Kingdom: Routledge.

Al-Ghazali, A. (n.d.). كيمياء السعادة [L'alchimie du bonheur]. Téléchargé le 10 mars 2016 via http://arareaders.com/books/details/360

Alwan, A. N. (1981). تربية الأولاد في الإسلام [Raising children in Islam]. Aleppo, Syria: Dar al-Salam.

Asarnow, L., Harvey, A., & McGlinchey, E. (2013). The effects of bedtime and sleep duration on academic and emotional outcomes in a nationally representative sample of adolescents. *Journal of Adolescent Health, 54*(3), 350-356.

Baumrind, D. (1967). Child care practices anteceding three patterns of preschool behavior. *Genetic Psychology Monographs, 75*(1), 43-88.

Berndt, T. J. (2002). Friendship quality and social development. *Current Directions in Psychological Science, 11*(1), 7-10.

Brooks, J. (2011). *The process of parenting* (8th ed.). Mountain View, CA: Mayfield Publishing.

Brooks, R., & Goldstein, S. (2001). *Raising resilient children: Fostering strength, hope & optimism in your child*. New York: McGraw-Hill Education.

Colvin, R. (1999, Jan 25). Losing faith in self-esteem movement. *Los Angeles Times*. Téléchargé le 12 juillet 2015 via http://articles.latimes.com/1999/jan/25/news/mn-1505

Corey, G. (2005). *Theory and practice of counseling and psychotherapy*. Belmont, CA: Brooks/Cole -Thomson Learning.

Covey, S. (1997). *The seven habits of highly effective families* [Les 7 habitudes des familles épanouies]. New York: Golden Books.

Cowden, J. D. (2016, May 23). Behavioral interventions for infant sleep training: Effective and not harmful. *NEJM Journal Watch*. Téléchargé le 30 mai 2016 via http://www.jwatch.org/na41417/2016/05/23/behavioral-interventions-infant-sleep-training-effective

Crary, D. (2007). College students are narcissistic! *Boston.com News*. Téléchargé le 4 mars 2015 via http://www.boston.com/news/education/higher/articles/2007/02/27/

DeFrain, J. D., & Stinnet, N. (2008). *Creating a strong family: American family strengths inventory*. University of Nebraska-Lincoln Extension. Téléchargé le 10 juin 2016 via http://digitalcommons.unl.edu/cgi/viewcontent.cgi?article=1052&context =extensionhist

Dishion, T., Kavanagh, K., Schneiger, A.K.J., Nelson, S., & Kaufman, N. (2002). Preventing early adolescent substance use: A family centered strategy for the public middle school. *Prevention Science* 3(3),191–202.

Dumas, L. S. (1997). Kaiser Family Foundation and Children Now. *Talking with Kids about Tough Issues*. [Livret]. Téléchargé le 17 août 2016 via http://www.unitedactionforyouth.org/Health-pdf/talking%20with%20kids%20about%20tough%20issues%20handbook.pdf

Faisal, S. A. (2015). What does the research say? That Muslim youth need sex education. Heart Women & Girls. Téléchargé le 31 mai 2015 via http://heartwomenandgirls.org/2015/05/18/what-does-the-research-say-that-muslim-youth-need-sex-education/

Ferguson, C. (2015). Parents, calm down about infant screen time. *Time*. Téléchargé le 7 février 2015 via http://time.com/3693883/parents-calm-down-about-infant-screen-time/

Gardner, H. (1999). *Intelligence reframed: Multiple intelligences for the 21st Century*. New York: Basic Books.

Glasser, W. (1999). *Choice theory: A new psychology of personal freedom* [La théorie du choix]. New York: HarperCollins Publishers.

Granju, K. A., & Kennedy, B. (1999). *Attachment parenting: Instinctive care for your baby and young child*. New York: Pocket Books.

Hijazi, O. A. (2008). التربية الإسلامية بين الأصالة والحداثة [Islamic parenting between the old and the new]. Beirut, Lebanon: al-Maktaba al-Assrya.

Hirshkowitz, M., Whiton, K., Albert, S. M., Alessi, C., Bruni, O., DonCarlos, L., et al. (2015). National sleep foundation's sleep time duration recommendations: Methodology and results summary. *Sleep Health: Journal of National Sleep Foundation, 1*(1), 40-43.

Hulbert, A. (2004). *Raising America: Experts, parents, and a century of advice about children*, New York: Vintage Books.

Kolbert, E. (2012). Spoiled rotten: Why do kids rule the roost? *The New Yorker*. Téléchargé le 12 février 2014 via www.newyorker.com/magazine/2012/07/02/spoiled-rotten

Lenhart, A. (2015, April 9). *Teens, social media & technology overview 2015*. Téléchargé le 20 décembre 2015 via le site Web de la Pew Research Center : www.pewinternet.org/2015/04/09/teens-social-media-technology-2015/

Lipka, M. (2015). *A closer look at America's rapidly growing religious 'nones.'* Téléchargé le 1er juillet 2015, via le site web de la Pew Research Center Web : http://www.pewresearch.org/fact-tank/2015/05/13/a-closer-look-at-americas-rapidly-growing-religious-nones/

Lyons-Padilla, S., Gelfand, M. J., Mirahmadi, H., Farooq, M., & van Egmond, M. (2015). Belonging nowhere: Marginalization & radicalization risk among Muslim immigrants. *Behavioral Science & Policy, 1*(2).

Lyubomirsky, S. (2008). *The how of happiness* [Comment être heureux... et le rester]. New York: The Penguin Press.

Martinez-Prather, K., & Vandiver, D. M. (2014). Sexting among teenagers in the United States: A retrospective analysis of identifying motivating factors, potential targets, and the role of a capable guardian. *International Journal of Cyber Criminology, 8*(1), 21-35.

Masud, H., Thurasamy, R., & Ahmad, M. S. (2014). Parenting styles and academic achievement of young adolescents: A systematic literature review. *Springer Science and Media*. Téléchargé le 2 novembre 2014 via http://www.academia.edu/9440149/Parenting_styles_and_academic_achievement_of_young_adolescents_A_systematic_literature_review

McAfee for Business. (2012). *Press Release: 70% of teens hide their online behavior from their parents, McAfee reveals what U.S. teens are really doing online, and how little their parents actually know*. Téléchargé le 15 décembre 2014 via http://mcafee.com/us/about/news/2012/q2/20120625-01/aspx

National Alliance on Mental Illness. (2013). *Mental illness facts and numbers*. Téléchargé le 5 décembre 2015 via www2.name.org/factsheets/mentalillness_factsheet.pdf

National Center for Education Statistics. (2013). *Fast Facts*. Retrieved December 5, 2015 from https://nces.edu.gov/fastfacts/display.asp?id=719

Nelsen, J. (2006). *Positive discipline* [La discipline positive]. New York: Ballantine.

Nelsen, J., Erwin, C., & Duffy, R. (2007). *Positive discipline for preschoolers* [La Discipline positive pour les enfants de 3 à 6 ans : accompagner les années de maternelle]. New York: Three Rivers Press.

Nelsen, J., & Lott, L. (1997). *Positive discipline in the classroom: Teacher's guide* [La Discipline positive dans la classe]. Orem, UT: Empowering People Books.

Newman, B. M., & Newman, P. R. (2003). *Development through life: A psychosocial approach.* Belmont, CA: Wadsworth/Thomson Learning.

Novotny, A. (2014). Students under pressure. *Monitor on Psychology, 25*(8), 36.

Olsen, G., & Fuller, M. L. (2011). *Home and School Relations: Teachers and parents working together* (4th ed.). New York: Pearson.

Sabiq, S. (1983). فقه السنة [Jurisprudence of Sunnah]. Beirut, Lebanon: Dar al-Kitab al-Arabi.

Shabbas, A. (2006, February). *The Arab World and Islam.* Colloquium presented at California State University, Fullerton.

Sifferlin, A. (2012). Study or sleep? For better grades, teens should go to bed early. *Time.* Téléchargé le 26 juin 2014 via healthland.com/2012/08/21/study-or-sleep-for-better-grades-students-should-go-to-bed-early/

Spock, B., & Parker, S. (1998). *Dr. Spock's baby and child care* (7th ed.). New York: Dutton.

Summers, J. (2014). *Kids and screen time: What does the research say?* Téléchargé le 23 septembre 2014 via http://www.npr.org/blogs/ed/2014/08/28/343735856/kids-and-screen-time-what-does-the-research-say

Szalavitz, M. (2012). Why the teen brain is drawn to risk. *Time.* Téléchargé le 12 mai 2015 via https://heathland.time.com/2012/10/02/why-the-teen-brain-is-drawn-to-risk/

Taylor, J. (2012). How technology is changing the way children think and focus. *Psychology Today.* Téléchargé le 23 janvier 2015 via https://www.psychologytoday.com/blog/the-power-prime/201212/how-technology-is-changing-the-way-children-think-and-focus

Transition Year. (n. d.). *Emotional health and your college student.* Téléchargé le 10 juin 2015 via http://www.transitionyear.org/_downloads/parent_pdf_guide.pdf

Twenge, J. M., Konrath, S., Foster, J. D., Keith Campbell, W., & Bushman, B. J. (2008). Egos inflating over time: A cross-temporal meta-analysis of the narcissistic personality inventory. *Journal of Personality. 76*(4), 875-902.

Whiteman, H. (2013). Bad bedtime routines early in children's lives may stunt later brain power. *Medical News Today.* Téléchargé le 28 mars 2016 via http://www.medicalnewstoday.com/articles/263010.php

Whiteman, H. (2013). Technology in kids' bedrooms disrupts sleep patterns. *Medical News Today.* Téléchargé le 7 janvier 2015 via http://www.medicalnewstoday.com/articles/264095.php

Wills, T., McNamara, G., Vaccaro, D., & Hirsky, A. (1996). Escalated substance use: A longitudinal grouping analysis from early to middle adolescence. *Journal of Abnormal Psychology* 105,166-180.

INDEX

À PROPOS DES AUTRICES

NOHA ALSHUGAIRI, M.S., est une thérapeute matrimoniale et familiale certifiée en pratique privée à Newport Beach, en Californie. Elle donne régulièrement des formations et des ateliers portant sur divers sujets aux professionnels de la santé mentale et à la communauté en général. Sa solide base en sciences islamiques guide son travail en aidant les familles à intégrer la foi et la culture. Elle a obtenu son baccalauréat en zoologie de l'Université Rutgers en 1986 et sa maîtrise en counseling de l'Université d'État de Californie à Fullerton en 2007. Depuis qu'elle a obtenu sa certification en tant que formatrice en discipline positive en 2008, elle a mené de nombreuses formations pour les parents et les enseignants. Elle est mariée depuis 32 ans et a 4 enfants majeurs et 3 petits-enfants.

MUNIRA LEKOVIC EZZELDINE, M.S., est une conseillère collégiale et d'orientation professionnelle. Elle aime aider les jeunes adultes à développer leur conscience de soi pour les préparer aux études supérieures et au-delà. Elle a beaucoup écrit pour diverses publications et divers sites Web musulmans sur les questions touchant la parentalité, la famille et le mariage. Elle est l'auteure de *Before the Wedding: Questions for Muslims to Ask Before Getting Married* (avant le mariage : questions que les musulmans devraient poser avant de se marier). Elle est titulaire d'un baccalauréat en économie de l'UCLA et d'une maîtrise en counseling de l'Université d'État de Californie à Fullerton. En plus d'être conseillère collégiale certifiée, elle a obtenu des certifications comme conseillère prémaritale et éducatrice en discipline positive. Elle vit dans le sud de la Californie avec son mari et ses trois enfants.

À PROPOS DES TRADUCTEURS

 TAKWA SOUISSI est juriste de formation, journaliste par passion et maman de vocation. Détentrice d'un baccalauréat en droit et d'un certificat en journalisme de l'Université de Montréal, elle œuvre depuis une dizaine d'années dans le paysage médiatique québécois et canadien, tant à l'écrit, à la radio qu'à la télévision. S'intéressant aux sujets entourant la famille, l'éducation et la diversité, elle est cofondatrice du blogue collaboratif Olive+Érable, pour les parents à cheval entre plusieurs cultures. Fascinée par la pédagogie alternative, elle a également mis sur pied la plateforme Eduquerparlalitterature.com, où elle partage son cheminement d'école à la maison avec ses trois enfants.

 MATHIEU COMTE MARCIL est traducteur depuis plus de 10 ans. Après des études en littérature française et en linguistique, il a travaillé à son compte pendant plusieurs années comme traducteur et réviseur, mais aussi comme éditeur de contenu, journaliste et transcripteur. Il travaille aujourd'hui pour une des plus grandes firmes de traduction dans le monde comme traducteur et gestionnaire de projets. Il est le fier papa de trois enfants qu'il élève avec son épouse Takwa dans la grande région de Montréal.

Manufactured by Amazon.ca
Acheson, AB

16490671R00262